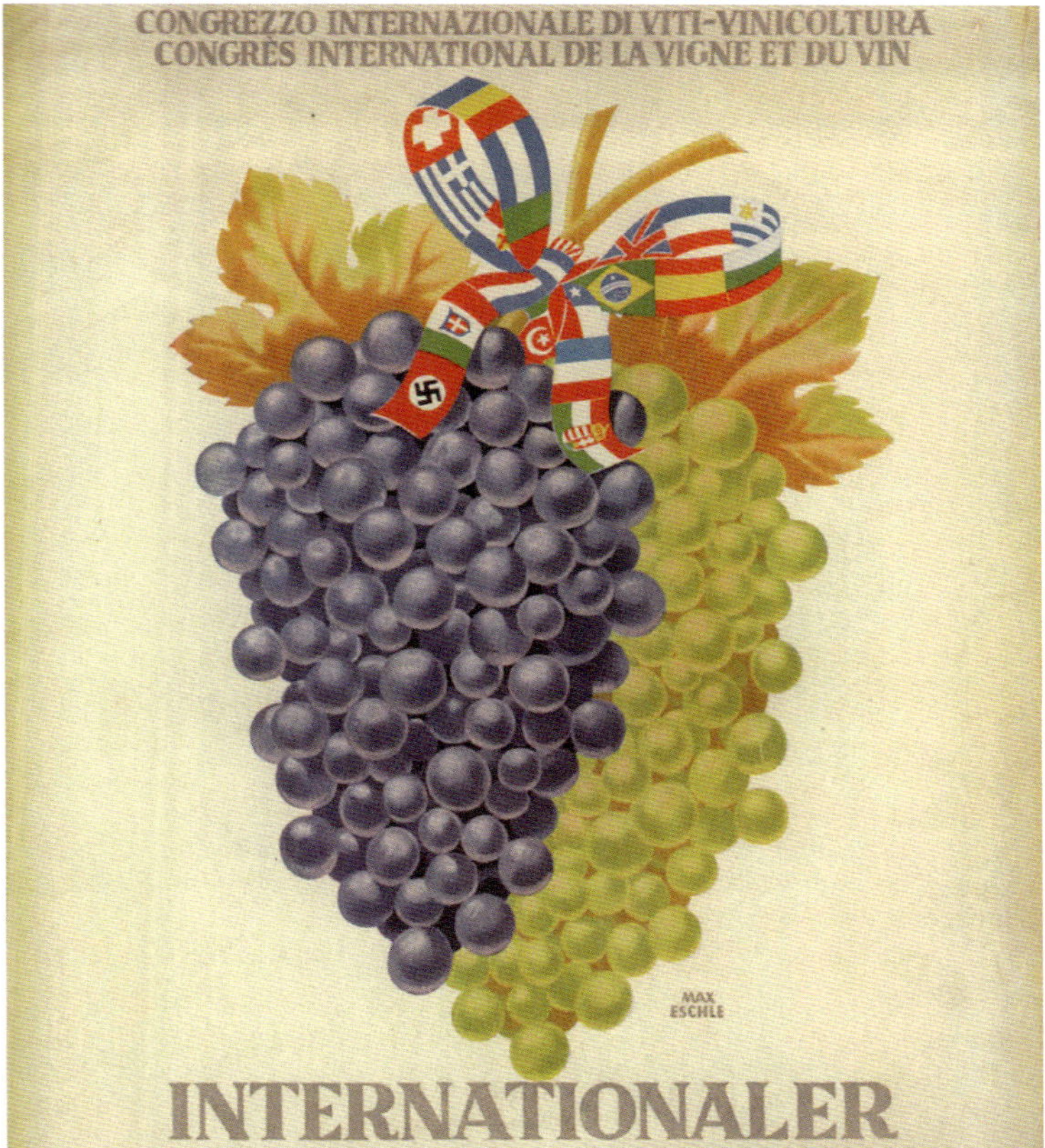

① 1939 年 8 月 21 日，ドイツのバート・クロイツナハで開催されたブドウ・ワイン国際会議用に，ナチの画家マックス・エシュレが制作したポスター〔ポスターのドイツ語はブドウ栽培国際会議となっているが，ここは原書に従った〕

②バート・クロイツナハのブドウ・ワイン国際会議の開会を宣する，「ドイツ農民指導者」に指名された第三帝国農業・食糧大臣ヴァルター・ダレ

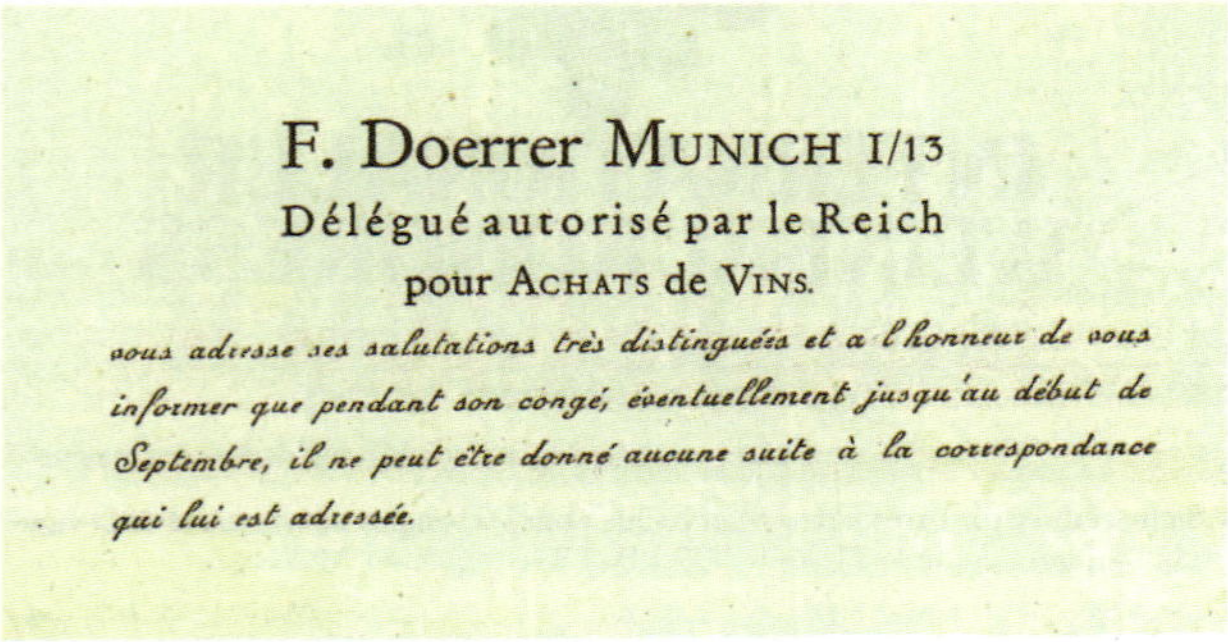

F. Doerrer MUNICH I/13
Délégué autorisé par le Reich
pour ACHATS de VINS.
vous adresse ses salutations très distinguées et a l'honneur de vous informer que pendant son congé, éventuellement jusqu'au début de Septembre, il ne peut être donné aucune suite à la correspondance qui lui est adressée.

③ 1940 年 9 月，ブルゴーニュワイン専属買付け人とマコネ，ボージョレ，コート・デュ・ローヌワイン買付け代理人に任ぜられたミュンヘンのワイン卸商フリードリヒ・デラーの証明書

④ 1940 年 7 月，北フランスのカフェテラスのドイツ兵

⑤ 1940 年，北フランスの道路上のオートバイの国防軍兵士

⑥ハインツ・ベーマースとロジェ・デスカ。1940 年秋から，二人はフランスブドウ栽培各地の年間割当て量確保のため緊密に協力する

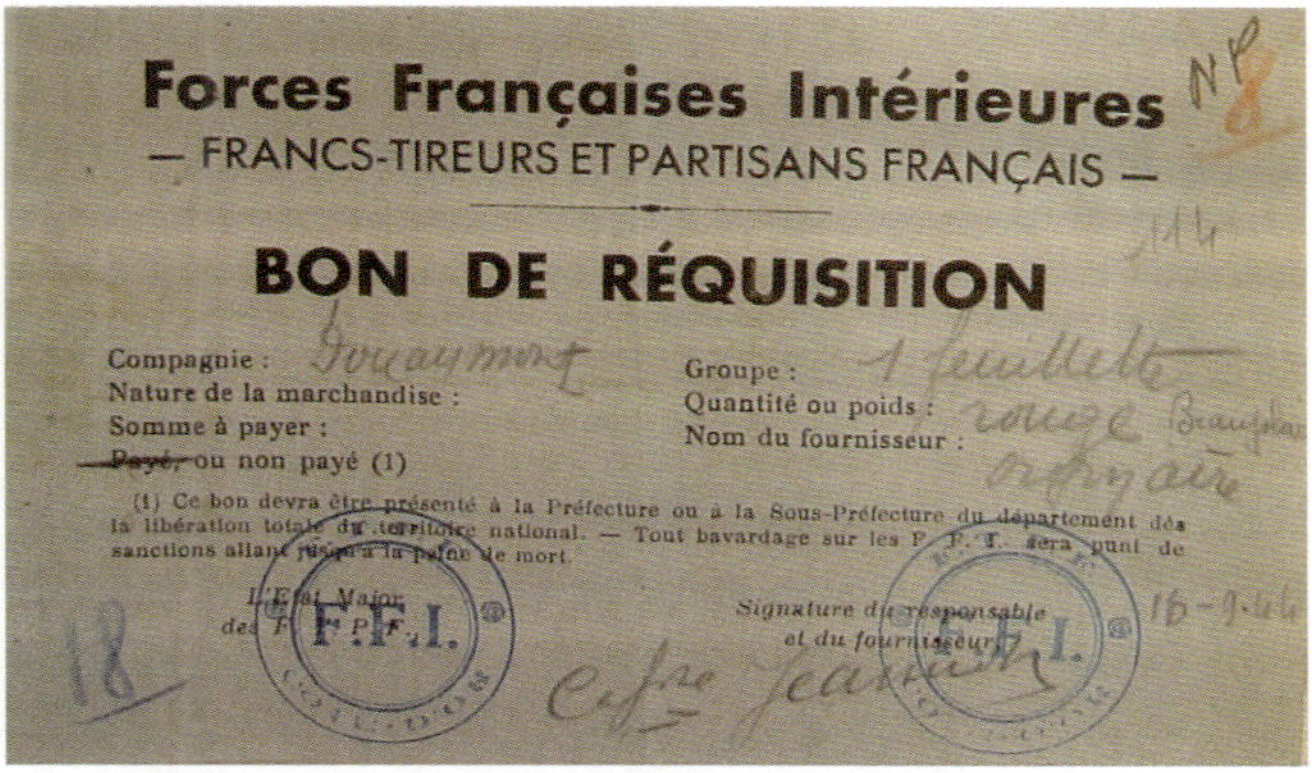
Forces Françaises Intérieures

— FRANCS-TIREURS ET PARTISANS FRANÇAIS —

N° 8

BON DE RÉQUISITION

Compagnie : Douaymont Groupe :

Nature de la marchandise : 1 feuillette Quantité ou poids :

Somme à payer : rouge Beaujolais Nom du fournisseur :

~~Payé,~~ ou non payé (1)

(1) Ce bon devra être présenté à la Préfecture ou à la Sous-Préfecture du département dès la libération totale du territoire national. — Tout bavardage sur les F. F. I. sera puni de sanctions allant jusqu'à la peine de mort.

L'Etat Major des F.F.I.

Signature du responsable et du fournisseur

16-9-44

⑦ 1944 年 9 月，ボージョレワイン徴収のためフランス義勇遊撃隊が交付した徴発証

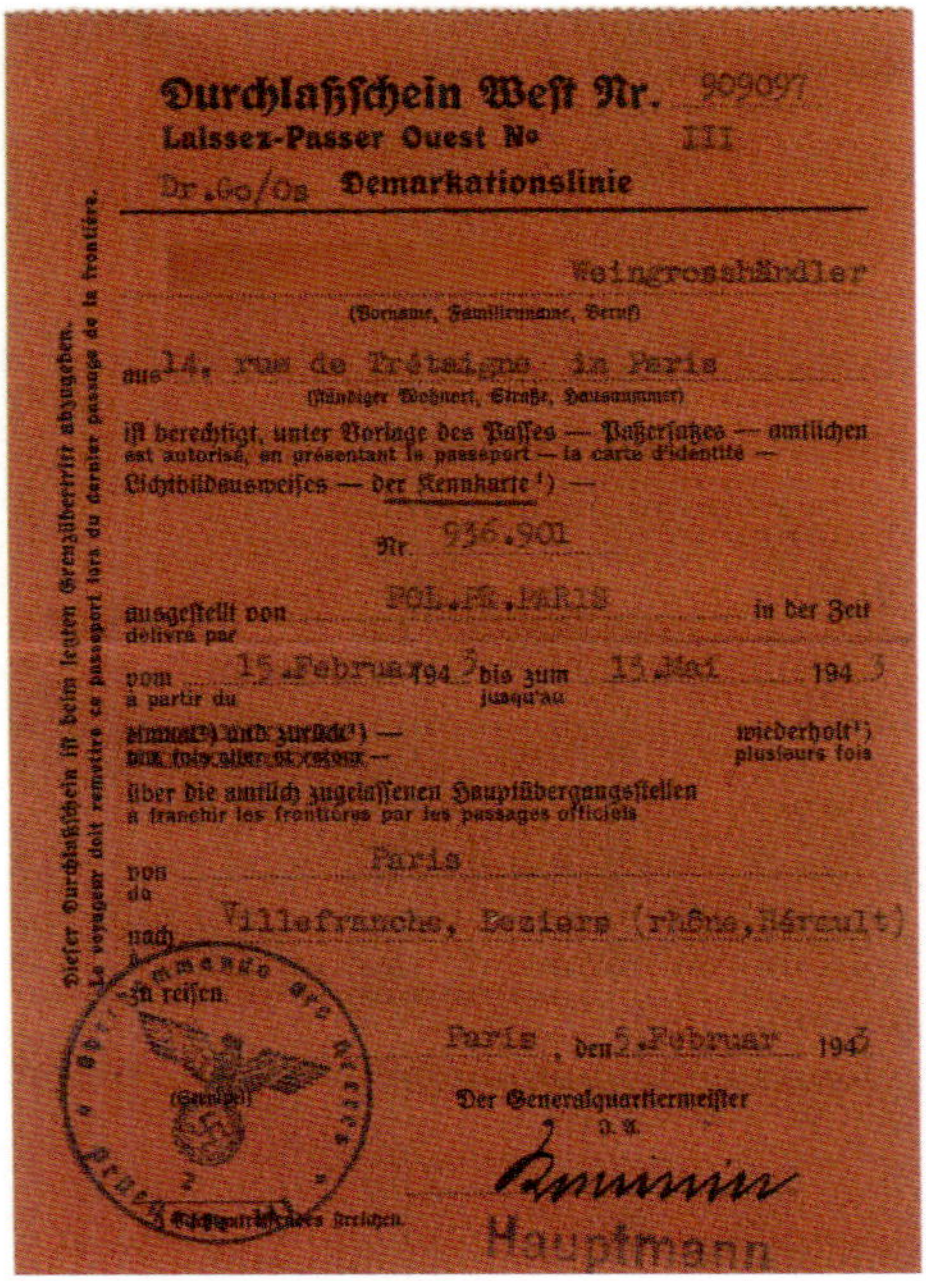
Durchlaßschein West Nr. 909097

Laissez-Passer Ouest N° III

Dr.Go/Os Demarkationslinie

Weingrosshändler

(Vorname, Familienname, Beruf)

aus 14, rue de Prétaigne in Paris

(ständiger Wohnort, Straße, Hausnummer)

ist berechtigt, unter Vorlage des Passes — Paßersatzes — amtlichen
est autorisé, en présentant le passeport — la carte d'identité —
Lichtbildausweises — der Kennkarte¹) —

Nr. 936.901

ausgestellt von POL.PR.PARIS in der Zeit
délivré par

vom 15.Februar 1943 bis zum 15.Mai 1943
à partir du jusqu'au

~~einmal¹) und zurück¹)~~ — wiederholt¹)
~~une fois aller et retour~~ — plusieurs fois

über die amtlich zugelassenen Hauptübergangsstellen
à franchir les frontières par les passages officiels

von / de Paris

nach Villefranche, Beziers (rhône, Hérault)

zu reisen.

Paris, den 5.Februar 1943

Der Generalquartiermeister
I.A.

Hauptmann

¹) Nichtzutreffendes streichen.

Dieser Durchlaßschein ist beim letzten Grenzübertritt abzugeben.
Le voyageur doit remettre ce passeport lors du dernier passage de la frontière.

⑧ボーヌのワイン卸商の境界線通行許可証

⑨ 1942 年，ドイツ語で Burgund Frankreich（フランス・ブルゴーニュ）と記載のあるオスピス・ド・ボーヌのワインラベル

⑩ 1942 年，「国防軍用。購入・転売禁止」と検印のある G. H. ムンムのシャンパンラベル

⑪ 1943 年,「国防軍用。購入・転売禁止」と検印のある赤ワイン Rotwein モンペリエのラベル

⑫ 1942 年,「国防軍用。購入・転売禁止」と検印のあるモンリシャールの J. M. モンムッソ社の「輸出用」発泡性ワインのラベル

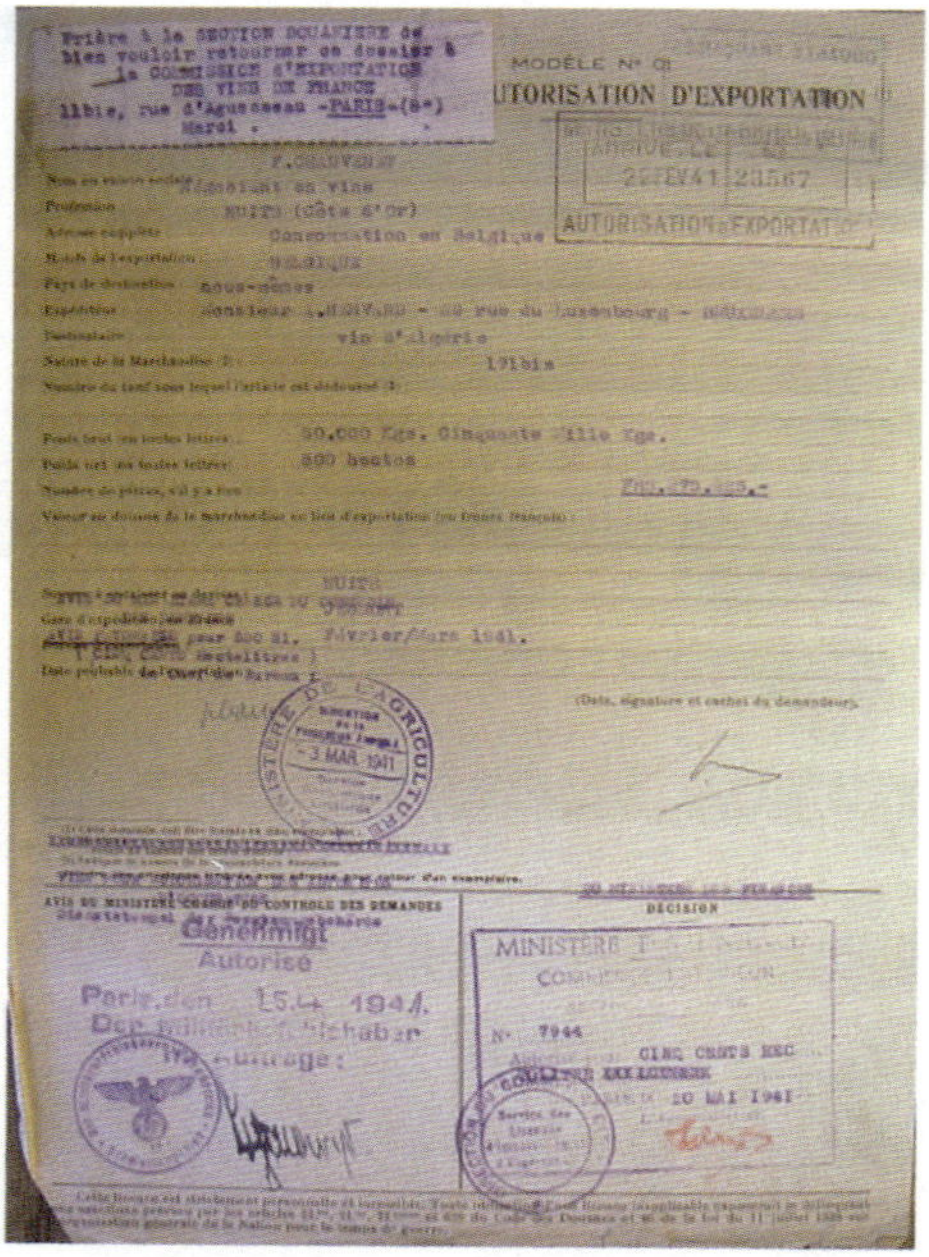
MODÈLE N° 01
AUTORISATION D'EXPORTATION
AUTORISATION d'EXPORTATION
Nuits (Côte d'Or)
Consommation en Belgique
vin d'Algérie
500 hectos
Février/Mars 1941.
(Date, signature et cachet du demandeur).
- 3 MAR 1941
AVIS DU MINISTÈRE CHARGÉ DU CONTRÔLE DES DEMANDES
DÉCISION
Genehmigt
Autorisé
Paris, den 15.4 1941.
MINISTÈRE
N° 7944
CINQ CENTS HEC
20 MAI 1941

⑬ 1941 年春，仏独当局が査証したワイン輸出許可申込み用紙

⑭ 1942 年，ボルドーのシャルトロン河岸通りに貯蔵されたワイン樽

⑮ 1940 年秋，シャンパン積荷受領を祝うドイツ将校

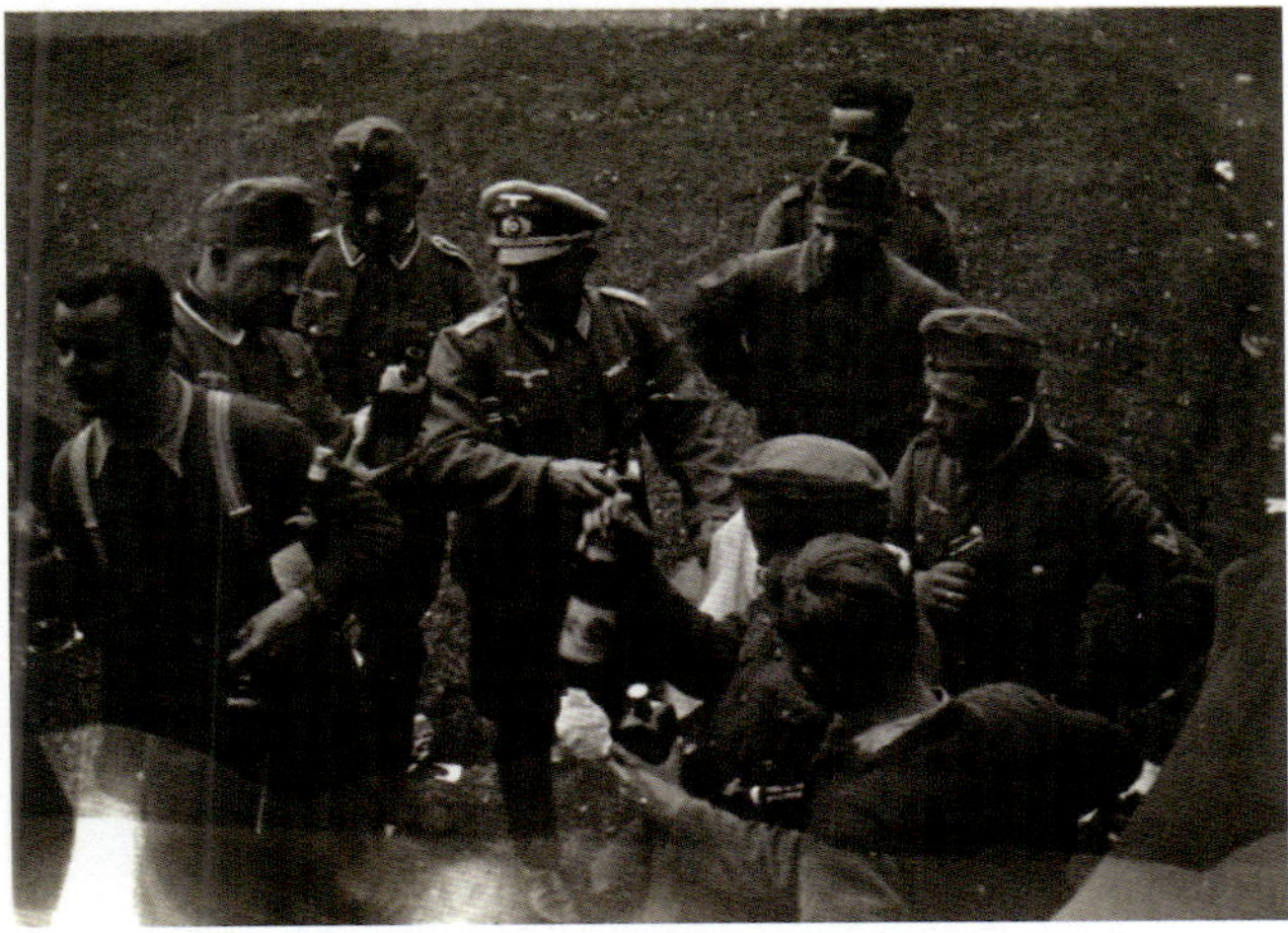

⑯ 1940 年秋，トゥレーヌ地方のカーヴ（ワイン貯蔵庫）略奪の分捕り品を分け合うドイツ兵

⑰ 1941年秋，ダルラン海将を従えてボージョレのブドウ畑を訪れたペタン元帥

⑱ 1943年3月，ペタン元帥へのオスピス・ド・ボーヌのワイン贈呈証書。下部に，現地の鉄道員によって，Frankreich と鉛筆で手書きされており，そのため彼は「国家元首侮辱罪」として断罪された

⑲ 1942 年，アングレームの現地商人のカーヴで徴収したワインを飲むドイツ兵

⑳ 1940 年，「海軍用」のナチの鷲のマークで検印されたランスのシャンパン「赤い松明 Flambeau Rouge」のル・シャンロンのラベル

㉑ 1940年3月3日，「兵士のホットワイン」デーで売られた切手綴り

㉒ 1940年3月3日，「兵士のホットワイン」デー。「トミー（英国兵の愛称）」にバッジを売るアルザス人女性募金係

㉓ 1940 年 6 月 22 日，ニュイ・サン・ジョルジュの標示板前のドイツ兵

㉔ 1943 年，ボージョレのブドウ畑を訪れたドイツ将兵

㉕「ドイツ国防軍用」と検印された A・ルクレールの 1939 年産ボージョレ・ヴィラージュのラベル

㉖ 1940 年,「国防軍移動酒保用。商店での販売禁止」と検印されたボルドーワイン，マレール（またはメラー）・ベッスのラベル

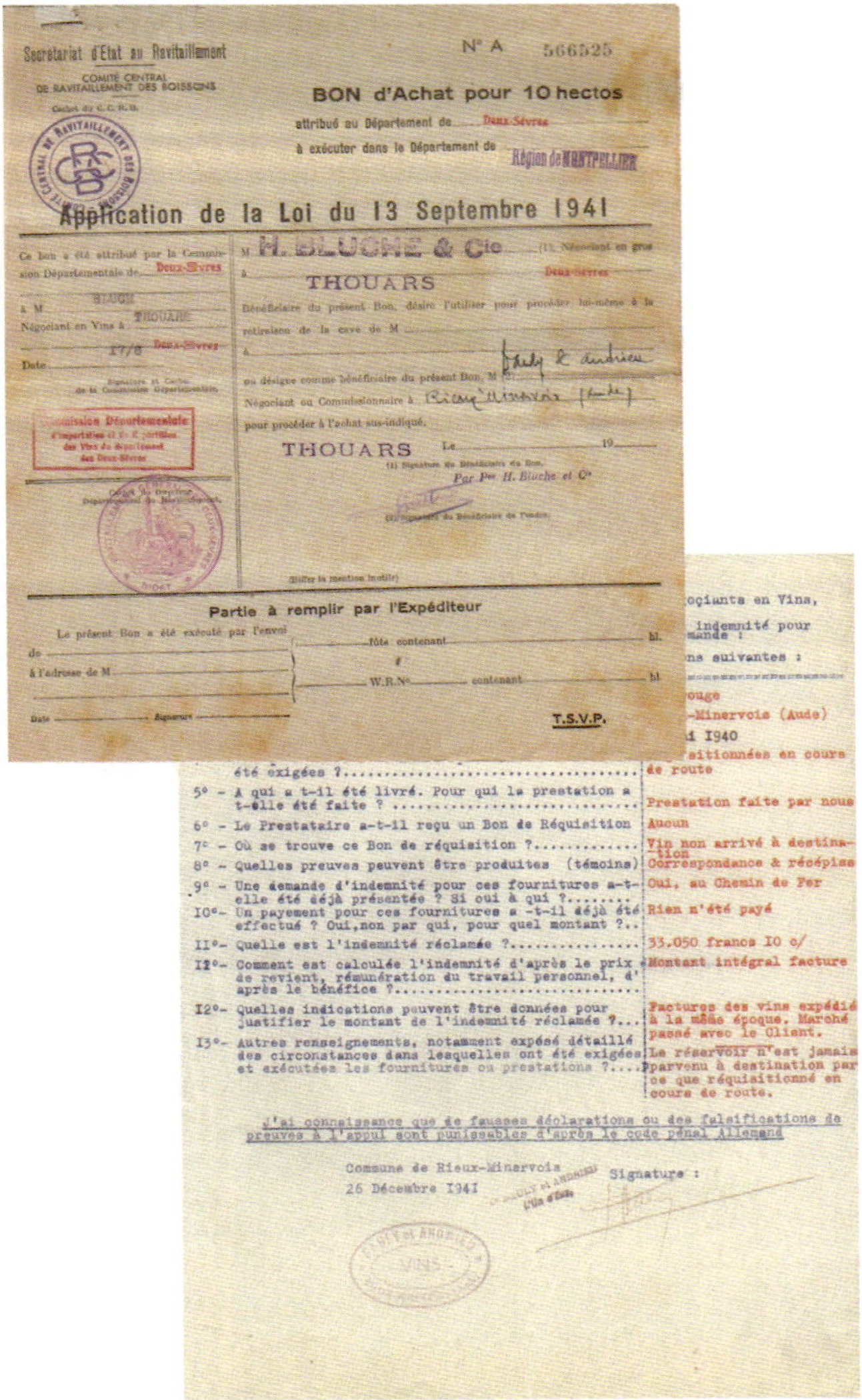

Secrétariat d'Etat au Ravitaillement
COMITÉ CENTRAL DE RAVITAILLEMENT DES BOISSONS
Cachet du C.C.R.B.

N° A 566525

BON d'Achat pour 10 hectos

attribué au Département de Deux-Sèvres
à exécuter dans le Département de Région de MONTPELLIER

Application de la Loi du 13 Septembre 1941

Ce bon a été attribué par la Commission Départementale de Deux-Sèvres
à M. BLUCH
Négociant en Vins à THOUARS Deux-Sèvres
Date 17/8
Signature et Cachet de la Commission Départementale
Commission Départementale d'importation et de répartition des Vins du département des Deux-Sèvres
Cachet du Délégué Départemental du Ravitaillement

M. H. BLUCHE & Cie (1) Négociant en gros
à THOUARS Deux-Sèvres
Bénéficiaire du présent Bon, désire l'utiliser pour procéder lui-même à la retiraison de la cave de M.
à
ou désigne comme bénéficiaire du présent Bon, M. Joly & Andrieu
Négociant ou Commissionnaire à Rieux-Minervois (Aude)
pour procéder à l'achat sus-indiqué.
THOUARS Le 19
(1) Signature du Bénéficiaire du Bon.
Par Pon H. Bluche et Cie
(2) Signature du Bénéficiaire de l'endos.
(Biffer la mention inutile)

Partie à remplir par l'Expéditeur

Le présent Bon a été exécuté par l'envoi fûts contenant hl.
de
à l'adresse de M. W.R.N° contenant hl.
Date Signature

T.S.V.P.

…ociants en Vins,
… indemnité pour
…mande :
…ns suivantes :
…ouge
…-Minervois (Aude)
…i 1940
…sitionnées en cours de route

été exigées ?........................

5° - A qui a t-il été livré. Pour qui la prestation a t-elle été faite ? .... Prestation faite par nous

6° - Le Prestataire a-t-il reçu un Bon de Réquisition Aucun

7° - Où se trouve ce Bon de réquisition ?............ Vin non arrivé à destination

8° - Quelles preuves peuvent être produites (témoins) Correspondance & récépissé

9° - Une demande d'indemnité pour ces fournitures a-t-elle été déjà présentée ? Si oui à qui ?........ Oui, au Chemin de Fer

10°- Un payement pour ces fournitures a -t-il déjà été effectué ? Oui, non par qui, pour quel montant ?.. Rien n'été payé

11°- Quelle est l'indemnité réclamée ?................ 33.050 francs 10 c/

12°- Comment est calculée l'indemnité d'après le prix de revient, rémunération du travail personnel, d'après le bénéfice ?........................ Montant intégral facture

12°- Quelles indications peuvent être données pour justifier le montant de l'indemnité réclamée ?... Factures des vins expédié à la même époque. Marché passé avec le Client.

13°- Autres renseignements, notamment exposé détaillé des circonstances dans lesquelles ont été exigées et exécutées les fournitures ou prestations ?.... Le réservoir n'est jamais parvenu à destination par ce que réquisitionné en cours de route.

J'ai connaissance que de fausses déclarations ou des falsifications de preuves à l'appui sont punissables d'après le code pénal Allemand

Commune de Rieux-Minervois Signature :
26 Décembre 1941

㉗ 1941年9月13日の法令で食糧供給省が商業界に交付した10ヘクトリットルの購入引換券

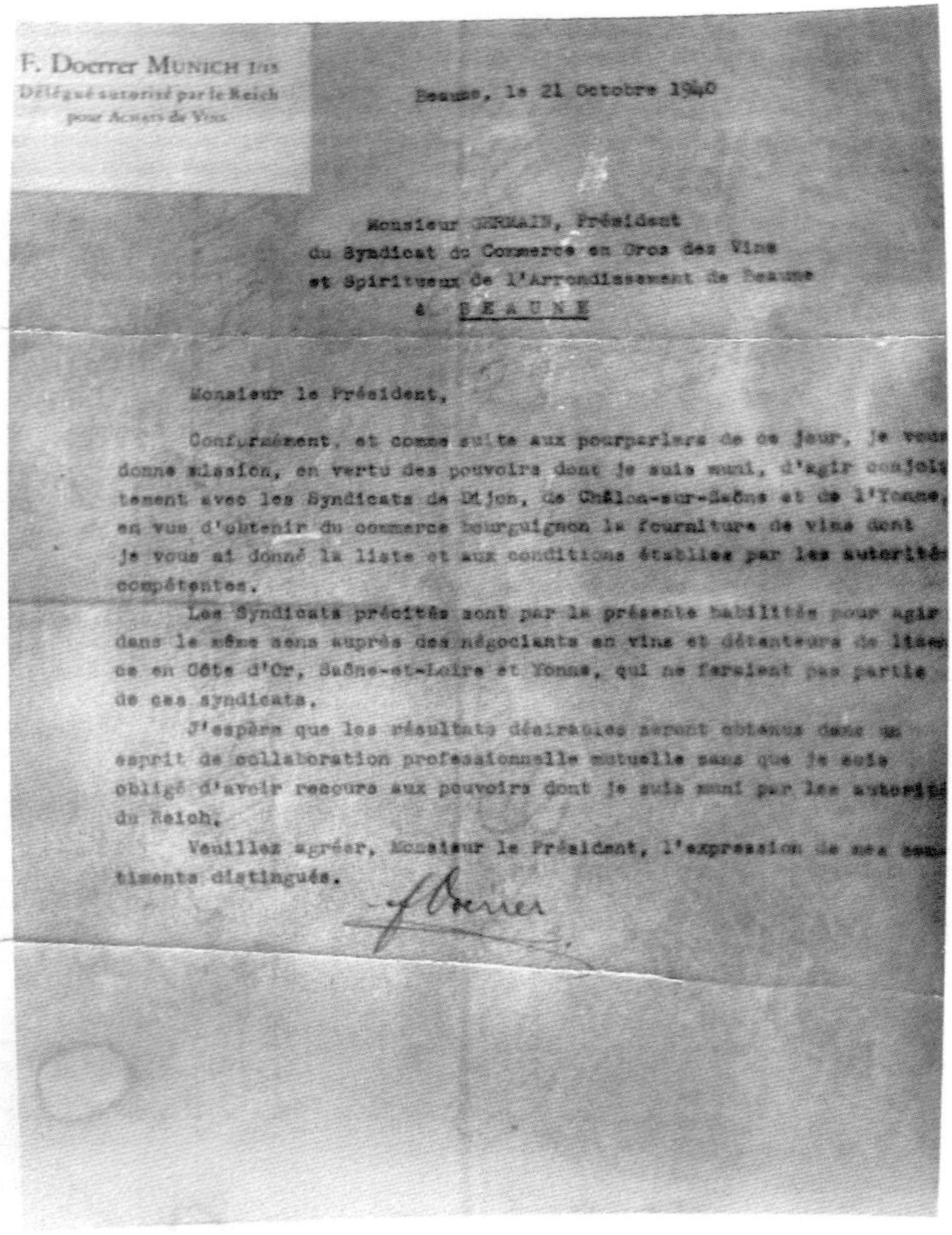

F. Doerrer Munich 1/19
Délégué autorisé par le Reich
pour Achats de Vins

Beaune, le 21 Octobre 1940

Monsieur GERMAIN, Président
du Syndicat du Commerce en Gros des Vins
et Spiritueux de l'Arrondissement de Beaune
à BEAUNE

Monsieur le Président,

Conformément, et comme suite aux pourparlers de ce jour, je vous donne mission, en vertu des pouvoirs dont je suis muni, d'agir conjointement avec les Syndicats de Dijon, de Châlon-sur-Saône et de l'Yonne, en vue d'obtenir du commerce bourguignon la fourniture de vins dont je vous ai donné la liste et aux conditions établies par les autorités compétentes.

Les Syndicats précités sont par la présente habilités pour agir dans le même sens auprès des négociants en vins et détenteurs de licence en Côte d'Or, Saône-et-Loire et Yonne, qui ne feraient pas partie de ces syndicats.

J'espère que les résultats désirables seront obtenus dans un esprit de collaboration professionnelle mutuelle sans que je sois obligé d'avoir recours aux pouvoirs dont je suis muni par les autorités du Reich.

Veuillez agréer, Monsieur le Président, l'expression de mes sentiments distingués.

F. Doerrer

㉘ 1940 年 10 月 21 日，ボーヌ郡ワイン・スピリッツ商業組合長 P・ジェルマン宛の，
ブルゴーニュワイン買付け帝国代理人 F・デラーの手紙の写し

クリストフ・リュカン

Christophe Lucand

宇京頼三 訳

ワインと戦争

ナチのワイン略奪作戦

Le vin et la guerre. Comment les nazis ont fait main basse sur le vignoble français

法政大学出版局

Originally published in France as:
Le vin et la guerre. Comment les nazis ont fait main basse sur le vignoble français,
by Christophe LUCAND

「歴史家が将来この時代を検討するとなると、あまりにも多くの陰謀や嘘、偽りに唖然とすることだろう。まったく泣きたくなるほどなのだ」

——国際ワイン事務局長　エドゥアール・バルト

一九四一年八月一五日

凡例

1. 冒頭図版の多くは本文中の特定の箇所に対応せず、原書では番号も付されていないが、いくつかは個別の記述に対応しており、それらは本訳書中に図版番号を付して注記した。
2. 本文中の「 」は原著者、〔 〕は訳者の注または補足である。

ワインと戦争——ナチのワイン略奪作戦／目次

第三章　大揺れ ……………… 89

第四章　敗北が幸運となる時代 ……………… 133

第五章　戦争に酔う ……………… 177

序

一九四〇年五月一三日。ドイツ国防軍《ヴェアーマッハト》がスダンに布陣する脆弱なフランス戦線を突破した。数日間でムーズ川は越えられ、連合軍の大半が敵の捕虜となった。フランスにとって、潰走は戦線全体に及び、敗北は前例のないものだった。九か月前のほぼ同日に、フランスの大臣ポール・レノーはまだこう表明していた。「我々は最強なのだから、勝利するだろう」。この「奇妙な敗北」とともに、フランス史上最も暗い一ページ、強権的で抑圧的な政治体制の樹立、最大規模の略奪作戦の組織化が始まった。

こうして四年以上もの間、フランス経済全体が定期的に蚕食されたことからワインの生産と取引も免れられず、大きた影響を受けた。フランスが攻撃される数か月前、ワインはベルリン当局によって高度に戦略的な産物として公式に指名されており、ドイツ市民への供給物として無視できないもの、戦闘中の軍隊の士気を維持するためには必要不可欠で、帝国《ライヒ》社交界の流通ルートにも供すべき必須のものと見なされていた。一九四〇年七月から、フランスの経済的従属は結局のところ、ドイツが以後支配下に置いた全ブドウ畑から生まれるワインの獲得を系統的に始める契機となった。その後になると、ナチはワインの別の利点を見出すが、ワインは戦争中には国際取引の闇ルートの中心に置かれていたり、世界紛争の末期に代替エンジン燃料の生産にも使われたりしていたのである。

一九四〇年夏から、大規模なワイン収奪システムがフランス全土に設置されたのは、ナチ当局が要求した膨大な量のワイン需要に応えるためであり、これにはヴィシー国家が曖昧胡乱な仲介役を果たし、数万人のフランス人関係者が占領軍当局と積極的に協力し、このシステムに直接関与していた。大規模な計画的徴収作戦を調整し監視するため、全員プロのワイン専門家の「フランスワイン輸入代理人」が主要なワイン生産地帯に派遣された。フランス人が「ワイン指導者《ヴァインフューラー》」と呼んだ者たちは相当な権力を有しており、とくにベルリンの要求に迅速に応えるため、彼らにはほぼ無制限の購買力があった。彼らの使命の成功は大部分がワイン製造の地域社会を完璧に知っていたからであり、フランス人プロとの昔からあった取引関係にも支えられていた。戦争が終わるころまでに、数千万本の瓶と数百万ヘクトリットル〔hectolitre＝一〇〇リットル。以下hlと略す〕のワインがこのように敵の手に渡ったが、それはドイツの戦争努力に大幅に寄与する措置に従ったもので、多数の卸商やブドウ栽培業者、地域の仲買人の富をもたらしたが、フランスの国益を直接害するものでもあった。

しかしながら、この手短に紹介した事柄は、これまで決して全国規模の全体的研究の対象にはならなかった。本書以前に象徴的なブドウ栽培業者に関するいくつかの参考になる研究があったにもかかわらず、科学的な性格のいかなる歴史的調査も行われなかった。それは事実であり、ワインは歴史家の注意を引かず、彼らは当時世界一のワインの生産、輸出国の地位にあった国におけるその重要性を認識していなかった。ワインはフランスにはどこにでもあり、一九四〇年にはブドウ・ワイン産業に直接または間接的に七〇〇万人近くが携わっていたし、またナチ・ドイツが従属国フランスを単なる農産物の供給国に貶めようと計画していたにもかかわらず、決してワインの産業規模での大量徴収作戦が総体的な歴史的調査の対象になることはなかったのである。

この欠陥はいくつかの点に要約される。ブドウとワイン世界の歴史には、長らく無数の戯画化した架空の物語が詰め込まれたままで、これらは注意を引くが、正当なる問いに杓子定規に答えるだけだった。したがって、この問題に関して何年も前から続いてきた支配的な物語は、出版の有無にもかかわらず、とくに一群の挿話とか話題を伝える気まぐれなもので、インタビュー調査などで集められた挿話の類いであり、批判的精神の欠如と確かな記録資料の不足がはっきりと感じられるものであった。資料と距離を置いて、それをつき合わせて客観的に見ることが、多くの場合は不十分で、そのため何人かの作者は「美談」を再現することになる。つまり、乱暴、恐喝、不正、暴虐行為に対する大胆さと勇気を示したワイン世界のレジスタンス〔対独抵抗運動〕物語である。

誰もが幅広く育んできたこの架空物語では、各人は圧倒的多数のフランス人生産者が安易な利得を諦め万難を排して、いかにしてワインを守ったかを知ることができるだろう。この支配的な物語、時には当時の主役たちの後継者である生産者自身によって育まれた物語では、フランスの卸商やブドウ栽培者の信じられないような巧妙狡猾さが明らかになるが、彼らは奇抜な策略によって占領者をあざむき、最上級のブランド名で恐ろしく低級の安ワインを渡したのだ。定期的な略奪を免れるため、多くの卸商は当時、偽壁をつくって、酒蔵の最も奥まった秘密の場所に「宝物」を隠して、占領当局に立ち向かったという。占領者に対する商業上のレジスタンスの英雄行為が何度も行われたのは、時にはドイツ軍の最高司令部、要するに、洞察力のない鈍感な者として描かれた彼らの目と鼻の先で、その無知のおかげで「フランスの美味なるワイン」、つまりは我らの国民的遺産のエッセンスを何とか守ることができた、というのである。

ところが実際には、勇気と大胆さがこういう物語の水準に達することはめったになかった。今では自由に使える大量の歴史的資料と比較すると、極めて荒唐無稽な挿話、時には『大進撃』〔第二次世界大戦を扱ったフランスのコメディ映画、一九六六年〕のシナリオにふさわしい架空物語から取ったような挿話でも、もっと粗暴な話に席を譲ることになる。実際は、一九四〇〜一九四五年のナチ占領期間中のフランスにおけるワインの歴史は、長い間人々が忘れたかった悲劇の歴史だった。一連の出来事は仮借なき宿命を表しているように見える。それはまた、妥協や卑劣な行為を繰り返してきた世界の崩壊もあらわにする。歴史家は調査中に、がりがり亡者どもが二〇世紀初頭社会に確立された道徳的価値観など無視して、国益を大きく害することを承知の上で手っ取り早く大儲けしようとした際の卑屈な妥協、信じがたい貪欲さや下司根性、言語道断な裏切りなどに出くわして、うんざりするのである。

こういう事実は多くの業界関係者に係わることだが、ワイン取引に固有なものではなく、歴史家はずっと前からさまざまな曖昧な態度、とりわけ、たちどころに新秩序に鞍替えして成功した経済・金融界の豹変ぶりを指摘していた（ここではこの領域だけにとどめておくが）。[*1] この意味で、この敗北は、これを経験した者にとっては極度の乱気流、ほとんど季節外れの嵐のようなものと思われていたことを心に銘記することが肝要である。この時代には、ごくしがない者が突然英雄になり、非の打ち所がない人物がまったくの卑劣行為に陥るようなことがあったのである。事の正否や善悪を裁くことは歴史家の任ではないことはおくとしても、ここで悲劇はカタルシス的機能を果たすことになる。しかし、起こったことを報告し、その説明を試みることは、市民のための公的な歴史記述を任務とする彼らの責任である。商売上の理屈が愛国的感情に勝ることが自然であるかどうかについては言わないことにするが、この混乱の時代に利潤の法則だけが無分別なまでに拡大したことは指摘しておかねばなるまい。ただし、自らの仕事を誠実に果たし、時には成果のないまま終わることもあった人々を害することなく、である。

したがって、容易に理解されることだが、第二次世界大戦とドイツのフランス占領は、フランスのブドウ・ワイン世界の風景とその均衡の徹底的な再編成に寄与したことになるのである。こうした状況下では、また歴史的な面でも、この時期を前の時代からの連続性の論理と切り離すことや、それを括弧でくくって、連続性の次元を厳密に偶発的な性格だけに結びつけることが問題なのではない。しかしながら、この原則とは裏腹に、ワインの専門家世界とその関係者の言説は概して突然の変化や再編の問題、断絶の時期などにはほとんど触れずじまいなのである。

ワイン世界の歴史は、しばしば当事者たち自身によって忍耐強くつくり直されるものだが、時には大昔に遡る長期間を尺度にしており、先祖伝来のものと見なされた伝統は、物語世界の一貫性を断絶するような危機や戦争の話とは折り合わないのである。概してワイン世界は、ブドウ畑をある特定の時代や不測の事態から引き離して、生物学的・地質学的な自然秩序の流れを一段上と見て、そこにはめ込もうとするため、混乱や危機、再編の時代などには耐えられないのである。このため、第二次世界大戦と占領の影響は、ただ単純にそれが否定されなくとも、最後は勝利する永続的な伝統が試練にかけられた束の間の時代のことに変えられてしまう。したがって、極めて特異なこの時期の研究は、方法上の問題にも、重要な歴史的問題の範疇にも属するのである。[*2] ここで問題なのは、長い歴史において、「常軌を逸した」と見なされた時期の位置を見定め、その文脈上に置くことであるが、時としてその影響は、支配的言説を超克して資料の厳密な分析検討が不可欠として、数十年後になってようやく解釈されるのである。

かくして占領中のワイン世界の総体的な解釈に注意しながら、歴史家はすぐさまこの時代に特有な拘束的状況に直面させられる。我々が苦悩と拘束状況にあった困難な時代に、公認の言説を超克しようとすると、すぐに大きな困難が現われる。苦悩と拘束状況について言えば、ここで問題になるのは、ワインの生産と販売が権威的な管理統制経済に完全に埋没して、絶えず制限と欠乏状態に見舞われていたことである。しかも、新しい経済メカニズムの影響の実態と、取引範囲の調査段階になるとすぐに、研究への障害ははるかに重苦しいものとなる。

したがって当然ながら、最初の全体的困難はこの時代の主要な当事者たちがコンセンサスを得た好意的な言説をつくり出しながら築き上げた解釈に係わるものである。実際至るところで、占領時代は確かに悲劇的だが、束の間の時として言及されており、一時的にワイン関連産業の組織を乱したが、以前の大きな均衡を根底から揺るがすことはなかった。結局、こういう復活が可能になったのは、何人かの者たちの勇気と献身によってであった。[*3] だから、大部分のブドウ栽培者にあって、問題はずっと前から了解済みだったようだ。ブドウ栽培地内での安定したバランス、生産規制枠の維持、〔農協的な〕協働組合であれ〔組織的な〕労働組合であれ、職業的な責任に対する個人の驚くべき不変的態度などが、この時期は、ブドウ栽培とその当事者たちが試練にかけられたものと考えられていたことを示していた。彼らはこの試練を経て、ブドウとワイン生産の質と名声を維持し、強めることができたのである。統制経済の時代、流通ルートの混乱と欠乏の時代は、敵がもたらした略奪論理のショックとヴィシーの新しい政治方針の重みにもかかわらず、外見上はブドウ栽培の均衡の再構成を引き起こさなかった。要するに、ワイン世界には、こうした事態を伝統的な文脈の埒外に置くための自明の理が働いていたのである。

こうした状況下で、公認の言説に反して、しばしば「暗い」時代と見なされたこの時代の研究を始めることは、研究者の好奇心がすぐ大きな二つの障害にぶつかるだけに、容易なことではない。業界の一部はその歴史的イメージを最大限よく保ちたいとする懸念から、当初は豊富にあったはずの記録資料が紛失したことにするのだった。だから、ワインの取引状況と活動範囲の問題には、今でもなお不安感があるのである。業界責任者たちが我々の要請を断固として拒絶するのは、この不安感のためである。ブドウ栽培者や卸商、業界組織とか施設の長たちは、正しいかどうかは別にして、自らの職業倫理や評判をあまり守らなかった近親者や前任者、同僚たちの危うい過去を示す書類を記録文書として残すことには不安を感じていたのだった。

さらに一層重大なのは、いったん迷いが取り除かれても、歴史家が、多くの場合、この時期に関する歴史的文書の乱雑さ、消失、さらには予防的な破棄に出くわすだけであることだ。そこでとりわけ問題なのは、会社の会計、販売明細書、企業の営業用書簡などに係わる記録文書である。大半のブドウ栽培地と卸売会社が過去の活動に関する記録文書を一切持たないとしても、多数の個人の古文書類には、歴史のこの暗い断面の痕跡がしばしば明瞭に残っていた。もっとも、こうした欠如の理由は多様である。すなわち、偶発的な消失、ドイツによる占領後数週間でなされた破棄、解放時における略奪と盗難、一九四四年秋の司法当局による差し押さえなどである。

そのうえ時には、会計書類やワイン商社の営業活動の関連文書が、二重帳簿とか請求書や送り先、ワインの量や種類の証明書、発送品の価格などの暗号化によって不透明なものにされていた。そうした策を弄されると、企業の会計書類が事実上まったく使用不能なものになってしまうのである。不法であるにもかかわらず、この策略はかなり頻繁に行われていた。そのような欠陥は、公文書として保管されていた記録資料をあてがっても、必ずしも埋まるものではない。占領中のブドウ・ワイン生産活動の範囲は、金融、税務関連の多数の記録文書の廃棄や、国境内外でのワイン輸送の追跡調査のできる書類が破棄されていることによって一層複雑になり、こうした貴重な証拠書類の写しも一切存在しないのである。このような状況下で、我々は、この期間中のワイン取引の実態の証拠となる、別の資料コレクションに頼らざるを得なかった。

したがって、この研究で行うべき分析全体に対する方策は、主なる四つの領域からの記録資料に拠っている。第一には、税務署がとくに卸売会社の申告した全期間中の活動に対して、地域段階で作成した税務書類である。それは主として旧直接税と瓶詰め・アルコール度数・奢侈品の合算税の一般的かつ補足的な目録で、これはワイン卸売商人の年間ワイン取引量の繰り越しを組み入れた営業税負担金基礎税も含んでいる。この種の資料源は県によって不規則に添付されており、しばしば断片的なものだが、いくつかの会社の私的文書類からのデータによって補足できた。

かくして民間企業の記録資料は、専門家たちの個人コレクションに保存されていた書類のおかげで、この調査における第二の主要な支えとなった。これらの古文書は驚くほど大量の会計・税務書類、会計簿、貸借対照表、酒蔵出し入れ帳簿、管理簿などを擁するが、また雑記帳、手紙の写し、商用書簡、関連会社の顧客カードなど豊富な記録資料もある。このようにして解釈された占領中のフランスワインの歴史は、主要なブドウ産地のブドウ栽培・ワイン取引組合の記録資料コレクションから得た情報によっても補足された。こうした古文書類は時には、戦時中の通商問題や、占領当局とフランス行政府が展開したワイン徴収作戦のメカニズム、国土解放時に司法領域で行われた訴訟手続きの全般的な広がりを示すものでもある。

結局、我々はとくに経済金融古文書センターにあった書類[*4]と、セーヌ県裁判所が扱った事件に関する国立公文書館の資料コレクションにある書類[*5]を基にして、経済的対独協力の調査記録簿に記載されたワイン取引の詳細を研究することができた。これらの古文書類は、正本や決議書、調査報告書、尋問記録、警察と憲兵隊など多様な書類を網羅した豊富な記録資料を擁している。このコレクションはまた、ドイツやその同盟国向けのフランスワインを運んだ国際運送会社の記録資料から採ったオリジナルな書類も擁していた。つまり、明細書、運送証書や切符、税関の検印、官公庁の許可書などである[*6]。

もちろん、これらの書類の驚くべき豊富さはともかく、記載されたワインの取引量と販売金額は大雑把で、現実以下のものであることを銘記しておかねばならない。相当量のワインが、法の埒外で運搬許可も管理公社関係の書類も運送記録も一切ないまま、フランスやヨーロッパの至るところで非合法に運ばれていた。大量の取引が闇市場や非合法な国際流通裏ルートを通して、送り状もなく、正規のものをはるかに上回る価格で行われていたのである。それはとくに、戦争中ずっと広まっていた上乗せ金〔公定価格へのプレミア〕支払いの一般的慣行や、戦時中にワインの世界最大の取引市場となっていたモナコの状況が示す通りであった。

第一章　ワイン、戦争に参入する

1　どこにでもあるが、統制下の飲物

一九三〇年代末のフランスはワインの大義名分にまったくもって忠実な国だった。確かにフランス人にとって最も人気のあるこの飲物は、この国の文化や記憶においても、国民経済や法律においても特権的な場を占めていた。大戦〔第一次世界大戦のこと。この戦争のとき、はじめて大戦 Grande Guerre という語が使われた〕で勝利の飲物に「(安)葡萄酒 pinard」が加わってから、憂れて愛国的な飲物となって、ワインはアルコール飲料に変わり、つねに大量に消費されて人々の日常生活に結びついた。一九二〇〜一九三九年には、フランス人は実際、全年齢層を含めて一人当たり年平均一三五リットルのワインを飲んでおり、これにビール、シードル、蒸留酒などあらゆる種類の風変わりなアルコールやリキュールを加えねばならない。もちろん、一九一九年から原産地呼称ワイン、次いで一九三五年から、ある人々には原産地統制

呼称AOCワインとなって、大半の消費者には手が届かなくなった価格の「贅沢」品の高級ワインと、フランス人愛飲者の八〇％を占める最も一般的で並みの安いワインとの間には大きな格差が生じた。

品質がどうあれ、ワインは数世代前から自然で「健康によい」飲物と見なされ、明白な医学的効果のある滋養強壮食品としての特性もあるとされていた。それはパリ医学アカデミーの最高権威数名によって証明され、多数の作家やジャーナリストに受け継がれて、ガイドブックや著作で取り上げられ、これがまたよく読まれた。名高い『わが医者ワイン』、このフィリップ・ペタン元帥が序文を付して有名な「オマージュ」を捧げた著作では、ワインは多くの話題や証明によって脚色され、精神的にも肉体的にも、人間の性格や活力に不可欠なものと定義づけられていた。[*7] 大多数が賛同したこれらの著作は、無視できないワイン関連産業の経済的・政治的重みの増大に貢献したのである。

戦争勃発直前には、フランスは実際、他に類を見ない数の一六〇万五八八二人の登録済みのブドウ・ワイン生産業者が、一八七万四一六二ヘクタールのブドウ畑から七九三九万七七九九hlを生産していた。毎年、約六〇〇億フランがフランスのブドウ・ワイン生産に投資され、直接または間接に七〇〇万人近くがそれで生計を立てていた。生産という観点だけからすると、オラン県〔植民地時代のアルジェリアの県〕とエロー県〔地中海南岸のフランス県〕は両県だけで年間一〇〇〇万hl以上生産するが、地図上で、両大戦間の他の大ワイン産地とつなげてみると極めてアンバランスなワイン生産地地図の観を呈していた。つまり、プロヴァンス、ラングドック、ルシヨンからアルジェリアのブドウ畑までの地中海沿岸のブドウ畑のフランス第一位の規模の広がりとなって、一九三九年には、この地帯は総生産量五七〇〇万hlに達していた。この地帯の南西部の一二〇〇万hl、中央部の六〇〇万hl、西部の二〇〇〇万hlは、純生産量においては、一五〇万hlのシャンパーニュとブルゴーニュや、アルザス、モーゼル、ロレーヌ、ジュラの八〇万hlのブドウ畑を越えていたのである。

しかしながら、これらの数字からは、数十年前来のフランスのブドウ栽培の歴史の変遷が見えてこない。実際、ブドウ栽培は繰り返し危機に見舞われており、一八四八〜一八五六年には、うどん粉病がフランスのブドウの木を蝕み、一八五四年には、四五〇〇万hlの全国生産量が一一〇〇万hlに減った。ワインは当時としては前代未聞の価格に達していた。一八五六年、救済策が発見されて、急速に繁栄が戻った。硫黄合成剤が危機に打ち克ったのである。一八六五年頃、今度はネアブラ虫が大量発生し、フランスのブドウ畑の大半を全滅させるまでになった。エロー県は、一八六九年には一五〇〇万hlを生産していたが、一八八五年には二〇〇万hlしか収穫できなかった。フランスのブドウの木をアメリカのブドウの木に替えると、信頼感が戻り、急速に繁栄を取り戻した。一九〇〇年に発生した危機は、不正行為や偽造が爆発的に行われ、大量の人工ワインが市場に侵入した結果であるが、これは主として干しブドウのワインで、大量の代替製品を産むものだった。一九〇五年の法律が一九〇七年に補完されて、不正行為撲滅闘争が進むと状況が回復し、進行中の内戦（一九〇七年南仏ラングドック、一九一一年北仏シャンパーニュで起こったブドウ栽培農民暴動のこと）から国を救った。一九一九年の法律は、パリ会議における平和条約の経済条項の一環で、その後フランス法廷の管轄下で原産地呼称と品質を保証する原産地統制呼称ワインの時代を創始するものとなったのである。

一九三〇年代のブドウ栽培の危機は、かなり異なってはいるが、結果的には前の危機に続いており、世紀初頭に始まったワインの生産と消費のアンバランスが増大したために生じたのである。フランスの耕作面積が、一九三〇年代は前世紀末よりもはるかに少なくなったにもかかわらず（この時期、アルジェリアのブドウ栽培は劇的に増大したのに、本土は約二五％減少した）、耕作法の改善、生産性の高いブドウ品種、ブドウ病対策の進展による生産高の持続的増加などが、慢性的な過剰生産でワインの関連産業を支えていた。年によって、環境・気候条件の良し悪しで収穫高が大きく変動するにもかかわらず、収穫量は半世紀以上前からずっと増え続けていたのである。

この状況の主要な原因の一つは、発展しつつあるアルジェリアのブドウ栽培が飛躍的に増えていたことで、二〇年間で年間生産量が五〇〇万から二一〇〇万hlと五倍になっており、しかもこれにチュニジアとモロッコの収穫高を加えねばならず、これがまた、同時期にそれぞれが一三〇万hlと六二万一七四一hlと三倍になっていたのである。そのような成長によって、供給は需要を大幅に上回ったが、需要は主として国内に限られた閉鎖的なワイン市場で、年間約七五〇〇万hlの一定した消費量を示していた。この状況下で、本土とアルジェリアの合計生産高は、例えば一九三四年と一九三五年には、それぞれが一〇〇万、一〇三万hlに達していたが、消費需要の限度を越えるとすぐ、市場は深刻なアンバランスに陥った。そのような状況にあって、ワイン価格の下落は凄まじく、ブドウ栽培畑を直撃し、悲嘆と失望に陥れた。当時、平均相場は一アルコール度数二～三フランを揺れ動き、一・五フランのときさえあり、多数の小規模ブドウ栽培農家を破綻させ、南フランスに反乱の強迫観念を甦らせたのである。

このフランスのワイン経済全体を脅かす、重苦しい傾向を考慮して、自由主義経済の悪癖を断ち、ワイン市場の規制を試みる対策が講じられた。この政策はいくつかの語で、つまり、保護主義、統制経済、マルサス主義（生産制限）で要約できる。これは以下のような施策にいたる。すなわち、「ワイン醸造規定」の創設（とくに一九三〇年七月三〇日の法律によるもの）、ワインの「社会的価格」、すなわち、ブドウ栽培者が要求し、国家が受け入れ管理する売却報酬価格の設定、ワインと蒸留酒の原産地呼称全国委員会（CANO）の創設、〔生産削減のための〕ブドウの木の引抜きとワインの段階的出荷への助成金の設置（一九三〇年七月三〇日の法令）などである。当時、立法者が依拠した原則は、内外の市場の吸収力と矛盾しない程度の生産縮小、蒸留による過剰生産の解消、売却凍結と段階的売却による供給規制、原産地統制呼称の創設によるワインの質の向上であった。

したがって、後で補完されたこのワイン規定は、ワインの原価と販売価格がブドウ農地に釣り合うように、国内市場の需要の限度内でブドウ・ワイン生産とエリアを支えることを目指していた。一九三六年、こうした規定全体が「ワインコード」に席を占めていた。これは、戦争前夜、何度も修正、補完されて、一九三八年七月二七日の法令で成文化され、一九三九年七月二九日の政令によって再度補完された。このワインコードは、ワイン生産エリアに対して、新しいプランテーションと代理取引を制限し、またワインの質に対して、食料品消費市場での販売のために最小限の成分を要求し、過剰生産には課税し、さらに自由販売量に対しては、過剰収穫の凍結とこの過剰分の義務的蒸留を要求するものであった。

一九三〇年代末、これらの条項のおかげで、やっと安定化が可能になり、相場を生産者にとって十分な水準に保つことができた。ワイン市場が改善され、その影響でブドウ栽培地の不動産資本だハ規模ブドウ栽培業者の利害を優先的に守ることになった。それでもワイン貯蔵タンクと酒蔵では、ストックが依然として大きかった。大量生産する並みの二等級ワイン生産者は、革新的でもあれば脆弱でもある規制によって支えられて立ち直り、生き残った。この問題を扱う主要な各国政府間組織の関心が集中したのは、ワイン市場の経済的・社会的次元に関する本質的にしてかつ非常に政治的な生産規制の議論である。

2　戦争の影響下のワイン外交

ワインの計画的な規制モデル方式の推進と擁護のリーダーであるフランスは、一九世紀末から国際的な規制の設定を重視していた。フランスが、一九一九年から、戦後の平和条約の案文作成の際、原産地呼称ワインの規制遵守に関する具体的な経済条項を課そうとして、積極的な政治的ロビー活動をしたのは、ワイン経済のためであった。このワイン規制モデル方式を広めようとする意志は、国際レベルでバランスと協調を確立推進する必要性に支えられて、一九二四年一一月二九日の国際協定から生まれた国際ワイン事務局の創設を主導することになったのである。

この各国政府間の公式機関の形をとるユニークな事務局創設は、多くの国の要望に応え、ワインに関する討議や意見交換の場を求める声に応じた専門家組織だった。法的な面では、事務局はブドウ栽培、その生産から産物と副産物、とくにワインに係わる諸問題を扱う会議・記録資料・研究センターであった。すでにアメリカ合衆国とスカンジナビア半島を征して押し寄せる禁酒法の拡大に晒された環境で、問題なのはヨーロッパの、とりわけ地中海沿岸の生産大国に共通なワイン外交を推進することであった。

規定に従って、国際事務局にはワインの「有益な」効果を証明する情報を集め、研究し、公表する責務があった。そこで、「ワインの健康によい性質とアルコール依存症撲滅闘争の要因としての影響力を明らかにする」ための、新しい科学的実験プログラムが組まれた。また加盟国政府に対して、アカデミーや学会、国際会議や他のワインの生産・取引会議などが表明した要望や意見など、必要な全情報を集めた後、「ブドウ栽培とワインの利害を守ることとワインの国際市場の状況改善を確保するにふさわしい措置」を指示した。また各国政府には、「加入した方が利益になる国際協定」を通告した。さらに各国政府には、「消費者のためにも生産者のためにも、製品の純粋性と真正性を保証した原産地呼称の保護、偽造と不当競争を阻止するためのさまざまな提案」をした。そのうえ各国の法律に応じて、「ワイン取引の発展に適したさまざまな発議」を行い、「民間、国家、国際組織と関係者の求めに応じて、その活動に必要な情報と記録資料」[*8]を伝えた。

国際ワイン事務局の委員会は予算が極めて乏しく、経済状況が不利であるにもかかわらず、意見の一致を生み出せるような対話を一貫して推進した。例えば、戦争前の時代、ブドウ・ワイン生産のために各国で採択された措置の法制化の解釈と類似性に関する場合がそうである。概して、そうした措置は、パリでの国際会議とか、ブドウとワインの国際会議や大会の「決議」などによって講じられていた。国際ワイン事務局は、とりわけブドウ栽培の改良、とくにブドウ畑の再建とブドウ品種の選択において、必要な努力を一致させるために活動する。また、消費に適したワインの基本的な特徴を国際的に認定することによって、ブドウの病害対策やワインの質の向上、原産地呼称の保証のための国際会議を支える。さらには、ワインの加工や分析テスト、研究・管理の国際実験所を創設し、ワインの取引と流通状況を研究して「世界におけるワインの消費普及」のための科学的かつ医学的なプロパガンダを推進するのである。

この最後の点に関しては、各国代表は楽観的だった。アメリカ合衆国の禁酒法の失敗で得られた経験は、肯定的なものだった。ワインの栄養上・健康上かつ治療的効果の価値に関する科学的調査研究の結果、とりわけ最初は一九三五年にローザンヌで、次いで一九三八年にリスボンで開催されたワインとブドウの科学的研究国際医学会議における重要な研究報告は、ワインの消費に適合した言説をもたらした。この成功は、一九三三年から消費が著しく増えたアメリカ合衆国で確認された。一般に、多くの国におけるワイン不足は、成長への展望を示す目印として注目される。国際規模では、それはワインに好ましい未来を想像させるものである。いくつかの国を対立させる衝突点と利害紛争は、第一にワインの原産地呼称とか流通に関係する。だが対立はしばしば、委員会内部で加盟各国の有能な人物が絶えず個人的に接触することで解決されるか、または緩和された。

国際事務局の共同創立者でワイン振興フランス議員団長、下院飲料委員会長、原産地呼称全国委員会長でエロー県選出代議士のフランス人、エドゥアール・バルトが主宰する各国政府間組織は、まさにワインの「国連」で、大物たちに支配されており、その中には、ジロンド県選出上院議員で元農業大臣、原産地呼称全国委員会の創立者ジョゼフ・カピュ、シャンパーニュブドウ栽培組合長モーリス・ドワイヤール、ワイン取引とブドウ農地ボルドー連盟の長フェルナン・ジネステ、元上院議員でワイン上院議員団長モーリス・サローなどがいた。彼らそれぞれの役割のおかげで、フランスは、戦略的な情報把握管理が国益に有利な規則推進のために必要不可欠となる議論で、大きなウェイトを占めることができた。一九三〇年代に行われた討論で、小規模ブドウ栽培業者を擁護するフランスの発言は、農村ファシズムの主張と加盟数か国が推進する同業組合主義と合致した。ブドウ・ワイン生産部門の責任分担の観点における、国と組合の役割については意見が分かれるとしても、〔ファシスト体制下の〕イタリアとポルトガルの経験に対する関心が高まり、とくに大会時の委員会や会議とか多くの調査旅行の際に増していった。同様に、ナチ・ドイツは、ブドウ・ワイン生産関係の組織や機関をめぐる討論の大部分に強いインパクトを与えていた。

執行機関である役員会は、ファシストやそれに類似した政府代表の強力な存在感に色濃く染まっていた、と言わねばならない。イタリアの農業大臣ジュゼッペ・タシナーリの横で、パリ駐在ポルトガル総領事ホセ・ルイス・アルチェルと、スペイン農業技師養成専門学院のブドウ栽培学・ワイン醸造学教授ホセ・マルシーラ・アラソーラが国際事務局の次長役を務めていた。より政治的でムッソリーニにごく近いタシナーリは筋金入りのイデオローグで、イタリア・ファシスト民族党のなかで、ブドウ・ワイン生産組織においてイタリア・ファシスト同業組合主義を推進すべしという確信を抱いていた。この人物の務めは、イタリアの国会議員ルイージ・カプリ・クルチアーニ、国会議員でワイン取引全国ファシスト連盟会長ジョヴァンニ・ヴィオーラ、国会議員でイタリア・ファシスト農民同盟議長マリオ・ムッツァリーニなどが交代で果たすことがあったが、他方では多くの者が一定の政治的次元を示してアプローチしていた。例えば、ドイツブドウ栽培中央組合長エトムント・フィリップ・ディール、ドイツ摂政期の私的顧問でドイツ公衆衛生局メンバーであるギュンター博士、帝国ドイツ農民管理庁のブドウ栽培部門長ヴィルヘルム・ホイックマン、ベルリンのワイン卸商ハインリヒ・マルクヴァールト、摂政期の私的顧問で帝国とプロイセン内務省顧問のハインツ・メリオール、帝国とプロイセンの食糧農業省顧問フリッツ・シュースターなどである。彼らみなが、パリで頻繁に行なわれる会合で目立つだけでなく、その強力な影響力によって、当時ヨーロッパに課されていたモデルの政治的威光を行きわたらせることを共通点としていた。

これらの人物は、一定の影響力のおかげで、加盟二四か国の多くの代表たちの熱心な協力を得ていた。二四か国とは、ドイツ、ベルギー、ブルガリア、チリ、デンマーク、スペイン、アメリカ合衆国、フランス、イギリス、ハンガリー、イタリア、リヒテンシュタイン、ルクセンブルク、ノルウェー、オランダ、ポーランド、ポルトガル、ルーマニア、スロヴァキア、スウェーデン、スイス、トルコ、南アフリカ、ユーゴスラヴィアなどである。フランスは組織内で業界に係わる多くの独占的権限の引立て役となり、ブドウ・ワイン生産利害優先の名において主導権を握ろうとした。エドゥアール・バルトが、次回国際会議をドイツで受け入れるというヴィルヘルム・ホイックマン博士の提案を容認したのは、この見通しに立ってである。

3　バート・クロイツナハ、最後のワイン国際会議

一九三九年八月二一日、数か月前から現れ始めた戦争の兆しに脅え、深淵の瀬戸際にあったヨーロッパで、ドイツ帝国は、バート・クロイツナハのブドウ・ワイン国際会議の組織を介して舞台に登場した。ベルリンにとって、ドイツ国土でのイベント開催は、一五年前パリで創設された権威ある国際ワイン事務局において、以後ドイツが占める卓越した地位を世界各国が認めたという証拠であった。もっとも、史上最大となるはずの国際会議開催地は、一年前にリスボンの前回大会で大した議論もなく第三帝国が

指名されていた。それに、各国政府間組織の二四加盟国の大半の代表がずっと前からドイツと極めて近い意見を表明していた。この国の重み、誰もが称賛する経済再建、新しい政治秩序と新しいヨーロッパのワイン世界におけるその役割は、驚きと称賛の念を巻き起こしていたのである。

かくしてドイツはこのイベント開催を利用して、前例のないほどの莫大な資金を投じ、その栄誉を確立しようとした。今回は不可避的に小規模ながら、三年前のベルリン夏季オリンピックのときのように、ドイツ帝国は国際舞台に完全復帰できることを世界に示そうとしたのである。それもあらゆる領域においてであり、その中にブドウとワイン部門があった。この組織は厳しくナチ国家の警察機構に統括されており、国家社会主義のショーウィンドーを前面に出し、ヒトラー体制の国際的な威厳を固めるものであらねばならなかった。この観点から、バート・クロイツナハは、ドイツ当局にとって理想的な場所だったのだ。そこはドイツの最も美しいワイン都市の一つで、一千ヘクタール以上のブドウ畑と名高い白ワインの銘酒、とくにリースリングとジルヴァーナーで有名だった。ナチのプロパガンダが前面に押し出したドイツロマン主義の表れであるこの保養地は、中世以来の歴史的中心地にあり、例を見ないほどのホテル群と多くの湯治ホテルを擁し、会議の受け入れにはふさわしかった。ここはまた、より新しくは、ドイツの軍事的誇りとなる歴史が繰り広げられた場でもあった。ヴィルヘルム二世の帝国司令部の旧本拠地であったこの町は、一九三八年に国際的な緊張が高まってから、ベルリン－パリ間を鉄道で通過する大きな駐留部隊の要塞基地になっていた。会議開催によってナチが演出して見せようとしたのは、この小さな地方都市の風景、ブドウの木、酒倉、湯治場、橋、鐘楼、入り組んだ路地、多くの美しい建築物などを一望させる風景であり、歴史とその力、その威光をうちに秘めた風景である。

この意図を示す最初の道具となる会議の公式シンボルは、ナチの芸術家マックス・エシュレによって制作された。ドイツ政府向けの多くの作品で有名になったこの画家は、一九三六年のガルミッシュ・パルテンキルヘン冬季オリンピックのポスターと、同年のベルリン夏季オリンピックの切手シートをつくった。一九四〇年、再びドイツ開催の冬季オリンピック用ポスター制作者に指名されている彼は、一九三九年のブドウ・ワイン生産会議に不可避の公式芸術家と見なされていた。今度は、彼の作品はポスター、会議プログラムとメニューのイラスト用として数千部印刷され、ポスターは、巨大なヒトラーの肖像に面して、会議場の演壇の頭上に置かれていた記念彫刻に生気を与えていた。それは、二枚の赤褐色のブドウの葉で飾られた、白と黒の二つのたっぷりとした大きな実のブドウの房が、先頭に鉤十字の旗のある参加国の国旗をつけた、燃えるような絹紐で結ばれている絵だった（図版①）。

このシンボルはイベントの大きさに見合っており、これが、ドイツと国際会議の二三加盟国の世界中からきた一五〇〇人のブドウとワインの関係者や、鑑定家、専門家、技術者を含めて三〇〇〇人以上集めた招待客の会議の、最初のヴィジュアルイメージとなっていた。参加者のうち二〇〇人以上が、フランスとアルジェリアのブドウ・ワイン生産組織の者だった。八月二〇日夕刻、バート・クロイツナハに着くと、フランスワイン取引全国組合の代表者たちは高級ホテル、クーアハウス・パラストに入り、夕食会に加わるが、そこでは帝国当局関係者が、印象的な民族衣装姿のコーラスグループに取り巻かれて、彼らを歓待した。

朝、パリ東駅を出発したときから、フランス人参加者たちは、パリのオペラ座通りにある、ベルリン認可の旅行代理店デュシュマン・エクスプランテールの通訳に引率されていた。ザールブリュッケンで、ドイツの役人が交代して彼らに同伴し、訪問見学のルールと習慣作法を告げた。ドイツ旅行に慣れていた彼らには何のことなのか分かっていた。エロー県代議士、ブドウ・国際ワイン事務局長で名誉会員のエドゥアール・バルトは、公式代表団の一員だが、その団長レオン・ドゥアルシュの横にいた。代表団とともに、この二人は、主なるドイツブドウ栽培協会の会長で帝国ブドウ栽培官のエトムント・ディールに会うまで、パリからドイツ大使に付き添われてきた。パリで振込み登録しなかった者は、ホテルの受付で分担金二〇観光マルク〔これは別仕立てのマルクで、ライヒスマルクは国内ドイツ人のみの通貨〕を払わねばならなかった。このドイツ通貨は、一帝国マルク＝九・二〇フランの為替レートで帝国銀行が発行するが、人為的で国外では兌換できず、外国人にとっては法外なレートであることを隠しようがなかった。ただ、魅力的なプログラムにもかかわらず、誰も観光目当てに来たわけではないので、そんなことはどうでもよかったのである。

実際、現地では、帝国はその最良の魅力的な光景で展示された。国際会議の開催時に、その意向が十全に示されていたのである。鉤十字の旗で飾られたクーアハウス・パラストの大ホールには、ブドウ畑が再現され、蠟人形のブドウ農民の働く姿があった。横には、積み上げられた酒樽の山を収めた切り石の酒倉、模範的なブドウ栽培農家の村、荷車を引く馬、柳の籠、巨大な中世のブドウ搾り機が展示されていた。上方には、ナチ・ドイツと総統の庇護下でヨーロッパの平和を説く、ゴシック文字のスローガンのパネルが掲げられていた。光り輝く徽章を胸につけた正装姿の旗手憲兵隊〔軍事警察〕の二重の列が、招待客を遠ざけている厳めしい治安部隊に花を添えていた。

会議参加者が到着すると、プファルツ交響楽団がカール・マリーア・フォン・ヴェーバーの英雄ロマン的な大オペラ『オイリアンテ』の序曲を演奏した。音楽の導入で、人々は一九世紀初頭のドイツロマン主義の最も純粋な様式の雰囲気に包まれた。突然、護衛隊のトランペットが鳴り響き、この大会の会長であるドイツ農民の総統、ヴァルター・ダレ帝国食糧農業大臣の登壇を告げた。黒いネクタイと白シャツで、ナチ党の徽章を飾ったダークスーツ姿で、表情がいくぶん硬いこのドイツ政府の代表は、ごく簡単に挨拶した。招待客、同胞、「党員、国家、軍」に敬意を表しながら、彼は「宰相にして総統」たる国家元首、大のワイン愛好家と評判の国務大臣ヘルマン・ゲーリング、外務大臣ヨアヒム・フォン・リッベントロプからの歓迎の祝詞を伝えた――この外相は元ワイン卸商で、姻戚関係から、ドイツのワイン取引商の名門家系の一つの相続人だが、国際状況のために自由な行動ができなかった。次いで、ダレは簡単にドイツと世界のワイン栽培に対する懸念と、委員会で討議される予定の問題への大きな関心を示し、「平和な諸国民」のなかで優先されるべきは「相互理解」であることを強調した。どうということもない、まじめそうな演説だった（図版②）。

しかしながら、聴衆は誰も思い違いすることはなかった。この発言に潜在するイデオロギー的次元は明白だった。「血と大地」の主要な理論家、親衛隊SSの高官、党の「帝国指導者《ライヒスライター》」であるダレは当時、農村世界向けのナチの強力なプロパガンダ装置の大推進役と見なされていた。彼の理論は、「人種」共同体とこれが耕す大地との緊密な関係という理念を擁護し、人間共同体が推し進める力学と彼らに帰せられる大地の宿命的関係において、ワイン世界に完璧に適合していた。次いで、国際会議の運営委員長のエトムント・ディールが、「ドイツ詩人のプリンス」とされるゲーテを引用してこう述べた。「ワインは我々を育て、我々をマイスター（支配者）にする」。しかしながら、誰もこの極めて和らげられた、まったくの外交儀礼的な演説に好戦的な意図が秘められているとは思わなかったであろう。いずれにせよ、オーストリアとズデーテン地方を併合し、そのブドウ畑をわが物とした「ゲルマンの活力」への言及には、平和主義的な精神の人々を不安にするものがあり、フランス人エドゥアール・バルトもそう感じたひとりだった。

こうした発言を受けて、国際ワイン事務局長は有能な法律家、老練な外交官として、当時いつも決まったように試練に晒される世界のワイン市場を守るための争点を指摘し、そのついでに「祖国のために英知を傾けたヒトラー宰相閣下」に挨拶を送り、「分裂を生むようなことはすべて忘れ、結びつけるもののみを考えるという意志をもって、実り豊かな営為のために忠実にして全面的な協力」を申し出たのである。

シューベルトの『ロザムンデ』の演奏下の幕間劇によって終わった演説は、一〇日間の討論、講演、作業部会プログラムに先立つもので、期間中、とくに法律と市場ルール、苗木、品種、ワイン醸造法、味、生産高、病害と寄生虫、関連産業の組織などの討議が予定されていた。八月二三日は、大会参加者は市長に招待されて観光バスでヴィースバーデンに遠足し、そこで盛大な特別コンサートで迎えられた。ご婦人方には、マインツからデュースブルク・ルーロルトまでのライン河クルーズが提供された。どこでも、黄色の絹のリボンを付けた添乗員が招待客へのサービスに努めていた。国家保安隊員が取り巻き、耳をすまし、監視していた。翌日、午前中の討論後、観光バスでライン河畔ビンゲンに向かい、ナーエのブドウ栽培地帯を訪れ、それからザンクト・ゴーアまで「音楽とコーヒー付き」で船の遊覧だった。ブドウ畑を見て、参加者たちは大喜びした。

この八月の終わるころ、天気は素晴らしく、色づいたブドウ畑が丘の果てまで急坂になって広がる美しさに、写真愛好家は熱狂した。郊外では、公式添乗員の許可を得ればどこを写してもよく、この風景をカメラに収めた。夕食会はラインフェルス城で行なわれ、心はずむようなワインを味わい、ドイツブドウ栽培中央協会の用意した食事を満喫する予定だった。だが突然、午後遅くなって、極めて神経質になった主催者が計画の中止を告げた。夕食会の宴も取り消された。大会の四日目、ベルリンからの指令が外国人に迅速にドイツから退去するよう命じていたのである。すぐさま、全員慌ただしく、バート・クロイツナハのホテルに送り返された。電話は切られ、外部との通信は一切禁じられた。正式な追放だとすれば、誰もがその理由を想像できたのである。

数日前からヨーロッパでは、国際関係が悪化していた。前日、英仏軍事使節団がモスクワでまだ交渉中に、帝国外務大臣リッベントロプはソ連を中立化していた条約を破棄してしまった。ヒトラーは狂喜した。あらゆる期待に反して、この独露の決裂はカードをひっくり返し、ヨーロッパの空に雷鳴のごとく鳴り響いた。数年前から、ロンドンとパリがヒトラーにその軍隊を東部に向けさせようとして行なってきた、ドイツには好都合だが、罪深い英仏の政策は突然、両国にはね返ってきたのである。多くの国際問題観察者のように、元国際ワイン事務局長レオン・ドゥアルシュは、そこには西側政府側のような先見性なき態度、単純愚直さなど微塵もないことを知った。ヒトラーとの協調はずっと前から、経済・金融界の上層部を含めて、フランスの政治を司っていたすべての者が熱烈に望んでいたのだ。今や、この帝国との無条件の妥協戦略が悲劇的な失敗として立ち現われたのである。大会中止の通告の翌日、参加者全員、軍隊護送の下で、ザールブリュッケンに送り返された。午後遅く国境に着くと、彼らは情け容赦なく軍事警察に検閲され、追放された。数日後、ヒトラー・ドイツはポーランド侵攻を開始したのである。

4　「奇妙な戦争」下のワイン

一九三九年九月、ロンドンとパリが推進したいわゆる「宥和（鎮静化）」政策の失敗は明白だった。ヒトラーにオーストリアを併合され、次いでチェコスロヴァキアを分断された後、ポーランド侵攻で宣戦布告は不可避になった。フランスとイギリスがこうした動向に甘んじたからではなく、今回はドイツに対して、政治的外交的に強力かつ明確に反対意志を表明せねばならなかったからである。したがって、あらゆる期待に反して、西部戦線で開戦となったのである。フランスでは数日前から、布告なしで動員令がくだっていた。数千人の休暇中の軍人が急遽再召集された。ただ、ひとたび総動員令が発布されても、事態は大きくは変わらなかった。フランスのブドウ畑ではどこでも、年度兵ごとにブドウ栽培者、ワイン醸造労働者、酒倉職人、使用人がブドウの収穫開始期に仕事を離れた。戦争は短期だろうと思われていた。ヒトラーが屈服するだろう。今回のこけおどし行為は失敗するだろうと、誰もが認めていた。ブドウ畑、酒倉や貯蔵庫では、老人老婆が子供に助けられて作業を交替し、動員兵たちの帰還を待っていた。

しかしながら、東部戦線では電撃戦が進行中だった。ポーランド軍は極力国境に集中していたが、たちまち包囲され、退却を余儀なくされた。フランスの参謀本部の誰が、このドイツ軍の戦術が西部戦線にもはね返ることを理解していたのか？　さしあたり、下院はパリを離れ、トゥールに移った。すべての省庁が徐々に西部へ避難した。フランス北部と同様、シャンパーニュでもブルゴーニュでも、学童用の出発許可証を用意した。破局的状況の場合を想定して、首都の完全撤退プランが予定されていた。同じ措置がフランス東部のすべての町で予定されていた。シャンパンの首都ランスでは、夜は繰り返し警報が鳴り、町の通りは暗闇と化し、その安全保障は数百人の防空体制の志願者に委託されていた（なお、シャンパンの正式名称はシャンパーニュだが、ここでは地方名のシャンパーニュと区別する意味で、通称としてシャンパンを用いた。シャンパーニュワインもシャンパンを指す）。サイレンが定期的に鳴る度に、町の住民は無数にある地下のワイン貯蔵庫（カーヴ cave）に降りた。誰もが指示を守り、ガスマスクを手放さないようにしていた（これは先の大戦ではじめて毒ガスが使用されたから）。国全体も、アルザス、シャンパーニュ、ブルゴーニュのようなブドウ畑も、難攻不落とされる恐るべき要塞地帯のマジノ線を楯にしていたのである。

フランス側では、この紛争は前代未聞の逆説的なものだった。仏独国境でのいくつかの小競り合いを除いて、いかなる戦闘も起こらず、数週間が過ぎた。まさに戦争なき戦争で、一九一四年八月と九月の大量殺戮戦とは正反対だった。「前線」では、数十万人の暇な兵士が退屈し、士気阻喪していた。完全に監視下におかれ、プロパガンダと検閲に付されたメディアでは、足もとに銃を置いたフランス部隊の武勇を誇示し、恐怖で身のすくんだヒトラーを笑い飛ばしていた。だが実際は、時局は敵側に有利に働いていた。この勝利も敗北もない戦争はすでにフランスに高くついていた。ポーランドへの軍事攻撃で、ベルリンが西部戦線から離脱して空っぽにしているときに、一日約一〇億フランかかるという噂だった。ソ連のポーランド、次いでフィンランド攻勢によって、フランス人は代理戦争をしてもらっているようなものだった。さしあたりは、近いうちに故郷へ帰還する見通しもない動員兵の士気を何が何でも維持することが肝要だった。「ワイン」が役割を取り戻すように見えたのは、前大戦終結二一年後の、この不確実な雰囲気においてであった。

前大戦から、確かにワインはフランス参謀本部によって、比類なき刺激剤、健康状態をよくする強壮剤、戦闘で効率よく成果を上げさせるものと見なされていた。[*9] あらゆる軍事専門家が、医学アカデミーの著名な会員の意見を基にして、こうした評価の正しさを認めていた。彼らによると、そのうえワインには大部分の感染症や胃腸病、喉の乾いた人間が不用意に飲む汚染水に対する殺菌効果があった。したがって、参謀本部にとって、戦争の状況はワインの推奨に好都合だったのである。前大戦のように、ワインは戦闘員の体力と士気を維持するものと認められた。つまり、ひとを上機嫌にして、粘り強さや勇敢さを高めるものなのである。数十年前から、ワインはまた回復期の患者の薬、貴重な強壮剤であり、誰にとっても優れた栄養食品であると見なされていた。多数の報告書や論評が、それがずっと前から自明の理であることを宣言している。つまり、ワインは人類にとって、計り知れない寄与をなすものなのである。

一九一八年の勝利は、極めて有力なワイン世界の支持を得て、以後「勝利のワイン」の地位にまで高まり、この飲物の効用を幅広く定着させた。一九三五年に公にされた、フランスワインに捧げた感動的なオマージュにおいて、ペタン元帥自身、英雄的なポワリュ〔第一次世界大戦のフランス兵の別称。イギリス兵はトミー、アメリカ兵はサミー、ドイツ兵はミヒェル〕にとって、ワインがどれほど「精神的な力にも肉体的な力にも有益な刺激剤」であり、「その独自の働きによって勝利に大きく貢献した」か、を想い起している。[*10]

以来、フランス軍事当局は、公式に一日一人当たり一リットル以上にまでなった一九一四―一九一八年と同様の比率で、ワインの飲用を奨励した。かくして、一九一四年の訓令を模倣して、一九三九―一九四〇年、フランス軍の施行規則は、いわゆる「液体」類の配給は野営する全部隊の権利であると規定したのである。またそれは、各編成部隊の総司令官の決裁による追加配給の対象でもあった。つまり、焙煎コーヒー、ビール、シードル、オ・ド・ヴィ、ワインが対象だが、ワインはブドウの収穫が好調であると予想されると、部隊にとって豊富な配給が見込まれた。

一九三九年秋は、実際ブドウ生産が豊かで、年によって不規則ではあるが、この年はいくつかの県でハマキガ類の害虫による被害や、湿度の高い地域でのべと病、うどん粉病が発生したにもかかわらず、収穫量はかなりの数字に達するものと見込まれていた。南フランスの九月前半の好天と暑さは、たとえアルコール度数が不十分であるとしても、ワインの質に好影響をもたらしたのである。

要するに、一九三八年収穫のストックはいつでも自由になり、過剰生産の危機で生産者が厳しい打撃を受けていた時期に、まだ相当量があった。通常の一日配給分の伝統的な「四分の一リットルワイン」が、参謀本部の命令で前線の全兵士に倍増されたのは、こうした背景においてである。ワイン生産装置の現状維持とフランスのブドウ畑の存続問題が、前線の兵士への日常的な栄養補給の必要性と急速に結びついた。政軍当局は特別供給システムを再稼働させることで一致したが、二〇〇〇台以上のタンク車両を動員する複合的な物流システムを稼働させるため、全般化した混乱状況のなかで一定のローテーションを確保しなければならなかった。

競売で購入するか、または九月一日から統制価格で徴発して集荷された量は、もっぱらその年に消費されるテーブルワインに相当するものだった。軍の経理部は、南仏全地域の日常消費の赤ワインを一hl一六フランの買上げ比率で、ブドウ農家からの購入を予定し、一九三八年収穫用のアルコール度九度以上の同種のワインも同率で購入した。一九三九年一一月一五日と一九四〇年一月一〇日の法令は、この購入比率を一九三九年収穫のワインに対しては変更した。アルコール度八〜八・一度の同種ワインの購入価格は、産地価格で一hl度数一四・五〇フランに定められた。同様に、八・二〜八・四度は一四・七五フランだった。一hl度数〇・二五フランの「高濃度プライム」は九〜九・四度のワインに適用された。同様に、九・五〜九・九度には〇・五〇フラン、一〇〜一〇・九度には〇・七五フラン、一一度以上には一フランだった。こうした「高濃度プライム」の値上げは一九三九年収穫のアルジェリアの赤ワインにも適用された。「極上ワイン」や「上質銘柄ワイン」は通常、保存用ワイン（置いておくと味が良くなるワイン）を産するブドウの木からでき、ブドウの品種やワイン醸造法のために有名な一定の特殊な性格をもち、徴発からは除外されていた。これらは普通、類似した成分のテーブルワインよりもはるかに高価格になった。

異議申し立て、とくに銘柄ワインの徴発免除についての異議に備えるか、または解決するために、ワイン格付け県委員会が構成され、「上級ワイン生産専門のコミューン（市町村）」、すなわち、単なる原産地呼称かまたは原産地統制呼称銘柄ワイン生産コミューンと、「テーブルワイン生産専門コミューン」、上級ワインとテーブルワインをともに生産する「混成コミューン」が区別されたが、後者ではテーブルワインだけが徴発された。この委員会は一般に、格付け付与に対して設定された範囲やブドウ栽培者の平等を尊重して、確実な判断を下すことを使命とした。これはさらに、知事が指名した三人のワイン生産地域の有力者と、その補佐役の現地の専門家によるワイン納入管理県委員会に受け継がれた。この委員会はワインを受け取り、それをタンクローリーで積荷駅まで運搬することを任務としていた。鉛の封印をしたタンク車に収められると、ワインは鉄道で集荷駅まで運ばれ、そこで駅倉庫のワイン部門に渡された。これは広大な施設で、数万人分の食糧を集め、組み合わせて処理し、毎日発送していた。拡張・改良工事で、文字通り産業施設（屋内作業場、樽工場、砕石工場など）となり、絶え間なく稼働し、毎週相当数のタンク車を受け入れ、発送していた。駅倉庫にはそれぞれ蒸気乾燥、水洗い、樽の燻蒸殺菌や修理に必要な大きな設備があった。この最後の仕事は前年度動員兵の職人にゆだねられていた。この組織は軍の経理部長と副部長の責任下に置かれ、将校とワイン部門のスタッフに補佐されていた。

駅倉庫は前線に発送する前、管轄区域のすべてのワインを受け入れていた。ここはワインの貯蔵と処理設備に施すべき手入れ・管理の頻繁なチェックの対象になった。優先的に製品が悪化する原因をつきとめ、処置を施してその保存を確保することが肝要だった。しばしばこうしたセンターに数日間保管されるだけで、実際には、ワインは最小限の処置しか受けなかった。港や国境で、外国かまたはアルジェリアからの供給を受けて行う保管だけが、要求された基準を高めるために普通よりも長期に相当量を保存した。ワインの質を保証するための技術的措置はまた、ワイン醸造の設備にも向けられるが、これには食品の保存や質に有害な酸や黴がごく簡単に付着するからである。

到着すると、タンク車は鉛の封印を解かれ、計測された。各車両のワインが検査分析された。この液体飲料は、フランス参謀本部がつねにドイツの「第五列（スパイ）」が毒を投入するという妄念に憑かれていただけに、一層用心深い注意の対象となり、とくに検査測定と化学処理が入念に行われた。さまざまな蒸留方式によって、軍経理部の化学者は各ワイン樽のアルコール度数、揮発性の酸性濃度、風味の感度を確定した。兵士の心にひそむ執拗な幻想に反して、臭化物は味のためにも、コストの点からも一切添加されていなかった。次いで、ワインは樽、桶、木製の大樽で運ばれた。この酒樽類は稀少品で高く、大変注意深く取り扱われ、それから前線行きの列車の藁床の上に厚い板枠に詰めて配置された。

国境近辺の補給駅に着くと、ワインは各部隊の補給将校に直接引き渡され、彼が各隊の必要に応じて分配した。次いで、支線を走る正規の列車、トラック、馬車や単なる荷車などが移動調理車まで運んだ。そこから、ワインはブリキ缶、バケツで陣地の兵士や、七〇〇キロメートルにわたるマジノ線の奥底に隠れ潜んでいる兵士たちに届けられた。その頃から、相当量のワインをストックすることが優先的課題となり、戦闘の際に必要な補充量を予測しながら、高水準で配給のリズムを保つことができるようになった。前線では、無為無活動に陥った兵士の士気を維持することが肝要で、愛国的性格のあらゆるイニシアティブが次々に繰り出された。以上が、二〇年以上前からワインに関するあらゆる問題に対して避けて通れないフランスの個性と見なされてきた状況を考慮して、一九三九年秋に提案された「兵士のホットワイン」計画が設置されるときの背景である。

5 「兵士のホットワイン」

国際ワイン事務局長で、一九一〇年からエロー県代議士、一九二四年からは下院財務官であるエドゥアール・バルトは、フランスでも世界でも、ワインの最良のスペシャリストの一人として知られたベテラン議員である。一九三〇年代、ブドウ栽培の法規制定の主役である彼は、とりわけ次のような各種委員会を主宰していた。すなわち、一九二四年、彼のイニシアティブで創設された下院の飲料委員会、ワイン議員グループ、省庁間ブドウ栽培委員会、全国ガソリン委員会、ワイン振興全国委員会、アルコール高等評議会、液体燃料全国委員会、ワイン統制委員会、原産地呼称全国委員会などである。一九三二年からは、彼はまた中小規模ブドウ栽培者同盟名誉会長でもあった。

彼は外交官的性格のため、次のような紛争事の公認仲裁人だった。ブドウ栽培者と北仏のブドウ畑用の砂糖生産者である甜菜栽培者間、シャンパン紛争の際のオーブ県とマルヌ県のブドウ栽培者間、中西部と南仏のブドウ栽培者間、南仏とアルジェリアのブドウ栽培者間、西インド諸島のラム酒生産者と政府間などである。歴史家ジャン・サーニュが強調しているように、この第三共和国末期のフランスで、これほどの経験と人間関係を誇れる政治家はほとんどいない。職務上からも、彼は個人的にあらゆる上下両院の議員や大臣、フランス農業経済界の主なる代表と知り合いである。決して大臣になることはなかったが、無視すべからざる政治家であった。長い年月、ワイン問題の公認のスペシャリストで、辣腕、有能で愛想のいい彼は、同僚たちがずっと前から彼の所属政党を忘れてしまうほど、誰からも高く評価されていたのである。

疲れを知らないワインの擁護者であるバルトは、つねに保護主義的で生産統制的な政策を支持していた。[*11] この「ワイン代議士」にとって、フランスの世界一を誇る豊かな生産は、これを利用して、前大戦中に講じられた幸運なワイン優遇策を取り戻す好機であった。彼はとくにこう書いている。「前大戦の経験から、インフルエンザ予防として温かいアルコール飲料を配給することが不可欠であることは証明されている。その場合、ホットワインは文句なく一番の強壮効果のある飲物である……ワインのアルコール度の豊かさと滋養になる特性、また砂糖のエネルギー効果、シナモンの強壮・刺激剤的効力によって、ホットワインは兵士の士気と体力を支え、健康を守る有益かつ優れた飲物である」。そしてこう付け加えている。「軍のリーダーたちが寄せたいくつかの手紙は、ホットワインの配給が兵士の士気高揚に大いに寄与したことを示している」[*12]。

一〇月一八日、バルトの主催で招集された飲料委員会は議会に対し、「厳寒期中、兵士の健康を守るため」、供給大臣に「冬季期間中、戦闘中の部隊にホットワインの配給実施」[*13]を勧告するよう要請した。この計画を成功させるため、兵士へのホットワイン供給世話人会が設置された。これは、現物または金銭による強力な寄付促進キャンペーンによって、フランス中からのワイン収集大作戦を行うことを責務とした。至るところで、「ワインは兵士たちを楽天的にする」とか、「ホットワインはインフルエンザを駆逐する」などの宣伝文句が読み取れた。

このキャンペーンはベルギーでも行われ、ベルギーワイン友好同盟会長ルネ・ベッケールが王国軍兵士へのワイン供給案を支持して、彼も「ワインの栄養食品的価値」に加えて、「ワインを適度に飲むことは健康上何の害にもならない」と指摘した。また、「肉体的機能に有益である」だけでなく、「ワインは精神と神経の緊張を和らげる優れた手段である」とも言った。そしてこう付け加えている。「一九一四年の戦争中、ワインの病気予防効果はすでに指摘されていた。そのためフランスでは、ワインが惜しみなくふるまわれた師団では、感染症に罹る兵士の数が大幅に減った。したがって、ワインは（水と違って）一定の免疫力をもたらすことが明らかになったのである」。さらにこう述べている。「細菌による病気予防のためには、ワインを飲むことだ。一滴の水には数千の細菌が含まれている。ワインを加えた水では、ほとんどすべての細菌が死滅しているのだ」[*14]。

イギリスのメディアは、フランス軍におけるこの措置に称賛を惜しまなかった。月刊誌『ザ・ワイン&スピリッツ・トレード・レコード』は二月号でこう報じている。「よく言われるように、フランス兵に配給されたワインが単なる栄養補給に過ぎないと考えてはなるまい。実際、ワインはそれ自体が文字通り食品で、しかもそのうえ、兵士にはまさに貴重なビタミンBを含んだ食品なのである」。そしてこう付け加えている。「兵士としての多くの長所のほかに、フランス人にはまた陽気さとエスプリがある。フランス兵と付き合ったイギリス兵は、塹壕で交わされる洒落や警句を聞いてすぐにそれに気づき、また行間に読み取った。そういう洒落や警句を飛ばさせたのは、多くの場合、ワイン、彼らの言う〝ピナール〔安葡萄酒〕〟である。前線の多くのミニ新聞には、〝ピナール・デシェネ〔鎖を解かれたワイン、つまり兵士の心身の鎖を解くワイン〕〟という名のものがあった……これこそまさに、この飲物を毎日飲む者誰にも与えられる、団結力補完剤的要素の一つなのである」[*15]。

イタリアでも、類似のキャンペーンが人心を捉えた。ファシストの上院議員A・マレスカルキは軍隊のワイン消費の推進役となり、「たっぷりとワインを与えられる」フランス兵の有利な状況と、その傍で紅茶を飲むイギリス兵の状況を比較してみせた。彼によると、大戦中、ワインはフランス兵たちに奇跡をもたらしたのは、満足感を与え、神経筋肉組織に活力を与えるのがこの古来の飲物の特性だからである。それはまた、軍隊生活において、より偉大で勇敢な行為や努力にも現われたという」[*16]。こうした意見に従って、全国のブドウ・ワイン生産協同組合はこぞって協力し、ファシスト軍の戦士たちの情熱を支えた。イタリア軍最高司令官バルドッリョ元帥も、兵士へのワインの毎日支給に賛成を表明した。一九三九年一〇月、ムッソリーニは各イタリア兵への毎日四分の一リットルワインの支給を公式に制度化した。

しかしながら、一九三九年秋にフランスで始まった組織的動員力に匹敵するものが、これらの国にはなかった。一一月には、ホットワイン委員会には五〇〇万hlのワインを配給する能力があった。政府が一九四〇年三月三日に定めた全国ワインデーの創設を通して延長を決定したのは、信じ難い成功だった。内務省は、この全国デーが兵士へのより広範なホットワイン無償支給の財源を確保することになると明言した。この全国に広がった運動によって、兵士のホットワイン促進バッジが多数売れた（図版㉒）。これはまた政界と宗教界の最高権威によって受け継がれた。[*17] パリ大司教ヴェルディエ枢機卿はこう書いている。

「人生には、その重要性が目的そのものではなく、それを抱かせる感情によって測られる行為があり、この感情が心から直接生まれると、絶対的な力を持つと言えます。それがこのホットワインの場合で、これについてひと言述べておきたい。ホットワイン、我らが誠実なる兵士諸君は、この冬の夜の寒空に、これを喜んで迎えたでしょう。これは彼らのかじかんだ四肢を温め、いわば愛国心の炎に新しい息吹を与え、彼らに大歓迎されたことでしょう。フランスのワインなのです。それにひとが思う以上に、このワインは我々の国民気質を形成するのに役立っています。この熱情と中庸、陽気な興奮と冷静な思考の複雑な態度、この繊細だが必要に応じて躍動する精神、だがつねに良識に満ちた精神は、ワインのおかげであります。諸君もお気づきだろうが、我らがフランスワインを特徴づける言葉は、我々の気質の諸相を表わすものと同じなのです」[*18]。数十のワイン集荷配給センターがフランスの至る所につくられ、パリ、ナンシー、メッス、ストラスブール、ランス、ディジョン、マコン、リヨン、モンペリエ、ボルドー・サン・ジャンなどの駅に生まれた。この活動は合計で五〇〇万hlの追加ワインをもたらしたが[*19]、同時に政府は広範な食糧とアルコール消費の統制政策を開始した。

まだ食糧は豊富にあるとしても、実際は、一九四〇年二月から、将来重大な食糧不足が見込まれていた。フランス人は、三月一日の朝刊でポール・レノーの声明を読んで、はじめて警告された。配給に備えるため、政府は調査を命じていた。一連の制限条項が動き出した。レストランは以後、一五フラン以上の食事では一人当たり一五〇グラムのパンしか出せなかった。もっと質素なメニューを注文した客には食事一回当たり三〇〇グラム受け取る権利があった〔低価格メニューでは肉類が出ないのでパンで補われた〕。レストランは客一人当たり二皿しか出せず、そのうち一皿に肉が入っていた。バターはテーブルでは禁止だった。ケーキ屋や菓子店は火・水・木曜日の週三日は閉めねばならなかった。これらの食品は、この同じ週三日は、レストラン、ホテル、カフェ、またプライベートなクラブや食堂車でさえも禁止になった。高級チョコレートは戦争中店頭から完全に消えてしまった。三月一〇日、条令で食糧配給カード取得手続きの詳細が布告された。新聞は毎日、読者に新しい規則を伝えることを義務とした。だが実際には、日曜日だけは制限を免れていた。

火・木・土曜日には、公的な場でのアルコール飲料の購入・消費禁止令が出されたのは、この観点からである。しかしながら、この最初の禁止令では、ワインと一八度以下の「健康的」とされたすべての飲料は免除されていた。つねに警戒していたブドウ・ワイン生産業界にとって、これは、彼らの利害に反する戦争になることを告げるショックだった。一九四〇年三月一三日、下院で、ワインベースのアペリティフと蒸留酒を週三回以上飲むことの禁止令に対して、ワイングループ議員団の激しい反対動議が出された。動議案は「フランスのワイン生産に対する無益な嫌がらせ」を告発していた。この議員団は、「フランスの地のコニャックやアルマニャック」のような蒸留性ワインを適度に飲むことは「民族に危険」なものとは見なされなかったし、またアルコール中毒も、前大戦以来、アルコール消費量が一六〇万から八〇万hlに低下した結果、事実上フランスから消滅している、と訴えていた。

議員団が強調した危険はむしろ、蒸留酒の不正な使用や密輸アルコールの乱用から生じるもので、これは講じられた措置がかえって刺激となり、「これに対して何の策も取られなかった」ことにある。異議申し立ての張本人たちにとっては、禁止とさまざまな措置が一緒になって、アメリカ、フィンランド、ベルギーでは「嘆かわしい結果」をもたらし、しまいにはその停止に至ったことが念頭にあった。ワイングループ議員団は法令の速やかな修正と、過去に「フランス生産品の評判」を生んだ「国民的産物」の消費促進へ戻ることを要求した。そして結局は、政府がこの法令破棄を何としても拒んだ場合には重大な影響が及び、「アルコール商業公社の収支バランスを危機」にさらし、予算に「数十億フランの赤字」をもたらすことになると見なしていた。さらにそれはその行き過ぎによって、「密輸と偽造、つまりはアルコール中毒を回避するのではなく、その悪弊」を助長する、というのであった。[20]

こうした意見を受けて、ワイン取引全国組合長ロジェ・デスカは政府の長に釈明を求めた。デスカによると、巷間の施設で飲食を制限することは「家庭での飲食を奨励することで、そこにアルコールを飲食する者が集まれば、その妻子にまでその影響が及ぶ恐れがある」という。法的に消費を制限することはまた「密売をそそのかし、その結果、偽造アルコールの闇の購入欲をそそることになる」。そしてこう続けている。「アメリカでは禁酒法が違法な慣行を促進することが判明したために、廃止されました。我々は個人的な利害を守ろうというのではなく、専門家として問題が分かっているので、薬が病気をさらに悪くする恐れがあることを知っております。我々は、過去にそうしたように、義務を心得た市民として、この重大時に政府が講じるあらゆる決定を受け入れますが、コニャック蒸留業者に対する蒸留の絶対的な統制とアルコール消費制限措置を同時に行なう必要が、厳密な意味であるのかと尋ねたとしても、別に反抗心を示すものではありません。弱みを見せず、いかなる懸念もないように、闇アルコールを生産・流通させる可能性を排除し、同時に政府が有益と判断する限りで我々の製品販売を統制するのであれば、それはそれで政府は国益と公共の道徳に同時に資することになるでしょう[*21]」。

もっと冷静な者たちは、この「アペリティフのない」日々はフランスワインの宣伝普及強化のために使われるべきであると考えていた。Th・バルクハウゼンは、「世界最大のワイン生産国の住民であるフランス人は、時には健康を害するアペリティフの代わりに、健康によい優れたワインを飲む方がはるかによいだろう[*22]」と書いている。

このように、フランスでワインとアルコール類の位置づけに関する激論が続いていたさなか、一九四〇年五月一〇日、数か月間の待機後、突然、西部戦線で「奇妙な戦争」が「電撃戦」に変わったのである。大規模なドイツの攻勢がオランダとベルギーを襲った。三日後の五月一三日、フォン・ルントシュテット将軍の「装甲師団」がアルデンヌの森の難攻不落とされた山岳地帯を越えた。連合国側では、この予想外の戦略転換を前にして、疑念が茫然自失に変わった。前線は突破され、敗走、逃亡、脱出のあげくに敗北だった。一週間もしないうちに、フランスの運命は封印された。潰走の衝撃波が国中に広がった。逃亡中の政府は絶望的な状況を認め、早々と戦闘終了に言及していたのである。

第二章　ワイン・ラッシュ

1　敗北のショックと商売繁盛

わが国の崩壊はフランス史上前例のない大敗北となり、国民にとって大きなトラウマとなるショックだった。数百万のフランス人が避難の路上に投げ出され、敵部隊の信じ難い進撃にさらされた光景に、人々は仰天させられた。シャンパーニュでは一時、今も記憶に残る大戦の殺戮戦の亡霊がまた戻りはしないかと恐れられた。だが以後問題となるのは、新たな紛争なのである。数週間で国土の半分以上がドイツの支配下におかれ、その中にシャンパーニュ、ブルゴーニュ、コニャック、ボルドーなどの有名なブドウ栽培地帯があった。当時の人々にとっては、いわば不可逆の地獄の渦巻きだった。フランスが歴史を通して築いてきたものすべてが、数日間で崩れ去ったのである。急速に、人心を襲ったパニックが奇妙な諦念状態と混じり合い、観察者を仰天させ、あらゆる確信をひっくり返してしまった。わずか数日間で、今まであったものがもうないのである。国の所有していたものすべてが、貪欲で、すべてを奪い取ろうと断固決意した敵の手に渡ってしまったのだった。

占領下のブドウ栽培地では、ブドウ栽培者や卸商〔ネゴシアン négociant ＝ワイン製造卸売商人。詳しくはあとがき参照〕などの関係者は、新しい支配者の愛顧を得ることが利益になるとすぐに悟った。一九四〇年の夏の間ずっと、軍経理部局の代表たちと交代した、一時滞在のドイツ軍部隊がワインを大量購入した。一九四〇年秋までは、何もかもがまったく野放しで、それまでの通常価格を超える破格の無差別購入を誰にも阻止できなかった。シャンパーニュとブルゴーニュでは、卸商とブドウ栽培者に「桁外れ」と思われた価格が提示され、彼らは目を疑った。それまでよりも一〇倍、二〇倍だったのだ。ドイツ部隊は異常な興奮状態のなかで、すべてをどんな価格でも買った。[*1] 夏の取引の熱狂興奮状態のなかで、大急ぎで行われた取引の尋常ならざる光景が繰り広げられた。すべての大規模ブドウ栽培者の地下貯蔵庫や酒倉から、灰緑色の軍服姿がすべてをかっさらっていった。彼らは数十万個のケースや樽をにわか仕立てのトラックに積み込んだ。貨物列車は満杯である。すべてドイツ行きであった。

だがブドウ栽培地では、ほとんどいかなる略奪もなかった。ワインは所有者と直接交渉の手渡しで、ドイツで刷りたてのライヒスマルクで払われ、兌換可能で、後でフランス銀行が帝国に交付した数千万フランに替えられた。戦争前の厳しい危機の時代に大きく膨らんだストックを抱える業者にとって、望外のチャンスだった。ブドウ園主やその代理人は、ドイツ人購入者の群れの急き立てる要請に、ケース・バイ・ケースで個人的に応えていたのである。

ブルゴーニュでは、ポマールのブルゴーニュ・グラン・クリュ商社の社主で卸商のマリユスとラウル・クレルジェ親子は、そのような取引が彼らの商売にとって棚からボタ餅であることをよく理解していた。数年前から「潜在的な破産」[*2]状態にあったこの商社は、一時滞在の軍隊のための、前例のない不法販売の波にうまく乗っていた。国全体に蔓延していた混乱状況に乗じて、商取引はあらゆる規制を無視して、送り状も税申告もなしで行われた。大量の日銭払いが現金で行われ、突然繁盛しだした商社の金庫を潤した。ポマールの商社会計係の言葉ははっきりしたもので、「ドイツ人は金払いが良く、公社の書類も請求書もなしですぐにワインを買い取ってくれた」[*3]、と報告している。数週間でクレルジェ家の経済は立ち直り、予想外、例外的な復活だった。やっと販売不振の亡霊が立ち去るのを見た者すべてにとって、敗北は結構なことだったのだ。誰もが思ったように、ドイツ人が「少なくともあと二年」いるならば、なおこの「奇跡的な経済の晴れ間」を維持すべくより持続的な妥協策に甘んじなくてはならないのだが。

いくつかのワイン商社は数週間で、販売額が桁外れの水準に跳ね上がるのを目の当たりにした。至るところで、際限のない楽観論が人心を捉えた。信じ難い熱狂的な雰囲気のなかで、金銭に無頓着な買い手が落とす安易な金をできるだけ早く、できるだけうまく利用しようと、猛烈なクロスカントリーが始まった。しかしながら、そのように敵に売ることが裏切り行為であることを理解しないとすれば、よほどの暗愚か、信じ難いほど貪欲であらねばなるまい。

税務当局によれば、占領されたブドウ栽培地のブルゴーニュだけで、七月と八月の数週間で行われた不法販売は年間取引量を上回っていた。しかしながら、この評価は控え目なもので、実際には、まったく無差別に何の規則規制もなく売られたワインの膨大な量を測るのは、ほとんど不可能だった。ドイツ部隊が駆け抜けたどこのブドウ栽培地でも、多くの業界関係者が可能な限りすべてを、最高級のランクから安物まで多数のワインを売りさばこうとした。この極めて不安定な環境にさらされて、ワイン市場は急速に深淵の縁へと落ちていった。あらゆる価値階梯が突然ひっくり返ったのである。「想像もできない」ほどの価格が報告され、前例をことごとく越えていた。それまでフランスの酒倉で眠っていた、大量の厄介なワインのストックがたちまち消えてしまい、ベルリンの立てたワイン収奪プランが妨げられたのである。

「非武装都市」と宣告された首都ではすでに四分の三が避難しており、六月一四日金曜日には、侵略者が到来しはじめた。機械化部隊、戦車、装甲車、ヘルメット姿の兵士たちの果てしない行列が、トラックのけたたましいエンジン音と戦車と装甲車の機械的なきしみを響かせて、町のあらゆる幹線道路から侵入してきた。残留していたパリ市民は家に隠れ潜んでいた。誰もが瞬間的な興奮と激動に襲われ、排気ガスの厚い煙幕、エンジン油の臭い、グリースの悪臭のなかに沈みこんでいた。数時間前、地域の河川から人間と乗り物を締め出したことが、混乱に拍車をかけていた。パリに入った軍隊は足取りも誇らしげだった。兵士はパレード用の軍服姿で、つや光のする武器を掲げ、ピカピカの車体の自動車に坐っていた。拡声器付きのトラックが通りを巡回し、住民に平静を保ち、新しい支配者に従うよう命じていた。メッセージは明確だった。最高司令部はいかなる敵対行為も許さない。攻撃や破壊工作は死刑に処せられる。住民はドイツ軍当局に所持する武器を渡し、四八時間は家の中にいなければならない、というのであった。

数時間で、ドイツ人は至るところにいた。ひしめく兵士の群れが車から降りて、食糧を求めて通りを歩き回った。彼らは飢えていたが、体験した出来事がとくに歴史的であり、このパリ奪取の勝利が堂々と祝杯を挙げて祝うに値するだけに、一層酒を呑みたがった。通りでは、ドイツ兵が開いていた数少ないカフェをかり立てていた。別のところでは、ドアを押し破り、殺すぞと脅して急いで店を開けるよう命じていた。ドーム、ルトンド、クポールなどの有名なカフェのテラスに坐って、ドイツ人はこの時を不滅なものとして有り難がり、手紙でこの素晴らしい日をうまく伝えようとした。夏に占領されたどの町とも同じく、最初の日々の宴気分はシャンパン、コニャック、銘柄ワインなどの熱狂的な大量消費につながった。至るところで、ドイツ兵は勝利を祝し、シャンパーニュ、ブルゴーニュ、ボルドーなどの高級ワイン数千本を空にしたのである。

パリのクリヨンホテルに陣取ると、最高総司令官フォン・シュトゥトニッツは一時も無駄にせず、勝者の特権を行使し始めた。すぐにヘルムート・ラーデマッヒャーをホテルと公共建物徴発担当主計官に任命したが、徴発の対象には下院があり、フランスにおけるドイツ軍司令部（ＭＢＦ）になった。ジョルジュサンク大通りのプランス・ド・ガルホテルに陣取ると、ラーデマッヒャーはまた、町の建物徴発と、兵士の食糧と飲物供給組織も担当した。パリでは、高級ホテルに占領軍とその多数の部局が殺到した。国防軍参謀本部はジョルジュサンクに設置され、ムリスにはパリ首都圏司令部とシャウムブルク将軍指揮下の兵站業務管理局が入った。コンチネンタルはパリ首都圏軍事法廷、リッツは軍事運輸管理局に当てられた。軍需監督局はアストリアに配属され、海軍参謀本部はピガールのカルトンとプラザ・アテネを占拠した。シャンゼリゼのカルトンの方にはドイツ労働戦線〔ナチの労働者組織〕のメンバーが宿営した。コメディ・フランセーズの真向かいのルーヴルホテルには、ＳＳ将校でラインハルト・ハイドリヒの率いるナチ諜報部の長ヘルムート・クノッヘンが部局全員で陣取った。空軍の数十の支部局もまた高級ホテルに入ったが、その中に共和国広場のホテル・モデルヌがあり、司令部とフランス全土の通信網管理局を受け入れていた。夏の間、ゲシュタポの部隊が町を巡回警備し、多くの豪華ホテルを占有し、そのうちの一つのスクリーブから、ヘルムート・クノッヘンはフランス全土の生産物の一斉徴発担当員組織の最大ネットワークの一つを展開させていた。

こうした高名な高級ホテルの争奪戦によって、多くはライバルの利害や威信に対して譲るつもりなど毛頭ない、さまざまな軍団間に数々の緊張と対抗心が生まれた。クレベール大通りの隣接した二つのホテル、ラファエルとマジェスティックの近さは、ドイツ軍とナチ党の間で高まる陰険な争いを隠しおおせなかった。そのため、フランスの首都では一〇月以降、シュミット博士の軍政部と、オットー・フォン・シュトュルプナーゲル将軍指揮下のドイツ軍司令部が真っ向から直接対立した。占領したフランスのあらゆる富の収奪担当エルマール・ミヒェル将軍指揮下の中央経済管理局があるのは、マジェスティックであった。ところで、設置されるとすぐに、この戦略作戦司令部センターは他の多くの帝国代表たちとの直接的な競争下に置かれたが、こうした代表機関は徴発したステータスの高い施設に贅沢におさまり、ライバルのドイツ部局を出し抜いて、大きな利をもたらすものなら何でも奪い取ろうと、鵜の目鷹の目で大胆さを競い合っていたのである。

獲得すべき最初の戦利品は、高級ホテルや大レストランのカーヴで眠る高級ワインの驚くべきストックだった。リュテシアの地下には、七万五〇〇〇本の銘柄ワインが丁寧に分類されて、「シャンベルタン通り」、「ポマール通り」、「マルゴー通り」、「ラフィット通り」、「バルサック通り」、「サン・ジュリアン通り」などという心地よい名で命名された、大きな通路で区切られたカーヴの迷路におさまっていた。ラ・トゥール・ダルジャン、フーケ、マクシムなど名高いレストランのカーヴにも数万本が眠っていた。今日まで巧みに維持されてきた多くの伝説に反して、フランスの豪華ワインを探しあて、見つけ次第どこからでもかり立てるドイツ当局の目からこの宝物を隠し通すのは、ほとんど不可能だった。

それは、リュテシアも例外ではなかった。カナリス提督指揮下のドイツ軍諜報機関《アプヴェーア》〔以下、アプヴェーア〕の監視下におかれたホテル経営陣は、たとえ一部であっても、地下に貯えたワインのストックに何らかの隠蔽を施すこともできず、しかも代表的な銘柄ワイン名はつねにメニューに載っていたのである。そのうえ、アプヴェーアは人的手段と先進的な調査テクニックを持っていたので、直接監視下においている建築物の特性をすぐさま見つけ出すのであった。

占領当局の受入れ施設に変えられた他のすべての場合と同様、ドイツ軍各部局は、着任するとすぐに改築整備工事をはじめ、壁を強化し、避難所をつくり、無線傍受探知アンテナの屋根を張り巡らし、地下を調べて安全を補強した。大レストランでも、ドイツ当局の捜索からは何ものも免れられなかった。したがって、他のどこことも同じく、急遽つくられた二重壁の奥に隠れたカーヴなど存在しなかった。それどころか、最二流のホテル、レストランなどの経営陣は、ことは決定済みでどうにもならないと、何の抵抗も示さずにワインを出した。実際、商品を隠すことはまったく空しく危険であることが分かり、しかも、ワインはどこでも気前よく高値で売れていたので、無駄であった。それも、以前の価格をことごとく超えていたのである。ドイツ兵は給料のライヒスマルクの札束をなおも不安定なレートで交換したが、将校や高官たちは即席の借用証書に署名したり、商売や財産に好意的な保護をすると保証したりして支払いにかえていた。

当面は、占領されたすべての町で、どの大商店も、どの豪華ホテルも、どの名高い施設も、新しい支配者当局が与えた保護ですぐにでも身の安全が図られることに何の疑念も持たなかったが、それはどこのブドウ栽培地、ワインの蔵元のシャトーや卸売会社でも同じだったのである。

2 「ワイン指導者《ヴァインフューラー》」と新秩序の到来

一九四〇年七月から、ヴィースバーデンの休戦条約の枠内で、ナチ当局は巨大な総略奪事業組織の設置を決定した。情け容赦ない執拗さに加え、フランス住民の根本的な欲求など一切構わないドイツの計画はドイツの戦争努力の途方もない欲求に応えねばならなかった。フランスがベルリンによって帝国の第一の農産物供給国に指名されたのは、こうした状況においてであった。背景には、ビスマルク以来、ドイツ当局がフランスに抱いていた歴史的目論見が、結局は一九四〇年のナチの勝利を通して実現することになったのだ。すなわち、大陸の大敵たる競争相手をドイツへ原料供給する単なる農民社会の国に貶めることである。

この点で、政治的計画が当時の必然性と明確に一致した。それは、陸海空の戦争でいずれも危機に陥った帝国が、全体的な軍事戦略が次第に「電撃戦」から長期戦へと揺れ動き、自己の能力を大幅に上回る経済力を必要としていたからである。帝国が、ドイツ国民をできるだけ長く窮乏、とくに食糧の欠乏から守りながら戦争遂行するために新しい資源を求めたのは、この観点においてであった。注目の的としてあったフランスワインが、ナチ当局にとっては格好の特別の戦利品で、なくてはならない戦略的食品となったのである。ドイツの名士たちの食卓で格別に求められた原産地呼称ワインや「極上ワイン」[*4]は、相変わらず機能している国際市場で、すぐにでも現金化できる価値ある産物と同じだった。ワインは、全ヨーロッパでナチの特別支給金や、買収の強力なシステムによって維持されていた多くの社交界活動の媒介役だった。[*5] 日常消費のワインは、戦争とは無縁のままでいるドイツ住民の消費水準を高く維持しておくものだった。また軍隊にたっぷりと規則的に供給する必要もあった。この目標のために、〔シャンパン以外の〕発泡性ワイン（ドイツ製シャンパン、ゼクト Sekt）や高濃度のアルコール（シュナプスやヴェルモット酒）が、ドイツのブドウ総生産をはるかに超える大量のアルコール添加ワインを必要としたのである。

しかしながら、一九四〇年夏のさなか、国家のための組織的略奪計画の企ては危うくなった。全ブドウ栽培地で、相当量のワインが、まったくの大混乱のなかでドイツ軍部隊自身が行なった数十万本の不法売買によって横取りされたのである。フランスのワイン市場が完全に崩壊する脅威を払うために、ベルリンは緊急にあらゆる大ブドウ栽培地に公式代表団を派遣し、限定したブドウ栽培地帯で分散して行われていたドイツ向けのワイン購入全体を集中管理し、調整させた。目標ははっきりしていた。できるだけ早く売買の管理と、供給に必要な秩序と規律を回復し、ドイツの要求する供給の質に重大な影響を及ぼす恐れがある不法売買を禁止することだった。

したがって、ドイツ経済向けの大量のワイン購入を集中化して監視し計画化することが、公認買付け人の基本的な役割で、計画的な略奪大事業と完璧に合致していた。[*6] そのため理屈の上では、占領国の直接管理下におかれた全ブドウ栽培地では、「帝国ワイン輸入代理人」を除いては、帝国向けのいかなる取引も、いかなるワイン購入も行われなかったのである。

ランスでは、一九四〇年七月から、特別指導者《ゾンダーフューラー》オットー・フォン・クレービッシュがシャンパーニュ地方の公認買付け人の役割を引き受けており、またパリのマジェスティックホテルのMBF付きで、ドイツ軍用のワイン供給の責任者も兼ねていた。[*7] シャンパーニュの「ワイン指導者」と綽名された彼は、当時業界関係者にはよく知られていた。フランスで生まれた彼は、独仏休戦協定の実施適用担当の代表部があるヴィースバーデンの有力な発泡性ワイン商社、マテウス・ミュラーの支配人であった。彼の弟グスタフはコニャック地方に派遣されて、とくに蒸留酒の購入に携わっていた。ナチの外務大臣ヨアヒム・フォン・リッベントロプの義兄弟である彼自身、シャンパン製造販売社ムンム〔独語名〕とポムリーの元代理人で、ドイツのシャンパン王と呼ばれたオットー・ヘンケルの娘婿だった。一九四一年までは、クレービッシュはランスでフランク・ミュラー＝ガステルと活動を共にしていたが、後に政治的な理由で別れた。ミュラーは「フランス贔屓過ぎる」と見なされていた。シャンパンのもう一つの中心地エペルネーでは、バルトがフランスの発泡性ワインの帝国公認買付け人に指名されていた。

もっと南のボーヌでは、ミュンヘン出身の卸商フリードリヒ・デラーが、九月にブルゴーニュワインの専属買付け人に任命され、また非占領地区のマコネ、ボージョレ、コート・デュ・ローヌの買付け代理人でもあった（図版③）。彼は業界関係者にはよく知られており、フランス人の方もみな以前から彼やその会社の代理人と親密な関係を築いていた。一九四一年、アードルフ・ゼグニッツが彼と交替しても、状況は変わらなかった。このブレーメン出身の卸商はワイン産地ブルゴーニュの新しい実力者だが、個人的にはブルゴーニュの丘陵地の主なる業界関係者と知り合いで、ワイン取引のおかげでずっと前から彼らやその家族と堅固な友情関係を結んでいた。彼らと一緒になって、ドイツ人卸商カール・クレッサーは、アルコール添加ワインと「黄金色のアルコール〔リキュール類〕」買付けの公認代理人となり、他方、彼の同胞カーフェン、ベッカー、オプファーマンは「ヴィネガー用ワインとベースワイン〔シャンパンやクレマン熟成の第二次発酵用、またはカクテルのベース用基剤ワイン〕」の公認買付け人に指名された。

ワイン買付けの頂点には、ドイツの大卸商で、ブレーメンのライデマイスター&ウルリヒス社を含むいくつかのワイン製造販売社と、二〇ばかりのブドウ畑 domaine の所有者ハインツ・ベーマースが無視すべからざる買い手として存在していた。ボルドーワインの専門家である彼は、ボルドー地方の代理人と、フランスワイン購入の帝国総代理人を兼ねていた。フランスワイン取得全国調整役であるボルドーのワイン指導者はドイツ卸商組合を代表し、そのフランスにおける受託代理人であった。彼はパリのMBF付きで、その活動に直接責任を持っていた。現地のマジェスティックホテルでは、ゴレスキ氏、次いでアードルフ・アイヒ博士が率いるワイン局がラインハルトとショップマン博士、シュレック大佐、上級将校シュトレとグローテを擁しており、全員がベルリンの派遣した優れた専門家で、帝国用の全フランスワイン、リキュール、蒸留酒、アルコール類の徴発調整を担当していた。[*8] しかし、豊富な経験とブドウ・ワイン生産問題を完璧に掌握していることから、パリのドイツ司令部のワイン局の指揮を執ったのはベーマースだった。[*9]

彼の傍にあって、中央組織の中心で、フランス人ロジェ・デスカ、このベーマースの幼なじみでボルドーの卸商、フランス全国ワイン・シードル・蒸留酒・リキュール組合長、ボルドーワイン卸商組合長が、パリの経理総監で食糧供給省代表、一九四二年からは飲食物供給中央委員会委員長カザヌ将軍の指揮下で、ワイン・蒸留酒輸出入配分全国連合会の役職を一手に占めていた。一九四〇年秋から、二人は各ブドウ栽培地に定められた年間供給割当て量の出荷を確保するため、緊密に協力して働いた(図版⑥)。しかしさしあたっては、どの業界関係者も占領者へのワイン売却に関する新しい措置を疑問に思っていた。

ブドウ栽培と取引の共同代表たちが、敗北後ボルドーで開催された最初のブドウ・ワイン生産者全国大会に集まって、問題に関して意見表明したのは、一九四〇年九月五日と六日であった。ロジェ・デスカとブドウ栽培者総同盟議長M・ベネの主宰で、会議には占領地と非占領地全域のブドウ栽培とワイン取引の無視すべからざる名士たちもいた(占領下のフランスは北部の占領地区と南部の非占領地区に二分されていた)。彼らにとってこのような会合は、招待されていた占領当局者と直接対話できる機会だった。討議の際、問題の検討継続を求める満場一致の期待感が浮かび上がった。いくつかの要望請願が採択されて「該当機関当局」に伝えられ、「規範事項を取り除くこと」、とくに取引に重荷となる規制と運搬に関する項目を取り除き、ブドウ栽培に不可欠な原料資材の規則的な供給を確保する必要性を強調していた。

ブドウ栽培地では、ベルリンは、公認買付け人が各自担当の区域で行う購入活動に責任をもち、可能な限り「実際的な協力精神」を呼び覚ますよう命じていた。九月、最初の通達が各地域の組合組織から卸商に言い渡され、フランスのブドウ栽培地の新しい支配者を紹介していた。ボーヌでは、デラーが卸商全員宛の通達でこう明言していた。「代理人として、私には役割が二つある。まずドイツの国益擁護に専念せねばならない。また両国政府間で交わされた協定を遵守して、全般的に率直なる協力精神において、相互理解の精神を妨げるようなものはすべて排除しなくてはならない」。

一九四〇年秋からは、ドイツ経済のために行われた売却全体を、フランス当局とマジェスティックホテルのワイン局指導部間の公式協定に義務として組み入れなくてはならないことになった。パリの帝国中央経済局を受け継いで、食糧供給省管轄下のワイン・蒸留酒輸出入配分全国連合会は、独仏決済協定の枠内で行われた取引の追跡調査・管理を命じていた。連合会はまた各ブドウ栽培者に対して、出荷時期と量に関する情報を提供した。したがって、すべての商活動は義務的に全国購入連合会か、所管の省庁部局の一つへの申告の対象となり、それによって各売却分は双方の協定が予定した割当て量から差し引かれた。かくして、仏独協定の枠外では、たとえごく少量であっても、ワインの売却は公式に禁止された。この観点で、帝国代理人は、ベルリンの首相府が当初の配属以外に特別任務のために派遣した他の公式代理人を除いて、自己の管轄区域のブドウ栽培地におけるドイツ向けのワイン購入の独占権を握っていた。一九四一年三月三〇日、この原則を確認しながら、仏独両語で作成されたMBFの主計官通達はこう明言している。「良好な出荷組織を確保し、価格の明確化を図るため、フランス駐在の軍部主計官の許可なしに、生産者（商人と収穫者〔いずれもワイン醸造者〕）がワインや蒸留酒を売り渡すことを禁ずるものとする[10]」。

一九四一年一〇月、全国組合のフランス人卸商宛の通達はこう付け加えている。「占領当局と行う商取引関係において一切の混乱を避けるため、当局との合意の上で通知するが、諸君は単体の相手、すなわち、参謀本部、下士官グループ、各部隊などにワインや蒸留酒を販売提供してはならない。供給部門の長、首都圏司令官殿が署名した許可証を携えた組織体の要求だけが満たされるものとする[11]」。

各ブドウ栽培地では、一九四〇年一〇月から、帝国公認買付け人の権限が、全国ワイン取引組合の全組合員向けの通達によって明記されている。通達は「率直なる協力」がない場合の唯一の代替策として課される規約を明確にし、「購入は組合を介した協議によって行われることとするが、しかし量が不十分であれば、その実現達成のための全権限が帝国代理人に与えられること」を断言していた。ただ実際には、この想定された強制的権限が明確にされることはなかったし、当初からベルリンの信認を得ていたドイツ人買付け人がそれを行使することも、ほとんどあり得なかった。占領軍がその任務の枠内でベルリンの直接命令下におかれたとしても、彼らが有力な人物として幅をきかすのは、ナチ権力の公的代表にしてワイン取引の当事者でもあるという仲介役的な立場によってである。

この無視できない地域の主役たちは、MBF、ベルリンの中央当局、フランスの公権力の境界域にあって、極めて幅広く権限をもっていた。すなわち購入計画を決定し、ワイン生産に不可欠な原料や資材（銅、硫黄、鉄、ガラス、コルク、木材など）配分の引換券を渡し、多様な仲介手段によってワインの税関手続きを手助けし、ブドウ園での徴発を早め、輸出許可書の交付を促進するのである。彼らはまた個人的にも行動し、軍事的徴発に反対し、フランス政府の決定を変更または無視し、またはヴィシーのフランス国家が課した規制や税務措置を関係者に免除してやるのであった。

こうした理由のために、公式代理人はそれぞれのブドウ栽培地では、信頼かつ尊敬され、羨望の的だった。彼らが、ドイツ経済のために定められた割当て量の配分担当の中央派遣員という役務上、帝国向けの極めて営利的なワイン購入の独占権を持つだけに、一層そうだった。地域の業界関係者にとって、公認買付け人の提案は例外的な商売上のチャンスだったので、大きな利益になる取引という見通しに立って、何が何でもこれを捉えようとした。公認買付け人はその資格で豊富な資金を持っていたが、それはフランスがドイツに払った巨額の戦争負担金によって賄われ、それによって彼らは事実上、市場で現実に支払い能力のある唯一の大口買付け人として登場したのである。

フランスにおけるこの最初のワイン徴収キャンペーンは、まったく即興的に行われた。決まったプログラムもなく、いかなる計画化もなかった。ブドウ栽培地では、ベーマース、クレービッシュ、デラー、クレッサーが、ドイツ経済への供給の枠内で、自由に行える買付けを直接担当していた。ばらばらの割当て量は、ドイツ軍に供給するために一体化された。かくして一般消費ワイン四〇万二四〇hlの最初の取引は、デラーによって取り決められた。アルジェリア産ワインは国の担当部局の出先機関によってセート〔南仏エロー県の港町〕で売買され、ドイツへの鉄道輸送用として引き渡された。この取引は秋に、トレーブのドレッセール、ペルピニャンのマルティ、ベジエのペトリエ各商社の間で行われた三三万hlの買付けで仕上げられた。また、アルコール添加ワイン製造用ベースワインの最初の取引二〇万hlは、公認買付け人クレッサーと、コート・ドール県のムルソーの卸商アンリ・ルロワの間で行われた。平行して、ヴィシー国家は国防軍の執拗な要請に、オットー・クレービッシュとの取引で三九万六〇〇〇hlのテーブルワインと「特撰ワイン」の引渡しで応えた。

したがって、公式契約の枠内で受理されたこの全数量は、一九四〇—一九四一年の取引でドイツへ引き渡されたワインが、シャンパンを除いて一三二万六二四〇hlと算定された。だが現実は、この数字を大幅に超えるものだった。一九四一年二月、フランスの大蔵大臣は、一九四〇年八月から一九四一年二月半ばまでのドイツへの売却ワインを一九〇万九一三〇hlと見積もっていた。取引全体から見ると、三〇〇万hlに及ぶとしていた。大臣はまた、この数字にはこれと同時期に占領軍の消費だけに提供された八〇万hlは含まれない、とも付け加えている。さらに、この「合法的」とされた徴発に、何の管理もされず、またブドウ園、卸売会社、レストランなどが何ら所定の手続きも行わないまま売り渡した大量のワイン、概算で五〇万hlが加わるのである。

それゆえ、このように即興的に行われたこの最初の取引だけで、ドイツの徴発ワインは約四五〇万hlにも達するが、それまでは、ドイツのフランスワイン輸入が年間四〇万hlを超過することは決してなかった。外国国家に取りこまれたフランスのワイン経済に対するそのような取り立ては、史上前例のないものだった。この最初の取引に対して、フランス軍ワイン部局の責任者グレヴァン主計官は、モンペリエの倉庫には南仏ワインはもう一〇万hlしか残っておらず、買付け人ハインツ・ベーマースの要求に応えられないだろう、と指摘した。またフランス軍は、フランスでの作戦の際、すでに「月間三万hlのワイン」を消費したとも明らかにした。ロジェ・デスカの命令とベーマースの要請で、グレヴァン主計官は即座に更迭された。この出来事にもかかわらず、こうした欠乏はヴィシー政府に過度の警戒心は与えなかったようだが、それは確かに同時期、フランスにワインが不足しているとは思えなかったからである。かくして、進行中の取引のためのワイン可処分量は一一〇〇万hlと見積もられ、その内訳はフランス本土六〇〇〇万hl、アルジェリア産二〇〇〇万hlで、これにフランスのストック二〇〇〇万hlとアルジェリアのストック一〇〇〇万hlが加算された。[*12]

したがって、一九四〇年秋には、大規模なフランスワイン収奪組織が稼働していたのである。公認買付け人の提案に対し、多くの場合、ワイン取引地方組合を介してワイン類が供給されていた。ドイツはまず、主として国防軍割当て量の軍隊向けや、民間割当て量の市民向けの一般消費ワインを大量に求めた。ナチ指導者はまた、高官やナチ組織幹部、上級将校、ドイツの上流ブルジョワジー用に高級ワイン、リキュール、シャンパンなどの横流しも要求した。「特撰ワイン」と名付けられたこうした高級ワインは、わずかな量でも大きな投機になるため、公認買付け人が絶えず探し求める対象になっていた。いずれにせよ、主役を演ずるのは地域の卸商で、取引上の仲介役となって、多くの小規模生産者からテーブルワインをかき集めた。買い集めて、商品に変えてドイツの流通ルートに乗せるのは彼らであった。

シャンパーニュ地方では、占領者は世界で最も有力なブドウ栽培地で生産されたステータスの高いワインに異常なる関心を持っていた。Verteilungsstelle（配分事務所）と呼ばれたワイン管理事務所が設置されたのは、ランスのデゾボー大通り三番地だった。そのトップでは、オットー・クレービッシュがフランク・ミュラー＝ガステルの横で商取引を取り仕切っていた。この二人の将校は完璧なフランス語を話し、ずっと前からシャンパーニュの商業界の名士やランス社会全体を知悉していた。彼らの活動は、シャンパンのもう一つの首都エペルネーに住む、同じく帝国向け発泡性ワイン輸入業者のバルトと結びついていた。ワイン管理事務所はまた主に実行役を果たす数十人の士官や下士官も擁していた。[*13]

一九四〇年夏から、帝国に引き渡す割当て拠数の問題が起こっていた。ランスの県庁廊下では、ごく早くからこの問題は「一九四〇年の休戦協定の条件で秘密条項」の対象になっていたと囁かれていた。いずれにせよ、この地域は、引渡し能力に関して、「部局長たちの知識」を支えに、また「シャンパーニュ協同組合の主要人物数名の善意」のおかげで精確な調査が行われる対象になった。この人物たちは主なるシャンパン製造販売社のリーダーで、「連絡事務所」という名の事務所創設の発起人であった。

これはとくにオットー・クレービッシュとの関係を担当し、彼にシャンパン卸商のストック目録や年間発送量を知らせていた。公認買付け人がこの最初の取引で一五〇〇万本のシャンパン割当て量を決めたのはこの情報に基づいてであり、それによると、五〇週間で三〇万本分に一定量の「パリのナイトクラブ向けの瓶数」が加わり、最初の年から一〇〇万本近くになるということであった。結局、三〇〇万本の「さまざまな発泡性ワイン（ボルドー、ブルゴーニュ、ソミュール、ヴーヴレ、サン・ペレなどのワイン）」が、買付け人バルトの管理下でまとめられた割当て量をもとにして引き渡されたのである。「割当て量本体」から、オットー・クレービッシュは「少量のシャンパン」を「週当たり二〇〇〇本」分を自分用に取っておき、その「配分は彼の権限に属し」、「短期滞在の将校用」に充てられたが、後にはボリシェヴィズム撲滅のフランス志願兵部隊や、サンカコーヒー株式会社とその近親者向けにもなった。もっとも、この「留保分」は主として指名されたいくつかの製造販売社、ヴーヴクリコ、ポムリー&グルノ、レドレール、クリュッグ、ランソン、ミュム、モエ&シャンドン、ペリエ・ジュエ、エドシエック&モノポル社などから天引きされていた。

この公式収奪方式を無視して、ドイツ兵は「少量でも、この非常に稀少なシャンパン」を、「クレービッシュの庇護で、旗手憲兵隊の正式通訳でもあるドゥーヴィエ某が経営するランスの市役所前広場の売却所や……ランスのテオドール・デュボワ通りのオーストリア人ビーバー某」から買うことができた。その他の売買は、「フランス特有の取引と密接に」係わりあう闇市場の枠内で、「卸商にしろ、黒幕的なブドウ栽培者にしろ、彼らと直接行われていた」[*14]。引渡し納入に関しては、全生産者が参加するよう求められていた。大手製造販売社は分担量を直接ドイツの倉庫に出したが、小規模生産者に対しては、国防軍によって毎月「回収」が行われた。[15]

ボルドーとブルゴーニュでも、この最初の徴発作戦は同じ原則で組織された。厳密に定められた割当て量もなく、購入を割り振る計画もなく、ジロンド県ワイン取引組合は供給量をまとめて、ベーマースに提示した。公認買付け人はまた、その供給ルートやストックが購入計画に応ずることのできる業界関係者と直接接触した。ボーヌでは、一九四〇年秋、デラーに委託された卸商組合が組合員に、「帝国代理人に必要な全購入量は二二八リットル樽八〇〇〇個、「熟成ワイン」五万本にのぼると知らせた。組合通達はこう明言している。「定価は同封リストにある」が、「このリストは一括して限定されたものではなく、他の銘柄ワインも提供可能である……まだドイツに発送できる在庫のある者はそれを供給量に含めることができるが、それは各自申告されたい」。[16]

したがって、ブルゴーニュワイン取引の首都では、卸商に売りたいワインの型類と量を知らせるよう直接提案するのはデラーである。[17] 提案は例外なく全ワイン卸商に宛てられ、ボーヌの組合は全部の要求をまとめるよう正式に指名された。一九四〇年一一月から、申し出が大挙殺到した。帝国代理人は通達でこう書いている。「私が注意深く試飲した見本のワインを送ってくれた諸君全員には、個人的に返事をする時間がない。この場を借りて、適切な選択で私の任務を助け、同業者どうしの共感を示してくれた諸君の尽力に衷心より感謝申し上げたい」。[18]

現地では確かに、ドイツの買付け人はなお迷っている卸商を説得する必要がなかった。以後まさに唯一の大口買付け人となる者に対して、同業者に先んじようと、早くから率先して行動した者が多かった。デラーの提案は、せかせかして、品質にはあまり頓着せず、金払いのよい顧客に大量のワインを好価格で売れる素晴らしいチャンスだった。ドイツの買付け人がこの熱狂を喜んだとしても、それでもプロとして、商売のルールを守らない者には騙されないと指摘し、「やはりいくつかの買付け品は輸出に不適切で、色さえも洗練されていないワインを一九三四年とか一九三五年ものとして見本にしたのは、確実に間違いだった」[*19]と付け加えていた。

ばらばらで競い合う供給に対して、選ぶ立場に立つと、ドイツの買付け人は、彼自身が輸出社を選んで、当時最大の市場への参入条件を決めると通告した。その時になって、どの業界関係者も、関連産業の新しい強者の愛顧を得ることの利益がどんなものかを理解した。分別を欠いた会社の指導者たちを規律に服させるのは、彼なのである。

「一昨日の話し合いの際、私は、諸君が市場の現在の状況を考慮したうえで、組合の表示価格を設定したかどうかを尋ねた。国内市場で実施された価格設定と比べて、非常に気まぐれで不釣り合いな供給額を前にしていると、それを上部機関に報告一任するために、この問題に関して説明を受けておきたいと思う」[*20]

したがって、占領下のブドウ栽培地では、力関係は決定的で、最初の全国徴発作戦はフランスの至るところで、いくつかの「リーダー」的卸売会社と地域組合の完璧な積極的協力のおかげで、ベルリンの計画通りに展開された。ボルドーとボーヌで、業界関係者がヴィシー政府によって課された規制と税務措置に反対するとしても、それはつねにドイツ向けの輸出のより有利な便宜的方策を要求するためだった。最初の狙いは、ヴィシーが課した〔売却価格に〕九%と〔最終価格に〕一%の輸出税で、公認買付け人に繰り返し税率軽減を訴えることだった。その答えとして、ドイツ事務局は自発的な輸出会社に対し、卸売会社とブドウ園が「少なくとも最初の取引と同額で[*21]」、一九四一年秋に売却の更新を約束するという条件で、天引きされた税の全額を払い戻すと通告した。

それゆえ、ワインの業界関係者の、主として魅力ある儲けや簡単に手に入る利得に動機づけられた個人利益と、敗北以後、勝者の要求に釘付けにされたフランスの国益の間に、最初のズレが生じたのである。こうした状況下で、ドイツの徴発機械は、フランスの国庫が保証する圧倒的な資金供与システムに裏打ち、援護されていただけに、一層フル回転することができたのである。

3　ラバと御者の協力[*22]

この段階にいたると、ブドウ・ワイン生産業界は、ナチがフランス経済全体を食い物にするために設置した驚くべき経済的収奪システムに完璧に組み込まれていた。フランスを占領するとすぐ、ドイツは、帝国信用金庫が無制限に印刷鋳造し、著しく過大評価された帝国マルクを押しつけながら、極めて近代的な略奪方式をもとにしてフランスを完全に搾取し、裸にする制度を設立した。一九四〇年六月、最初の措置はフランスの通貨切下げで、一帝国マルク＝二〇フランだった。この決定により、ドイツ当局は一挙に途方もない購買力を手に入れ、占領軍に大きな利益をもたらした[*23]。一九四〇年夏から、国防軍兵士は異例の購買力を手にして、気前よく使い、できる限りの家族向けの買い物をして給料を使い尽くしてしまった[*24]。しかしながら、ベルリンの上層部では、ヒトラー政府がこのかろうじて隠蔽した略奪程度で満足することはなかった。ナチ当局は、敗戦国フランスの全資源、国富に及ぶ、はるかに幅広い収奪作戦を画策していたのである。[*25]

設置されたシステムの働きと規模をよりよく理解するためには、一九四〇年六月二二日、ルトンドで締結された休戦協定の課した規則と、[*26]全占領期間中定期的に行われ、しばしばフランスに対するドイツの経済的財政的要求をエスカレートさせた仏独の交渉を区別しなくてはならない。[*27]

実際には、休戦協定は、占領軍の維持費と帝国マルクの切上げの取決め以外に、ドイツの詳細な経済的要求とそれを実行するための資金に関しては何も触れていなかった。ルトンドで締結された協定の二つの条項が決定的なものとして課された。一七条は、「フランス政府は、ドイツ軍が占領する領土の経済的性格の価値物と物的ストックを、非占領地区や外国に移転する一切の行為を阻止する義務を負うものとする」、と明記している。またこうも付け加えている。フランス政府は、「ドイツ政府が非占領地区住民の生活に必要なものを考慮することを了解したうえで、占領地区にあるこうした価値物とストックは帝国政府との協議においてのみ扱うことができるものとする」。最後に、一八条は「フランス領土のドイツ占領軍の維持費は、フランス政府の負担である」、と定めていた。

したがって、上記の最初の条項はフランスの国富すべてをベルリンの管理下に付するとしているが、次の条項は、フランスにとってまったく破滅的となる、途方もない日常的な税の徴収を巧妙に可能ならしめている。この意味で、一九三九年からナチ・ドイツが始めた戦争の第一目的は、秘められた重大な計画をナチイデオロギーの衝立の奥に隠したまま、フランスとヨーロッパ大陸の全面的な経済の従属化を行うことであった。ところで、この従属させられた領土の計画的な経済的搾取は、多数の「対独協力者＝コラボ（collabo=collaborateur）」の仲介者との共謀においてのみ成功可能となるもので、彼らこそ要求された富を収奪し、ついでに自らの懐も肥やしながら、地域的かつ全国的なレベルで中継役を果たしていたのである。

四年間、この占領経済委員会の経済的財政的活動を指揮したのは、帝国全権公使ヘメンであった。ヴィースバーデンに居を定めたこのナチ高官は、前代未聞の容赦なき、広範な収奪作戦を直接組織した。一九四四年一二月、ザルツブルクで作成した最後の報告書の前文で、彼はこう述べている。「休戦協定に対する経済代表団の出発点は……ドイツの最終的勝利のため、帝国にフランスの経済的潜在力を可能な限り幅広く利用するという絶対的必要性を課したが……これは、イギリスと、後にはアメリカとソ連に対する戦争遂行によって正当化された」[*28]。

ドイツがフランスに課した法外な占領維持費の支払いは富の最初の収奪手段であるが、これによって、ドイツ当局は占領国で行なった買付け総額すべてを賄うことができた。一九四〇年八月八日、ドイツは占領維持費を一日当たり四億フランと定め、「占領費用としてフランス銀行のドイツ軍政部口座に払い込むこと」とした。年間負担金は一五〇〇億フラン、すなわち、軍備増強の時期とはいえ、一九三九年のフランスの予算を上回るものだった、とイヴ・ブティィエ大蔵大臣は記している。兵士一人当たりの平均維持費用は、将校の俸給を加えて、作戦中一日当たり二二フランだが、この法外な払い込みで、現実には一八〇〇万人を養っていたことになる。したがって、卸商とブドウ栽培者が行なったフランスワインの売却すべては、絶えず再評価されて勝者に支払われる巨額の占領負担金で支払われるだけに、一層容易に取り決められた。

このように引き出された莫大な金によって、ドイツは事実上フランスの経済システムを押さえ込み、各地の業界関係者と共謀して、自国の利益だけのために機能させた。[*29] 報告書においてヘメンは、一九四〇年六月二五日から一九四四年九月五日までの占領負担金の名目だけで、フランスがドイツに支払った合計金額を明記している。それは、三一〇億四三三〇万帝国マルクもの底知れぬほどの数字、すなわち、六二〇八億六六〇〇万フランに達する。これに加えて彼は、五億五〇〇〇万帝国マルク、すなわち、一一〇億フランに及ぶ「イタリアに対して合意した前払い金」の名目でドイツに支払われた金額を挙げている。占領中フランスが払った総額は三一五億九三三〇万帝国マルク、すなわち六三一八億六六〇〇万フランにのぼるが、これは戦後、損害賠償諮問委員会が確認した数字である[*30]〔戦後、仕返しなのか、フランスは敗戦国ドイツに途方もない巨額の戦争賠償金を要求している〕。

したがって、このように略奪は外見上合法的な取引にすり変えられ、卸商とブドウ栽培者に対する強権行使が隠蔽され、まったく意味をなさなくなった。[*31] ドイツ当局によって徴発されたワインはつねに戦前の価格を大幅に超えて支払われ、売り手に大きな利益をもたらしたが、このからくりこそが、敵国財産を尊重するとされたドイツ軍の犯した略奪が、実際にも少なかったことの理由である。時おり援用される反例は多くの場合、欺瞞である。

この全体図に、ドイツは仏独の商取引の補償相殺による管理体制を加えることによって、フランスの国庫からの無制限な前払い金を得ながら、フランス全土から自由に物品を買い取ることができた。[*32] この決済方式は仏独補償相殺事務所を介して機能し、急速に、ドイツに合法的かつ無償で、大量に物資供給する中心的手段となったが、ナチ当局にとっては巨額の負債を決済することなど問題ではなかったのである。そのような体制がもたらす耐え難い重荷は、不可避的にフランスを金融と財政の破局に至らしめた。そうなるまでに、政府は毎日四億フランの商品を引き渡すはめになったのである。

フランス当局の方では、勝者の要求に迅速に応えようとしたが、一九四〇年一〇月四日の一マルク＝二〇フランの最終決定はやはり衝撃をもたらした。それは一方では、ドイツ経済にのみ役立つヨーロッパ通貨となったドイツ通貨に対して、フランが持続的に従属することを意味していた。結局それは、一帝国マルクが一〇～一二フランの価値しかないのに、フランス通貨の恣意的・人為的な切下げを維持することだった。そうなると、そのような購買力を手にして、侵略者がフランスをまるごと買い占めることになるのは、もはや疑いようがなかったのである。

対抗策として、ヴィシー当局はドイツ向けの商取引をより拘束的な規制の下に置こうとした。そこで、フランスの卸商には、輸出許可の前に、長々とした複雑な行政手続きを行うことが義務づけられた。この新しい規則はドイツへの発送商品の輸出税の設置と、輸出決済を得るために補償相殺事務所に一群の証明書類を提出する必要性をもとにしていた。[*33]

この体制を延長しながら、フランス行政府はドイツへの輸出税を設定して巧妙に敵への売却金から控除額を徴収していた。[*34] この措置は、仏独協定の大受益者であるフランスのワイン卸商には、直接的な打撃となった。しかし、これはすぐに価格の上昇に跳ね返った。結局、一九四一年四月一日、この説得力のない補償相殺税は撤回された。帝国と取引するフランスの卸売会社は同時に、請求書を示して決済可能であることを証明する書類の提出義務も負わされた。そこで各卸商は申請した輸出が実際に規則正しく行われ、ドイツの取引相手がベルリンで決済金額を帝国マルクで支払ったことを証明せねばならなかった。補償相殺事務所に提出すべき証明書類のリストは大変なものだったが、一九四二年からは手続きが急速に簡素化され、その頃には仏独の商取引の支払決済は、審査確認担当のナチの金融機関の直接管理下に移された。それは主としてヴィフォ、ロゲス〔ナチが設立した銀行・金融機関名〕、アエロバンク〔一九四一年、パリに設立されたドイツ資本の銀行〕、軍備兵器局で、ワイン取引の枠内では不可避的なものになった。その頃から、このシステムは発送のスピードを大きく加速させたのである。[*35]

結局、ワイン取引はドイツが課してヴィシーが実行した国家的輸出条件に依存したままだった。この見地からすると、フランス当局は大きな矛盾を抱えており、政府内で施策に次から次へと反対する派閥がますます増えるという内部抗争の観を呈していた。政治家は明確に要求された対独協力の達成度をめぐって絶えず対立し、政府の行動の自律性を正当化する補完的行動の余地を探る動きに対して、逆に、帝国に対する売却を絶えず促進しようとする者がいた。

この不安定な状況において、ワイン取引は、戦争が長引くにつれて次第に拘束的になる規制の枠に大きく制限されていた。それでも、業界関係者の自律と自由は維持された。取引は個人的な利益追求欲に駆られた、彼らの責任下にだけ置かれていた。この見地から、パリの帝国中央事務局の要求が公式代理人に反映されて、フランス国家に対独協力政策の立案実施において圧力となったとしても、何ものも業界関係者個人にそれに従うよう強いることはなかった。一九四二年一月の飲料一般供給中央委員会の設置まで、全ワインの売却と購入はまったく自由であった。その後もこの状況は、供給徴発を免れた高級ワインにとっては変わらなかったし、[*36]各社に与えられた輸出免許も彼ら特撰ワイン卸商の要求に対してだけ、自由に交わされた契約証明書提出の枠内では変わらなかった。したがって、政治の現実が極めて波瀾にとんだ状況で展開されたのは、ワイン取引商店と地域のブドウ園主の段階においてであった。

4 ブドウ栽培地の再組織化

一九四〇年夏からの国体の急速な崩壊と対独従属化は、大半のフランスの大ブドウ栽培地が落ち込んだ荒廃状態を通して、幅広く形となって現れた。五月と六月の集団避難と、次いでドイツの猛攻を避けて逃亡した者の一部が帰還した後、人心を襲っていたパニックは諦念と失望に変わった。卸商、ブドウ園主やブドウ栽培者とその家族のなかでブドウ畑に戻ることができた者たちは、故国に広がる信じられないような混乱と、さまざまなものが大量に欠乏し、ブドウ栽培とワイン取引に深刻な影響を及ぼす状況に直接打撃をうけた。

いくつかのブドウ栽培地、例えばシャンパーニュ、アルザス、ブルゴーニュでは侵略中に破滅的被害を受けていたとしても、アンジュー、トゥレーヌ、シャラント、ボルドーなどは損害を免れていたが、どこでも誰もが労働力の劇的な欠如に苦しんでおり、ブドウの木の世話と管理が急速に悪化した。剪定、刈込み、引き起こし、枝の頭切り、硫黄華や硫酸銅液の散布などの作業に影響がでたのである。戦闘で死んだか行方不明になったブドウ栽培者、酒倉職人、管理人、使用人の数に、ワイン経済から持続的にその生命力を奪うことになる戦争捕虜者が加わった。ブルゴーニュとシャンパーニュでは、大半の卸売会社が半分以上の熟練従業員を失い、ワイン取引とブドウ栽培が大量の人手を要する時期に、まったく前代未聞の状況に直面していた。この悲劇的状況は、戦争期間中ずっと続き、一九四三年二月から強制労働徴用（ＳＴＯ）の設置とともに強まった。女、子供、老人の動員だけが、この多数の労働者不足の影響を緩和した。大卸売会社とか有名なブドウ園のトップでは、それでも何人かの幹部たちが非常に早くからナチ当局に働きかけ、ベルリンの立場に忠実なブドウ栽培者や取引の再開に役に立つ従業員を釈放させていた。

しかしながら、ブドウ栽培者と熟練従業員が帰還しても、ブドウ・ワイン生産活動の再開は保証されず、至るところで業界関係者は、ブドウ栽培に当然不可欠とされる原材料が不足する事態に苦しんでいた。病害を受けやすい、多雨の春と何度かの激しい雹雨が重なって、一九四〇年のワインは出来が悪く、色が薄くてコクのない、熟成を欠いた、ありふれたワインになることが予想されていた。次の収穫も、なんとかブドウ栽培に不可欠な原材料の仕入れができたとしても、一層ひどくなると思われていた。

一二月二〇日、ヴィシーで、ブドウ・ワイン生産省庁間委員会が招集されたのは、このテーマについてだった。食糧供給農業大臣ピエール・カジオの主宰下の委員会は、政府にとっては、極めて憂慮すべき状況を分析検討する機会だった。事態は、第四回会議の際に、「国家再建と農民保護事業のため政府の一致協力」を確保するよう訓示するというペタン元帥の来訪を受けるだけに、一層重要であった。大臣は、数か月前、「ワイン取引の状況が懸念された困難さ」を示していなかったとしても、ワイン・ブドウ生産はやはりブドウの木に必要な苗木、資材、肥料、銅、硫黄などの供給の観点から憂慮すべき状況に直面している、と指摘していた。争点は、化学的処理が次第に行われなくなったため、植物性伝染病の拡大が予想されるだけに、一層重要なものだった。

実際、銅（殺虫粉と硫酸塩）や鉄（鉄線と鉄網）、コルクのような製品が欠乏したため、ブドウ・ワイン生産活動が段々と不確かなものになった。[*37] フランス国土が侵略されて以来行われた封鎖は、結果としてブドウ栽培に不可欠な殺菌用製品の輸入をさし止めてしまった。チリの硫酸塩、モロッコのリン酸塩、アルザスのカリを奪われたフランスの化学産業は、戦争遂行のため接収されて、ブドウ向けの肥料生産に必要不可欠な原料を他に用途変更させられたのである。

しかし、とくに衆目を浴びたのは硫酸銅と硫黄の供給問題で、またそれらを基にした製品の配分という重要課題であった。エドゥアール・バルトは、ブドウ・ワイン生産団体と地域協同組合が各市町村で古い銅の回収を行い、原料の資源を増やすよう提案した。出席している全業界関係者は彼に賛同し、「硫黄と硫酸銅の不足が緊急かつ喫緊の課題」であると考えた。ところで、至るところで殺菌用製品の欠如で「ブドウ栽培が危機」に晒されており、うどん粉病やべと病が侵入すると、「破局的な観」を呈するだろうとも考えられた。業界関係者の代表たちは次のような見解を表明した。「当局は産業界に対して、こうした化学製品の輸入、加工、製造を促すよう緊急提言し……原料を探して工場の手に入るようにすること……また買い占めや価格の投機的操作または予定された売却引換券以外の納入引渡しなどのあらゆる試みを阻止するため、断固たる厳しい措置が取られること[*38]」を要望した。

問題は重大だった。例えば、べと病からブドウを守るための硫酸塩が一ヘクタール当たり一〇〇キログラム、そのためには二五キログラムの銅が必要だとすると、一八〇〇万ヘクタールに及ぶフランスのブドウ栽培地全体に対処するには、年五万トンの銅を配布せねばならないのである。硫酸塩をつくるためには、銅、硫酸、炭素（石炭）が必要である。フランスには銅鉱山がないので、戦前、この貴重な鉱石はベルギー領コンゴのカタンガ鉱山や、小規模だがスペインのリオ・ティントとかアメリカの鉱山からきていた。硫酸を製造するには、ウェルバのスペイン鉱山産出の黄鉄鉱が必要である。軍事対立、次いで封鎖のため以後この種の鉱石が入手できなくなったが、他方で、銅はまた家事とか農業用に日常的に多様に使われ、電機産業は莫大な量の銅を必要としていた。数年前から、硫酸塩を他の物質、メチレンブルー、キノリン、石灰乳などに置き換える試みがなされたが、すべて失敗だった。ブドウ栽培にとって、硫酸銅は他のものとはまったく代替不能なのである。[*39]

硫黄に関しても、問題は同じく重要だった。イタリアの硫黄生産は大半がドイツ向けとなり、フランスが納得のゆく価格で手に入れることなど問題外であった。あらゆる化学物質をドイツが独占したことで、この変化が加速された。

したがって、殺菌剤、とくに硫酸銅の欠乏から予想されたことだが、ブドウ栽培地の状況が大きく変わり、業界関係者は、帝国代表者の影響下にあって、原料配給引換券をもつ当局に対して極度に依存することになった。各生産者は絶えず気候変動リスクと、べと病をもたらす気象条件の変化にさらされていた。逆に、乾燥が続くとうどん粉病が拡大しやすくなり、ブドウ栽培地の未来にとってはそれほど危険ではないが、わずか数日で数千ヘクタールのブドウの木を台なしにすることがあった。

省庁間委員会は、ガラスにとっても、状況はまったく同じく悲劇的であると報告していた。[*40] フランスの至るところで、ワイン製造販売業者に瓶を供給していたガラス工場は、一九四〇年秋、炭素（石炭）の欠乏から突然生産を減らさざるを得なくなった。ところで、同じころ例外的な販売増大が、こうした状況では満たしきれないほどの大量注文を維持していた。以後、貴重な瓶の引渡しは、地域の業界組合の検印と帝国代表者の確認後、厳密にドイツ向けの注文一覧表に基づいて、各社に限定的な割当て量ごとに与えられることになった。結局は、不足状況はガラス産業・卸商組織委員会に定期的に伝えられ、この委員会が全国レベルで優先順位を決めていた。

至るところでガラス不足が顕在化し、ほとんど瓶だけで発送するシャンパン卸商にドイツ当局から優先権が与えられると、樽と瓶の供託金が課された。このブドウ栽培地では、シャンパンボトルの回収と発送は、「さまざまな地域運送業者の熱意のおかげで」オットー・クレービッシュによって組織された。ドイツ人が徴収したシャンパンボトルは、「国防軍価格」と称する特別価格で支払われた。この価格は特別利率を考慮しており、「フランスの公定価格に比例させたものだが、この価格に対して二五〜三〇%低くした」[*41]特別価格だった。

ワイン生産にとって、ブドウ液への加糖の慣行は、ボルドー地方や北フランスのブドウ栽培地では長らく続いており、定期的な砂糖の供給を必要としていた。一九四〇年夏から、甜菜または砂糖キビ製の砂糖が不足するようになった。七月一五日から、法律で、収穫時の加糖または二度目のワイン仕込みのときの加糖は禁止された。そこで、この砂糖不足に対し、三六〜三七度に凝縮した発酵前のブドウ液を使用して、そのシロップ状態に蔗糖に近い〇・八度の糖化力を加えて補おうとした。しかし、それぞれの製品の原価にはもちろん比べようがないほど差があった。甜菜砂糖が小売商では一キロ当たり約六・七五フランで売られているのに対し、凝縮ブドウ液はキロ当たり一五〜一八フランかかるのだから。この価格制限に、ブドウ液の糖化力の弱さと、このやり方が発泡性ワインとシャンパン製造とは相容れないことを加味すると、凝縮ブドウ液は持続的には砂糖に取って代わることができないことがはっきりと分かる。さしあたりは、ブドウ栽培が陥っていた緊急事態を考慮して、問題は「ブドウ栽培規定」の規則に厳密な割当て量を入れて、事実上配分を帝国代理人の裁量に任せることであった。

結局、ワイン輸送とタンク車の配分問題がまったく特殊な関心を呼び起こすと、タンク車配分業界団体会長とつながりのある交通運輸事務局が、業界とブドウ栽培地のために公正公平な配分・利用組織を約束した。業界の不安は電力と自動車用燃料の制限への不安とも重なった。もっと重大なのは、当時フランスが、一九四〇年秋までまったく不可解な境界線に貫かれていることだった。[*42] これは、オート・ブルゴーニュのようないくつかのブドウ栽培地を伝統的な供給ルートから切断していた。ボルドー地方では、この新しい境界線がリブルヌ、ランゴン、バザの中心部を原料、鉄、樽などの供給ルートから切り離していた。もっと北では、海側のシャラント・マリティーム県全体が占領されると、シャラント地方の六六市町村はヴィシーの管理下に入ることになる。境界線はラ・ロシュフコーとシャサンヌイユの間を通り、そこでも商業交易ルートの断絶を画していた。コニャック地方の樽製造業にとって、リムーザンの樫板と木製のたがを仕入れるのはつねに困難であった。

この混乱と欠乏状態に見舞われた状況にあって、誰もが、以後ブドウ・ワイン生産関連産業に重くのしかかってくる根本的な変化を肝に銘じた。今やドイツ向けの売却で熱狂うず巻く興奮状態のなかで、過剰生産の危険は欠乏の危険に変わったのである。ヴィシーでは、財務省、国家経済省、供給省の代表や高官たちが確信していた。フランスが一方でドイツ帝国の要求に応え、他方でフランス人へも供給するために最大限のワイン生産を必要としているときに、ブドウ栽培規定にある拘束的条項を介して徹底的な生産制限策を続けることは、不合理かつ無分別なことだろう、と。

ヴィシーで始まった議論から三つの決定が生まれた。これは明らかにしておくべき重要なる三つの措置で、半世紀近く前から行われてきた規制の傾向に歴史的な断絶を画するものだった。所有権への直接的侵害のように思われて、数年前から厳しく批判されたブドウ園主に対するワイン醸造抑制は、段階的に廃止された。他方で、五ヘクタール以上のブドウ畑所有者は、その一部をブドウの木以外の作物の耕作に当てねばならないという義務も停止された。最後に、一九四〇―一九四一年度のシーズンには、北アフリカで大量の余剰ワインを滞留させた重大な輸送障害のため、アルジェリア産以外では蒸留が廃止された。

この前代未聞の三つの決定を通して、ヴィシーでの省庁間委員会は、前例のない規制の後退を始めた。ある者たちによれば、それはブドウ栽培規定の修正以上に、将来の破滅への第一歩だった。多くのワイン取引関係者にとって、この選択は関連産業の漸進的自由化の始まりだった。したがって状況は、まったく時代遅れと見なされていた「古い規制体制」への批判に好都合なものとして現れたのである。

パリでは、フランスが直面させられたワイン欠乏の「責任者」に対する激しいキャンペーンが展開された。ある者たちによれば、重大な責任はエドゥアール・バルトとその「共犯者」たちにあり、彼らは「ブドウ栽培者のエゴイズム」にかつがれて、ワイン生産において「ますます制限的になる」政策を好み、その相場をできるだけ高くしようとしたという。[*43] 一九四一年秋、パリの新聞にはなお、「値上げマシーン」と揶揄された「ブドウ栽培規定」を告発するいくつかの記事があった。また、「消費者にワインが不足しているのに、収穫の一部を破棄するような制度を続けるとはまさに許しがたい」ことだとも書かれていた。

混乱と欠乏状況で強まったこの歴史的論争を克服するため、政府は「協同組合的組織」を想定し、これによって二つの傾向、ヴィシー当局内部でも対立している傾向を、その原則面で折り合わせる政策のあらゆる利害点を考えた。一九四〇年一二月二日の法律によって定義された「協同組合的原則」礼賛は確かに、ペタン元帥が熱烈に唱えた国民革命の枠に組み込まれた新農業政策の切り札の一つとなるものだった。この用語の陰で、ヴィシー当局はファシストの隣人、とくにイタリアとポルトガルのファシストに想を得て、地域と全国の組合及び各部門の委員会の支配下でブドウ・ワイン生産業界の広範な再編を支持していた。問題は、各ブドウ栽培地で、生産者と商人の利害を折り合わせ結びつける規律を設けることだった。

この観点からすると、シャンパーニュは極めて緊迫した状況下のブドウ栽培地の代表だった。占領者の猛烈かつ無秩序な徴発にさらされたこの地方は、大卸売会社のやり方や手法に依存するブドウ栽培と、無制限な供給地帯に服させられた商社を結びつける関連産業が密接に絡み合って、徴発システムに最も同化されたワイン生産圏だった。一九四〇年夏からは連絡事務所によって、オットー・クレービッシュはシャンパーニュの大きな製造販売社の幹部たちと結びついていた。[*44] 対立している当事者間の利害を調整する役目のこの機関は即席にできたもので、大半のブドウ栽培地を省いていたので、政府からは公認されていなかった。政府が、ブドウまたはワインの引渡しを、商売上の利益とそれ自体の利益を考慮した保証価格を設定することによって規制してブドウ栽培を統率しようとしたのは、一九四〇年一一月二〇日の法令、すなわち、この分野の筆頭格であるシャンパンの買付け配分事務所創設によってであった。[*45]

当初は、ドイツ当局からはよく思われていなかったこの事務所は結局、何度かの交渉と大臣の直接介入の結果、認められた。エペルネーに設置されて、一九四〇年一二月一一日に開所し、一九四二年五月六日までそこにあった。[*46] 並行して、一九四〇年夏から、業種間組織設立計画が商業界と生産者の指導者たちの協議によって立てられた。

これと同じ原則で、数週間後の一九四一年一月五日、新しい法令がコニャック地方のワインとオ・ド・ヴィ(蒸留酒)の配分事務所を創設した。毎年、コニャック地方の呼称の権利を有するワインとオ・ド・ヴィ、また他のワインのブドウ園に最低購入価格を提示するのはこの機関であった。シャンパーニュの同等物と同様、これは生産者や卸商に対して明確な購入者に売ることを強制し、その管理下で、あらかじめ構成されたストックの売却を命じ、生産量や既存の数量に関するあらゆる申告事項を定め、また一般的に有益と判断した経済的情報はすべて伝えた。そして必要と判断した制裁を勧告するよう提案した。[*47] 同年九月一一日、ヴィシー政府の法令は、二つの先例とまったく同じ型の、アルマニャック地方のワインとオ・ド・ヴィの配分事務所を創設した。その間にも、フランスで最初のブドウ・ワイン生産業種間委員会が生まれた。この委員会は業界規律の媒介役をし、協同組合的イデオロギーとは明確に一線を画していても、その影響力に色濃く染まっており、占領者の増大する要求への服従政策において、彼らの期待に応えるものだった。

シャンパンの業種間組合が正式に生まれたのは、一九四一年四月一二日だった。[*48] その誕生は、一九四一年七月一〇日、エペルネーでシャンパーニュ地方限定のブドウ栽培者総合組合年次総会の際、モーリス・ドワイヤールによってシャンパーニュワイン生産地の代表に告げられたが、この総会は彼の主宰で、マルヌ県知事ルネ・ブスケ、帝国公認買付け人オットー・クレービッシュとその助手フランク・ミュラー=ガステルが出席していた。その組織形態は翌月以降に公表された。[*49] 一九四二年五月六日、その構成が決定された。[*50] この計画は元卸商組合長ベルトラン・ド・マンと、ペタン元帥や首相ピエール・ラヴァルの取巻きの有力メンバーであるブスケ知事の支持を受けていた。

シャンパーニュでは、問題はとくに、シャンパンで生計を立てているあらゆる領域の就業者五万人を擁する関連産業を、同じ管理統制下で再編し、彼らに同じ法を課すことだった。数か月で完成の域に達すると、このシャンパーニュの組合はフランスのほかの全ブドウ栽培地のモデルとして認められた。規律と連帯の影響下に置かれて、これは不可避的に、失われた市場の秩序を取り戻そうとする者、とりわけその筆頭のワイン卸商たちに感化を与えた。それこそがこのシステムの獲得物の一つだったのである。つまり、ワイン・ブドウ生産の利益の共有に基づいた妥協点を見出し、卸の良好な供給を確保することである。ただ、二つの関連産業は単純に比較できるものではない。その大規模な経済力、設備、流通ルートによってワイン「製造」の保証人であるシャンパーニュの優越的な卸売業と、より依存的な業界関係者は対立的な立場にあるが、この依存には、全ブドウ栽培地でドイツの購入機関からブドウ栽培者に対して行われる働きかけ、非合法なブローカーや暗躍する仲介者の働きかけが増大したため、抜け道があったのである。

この委員会の執行事務所は、それぞれ卸商とブドウ栽培者を代表する総代理人によって指揮され、政府委員が補佐していた。ただ政府委員は慎重でおとなしく、決して拒否権を使わない役人で、役割が弱かったことを考えると、二人の男が事実上委員会運営の鍵を握っていたようである。一九四一年からは卸商のロベール・ド・ヴォギュエとブドウ栽培者のモーリス・ドワイヤールの二人だった。シャンパーニュ業種間委員会のピラミッドの頂点で一致して行動し、ブドウ・ワイン生産関連産業を全体的に支配していたのは、彼らであった。

この二人の役割は、委員会がシャンパン業界の代表たちと帝国買付け人オットー・クレービッシュの間で、独占的かつ不可避的な仲介役を務めていただけに一層重要であった。一九四一年春から、毎週の委員会は配分事務所で開かれ、エペルネーのモエ＆シャンドンの社長で業種間委員会の総代理人ド・ヴォギュエ、モエ＆シャンドン社課長フールモン、ド・ヴォギュエの親戚サーブ、モエ＆シャンドン社幹部デュセリエの各氏が出席していた。そこでは、各部門代表たちがドイツへの納入ワイン割当て量、供給するシャンパンの価格、予約済みの為替レート、ブドウ・ワイン生産に必要な製品と原料、通関免状、流通許可書、全般的状況などについて議論していた。こうした会合の際、クレービッシュは、「いくつかの悪意ある事例を挙げて、フランスの供給者の競争心を煽ること」を決して忘れなかった。何度かの会議が極めて緊張したものに見えたとしても、議論はつねに慇懃無礼で、いつも「率直なる対独協力」的状況を確保すべく気づかっていたフランス人業界関係者の実際の善意に支えられていた。もっとも、フランス側がはっきりと反対するのは主として価格の問題で、量ではなかった。[*51]

ヴィシーの中央権力の中継役である業種間委員会は、関連産業の安定と均衡を保証し、ドイツの大量のシャンパン注文に応じた政府の対策を地方で実施する出先機関だった。しかしこの委員会はとくに、シャンパンビジネスのパワーを表わし、ヒトラー帝国へシャンパンを供給する唯一の保証人として、以後、まったく方向感を喪失した市場に対して重い責務を有するようになったのである。

5　管理市場と闇市場

フランス当局が不可避的な欠乏状態に対処し、闇市場の恐るべき拡大を阻止すべくワイン市場の再編を企てたのは、ドイツ当局の管理統制下においてであった。まさにそれまでは慢性的な過剰生産の危機に直面していた生産者と卸商にとって、前代未聞の状況だった。しかしながら、すべてのワインが同じように影響を受けたわけではない。ここでは、需要が占領者と供給省の一体化した需要と重なって増大していた一般消費の並みのワイン市場と、統制外の投機を浴びていた原産地呼称の高級ワイン市場とは区別すべきである。

とりわけ懸念されたのは、一九四〇年七月三〇日の政令で統制・価格設定された食糧品の最初のリストに記載された一般消費ワインをどうコントロールするかということであった。数か月後の一〇月二一日、ある「価格憲章」がこの規制条項を拡大して、各製品の価格と量を精確に定めた。それまでフランスでは低価格で売られていたテーブルワインが希少品になり、高騰した。数週間後には、もう配給券との交換でしか手に入らなくなったのである。こうした日常的商品に強権的に価格設定しながら、公権力は以後自らに課されることになる絶対的で敵対的な要請に応えようとした。市民の欲求に応じて設置された供給省の要求には、通商協定の枠内でドイツへの売却の必要性を支持する財務省と為替管理局の指針が課されてくるのだった。

一九四〇年秋からは、ドイツ占領下のブドウ栽培地で始まった異常なワイン輸送のため、毎日数十台の帝国行きタンク列車が出発していった。フランス政府内で動き回るいくつかの圧力団体に屈して、ヴィシー行政府は突然、一九四一年一月、輸出用ワインの運送許可書交付の徹底的な制限を命じて、これに応えた（図版⑬）。民間人のための選択の自由も公式に表明された。だが一九四一年七月四日、組合通達は、民間人への供給困難が増しているため、外国向けの無呼称ワイン輸出許可は無制限に停止された、と付け加えている。一九四一年八月六日、無呼称ワインの出荷禁止が宣言された。

これに対して、原産地統制銘柄ワイン市場では、ワインは自由に取引されていた。この市場は、行政当局が定めて、商業界によって支持された売却価格と公定価格という、より複雑な規制の枠にはめられていた。一九四〇年秋から、すべてのワイン売却に対する二〇％の課税に、輸出税〔売却価格分に〕九％と〔最終価格分に〕一％が加えられた。後には、一九四二年四月一七日の法律によって、九％の輸出税は三％の産出税に変わった。実際には、出発駅での価格はドイツの代理店への五％の手数料と公認買付け人の仲介費用二％を含んでいた。ラベルはFrankreich（フランスのドイツ語名）の印字と購入者名の明記が義務づけられたものが渡された（図版⑨）。並行して、卸商には行政府から売却目録提出義務が課され、役所はフランスで売られたワインに許可された販売マージンの上限を強制的に定めていた。こういう「特別利率」は、業界関係者たちが最も厳しく非難した規制の緯糸《たていと》をなすものだった。

この規制及び、国家とその多数の代表機関の関与などの著しい強化は、供給省が地域の司令部との合意によって、商工会議所や当該組合の証明書に基づいて交付する、区域間流通のための「区域間運送特別許可書」の設置によって加速された。とりわけ、「運送許可書」はタンク列車の配分用に提供された。この許可書は、フランス全国ワイン・シードル・蒸留酒・リキュール組合長と、その傘下のワイン・蒸留酒購入全国団体によって、各県の前年出荷高に比例して、地域組合を通じて各業界関係者に割り当てられた。これはまた、パリにあるワイン輸出入配分全国連合会に許可書として提出され、さらにタンク列車利用業界団体に渡されて、これにワイン運送許可スタンプが捺されたのである。*52

当時、統制経済はブドウ・ワイン生産関連産業、具体的には卸売業の商活動をできるだけ緊密な枠にはめようとしていたようだ。一九四一年五月四日の法令以来、ワイン商業界は確かに商取引組織総合委員会と、ボルドーの卸商クリューズ氏率いる「十二委員会」と称する原産地統制ワイン、オ・ド・ヴィ、アペリティフ用リキュール、シャンパン、発泡性ワイン卸売組織委員会の管轄下に置かれていた。パリでガブリエル・ヴェルディエ率いる「第二・十二委員会」は一般消費ワインとシードルの卸売業が担当だった。各社はこれらの委員会の一つに登録されており、そのためＣＡＲＣＯ（組織委員会の徴収管理金庫）に納付金を納めていた。しかしながら、あらゆる観察者がワイン価格の急騰の非合理的な性格に仰天して疑問を投げかけたのは、この管理経済的な環境においてであった。

一九四一年八月号で、『ル・ヌーヴェリスト・ド・リヨン』紙は、テーブルワインが完全に消えたと書いたヴィシーの寄稿者の話を報告している。もはや「ひと瓶四五フランの……しか」ない。この文句は当時「ヴィシーや他のレストランでも日常的に」聞かれたもので、人々が経験した馬鹿げた状況を表わしており、彼らは「一回の食事で半分しか開けない」ことにしたという。この寄稿者は「苦々しく思ったが、苦いのは飲み物ではなく、テーブルワインが希少になるにつれて高騰する価格である」という。*53

エドゥアール・バルトにとって、この領域では「まさにあらゆる可能な限度を超えた不正悪習」がはびこっていた。多くのホテルでは「テーブルワインが消えた」。もはや「封印されたワイン」しか出されないか、時には「もっともらしい口実のついた原産地統制ワインがカラフ〔ガラスまたは陶製水差し〕」で出ることさえあった。偽造が一般化し、外見上見分けにくくなった。価格は「とてつもなく高かったが……時にはその平凡さに見合ったものもあった」。そして、「定価一八フランのメニューのレストランで、ひと瓶二四フランのワインしか出されないという経験をした」とも付け加えている。別のレストランでは、「二二フランのメニューで、ワインの基本価格がひと瓶四〇フランからだった」。さらに別のレストランでは、「最安値のワインが三六フランだった」。こうした値段にもかかわらず、品質はそれに見合ったものではなく、またたとえ「こういうレストランで信じられないような上質のワインが出ること」は認めるとしても、ほかでは「ボージョレとされたワインがつまらぬ安物ワイン」でしかなかったことがよくあった。そしてバルトは、「こういうお客を騙すようなことをいつまで続けていられるのだろう？」と問うている。「原産地呼称全国委員会は偉大なるフランスワインを台なしにさせておくのか？　それこそ誰にも明白な重大な危機なのだ。どう対策がとられ、どんな結果が得られたかという情報がわかれば、世間は安心するだろう。全国宣伝委員会はこの対策活動に二〇万フランの予算を出した。原産地呼称全国委員会もこの活動に加わっている。緊急に前例のないスキャンダルを終わらせるべきだろう[54]」。

当時、食卓には段々と「自家製ワイン」や代用ワインがのるようになった。「二四時間ワイン」や「一夜造りワイン」という名のこの種のいくつかは、アラモン、カリニャン、サンソ、グルナシュ、さらには雑種の多収穫の多様な品種から造られた「薄い」赤ワインの単なる混ぜ合わせか、ブレンドしたものである。いくつかのタイプは、干しブドウに温水、リンゴやナシなどの果物を混ぜ合わせたもので、この手の新しい成分の偽造酒が「ワイン」の名で不法販売されたのだった。

こうした成り行きに不安になった政府は、統制強化を命じた。また並行して、一定数の原産地統制ワインの価格を定める条令を公布した。すなわち、ボルドーの赤と白、コート・ドールの赤、ロゼと白、トゥレーヌの白、赤とロゼ、ミュスカデ、コート・デュ・ローヌなどが統制価格になったのである。しかし、すべての原産地統制ワインを一律に課税することは不可能であった。実際、これらのワインは主として「奢侈品」であり、その質や価値は、恣意的な規制では捉えられない無数の不確定要素を含んでいる。唯一可能な方式は、各原産地統制銘柄ワインに対して、以前の生産シーズン中につけられた価格と収穫量を正確に評価することだった。こうした価格を比較することによってのみ、値上げ幅の価格一覧表作成が可能になるだろう。これを目標として、財務省と農業省は各原産地統制ワインの大生産地帯に、価格決定のために生産ワインの検査を行う地方委員会の設置を決めたのである。

それにもかかわらず、ブドウ生産地帯では、価格上昇が仮借なく続いた。ボルドー地方には狂風が吹きまくり、価格を頂点にまで押し上げた。もはやブドウ・ワイン生産者には自由にできるものは何もなく、「ごくわずかな売り手はボルドーの赤と白それぞれひと樽二万五〇〇〇フランを要求し、一九四〇年産サン・テステーフはひと樽三〇万フランだった」。一九四一年に適用された価格統制は、全ワインに対して実施中だった。[*55] 一九四一年一〇月一七日の条令は、例えば、ボルドーの赤と白それぞれ九〇〇リットルひと樽の管理価格をアルコール定量により、六一〇〇~九九〇〇フランと定めた。上級テーブルワインのブルゴーニュは二二八リットル樽で一三〇〇~一六五〇フラン、ブルゴーニュ・ピノ（ノワール）は三五〇〇~四二〇〇フランになった。アンジューワインはヘクトリットル当たり五〇〇~一四四〇フラン、トゥレーヌワインは七二〇~九〇〇フラン、ミュスカデは七〇〇~一三五〇フランだった。

コート・デュ・ローヌはヘクトリットル当たり九五〇フランで、一〇・九度を半度上回るごとに一八〇フラン増しだった。ドロームの赤ワインはヘクトリットル当たり一一〇〇フラン、アルデーシュの白ワインは一三五〇フランに定められた。この条文はいくつかの原産地統制ワインの価格を定めた一一月二七日の条文によって補足された。

だが実際には、闇市場でルールが定まった。例えば、ある種のブルゴーニュの赤は税抜きで、ひと瓶一五〇フラン以上で取り引きされた。クロ・ド・ヴジョ一九二一年とシャンベルタン一九二三年はそれぞれひと瓶一八〇と二二〇フランとされ、他方、ランソン一九一八年とモエ&シャンドン一九一一年のシャンパン大瓶（一・五〜二リットル）は四三〇と五〇〇フランにもなり、シャルトルーズ〔シャルトル会大修道院製のリキュール〕一本には一四五〇フランも支払われたようだ。このフランスで法外とされた価格が、国外では、中立国から発した闇流通ルートによって、イタリア、ドイツ、さらにはイギリスやアメリカでは三倍にも四倍にもなっただけに、前代未聞のことであった。[*56]

こうした状況下、至るところで、売却に対してブドウ園主たちが激しく抵抗した。すべての商人にワインが不足していた。いくつかのＡＯＣ〔原産地統制呼称〕地域では、呼称獲得のために必要なアルコール度数だ、濃度不足のため、その低下を知事が許可するまでになっているのに、そうした貧弱なワインが、質が悪くても、前年の四倍以上もする価格に設定されて、誰もが驚くのだった。フランス本土のワイン生産量は四五〇〇万hlに減産が予想され、これにアルジェリア産を五〇〇万hlしか加えられないのに、占領軍の欲求に煽られた闇市場が爆発して、フランスの全消費量としては前年の半分以上も残っていなかった。

商取引用売却にできるだけ多く配分するために、各県の卸商は小切手と同等の割当て量「購入引換券」（図版㉗）を手に入れ、これを使ってブドウ園から購入した。しかし、ブルゴーニュとボルドーでは、多くの買い手側の卸商は、一九四一年夏にはすぐに、この引換券を使って「公定価格でワインを仕入れることが不可能な状況」に置かれた。ある者たちは「公定価格以上で」の購入許可を得て、「この値上がり分を販売価格」に自動的にはね返らそうと地方当局に陳情した。だがこの要請は退けられたうえ、「ブドウ園のストックの一部が消えた」という本質的な問題にも回答はなかった。だが誰にも分かっていたが、ワインは本当は存在しており、「どこにあるのかも知っていた」[*57]のである。

一九四〇年秋から実際には、多くの業界関係者はワインを予備にとっておいた。それは隠蔽したカーヴ（地下酒蔵庫）、埋めた井戸、改造した偽壁の奥にあった。エロー、ガール、オード県などの地中海沿いの山岳地帯やシャンパーニュ、オーブ県、ブルゴーニュ、ボルドー地方、シャラントなど至るところで、ブドウ栽培者は少なくとも二年分の備蓄を持っていると言われていた。小売商、ホテル経営者、レストラン店主なども同じ配慮をしていた。

確かに、占領者に抵抗するためにストックを隠していたのではない。それどころか、一九四〇年夏の途方もない売却後、ストックしたのは投機のためで、少なく売るが、高く、できるだけ高く、内密に少しずつ、つねに最も高値をつける者、つまりはつねにドイツに売るためだった。取引は対面で直接行われ、例えば一九四一年一〇月一六日、コート・ドールのサントゥネのブドウ栽培者で卸商のジャン・ルーがそうだった。彼はこの種の取引の常習犯だった。また近辺のドイツ人将校と頻繁に食事をすることでも有名だった。お祭りのような夜会の常連で、時には常軌を逸した夜会が「遊女」を交えて行われ、酒食三昧のあげく、場合によっては彼女たちがドイツ人将校のお相手にされるのだった。その交友関係を信じこんでいたジャン・ルーは、ディジョンから要請にきた軍経理部の担当将校と売却を取り決めた。売買はサントゥネの彼の住居で、口頭で、請求書も何もなしで行われた。三回のワインの引渡しが予定されていた。そしてディジョンのヴォルテール大通りの移動酒保で、国防軍のトラックを使って行われた。その場では、上級主計将校の中尉ハーケンが支払いを担当した。それぞれの引渡しの際、金額は「あらかじめ帯封した札束」で支払われた。最初の入荷のとき、主計将校はちょっと注意してこう言った。「さあ、どうか早く数えて、できるだけ早くこの紙類Papierzeugを取っ払ってくれたまえ」。彼はおそらくフランスの通貨に対する軽蔑を示したかったのだろうが、このPapierzeugは貶下的な意味で、文字通りは「紙屑」である。金庫はたっぷりと詰まっており、彼はそこから大束の銀行券を出したが、将校には無制限に自由になる金があり、好きなように使えることを示していた。傲慢な主計将校は「取引用に提供された」プレゼント、ブルゴーニュのオ・ド・ヴィとコニャック一ダースを無造作に着服した。地域的には国防軍の公式機関に保護されていたので、ジャン・ルーは以後フランス行政府には取るに足りない数量しか申告せず、占領者からの大量の買付け注文に応えるのに忙しかった。彼は供給省にはもう何も渡さず、有力な交友関係に取り巻かれてあらゆる統制を免れ、保護されていた。フランス中で、一九四一―一九四二年度のシーズンが、かつてなかったほどの最も困難なものの一つと予想されて始まったのは、こうした闇流通ルートの増殖に見舞われた環境においてであった。

第三章　大揺れ

1　新しい収穫シーズンの困難と禁制主義の再来

初期の徴発キャンペーン中に広まった即興的なやり方とは反対に、一九四一年秋に始まったキャンペーンは、ベルリンが綿密入念に作成し、ブドウ栽培地の各帝国公認買付け人に伝えた計画案に基づいていた。そのようにして要求された正式割当て総量はドイツ消費用二〇〇万hlで、内訳は一般消費ワイン四五万hl、アルジェリア産三〇万hl、アルコール添加ワイン製造用ベースワイン五〇万hl、発泡性ワイン製造用ベースワイン三〇万hl、ベルモット用ワイン一〇万hl、原産地統制の特撰ワインとリキュール三五万hlであった。

しかしながら、この新しい徴発活動は収穫量の低下、運送、とくに海上輸送の困難さ、「明らかなる」ストックの減少に見舞われた極めて困難な状況下で始まり、当局にとっては大いに懸念されるものだった。一九四一年九月一三日、ヴィシーがワインの国内供給を特化優先する新法を発布したのは、こういう状況においてである。以後、商品用ストックを含めて家庭消費用需要を超える一九四一年産とそれ以前のワインの処分権は「農業省と供給担当閣外相官房の管理下におかれた」。

一九四二年一月二日、飲料供給中央委員会が設置されたのはこのイニシアティブの延長線上においてである。この行政機関は、供給担当閣外相名の省令により委員長に任命されたロジェ・デスカが主宰し、同じく政府が任命した一一人の委員とともに飲料供給問題全般を扱った。すなわち、一般消費ワイン、発泡性ワイン、原産地統制ワイン、天然甘口ワインVDN、リキュールワイン、ワインベースのアペリティフ、オ・ド・ヴィ、リキュール、蒸留酒、シロップ、果物ジュース、ビール、シードルなど、要するに全飲料である。また飲料の全国調査配分計画を作成し、その実行の技術的指導をする役目もあった。この権限は、輸入または生産された飲料及び組織的なストックを扱う国内市場すべてに及んだ。中央委員会はまた、各県に割り当てられる購入引換券の配分と、北アフリカ経由のワインを本土の港湾で買取る際の引換券の交付も担当した。この中央委員会の決定は輸入業者、生産者、協同組合、卸商、仲買人、販売業者など全員に対して権威をもった。とくに決定は、納入引渡しに関するそのあらゆる要求に応えるべく、ドイツとの積極的なる協力精神においてなされた。

かくして、ハインツ・ベーマースの管轄下で、一般消費ワイン四五万hlの民間割当て量は、ロジェ・デスカを介して特定された六つの会社によって確保された。トレーブのドレッセール、ペルピニャンのマルティ、ベジエのペトリエ、ニームのテシエ、マルマンドのソヴィアック、セートのデュボネの各社である。南フランスでは、モンペリエ、ベジエ、カルカソンヌ、ペルピニャンの組合指導者たちが、これらの一般消費ワイン輸出商社に直接供給していた。アルジェリア産三〇万hlの補足割当て量は、全国輸出入飲料購入連合会によりベーマースの管轄下におかれた。アルコール添加ワイン製造用ベースワイン五〇万hlの取引に関しては、主としてシャラント地方でクレッサーの管理下で、コート・ドールのムルソーのルロワ社とその子会社ブルゴーニュ・アルコールによって納入された。残りの割当て量は以下の供出によって確保された。コニャック地方のキュジニエ社、シャラントブドウ栽培者協同組合連合会、ブランザックのヴェルドー、スゴンザックのリシャール、サントのオドリー、コニャックのブティィエ・ドゥロリエ、ネグリニャックのゴドリヨ、コニャックの蒸留酒製造業組合、サン・タンドレ・ド・リドンのモラン。公認買付け人バルト、ベッカー、オプファーマンが押さえた発泡性ワイン製造用ベースワイン三〇万hlの割当て量は、以下の供出によって確保された。モンリシャールのモンムソ、アンボワーズのフォルツ、ポンタヌヴォのトラン、ピュトのシャンパーニュ・グラン・ヴァン・マルヌ社、ボルドーのコルディエ社、ベジエのレ・フィス・ド・ルイ・ユック。ベーマースが買ったベルモット用ワイン一〇万hlはベジエのレ・フィス・ド・ルイ・ユックの供出によって確保された。原産地統制の特撰ワインとリキュール三五万hlはベーマース、セグニッツ、バルトの管理下で以下の供出で確保された。ベジエのスピアノ、リブルヌのエノトニック、ジロンド、ボージョレ、マコネの各組合、ボーヌのヴァン・ド・ブルゴーニュ、コート・デュ・ローヌ。この民間公式割当て量に、オットー・クレービッシュがドイツ軍用に買ったものが加わる。それは、このシーズン中に二六万八五〇〇hlと推定されたが、数値化不可能な、闇市場のものだった。[*1]

ヴィシー政府が、一九三九年の参戦とともに、フランスでまた猛威を振るい始めたアルコール中毒の撲滅政策強化を決めたのは、ドイツの徴発が強力な圧力を及ぼした状況下においてであった。以後、ワインとアルコール供給量の減少が悪質なアルコール飲料の大幅な増加の一因となり、時には不純なアルコールとブドウの木の副産物を基にした驚くべき成分の混合物で、明らかに世間の常識に挑戦するようなものであった。「国家再建」を標榜した政策の論拠を維持せんと腐心するヴィシー政府にとって、悪質アルコールとアルコール中毒撲滅闘争が、当時の困難な状況により課された配給制といみじくも見事に重なったのである。

一九三〇年代のフランスでも、相変わらず強力だったアルコール中毒撲滅運動は、大戦時代にその絶頂期を迎えており、この決定的な出来事によって「内部の敵」に対する攻勢を強めることができた。アルコール中毒撲滅神聖同盟は当時、数百の地方同盟や運動組織から成る強力な全国組織網を支えとしており、これが、美味なるフランスワインに対して「ドイツ野郎」の毒と称された工業用アルコール撲滅闘争を繰り広げていた。最も象徴的な武勲は間違いなく、一九一五年三月一六日の法律によって、フランスでのアブサンと、これと類似のリキュールの製造・流通・販売が禁止された際にもたらされた。フランスワインの強固な競争相手で、すでに一般的に「死の水」を意味したこの「緑の妖精」は、いつも「チュートンのシュナプス」と同一視されて、その生産者たちの信用を大きく失墜させ、つねに共和国権力にうまく入り込んでいたブドウ・ワイン生産業界の強力な圧力団体を守ることになった。大西洋の向こうでアメリカが課した「禁酒療法」を参考にすることなどまったく問題にならず、発酵飲料はこの闘いからは除かれることになる。

一九三九年に始まった戦争は、数か月後には前例のない敗北と独裁制の出現が続き、当時突然、「チユートンのシュナプス」打倒のアルコール撲滅とは有利な方向で重なった。極右の代表と擁護者たちは、人民戦線がその「有害な措置」によって、「労働者のアルコール中毒の怒濤の波」を引き起こしはしないかと、恐れた。一九三七年の国際博覧会は、「食品の味覚」の勝利とアルコールとワインのブランドと、各社に任されたパビリオンの氾濫とともに、この方向を確かなものにした。[*2] こうした成り行きを断って、敗北後ペタン元帥が約束した「国民革命」は、「健全なるフランス」再建のため、「フランス民族」を弱体化させた混乱、害悪、過ちを打倒しようとした。一九四〇年夏以降、ヴィシー政府が根本的な対策を命じたのは、この見地からである。

一九四〇年七月二〇日、自家用蒸留を禁じる最初の政令が出た。自家用蒸留酒製造者がはじめて直接脅かされたのである。一九四〇年八月二三日の法律は、アルコール分一六度かそれ以上の「アペリティフ用」とされる高アルコール度飲料、または一リットル当たり半グラム以上のアルコールエキスを含む飲料を、「輸出用」アペリティフ類を除いて製造・流通・販売することを禁止した。他のアルコール飲料は水・木・土曜日だけ小売店その他の公の場で許された。この同じ場所で、二〇歳以下の未成年にアルコールの無償提供、販売は禁じられた。結局、生産醸造業者や卸商が一九三七年、一九三八年、一九三九年度中の売却平均を超えて販売したシャンパン、天然甘口ワイン、許可された「アペリティフ用」飲料の全量に一リットル当たり二フランの特別税が制度化された。新しい業者や会社が売った量に対しては、全量まるごと超過税を課された。法律では、以前のヘクトリットル当たり二九〇〇フランに対して、四〇〇〇フランのアルコール税が定められていた。あらゆるアペリティフの宣伝は禁じられた。さらには、政府は裁判所から、酩酊状態で違反した軽犯罪者に情状酌量を与える可能性を取り上げた。すべてがフランスで初めてのことだった。

八月二三日の法律の一年後、アルコールとワインがドイツ人占領者によって大量徴収されて欠乏が一般化した状況にあって、規制はまったく時代遅れになった。こうした状況下で、一九四一年九月二四日の法律は、家庭と健康のために要求された政策の枠内で、アルコール飲料消費の制限に有利な新しい作戦を展開した。飲料の小売りは以後、販売免許の範囲に応じて四つのカテゴリーに分類された。第四カテゴリー（免許Ⅳ）は「大免許」とか「全面営業免許」と称され、その場の消費用か、条文で指示されたあらゆる飲料の持ち帰り用販売認可を含んでいた。

この緊密な規制は、アルコールとアルコール性飲料消費の徹底的な制限にふさわしい措置全体に集中して適用された。以後、ワインも規制から免れられなかった。それどころか規制の狙いの一つになった。ドイツから見ると、ワインが愛着心と渇望をそそり続けているときに、フランスの規制プロセスにおいては、歴史的な転換が起こっていたのである。

2　ドイツから見たフランスワイン

「フランスでは神のごとく幸いなるかな《グリュクリヒ・ヴィー・ゴット・イン・フランクライヒ》」、ドイツ人が前世紀に口にしたこの表現は、ライン対岸ではかつて以上にポピュラーになった。一九三〇年代のドイツメディアで広く語り伝えられたことは、一九四〇年春と夏にフランスの道路上に押し寄せた国防軍兵士たちがもたらした話とも矛盾しなかった。以来、征服した国の富の大量搾取は、ドイツ人がフランスの富について抱いていたイメージをただ確認しただけだった。なかでも、フランスワインはフランスの豪奢、繊細さ、趣味を表わす宝物のように見なされて、以後ドイツの貴重な戦利品になったのである（なお、このようなドイツ人のフランス観は古代ガロ・ロマンの時代からあり、ライン対岸のゲルマン人から見ると、ガリアの土地は肥沃で、穀倉豊かな国と見られており、その象徴がワインだったのであろう）。

一九四〇年代初め、ドイツ人がフランスワインに抱いていた愛着心は弱まらなかった。マインツの有名な『ドイチェ・ヴァインツァイトゥング』紙で、一九四一年一〇月、ハインツ・ベーマースは統計に基づいた資料豊かな記事を発表し、南フランスの大生産県のブドウ・ワイン生産の特徴と重要性を述べている。ラングドックやルシヨンのワインは貴重な美酒として描かれ、その豊かさと生産量によって、他のフランス全地方のワインを一層確固たるものにし、ドイツに特産品と貴重な収入源を提供することになったのである。[*3]

これよりも激賞派のブルゴーニュ担当公認買付け人フリードリヒ・デラーは、ミュンヘンの事務所から、フランスのワインは「宝物」で、その最も美しい「ワインの真珠」の一つはブルゴーニュ酒であると書いている。「バッカス神はフランスがお好きのようだ」、とも書いている。征服した国のあらゆる富のなかで、「ワインは最も重要なものの一つ」で、「それがドイツに与える多様な恩恵」によって、「我々に極めて大きな満足感をもたらすもの」である。ブルゴーニュのブドウ畑を紹介するために、彼はこう書いている。「例えばこうたとえてみよう。大広間に大きな絨毯が敷かれ、その上にレースの縁取りの絹のハンカチが広げてある。皆の興味を引くが、誰も手にすることができない。絹のハンカチはボージョレであり、レースの縁飾りはコート・ドールのブドウ畑である……ワイン卸商がつくった小さなパンフレットでは、帝国の同僚用に現在の状況が説明されており、実際の需要を正しく知るのに十分である。関係者は、ベルリン西区三五、ティーアガルテンシュトラーセ三七番地にあるフランスワイン購入輸入事務所で要求すれば、無償で地図付きのパンフレットがもらえる」。

この著者に従って知っておくと役に立つのは、「好環境の地域で、ブドウ園が分散していること。また地下貯蔵の状況、数量、生産者の売却の性格などを、ライン地方と比較できること」である。次いで、経済や観光に関する長文が続き、ブルゴーニュ丘陵のブドウ栽培地、その中心地で「輸出のために最も重要な」ボーヌなどを紹介している。現地では、「カーヴの二〇〇年前の様子や、質的かつ実際的な規則に従って、より近代的でよく考えられた他の酒蔵庫も見られ、またほかにも同じようなものがある」。彼はまた、「この地方では、ワインの商取引の慣行は熟成力のある古いワインを生産するようよく考えられている」とも書いている。当然ながら、「ここにはブレンドの技術があり」、また「熟練の酒倉職人」と「優れた専門職人」によって「完璧にされた特有の独創的な製品」とともに、「標準的なワイン生産」もある。そしてこう付け加えている。「ブルゴーニュの住民はみな一致して、この地方が赤ワインの王様を生産していると確信しているが、同時にボルドーとの競争がなければ、この赤がそれほどは輝きはしなかっただろうとも認めている」。

デラーはまたこう書きとめている。この地方のプロたちは、「宣伝活動を見事に展開し、さまざまに変化させることができた。だから、一種のワイン鑑定（騎士）団（葡萄酒通人連盟《シュヴァリエ・デュ・タストヴァン》）が存在し、剣代わりに節くれだったブドウの株を葡萄酒通人＝騎士《シュヴァリエ》叙任に用いるのである」。こうした文章には、個別にはブルゴーニュ、一般にはワインに対するある種の憧憬の念がないわけではない。そこでこう結論づけている。「いずれにせよ、彼らの統計は本当で、それによると、水を飲む者は平均五九歳までだが、ワインを飲む者は少なくとも六三歳まで生きるという。しかし、何人かは八〇歳でなお模範的なほど健康な者や、一人は名前まで言わないが、一〇〇歳の者もいて、この老人は最高齢者として、日に半リットル以上飲むフランス人の日常的ワイン消費の習慣の生き証人のようなものである」。デラーによると、ここにこそ「ドイツ住民」と「前線の我らがよき兵士」に供給する「ワインの効用を説得する」だけのものがあるという。[*4]

前線のワインについては、ウィーンの『ノイエ・ヴァインツァイトゥング』紙一九四一年一二月二一日号に記事がある。国防軍の某伍長の手帳が、プロパガンダをよく理解したその抜粋を通して、この飲み物がドイツ軍部内で得ていた重要性を語っている。伍長はそこで「貴重な配給」に対する焦慮感を描いている。ワインの補給は弾薬と同じくらい重要になった。だから、ワインは供給が「始まると」、東部戦線で「待ちわびるドイツ兵がいるあらゆる方向に向けて」旅することになる。前線では、兵士たちは「ワイン」に「新たな効能」を見出した。そしてこう付け加えている。「クリスマスにワインが配給された。ワインがあるときのいつもの陽気さが加わって、まるでお祭りだった」。手帳はさらに物語る。「今やわが部隊にはワイン愛好家も、禁欲家もオ・ド・ヴィ大好きなのも全部いる。彼らは我々同様、ワインがあれば、他の飲み物以上に、何か祖国の一端が我々のもとにやってきたような気になるのだ。こういう夕べでは、さまざまな調子のよく知られたドイツの歌を歌う兵士たちの陽気な歌声が鳴り響いた。もう決して野営地の火の傍でも、ソ連のトーチカの近くにいるのでもなかった。ひとくちのワインで、毎日の兵隊暮らしの陰鬱さが消えて部隊には陽気な穏やかさが広がっていた」。「国防軍でのワイン配給の目的と必要性に関する」疑いは、「ずっと前から消え去っていた。確かに我が国では必ずしもよく理解されていないが、ここでは、ワインは文字通り使命を果たしているのだ。兵士はしばしばワインを受け取るが、ごく自然にいつも心から歓迎するのである」。

しかしながら、需要が「ドイツのワイン収穫量からすると」非常に大きくなったので、軍経理部はドイツとヨーロッパの全ブドウ栽培地からの供給を優先事項の一つとして指示した。かくして、「フランスからきたワイン」は、すでに過去の栄光に目を向けていた軍隊の「喜びを目覚めさせた」のである。フランスのワインは、誰もが何か月もの戦争の後、取り戻したいと思っていた「幸福な日々のワイン」だった。記事はこう結論づけている。「時には国が兵士に流したワインを後悔するようなことがあっても、安心してよいだろう。指導部の過ちではない。我々はそれを一〇〇％当たり前のことだと思っている。またそれが肝心なことなのだ」。[*5]

それでもドイツでは、国家機構はより多くのワインを得るため、ブドウ栽培地を一層合理化すべく躍起になっていた。問題となったのは、ナチのブドウ・ワイン生産システム全体だった。ホイックマン博士の管轄下におかれたブドウ栽培庁は、ブドウ・ワイン生産の組織形態の徹底的な改革を呼びかけた。各地のそれまでのブドウ栽培諮問事務所がブドウ栽培庁の指示を受けたのは、一九四一年九月二五日付の帝国農業食糧大臣ヴァルター・ダレの政令に基づいてであった。取り上げられた産地名はどうでもいいものではなかった。ラインラントとシュタイアーマルクという、生産の質を保っている稀な優れたブドウ・ワイン生産地帯だった。このモデルに基づいて、各事務所は約三〇〇〇ヘクタールのブドウ栽培地をその指揮下におき、それをよりよく配置し、とくに発泡性ワイン製造に明確に不足している添加用ワイン生産を支えねばならなかった。

この方針を延長しながら、ドイツブドウ栽培中央同盟の一九四二年一月一五日の通達は、それまで実施されていたドイツのブドウ栽培政策が、量の面でも質の面でも失敗だったことを公的に認めるものだった。条文は、ドイツの発泡性ワイン製造のブレンド許可条件を修正していた。それまでは、最終合成にドイツワインが最小限四〇%入ることになっていた。しかし、ドイツのブドウ栽培の収穫不足と破滅的な結果のため、もはやこの最小限の水準を守れなかった。以後必要不可欠になったフランスからの緊急供給の性格を考慮して、条文はドイツワインの製造に添加する外国産ワインの制限枠を一切廃止していた。[*6]

この政策を余儀なくされたヴァルター・ダレは、ヒトラー帝国政府を蝕んでいた権力闘争と妥協せざるを得なかった。彼の農業政策は、かつてはSSの農業・人種計画化機関に引き継がれていたが、今や彼こそ、一般的には農業、個別にはブドウ栽培における収穫高と生産性の低下の責任者だとして、ゲーリングの支持者たちに公然と非難されていた。一九四一―一九四二年冬、ドイツを襲った激しい食糧危機、物価上昇、市民への配給減少、ワインと農業用アルコール不足などが急速にこの大臣の失脚を招き、ゲーリングとヒムラーに保護されたヘルベルト・バッケに取って代わられた。

ドイツブドウ栽培の惨憺たる現実とはかけ離れて、ナチのイデオローグたちは、「純粋血統」により確保されたドイツのブドウ栽培地の未来を支えるプロパガンダを続行した。「病害に打ち克つ抵抗力」、「より良い品質」と「より多くの量をもたらす」新品種の研究において、ドイツブドウ栽培の技師たちは、「ブドウの木の完璧な血統を対象として」自然淘汰種を開発しようとした。ドイツメディアは、それは短期間の仕事ではなく、「少なくとも二〇―二五年間は続けるべき息の長い作業で」、その間「各純粋血統種の追跡調査が注意深く行われねばならない」と説明していた。実際すでに、「重大な見込み違い」が、「実験段階から早々と商人の手に渡るという移行段階」で生じていた。「実験が対象とする栽培地は、何十ヘクタールも何百ヘクタール」にもなるのである。もちろん、こうした研究は単に公権力の支えのみならず、その指揮下で行われる。この研究は「極めて重要なもの」と見なされたが、それは、ワインがますます高度に戦略的な飲食物として不可欠になるという状況下で、これがよく知られたイデオロギー的目標と切迫した経済的必要性を結びつけているからである。それは当時、フランスで始まる第二の供給キャンペーンで見事に証明された。

3 「ブドウ・ワイン生産規定」の終わりか？

第二次キャンペーンは各帝国代理人が定め、一九四一年春、組合通達を介して卸商に伝えられた。ブルゴーニュでは、デラーが三月三一日の通達で、前回のキャンペーンの際に協力した各社に対して、まったく同量のワイン売買を更新するよう提案した。一九四一年六月一七日、卸商は「少なくとも最初の取引と同等の」金額でワイン売却契約書にサインするよう促された。通知には「至急」とあり、追伸ではっきりとこう記されていた。「この契約を行う意向がなければ、〝不同意〟と記し、サインと貴社のスタンプを捺して、本状を即刻返却されたい」[*7]。

こうした状況下で、ブルゴーニュワインの帝国向け輸出取引は支障なく行われた。いかなる徴発もされなかった。業界関係者に対するいかなる差押えも、いかなる脅しも見られなかった。ところが、一九四一年六月、キャンペーン開始の際、フリードリヒ・デラーは突然ベルリンの所属官庁から解任された。ブルゴーニュワインの首都では、彼の解雇に伴う混乱は大きかった。このナチ高官が並行して自分自身の会社のために行なった私的な取引の大きさと、その際に相当量のワインを横領したことが、彼の突然の失脚につながったのである。

同じころ、MBFには多くのブドウ栽培地における購入手続きの更新が不安に思われてきた。複数の商社やブドウ園は引渡しが終わっておらず、またその後、いくつかの協定済みの金銭契約の不履行も明らかになった。ドイツ当局は調子を変えた。引渡しは直ちに行われねばならない。輸出税の払戻しは停止された。フランスの税務規制が課したあらゆるコスト超過分は以後、請求書に直接上乗せされて、仏独決済機関が清算を行うことになった。

ブルゴーニュでは、デラーの解雇後、交代役がなかなか来なかった。秋になると、卸商たちは、身元の確かな公認買付け人が不在なことに公然と不満を表明した。すでに一九四〇年、「帝国代理人デラーの遅い到着」で、ブルゴーニュは他のブドウ栽培地に比べて「引渡しが遅れる」という「害を被っていた」ので、卸商たちは地域担当の交渉相手を利用できないことを不安に思い始めた。取引組合長フランソワ・ブシャールは、ブルゴーニュワインに「重大な不利益になる」この処置に断固抗議した。彼は、ボルドーワインの公認買付け人で、パリの帝国経済局のワイン部門の責任者であるハインツ・ベーマースに公然と詰問しながら、地域で評判のブレーメンのワイン卸商アードルフ・ゼグニッツの名をほのめかした。一九四一年一一月、ボーヌの商業組合会議所の執拗な要請でやっと、好ましい解決策が見つかり、ボーヌの現地であれほど待ち望まれたブレーメンのプロが任命された。ベルリンが送ってきた合図は明快で、そのようにして生まれた「好意的な」相互理解が、「率直なる協力」のルールを守って行動する業界関係者すべてに与えられた誠意ある環境において、増大する引渡しが支障なく行われる助けとならねばならない、というのであった。

フランスでは、それまでの規則を修正しながら、新しいワイン徴発キャンペーンの購入計画が立てられていた。一九四一年一二月二三日、フランス政府と帝国の間で公式協定が交わされた。協定書は二二〇万hlのワイン納入引渡しを想定し、そのうち三五万hlが原産地統制ワインだった。この全割当て量はフランスのさまざまなブドウ栽培地に分割され、ブルゴーニュはとくに九〇〇〇hlの原産地統制ワインを供出せねばならなかった。だが、割当て量にはフランスの輸出業者への分割計画は一切なかった。したがって、帝国公認買付け人はいつも自らが選んだ業者かまたは組合を介して直接交渉した。約定は口頭の話し合いで、しばしば資格のある立会人なしで交わされた。

ストックの更新が商店や大商社の業界関係者の不安の種になった。ブドウ栽培地では、卸商たちはもう仕入れができないのではないかと恐れた。より重大なのは、多くのブドウ栽培者が以後、卸商の仲介なしで簡単に多数の買い手を見つけられるようになったことである。シャンパーニュでは、小規模生産者が取引面で技術的に商社に依存したままであっても、やはり彼らの多くが以後、ドイツ商人に言葉巧みに説得されて「ベースワイン」を売り渡したことに変わりはない。その結果、至るところでワインが不足し、この欠乏が、メディア上で、とくにパリで猛烈に展開された宣伝キャンペーンに惑わされた住民に多大の悪影響を及ぼしたのである。一九四二年二月、エドゥアール・バルトはこう書いている。

「窮乏はイギリスの封鎖の結果ということだった！　この上ないワイン生産国のフランスで、今どうしてワイン飢饉が起こるようなことになるのか？　イギリス人は最近、ノルウェーのロフォテン島を奇襲攻撃して二万hlのフランスワインを見つけ、ロシア人もまた、ノジンスクを奪取しただけで一万hlの我らがワインを見つけたというではないか。フランスは空っぽになってしまった。私に会いに来たバドー＝ラクローズの話では、毎晩、軍の護衛付きの封印列車がニースの倉庫から出ていくという。何が入っているのか分からないというが、供給ワインが漏れ出ているのだ」[*8]。

『ル・モニトゥール・ヴィニコル』の一九四一年一二月一〇日号は、こう報告している。「消費市場の商人はワインを受け取れないと苦情を言っている。彼らがもらった購入引換券では、もうワインが手に入らないのだ。一一月には、卸商たちは割り当てられた購入引換券分の二〇％も受け取れなかったのである」。この不足の本当の原因、ドイツが巧みに操作している闇市場をあからさまに指さすことはできないので、「運送手段不足」が「この重大な状況の原因」ということになっていた。「約束にもかかわらず、北フランスとパリ市場には、ワインは来なかった」。量も不足したが、質もまた不十分だった。「新ワインに関する多くの分析」は、「アルコール度数は……概ね平均的でも、不揮発性酸度が高く、揮発性酸度は弱くて、ワインは自温室で空気に触れると急速に劣化した」。また至るところで、栽培耕作が極めて困難な状況で物資と人手が不足しているにもかかわらず、ブドウ栽培地のすさまじい価格高騰も報告されていた[*9]。

もっと重大なのは、「地域のワインだけが不足しているのではなく、アルジェリア産の入荷も不十分だったことである。ずっと前に買われて、やっとのことで積み込まれた一九四〇年産の小さな荷が届いただけだった。今では、アルジェリア産の輸入は、この収穫高と蒸留される量の少なさのために、ほとんど重要性のないことが分かっていた。三〇〇〜四〇〇万hl程度しか当てにできなかった[*10]」。ワインの種類に関しては、「白は今やほとんど需要がなかった。ある生産者たちには、低すぎるように見えるその税額〔払い戻される輸出税〕にしばしば不満の声が聞かれた。しかもこの税が、極めて気まぐれかつまったく不適切に設定されていたのである」。

そのうえ、ワイン価格に大混乱が襲いかかった、とこの新聞の予約購読者は書いている。「アルコール度数八・五で、酸度が七〜八のロワール河畔の安ワインがヘクトリットル当たり九〇〇フランになり、コルビエール産のような一三・一度以上の上級ワインは一本四二五〜四三〇フランからしか売られていない。同じブドウでつくられ、同じアルコール度数の赤ワインとロゼワインが、同じ原産地統制の規定を持たないのである[*11]」。

業界関係者すべてが、商売は最悪で、もうブドウ園には売るべきものが何もないと嘆いていた。また、県ごとに知事が設ける規定や税の違いにも不満だった。この国にはもう平等な待遇は一切なかった。各ブドウ栽培地域、各県、各協同組合、各種のワインや原産地呼称がそれ自体の法や規則、価格、流通・売却・輸出条件などを好き勝手に決めていた。この状況下で、規定が「多くの場合、権限が必ずしも認められていない者」によってつくられ、「変わりやすく、分かりにくい」と見なされただけに、商取引が極めて困難なものになった。「商取引と監督行政をもっと容易にしたはずの、フランス全土の統一規則と税が定められなかった」のは残念である。「流行り言葉で言えば、卸商、仲買人、ブドウ栽培者、検査官〝みんなが泳いでいる〟〔途方に暮れている[*12]〕」。

明らかな生産不足を糊塗するために、一九四二年三月二七日、ヴィシー政府は収穫ワインの供出条件を定めた条令を発布した。遅ればせの条文は商人の怒りを鎮めようとしていた。ブドウ栽培者は消費用ワインの需要を満たすため、収穫高全量を義務的に供出せねばならなかったが、自家用とブドウ園の従業員用に保存を許されたワインは除くとされた。しかし、ワイン取引全国組合の代表はこの状況に不安を覚え、憂慮すべきものと見なした。公式の抗議文が直ちに輸出入用フランスワイン購入連合会に送られ、「応急用の上級ワイン、とくにアルジェリア産ワイン」を仕入れることができるよう緊急要請がなされた。

直接糾問されたＭＢＦの経済局幹部は、フランス政府に対して、公認買付け人が指名した卸商に直接配布する「購入引換券」を発行するよう命じた。これに応えて、一九四二年八月一三日、ヴィシー政府は条令を布告し、飲料供給中央委員会が卸売商社に交付する引換券を創設した。この引換券によって、「卸商は、供出キャンペーンの初期から需要に十分なワインストックを備えることができた」。彼らには、前回に受け取った量の二〇％相当の購入引換券が割り当てられた。ワイン業界関係者のなかで、帝国向け輸出に極めて熱心に加わった者は、ブドウ園から尊敬されるほどの追加引換券を受け取れた。したがって、公認買付け人の個人勘定で購入されたワインは、三〇％の仲買手数料と引換えに卸商が収納し、価格を上げて発送された。これは「公認買付け人の仲買売却」と呼ばれた。このやり方は一九四三年まで変わらなかった。ところが、行政府の上流部門では、関連産業の全体的な組織のことなど一切考慮せず、その場しのぎに行われた改革の広がりが、ますます混乱と無秩序状態を生み出していた。ワイン不足が増大する状況下で、関連産業と消費市場で生じた混乱が政治の現場に飛び火したのである。

ブドウ・ワイン生産規定は、反対派に頻繁に中傷、攻撃され、以後はっきりと再検討されることになった。実際には、結局は廃止されることになる多くの政令により一時停止されていたにもかかわらず、ブドウ園に対する〔過剰生産防止のため〕ワインの販売凍結や、〔暴落防止のため市場への〕段階的な供給、過剰在庫の蒸留、ブドウの木の引抜きなどの適用は、規制条文で想定された措置のままに留め置かれていた。はっきり言えば、施行された規制は、ごく一時的なものと見なされた例外的規則としてしか課されなかったのである。

パリでは、フランスの主要なブドウ栽培地同様、卸商たちが、市民に影響が及んで、そのため彼らの商売を害するワイン商売の危機となる原因はブドウ・ワイン生産規定にある、として動き回っていた。一九四一年一二月二一―二八日号の「ワイン不足」について書いた記事で、ジャック・シャミナッドは、「一一月二〇日の国営ラジオで放送された声明の結果、ブドウ栽培者を襲った激しい動揺」を伝えている。そしてとくにこう述べている。「市民、とりわけ肉体労働者に大きな不満を引き起こしたワインの配給制は、一九三一年七月四日、一九三三年七月八日、一九三四年一二月二四日の法律で定められたブドウの植付け制限と、一九三五年七月三〇日の政令で命じられた一五万ヘクタールの引抜きが主要な原因であった」。「それゆえ、一五万ヘクタールのブドウ畑、つまりオード県のブドウ畑の総面積が突然消えてしまったと思われるかもしれない。ところが、そんなことはまったくない、絶対にないのだ！　ラジオの報道関係者諸君には、我々がしたように、間接税税務署の統計をよく見てもらいたいものだ。そうすれば、フランスのブドウ栽培はこの一〇年間で著しく発展しており、たとえ引抜きがあったにしても、誰もが認めることだが、ブドウ畑の総面積は大きく拡大していることが分かるはずである……だから、当然ある年度ごとの変動を考慮しても、フランス本土のブドウ畑は、何度かの引抜き命令があったにもかかわらず、この六年間で約五万ヘクタールは増えているのである。したがって、ワイン不足の原因はそれではない」[*13]。もちろん、記事の書き手はここで、労働力不足と運送手段の欠如を主要原因として挙げて議論をやめているが、ナチ帝国が行なった買付けで呑み込まれた膨大な量のワインのことを挙げることはできなかったのだ。誰も、ブドウ・ワイン生産規定と三〇年間のブドウ栽培規制の弊害を告発しても、どちらの規制も遺憾なことだとしか言いようがないのである。

この状況下に、フランスの法制が順応した。一九四二年四月一七日の法律が六月一〇日の官報で公表され、大量の収穫高とワイン生産に課された納付金は廃止された。一〇〇〇hl以上の生産者が、ワインのアルコール率含有量を申告する義務も破棄された。また代替植付け制限も撤廃された[*14]。それまでは禁止されていたブドウ畑への灌漑工事も、以後は全ブドウ栽培地で許可され、何の制限もなかった。ワイン性アルコールに関する措置だけが強化された。したがって、ブドウ・ワイン生産規定の解体へ一歩踏み出したのである。「量産政策」[*15]の道がとられたのだ。

かくして、マルセル・ヴァントゥナは、一九四二年七月二日付の『ラ・ヴィ・アンデュストリエル』紙で、ブドウ・ワイン生産規定の維持存続か否かに関して「フランスのブドウ栽培面積を増やすべきか?」と題して、問いを投げかけることになる。彼は、「供出キャンペーン」が「現在、規定そのものに反して、とくに元国際ワイン事務局長で、肩書により門外漢には威圧感を与えるドゥアルシュ氏によって」行われていると、強調した。そしてブドウ・ワイン生産規定の大きなメリットを指摘して、「それは、過去に何度か繰り返されて生産者に破局的となった過剰生産を避けて、消費の見通しに合わせて生産を適時調整することを目標としていた」、と述べている。しかしながら、「現在、ワイン不足」から「公布された措置が一時的に機能麻痺しているが、それはごく自然なことでしかない。ただし、その措置は、状況に応じて、過剰生産の危機を避けるため、再施行されうるという留保つきである」。なぜなら、「生産手段がほぼ正常に戻ってくればすぐにも、生産者が何でも生産する、すなわち、ワインの質など気にせず、できるだけ収穫量を増やすという習慣を取り戻すだけに、収穫高は一層膨れ上がるが、国内消費が戦前の水準を取り戻すのが難しくなるのは避けられない」[*16]からである。

バルトに対する激しい批判は、ピエール・カジヨの報告を受けた熱狂的なコラボのヴィシー政府内務大臣ピエール・ピュシュが発したもので、相応の効果があった。バルトの逮捕に政治的な理由があったというのは、本当である。戦前、彼が鉄鋼協会のフランス経営者を繰り返し攻撃したことの痕跡が残っていた。一九一九年、愛国的な議員として、彼は下院の姿勢を糺し、フランスの大企業経営者が戦争中にドイツと非合法に貿易を続け、利敵行為をしていたと激しく非難した。彼は同年刊行の『国家に反する鉄鋼協会』と題する著書で、その発言を正当化している。それは彼に対して、ピュシュを主な代表の一人とするフランスの大企業家たちの根強い憎しみをもたらした。一九四一年一〇月二一日、バルトは、「ピュシュと権力の癒着は誰でも知っている」と書いている。[*17]実際、ピュシュはポン・タ・ムソン社、フランス鉄鋼企業連合、財閥系企業のジャピ・フレール総業などの長を相次いで務め、その責任ある立場で、ジャック・ドリオの人民党と仏独の大経営者との仲介役を果たしていた。一九四一年二月に入閣すると、ジャック・バルノ、ジャック・ブノワ゠メシャンと並んで「共同政体」[*18]を形成し、政府支配をなすと見なされたが、これは独占的な大企業連合を代表する強力な組織で、なかでもコラボのメディアには、ペタン体制の敵対者と目されていたヴォルムス銀行がその筆頭格だった。[*19] フランソワ・レドゥ、フェルナン・ド・ブリノン、ポール・マリオンなどとともに、ピエール・ピュシュはダルラン政府の中軸を成し、ずっと前からドイツの勢力圏下に落ちていたフランスの大経営者のための、帝国共同政体（MSE）運動計画の実行役だった。

しかし、バルト逮捕の主要な理由は、南フランスの小規模ブドウ栽培と、ブドウ栽培者に対するワインの「社会的価格」の保証に向けられた、彼の保護主義的かつ生産制限的なブドウ栽培政策だった。彼はこう付け加えている。「こういうわけで、政府にワイン供給を組織する手立ても能力もなく、また私が絶えず抗議し、人間としてできるだけのことをやったのに、私はブドウ栽培者の我欲を満たそうとした者として司直に引き渡されたのだ。かくして、本当に罪ある者が責任を免れたのである。今や援護もなく、わが身を守ることもできない。実際にこうして牢獄に投げ込まれたのは、私がワイン価格を批判したからなのだ」[*20]。そして、確かに「批判を控え目にしなかった」が、と続けている。「一年前から多くのこと、例えば売却に関する措置などを阻止し、実際に行われたこと、ブドウ・ワイン生産規定の廃止とまでは言わなくとも、その大転換の愚かしさを指摘してきた」[*21]。こういうわけで、とさらに付け加えている。「全ストックを使うという言い続けてきた私、その私が逮捕されたのは、占領当局からの嫌疑に基づいてであるが、ストックに関しては、占領当局との取引は好調に続いているのだ！　泣きっ面に蜂とはこのことだ！　パリの一部の商人どもが胡散臭い役割を演じていたようだ……いずれにせよ、私は占領当局の要請で投獄され、それを受け入れ、誇りにさえ思っているのだ」[*22]。

以後、ブドウ・ワイン生産擁護機関内での一切の活動を禁じられたバルトは、数十年前から忍耐強く設置してきたブドウ・ワイン生産保護システムの解体に対して無力なままだった。その頃から、ブドウ・ワイン政策全体が、自らとドイツの利害に全面的に賛同した一部の卸商たちの手に落ちた。ところが、一九四二年秋から、戦争の状況が突然バランスを大きく変えることになる。

4 一九四二年秋の転換点

一九四二年一一月、ナチ当局にとって、英米軍の北アフリカ上陸は衝撃だった。海上で勝利することもできず、日々に大陸の制空権を失い、東部戦線ではソ連兵を相手に行き詰まり、アフリカでは潰走状態にあったドイツ軍は、今度は南側面のフランスの地中海沿岸から直接脅威にさらされた。それゆえ、こうした状況に強いられて、ドイツ軍参謀本部はフランス南部地帯を侵略せざるをえなかった。作戦は数か月前から準備されていた。数日間で、「自由地区」と称され残っていたフランスも征服された。しかし、アフリカ領土の喪失は、帝国とヴィシー・フランスの権益にとって、単なる痛手ではなかった。それは、以後ドイツにとって重苦しいものとなる戦争における、大きな地理的戦略的ターニングポイントだった。それに、フランス南部地帯を占領したドイツ軍は、一九四〇年春の勝利したドイツ軍とはもう無関係なものだった。この軍隊も数か月前までは誇り高く行進をしていたが、今回は不揃いな軍服姿で、使い古して痛んだ古装備を手にした、あちこちの植民地兵や老兵の寄せ集めだった。数百台のドイツ軍車輌や軽装甲車はかろうじて動くか、故障して道端に放置され、何台かはガソリン不足だった。彼らの隊列のなかでは、東部戦線で行われた超人的な戦闘の過酷な試練の痕跡をとどめた兵士の顔に、明らかな幻滅の表情が浮かんでいたのである。

消耗戦は、戦費がドイツ国民に次第に重くのしかかってくるようになると、その様相を露呈した。それまでは戦闘の埒外に置かれていたドイツ市民の目を現実から逸らせておくことは、以後は不可能のように思われた。それゆえ、政治的に征服領土の略奪強化が優先された。ところで、一九四二年四月一八日から、ラヴァルがダルランに代わってヴィシー政府の長となり、カタラがブティイエの後任の大蔵大臣になった。政治路線は、明確にドイツとの関係の無条件強化に向かっていた。占領費名目の払込みがフランス経済の窒息状況下で直接的な脅威となり、またその後、仏独決済機関が底知れぬ赤字を呈していたので、可能な限り現金支払いを減らすため現物商品による払込み方式が選ばれた。農業部門では、すでに大量になっていた供給量を増やすため搾取が強化されたが、これはフランス国内の欠乏を加速させた。パリとフランスの大半の都市では、飢饉の亡霊が現実となった。ヴィシー当局はフランス国民に与える健康面や社会的、政治的な影響にほとんど頓着しなかった。果物と野菜に配給制が広げられた。もはやジャガイモもカブラも菊芋もなく、サラダ菜さえなかった。人々はやがてもう何もないようになると予想していた。ワインも、数か月前まではあれほど豊富に安く手に入ったのに、まったく姿を消してしまった。最も日常的なワインでさえ、地下で法外な価格で売られていたのである。

占領当局にとっては、相変わらず相当な量の生産物がドイツに渡っていなかった。例えば、大量のワインが闇市場への横流しルートによって、フランス市民に流れていたのである。そのため、敗北で北アフリカの大ブドウ栽培地を失っていたフランスの全生産量を確保するため、徴発供給システムの拡大が急務となった。実際、地中海対岸では、アルジェリアを失い、それとともに、地中海での厳しい海戦にもかかわらず、コクのある色鮮やかな大量のワインを豊富に供給していた広大なワイン生産地帯も失ったのである。このワインをごく低価格で買うため、ドイツの軍事責任者と共謀して非合法に行われた大きな取引の利益が、突然消えてしまった。一九四〇年から、セートの波止場でヘクトリットル当たり四〇〇～四五〇フランで買えていたザッカール、ミリアナ、マルグリット、アマム・リガ〔いずれもアルジェリアのワイン産地〕などの最良のピノ・ノワールやガメが、他の銘柄と混ぜ合わせられて、消費段階で一〇～一五倍にもなったのである。さらに闇市場では、上乗せ金付きで二〇～三〇倍にさえなった。そのようなやり方はつねにドイツの強固な保護に支えられており、主役たちが確実かつ急速に金持ちになり、ドイツへの良好な供給を確保するものだった。この闇市場による損失を補うために間をおかず、ベルリンは、それまで占領地区の卸商たちが切り回していた南フランスの全ブドウ栽培地を直接保護下に置く命令を出した。アードルフ・ゼグニッツの権限がプロヴァンスのブドウ栽培地に拡大され、ハインツ・ベーマースがラングドックとルシヨンのブドウ栽培地への直接監督権を強化したのである。

この徴発キャンペーンの枠内でドイツ経済のために要求された割当て量は、公式には一七八万hlで、その内訳は以下の通りである。ベーマースは消費用ワイン七五万hl、クレッサーはアルコール添加ワイン製造用ベースワイン三六万五〇〇〇hl、バルト、ベッカー、オプファーマンは発泡性ワイン製造用ベースワイン二六万hl、ベーマースはベルモット用ワイン六万hl、カーヴェンはヴィネガー製造用ベースワイン一二万hl、ベーマースとゼグニッツは原産地統制ワイン二三万hlをそれぞれ集めた。この民間用割当て量に以下が加わる。オットー・クレービッシュの管轄下でドイツ軍用ワイン五〇万hl、これにはさらに、「国防軍用特撰ワイン」と称された原産地統制ワイン三万hlが加わる。

しかしながら、業界関係者の方では、大きな商社は占領者の呼びかけにすぐにも応えようとしていたが、以後は極めて困難な状況におかれた。外部で再び仕入れることが困難になり、売却が麻痺したのである。公認買付け人の独占に基づく徴発システム全体が終局したように見えた。シャンパーニュ、ブルゴーニュ、ボルドー、ラングドックなど至るところで、それまで業界関係者が保持していた相当量のストックが崩壊したのである。ブルゴーニュの商社で平均四〇〜六〇％、シャンパーニュで二五〜三〇％も下落した。ブドウ園からの調達、購入では、もうカーヴのストックを更新することはできなかった。商人は「ブドウ園で見つからなくなった」ワインを買おうとして疲労困憊した。状況は、ドイツの要求が増し、価格が高騰していただけに一層憂慮すべきものとなった。

商社が進行中のキャンペーンの公式割当て量に買付けで応えるのは、この状況下である。南仏の七つの商社は一般消費ワインの民間市場を分け合った。トレーブのドレッセール、ペルピニャンのマルティ、ベジエのペトリエ、イェールのユーグ、ニームのテシエ、ペルピニャンのパムス、セートのデュボネである。アルコール添加ワイン製造用ベースワインの割当て量は、ムルソーのルロワ社、補足分は国立コニャック事務所が納入した。発泡性ワイン製造用ベースワインはピュトのシャンパーニュ・グラン・ヴァン・マルヌ社、アヴィニョンのコンタのブドウ栽培協会、アンボワーズのフォルツ、ムルソーのルロワ、モンリシャールのモンムソが納入した。ヴェルモットワインの割当て量はベジエのレ・フィス・ド・ルイ・ユック社が確保した。ヴィネガー製造用ベースワインの市場はベジエのペトリエ社が独占し、原産地統制ワイン市場はベジエのオルブ農産業協会、リブルヌのエノトニック、マルマンドのソヴィアック、ベジエのコミコ社、ジロンドとボーヌのボージョレ、マコネ、ブルゴーニュワインの各組合にあてがわれた。国防軍専用の日常ワインの納入は国の出先機関とベジエのレ・フィス・ド・ルイ・ユック社が確保した。ドイツ軍向けの「特撰ワイン」はサントゥネのジャン・ルー、ボーヌのパトリアルシュ、ニュイ・サン・ジョルジュのフェヴレとデュフルール、ディジョンのレ・グラン・シェ、パリのラプランシュの各社とボルドーの組合が納入した。[*23]

ところが、同じ頃、それまでの規制では、あらゆるワイン、とくに稀少銘柄ワインを襲った投機の波を抑えるには無力だった。ワインは、手っ取り早く儲けようとする投資家にとって、比類なき交換価値になっていたのだ。全ブドウ栽培地で、ワインは、増大する非合法な仲買人や、あらゆる所から来たにわか仕立ての買付け人の群れを駆り立てていた。多くはドイツの購入機関や代理店の代表であるこの連中は、無制限な支払い手段を手にして、何でもどんな価格でも買うことを共通点とし、前例のない闇市場の爆発をもたらした。[*24] フランスの闇市場で暗躍しながら、彼らは極めて重要な役割を果たすようになっていたのである。

彼らのうちの何人かは、歩き回ったブドウ栽培地に大きな痕跡を残した。パリ、ボルドー、ブルゴーニュでは、エミール・ラプランシュがこうした無視できない人物の一人だった。この六〇歳の卸商はパリのプレール大通りに住んで小売商も営み、ペルシャン大通りに「タストヴァン」という店を構えていた。ドイツ軍経理部からワイン買付け人の信任を得た彼は、注文を代理人に分配し、取引を監督し、パリに届いたワインを受理してそれを分析させ、支払いをし、揉め事を解決する役目もしていた。彼は卸商、主にボルドーとブルゴーニュの卸商のストックの量と質をつねに把握しており、ある者たちには躊躇せずに圧力をかけて、時には差し押えるとまで脅した。その見返りとして、彼は納入ワインのヘクトリットル当たり四〇〜五〇フランの直接手数料を受け取っていた。また同時に、ドイツ軍経理部から正規の給料ももらっていた。ブドウ栽培地では、ラプランシュは数十人の外交員と一群の匿名勧誘員を雇っていた。誰もが納入引き渡しのたびに何パーセントかを天引きするので、段々と少なくなる商品を求めて、急速に熾烈な競争が始まったのである。[*25]

こうした個人や競合する代理店は絶え間なく増加し、どの仲買人もこれほどまでに渇望されるワインを手に入れようとして、ますます高値を持ちかけるようになった。このようにして確立された流通ルートは仲介役の数を増やし、さまざまな手数料を生み出し、隠れ利得の指数関数的な増大を支えた。ワインが引き渡される前段階で広まったこの慣行は、業界関係者とドイツ兵たちに腐敗堕落の風潮を拡散させ、全般化した。持続的に重みを増してきたこのブドウ・ワイン生産世界は、破廉恥な小ペテン師、下劣な密告者、雇われ勧誘員、買収された仲介役の世界であり、腐敗堕落した占領軍の欲得に汚染された多数の商人、卸商、ブドウ園所有者、ブドウ栽培者たちの世界であった。

一九四二年秋、闇市場は決定的にフランスのワイン市場を制覇し、これを文字通り「ワインの公式非合法部門」に変えてしまった。かくして始まった変化は、ヘルマン・ゲーリングの指針を推し進める形で加速された。この貪欲な略奪願望に駆られたナチの大臣は、ヒトラーに託されて、大陸規模の全域的な新収奪政策を調整し、戦争がドイツ帝国を麻痺させる恐れが出てくると、征服領土のあらゆる富を奪い取るよう画策した。この経済的な大量収奪は、ベルリンにとって、ドイツを敗北から救うかもしれないだけに一層重要なものとなった。

一九四二年八月五日と六日、ゲーリングはいつもの調子で、ドイツ軍はかつて以上に、征服諸国の富を「ドイツ民族が生きられるよう引き出すこと」を使命とすると宣言した。フランスに関しては、「まだ最大限に耕作されていない」と断言した。彼によると、フランスは「〝農民諸君〟がもっと働くよう強いられれば、もっと農業生産高を上げること」できるという。そしてこう付け加えている。「フランス国民は恥ずかしいほどだらふく食べる」が、それこそ「フランス人の陽気さの秘密で、そうでなければあれほど陽気にはなれないだろう」。パリにはまだ少なくとも「特別豪華な」レストランが残っており、「最高のものを味わうこと」ができる。だが彼は、「フランス人にはそこに足を踏み入れてほしくはない」。そしてこう述べている。「マクシムが最高料理をつくるべきは」、ドイツ人のためである。「ドイツ軍将校と兵士用の第一級のレストランを三つか四つ、これはよろしい。だがフランス人には無用だ。彼らはこういう料理を食べる必要はない」。さらにこう付け加えている。「昔は、ことはもっと簡単だった。略奪するだけだったのだ。他国を征服した者はその国の富を奪っていた。今では、事態はもっと人間的になっている。だが私はやはり略奪したいと思う、それも速やかに、だ。特別な力を備えた買付け人の一隊を、まずベルギーとオランダ、次にフランスへ送るつもりだ。彼らには今からクリスマスまでたっぷりと暇があり、美しいブティックや立派な店でありったけのものを買えるだろう。そのすべてをドイツ国民のためのショーウィンドーに並べさせて、ドイツの店で買えるようにしよう。私はフランス女たちが、もったいぶった娼婦のように妙ななりをする姿など見たくもない。まもなく、彼女たちにはもう買うものが何もなくなるだろう……それがどういう意味なのか、彼女たちに分からせてやろう。つまり、ドイツ帝国の国益を守ることをだ」。

ドイツ兵は以後、「猟犬に変わり、ドイツ民族に役立つものすべてを見張っていなくてはならない。

それから大急ぎでそれらを倉庫から出して、一足飛びでここに届くようにせねばならない」。ドイツ兵はまた、「欲しければ何でも買い、持ってこられるなら何でも買わねばならない」。そのためフランスでインフレが起こったとしても、それはそれで結構なことだ。「フランは、ある使い道のためのただの紙である以外の価値は必要ないのだ。だから、ただフランスは我々が好きなように打ちのめせるのだ」。これを目標として、彼は協調協力には意味がないと言って、こう付け加えている。「そうしているのはアベッツ氏〔パリ駐在ドイツ大使〕だけで、私ではない。フランス人諸君の対独協力を、私はただ次のように見ている。彼らはもうどうにもならなくなるまで、できるだけのものすべてを渡さなくてはならない。彼らが進んでそうするならば協力だと認めるが、彼ら自身ですべてを取り込んでしまうならば、協力ではない。フランス人はそのことをよく理解しなければならない」。ゲーリングはまた、彼に関心があるのは、「あらゆる手段で最大限の努力をして、我々が現在掌中にしている領土から富を引き出すこと、ドイツに持ち帰られるものは何でも持ち帰ること」[*26]、であると指摘している。

ヘルマン・ゲーリングは、ワインについては一九四二年分収穫で行うべき供出を九〇〇万hlと定めた。前年の三倍以上になる非現実的な数字である。闇市場の供給ルートと地下の仲介役を減らすのでなければ、数か月でそのような徴収を実現することなど、誰もがたぶん一瞬とて信じないだろう。この状況下では、いわゆる「仏独協定」で決められた正式な割当て量を遵守することなど、もう問題ではなかった。四方八方からの圧力の影響下で、フランスのワイン市場は不可避的に崩壊の道をたどることになる。

したがって、現実には闇市場の果てしなき拡大にはいかなる抑止策も歯止めもかからず、次第にナチ自身がこれを引き受けるようになった。確かに、フランスで闇市場を取り締まる主要機関はゲシュタポだった。実際には、抑止活動は密売人を彼ら自身の仲介役の方に追い込むことになり、密売人はゲシュタポと通じた地下の仲介役に保護されていたので、不法な仲買人どもが何の罪も問われずして、動き回ったのである。それゆえ、高級ワイン価格を襲った熱狂の波は常識を越えて、以後、四方八方から要請されるワイン生産に大きな圧力を及ぼしたのである。

そこで、公式代理人ベーマースは、徴収システム機能を変えずに、フランス政府からブドウ園主が決済できる新規の購入引換券の発行許可を得て、一九四二―一九四三年のシーズンからお気に入りの卸商たちにそれを託した。しかしながら、ブドウ園主は、闇市場がはるかによい報酬を提示し、秘密厳守し、税申告なしで済むので、この手の公的提案にはまったく興味を示さなかった。しかも、卸商をたずね回る仲買人が次第にブドウ園主の方に向かったのである。だから実際は、積極的な仲買人は、多くの場合秘密にだが、生産業者に直接掛け合い、多額のプレミアム付きの払込みを交渉したため伝統的なネットワークがぷっつりと切れてしまうのだった。[*27]

一九四〇年まで規制されていたワイン仲買業という職種は、多数の山師や悪徳仲介人が手っ取り早く金儲けようとして、強力なドイツの買い手のためのワインを求めて荒らし回ると、木っ端微塵になった。ブルゴーニュとボルドーでは、卸商が一九三九年九月九日の政令を想い起こさせたが、これはなおも適用されており、あらゆる産業・商業施設の設置、拡張、移転などを県知事の許可に付していた。実際、県事務局によると、この措置は「新種の領域に属する者の流入の影響を受けて……品位を落とされた職業」に対しても拡大適用されたという。

ディジョン県庁の事務総局はこの点について、こう付け加えている。「仲買業者協会長のたび重なる表明によると、正規の許可証をもつ仲買人は、仲介人が行なった〝闇取引〟の価格のため、いかなる商取引もできず、またそのため、彼自身も約一年前から一切の活動を控えているという」[*28]。もちろん、ワイン仲買業の規定によると、当該者が出した認可要求はワイン卸商組合会議所とワイン価格決定地方委員会に付託される。ところで、一九四一年から、県条令は、一九三八―一九三九年に業務に従事していた仲買人だけが許可される、と明記している[*29]。卸商‐仲買人の兼業は、少なくとも一〇年前から仲買業を営んでいる卸商にとっては、知事の許可を条件にして可能であった。しかし、県条令に明記されているこの法は適用されていないし、おそらくその後も決して適用されなかったであろう。

その証拠として、ボーヌの郡長は、一九四一年一一月から、「当方に届いた情報によると、今年収穫生産された原産地統制呼称銘柄のブルゴーニュワインは現在、ボーヌとディジョン市場で、職業証明書も特別免許状も持たない偽仲買人の買占め工作の対象になっている」ことを確認している。さらにこう述べている。「こうした密売人は生産業者から、当該銘柄に対応するカテゴリーに定められた価格以上の価格でワインを買い、そのワインに統制銘柄のカテゴリーに必要な度数があるかどうかなど無視している……この種の取引はとくにサヴィニー・レス・ボーヌ、ムロワゼ、ムルソー、ペルナン・ヴェルジュレッス、ラ＝ドワ＝セリニーで進行中のようである……ブルゴーニュ丘陵地帯でこの種の投機行動を阻止することは、極めて重要なことのように思われる」[*30]。

最後に、コート・ドール県卸売商・仲買業団体ボーヌ地区代表はこう付け加えている。「一九四〇―一九四一年のシーズン中、コート・ドールでは、生産者とのワイン取引が、大半はこの仕事にまったく無関係な自称仲買人や営業代理人によって著しく乱され、その不正行為によって完全に相場を歪められてしまった。この同じ連中が再びブドウ栽培地に侵入してきて、大量の買占めを行なっているが、ワインの原産地呼称やアルコール度数の点でも、定められた税申告の点でも、現行規則をまったく無視している」[*31]。

一九四一年一二月八日、ボーヌの郡長が、「この闇取引を行なったとして当方に通報された仲介者［偽仲買人］」名簿をディジョンに送ったのは、地域圏庁の要請からである。そこには、以下の者が含まれていた。「ボーヌのレキュ通りの代表役ギュイ、ボーヌのブレッソン（シャンピ社の元外交員）、ボーヌの駅大通りのピオン（メゾン・ビショの元社員）、ボーヌのアルザス大通りのトゥリュフェール（ヴァント・シェロー店）、ヴォルネのマティス（ポワロの元外交員）とミュシ[*32]」。

こうした追加徴収は無統制で、価格を高騰させた。一九四三年、ポマール、ヴォルネ、ムルソー、ピュリニー・モンラシェが統制価格を五〇〜一〇〇％上回って売られていた。リーシュブール、ロマエ・サン・ヴィヴァン、ラ・ターシュ、ボンヌ・マール、グラン・ゼシェゾ、シャルム・シャンベルタンなどのワイン二二八リットル樽は、一九四三年、公的には一万六〇〇〇〜二万フランのものが[*33]、ある事情通によると、正式な請求書なしのプレミアム付きで三万〜五万フランにもなっていた[*34]。

数か月後、ディジョンの価格管理統御局長は全ブドウ栽培地、とくにブルゴーニュ丘陵地帯のワイン取引の経済的状況に懸念を表明した。彼はこう書いている。「ブルゴーニュのワイン取引状況は改善されたどころではない。ブドウ・ワイン生産者の貪欲さは相変わらず際立っており、ワイン醸造業兼卸商とか卸売商人が出す購入引換券の決済に対する彼らの迷いも、依然として大きい」。

記録された最大の不均衡は一般的な原産地呼称ワインにかかわるものだった。すなわち、追加配給を求める消費者の多くが望む「並の上ブルゴーニュ、白ブドウ苗ブルゴーニュ、〔単なる〕ブルゴーニュ」である。実際、生産者にひと樽四六二〇フラン（熟成税込み）と設定された「ブルゴーニュ」の実勢価格が、一万～一万一〇〇〇フランにもなった。ポマール、ニュイ・サン・ジョルジュ、ムルソー、ジュヴレ・シャンベルタンのようなヴィラージュ呼称は、比較的差異が小さかった。ポマールは八二二八フランに対して一万三〇〇〇フランで扱われた。以下、ニュイ・サン・ジョルジュは八一九〇が一万二〇〇〇、ムルソーは八二二八が一万二〇〇〇、ジュヴレ・シャンベルタンは八九一〇が一万五〇〇〇になった。需要と供給の法則が支配的になるにつれて、高級ワイン（グラン・クリュ＝極上銘柄ワイン）に対するこうした差異は狭まり、ゼロかほとんどゼロになった。そのため、生産者にひと樽二万七五〇〇フランに設定されたシャンベルタンが二万九〇〇〇フラン、モンラッシェは公定価格三万八〇〇〇フランで購入されたのである。[*35]

こうした状況下で、そのような取引の正確な数字の決算書作成は困難である。間接税税務署への申告を基にしたブルゴーニュの卸売業の公式資料で、コート・ドールのブドウ・ワイン生産地帯における個別売却の増大ぶりを確認できるとしても、それ自体業界関係者数の驚くべき減少に関連するもので（この県の市町村単位で、一九三九年の二一一人が一九四四年は九七人に減少）[*36]、実際には、ドイツ帝国に売られたワインの相当量があらゆる管理統計から漏れていた。以後、流通ルートははるかに大きい闇市場に組み込まれ、卸商には制御不能になった。このまったくの混乱と無秩序に陥った環境で、ブドウ・ワイン生産業界は生き残った保護的な規制条項だけを頼りにすることになるのである。

5　原産地統制呼称の勝利

一九四一―一九四二年の徴発キャンペーンは、ひとつならずの理由で、フランスに原産地統制呼称の勝利を確立した。この成功の原因には、フランス本土のワイン供給に関する一九四一年九月一三日の法律が、商用ストック全量を含めて、一切の処分権を供給省の管轄下に置いたことがある。そのため、原産地統制呼称ワインだけが徴発を免れたが、普通ワインをはるかに上回る価格に設定された。それゆえ、かつては多くの業界関係者が不満を示したこの原産地呼称が、ブドウ栽培者には魅力を与えるようになったことがよくわかる。

一九四三年一二月一日付の『ル・ミディ・ヴィニコル』紙は、ジャン・ヴァレリーのジロンド県のワインに関する貴重な調査記事を載せている。著者は、フランスの至るところで、どの程度原産地統制ワインが「流行」になったかを指摘している。しかも、顧客がそれを、一般消費ワインと違って、業界関係者にはるかに利益になり、価値を高める品質の目印と見ていただけに、一層流行したのである。以後、このワインはつねに全般的に自由な規定の下にあったので、「無数の乱用悪弊」を生むことになり、その中に「途方もない価格高騰」があった。至るところで、公定価格の決定は徐々に「この高騰の一部」を吸収するが、それはボルドーのヒエラルキーの頂点にある最高ランクのワインで確認できる。

メドックの三つの一級グラン・クリュ（シャトー・マルゴー、シャトー・ラフィット、シャトー・ラトゥール）は九〇〇リットル樽一〇万フランに価格決定された。一八八五年の格付けによると、二級グラン・クリュはひと樽九万フラン前後に、次いで三級、四級、五級のグラン・クリュは四万〜八万フラン、最後にクリュ「ブルジョワ」は若干低価格に設定された。この価格に仲買人の販売マージンとさまざまな課税額が加わると、最終価格が二倍になった。ひと樽一〇万フランのシャトー・マルゴーが小売りでは約一九万フラン、すなわち、ひと瓶三二二フランで販売された。この著者にとって、このワインの品質はその価格に値するが、一九四一年からは「公定価格で原産地統制ワインを買うことはほとんど不可能になった。袖の下が幅をきかせたのである[*37]」。

ところが、一九四二年からは、原産地統制ワインも徴発を免除されなくなった。実際、この年の一月八日の法律は、一九四一年九月一三日の法律で想定された、一般消費ワイン供給のための徴収に関する条項が以後、「いくつかの原産地統制ワイン」にも適用されると定めていた。この条文の明白な目的は、「極上」ワインを除いて、「一般消費ワインに近い品質の」原産地統制ワインへ徴発を拡大することだった。

ただし、間接税税務署当局は、市町村とか局地的な原産地統制呼称を受けているワインはこの条文から免除されるとし、また「地方と準地方の原産地統制」の全ワインに対しては、その適用を確認している。とくにボルドーとシャンパーニュでは、この措置が混乱を招いた[*38]。例えばボルドーでは、極めて有名なワインを生産しているメドックやグラーヴのようないくつかの準地方の原産地統制ワインはこの新法の影響を受けたが、品質がテーブルワインに近い地区呼称のワインはそれを免れていた。ポイヤック、サン・ジュリアン、サン・テステーフ、ムラン以外のコミューンで生産される、メドックの格付けグラン・クリュのような極上銘柄ワインは、有名なシャトー・マルゴーをはじめ、オ・メドックの準地方呼称でしか現われないが、グラーヴの準地方グラン・クリュすべて、とくに有名なシャトー・オ・ブリヨンとか極めて有名なシャトー・ラ・ミッション・オ・ブリヨンが一般消費ワインの規定の下に置かれた。この支離滅裂さを認めた農業省と供給担当閣外相は、翌一月一七日、一月八日法を適用すべき地方または準地方統制呼称の限定名簿を公表し、結局は供給に関する規定外にある他の原産地統制ワインを示したが、その中にシャンパーニュワインもあった。

同じく重大なのは、この法律の帰結が市民に直接衝撃を与えたことである。確かに政府は、いくつかの原産地統制ワインを配給制に加えることが消費者のためになると思っていた。しかし、一般消費ワイン不足を補うために、月四リットルの配給の枠内で「統制呼称」ワイン一リットルの購入を強いると、消費者はほとんど手に入らない安い一リットル分を奪われてしまい、代替の一リットルは値段からして買えないのであった。問題の法律は市民の大きな不満をかき立て、かえってこうしたワインの不法売買を加速させることになった。

こうした状況にあまり落胆することもなく、業界関係者は大急ぎでワインの統制呼称を獲得しようとした。一九四一年一二月一七日の法律（一九四二年二月二五日の官報）と二月二三日の九つの政令（一九四二年二月二六日の官報）は、オ・ド・ヴィに関して以下の原産地呼称を定めている。すなわち、オージュ地方のカルヴァドス。アキテーヌ、コト・ド・ラ・ロワール、フランシュ＝コンテ、ラングドック、プロヴァンス、マルヌ、オーブ、エーヌ、シャンパーニュ、ブルゴーニュなど各産地のワインからのオ・ド・ヴィ、またはマール（ブドウの搾りかす）からのオ・ド・ヴィ。ブルターニュ、ノルマンディ、メーヌの各産地のシードル（リンゴ酒）かポワレ（梨酒）のオ・ド・ヴィ。すべてが、生産者に供給用の徴発を免れさせることを共通点としていた。一九四二年一月一五日の第一の条令はミュスカデの統制呼称を定め、第二はアルボワ、シャトー・シャロン、レトワール、コート・デュ・ジュラの統制呼称を創設した。二月一一日の政令はコート・カノン＝フロンサック、セーセル、発泡性セーセルの適用条件を伝えている。一九四二年二月二四日の政令第五九三号は、「ブルゴーニュ」の統制呼称をソーヌ・エ・ロワール県とヴィルフランシュ・スュール・ソーヌ郡の領域に広げている。一九四二年一二月三〇日の政令はアロクス・コルトン、コルトン、コルトン・シャルルマーニュ、シャルルマーニュの原産地統制呼称を修正している。一二月三〇日の政令はアンジューの準地方呼称ワインにも関係した。

しかしながら、一九四二年八月一三日の条令は、「一般消費ワインの可処分量が需要を下回る収穫年のたびごとに」、一般供給への統制呼称ワインの組入れを強化している。だが、統制呼称ワイン生産者に要求された供出は、「等量の何らかのワインの代替補塡供給によって清算されるが、ただそれが公正で商用であり、一般供給への納入引渡しを免除されていることが条件である」。この条文の適用を可能にするため、毎年の新収穫の統制呼称ワインは、一月一五日までブドウ生産者やワイン製造者のカーヴや酒倉に留め置かれていた。この条文は一九四三年一月六日の条令によって修正され、いくつかの統制呼称ワインが配給制に組み入れられた。

原産地統制呼称ワイン（AOC）全国委員会がとった予防策にもかかわらず、原産地統制呼称ワイン価格のインフレも、その数と量のインフレのあとに続いた。登録された収穫量の申告結果によれば、一九四〇年は、フランス本土の総収穫量四四八七万七〇〇〇hlのうち、原産地統制ワインは三〇一万二〇〇〇hlだった。それが、一九四一年は、四二八二万三〇〇〇hlのうち、四六〇万hl、一九四二年は、三三七六万一〇〇〇hlのうち、四八四万九〇〇〇hl、つまり一九四〇年よりも約六〇％増であった。他方、一九四一年と一九四二年の総収穫量が一九四〇年に比べて、それぞれ四・五〇％と二四・七〇％減少しているのに対して、逆に原産地統制ワインはそれぞれ五二％と六〇％と際立って増加していた。[*39] 実際には、「高価格を利用して、一般供給分から自家用ワインを差し引いて統制呼称ワイン分にする」など、生産者はあらゆる手段で「原産地統制ワインの申告を増やそうとした」[*40] のである。

こうした進展ぶりを抑えるために、一九四三年三月一六日の政令は、統制呼称の使用条件をとくに一ヘクタール当たりの生産高制限に関する厳密な措置によって強化した。以後、平均的生産高は、シャンパーニュワインを除くすべての統制呼称に対して、その年の収穫量だけを基にして計算され、減少した。以前は、いくつかの統制呼称は上限が四五hlとか五〇hlにさえ達していたのに、もう四〇hlを上回る生産高制限は存在しなかった。結局、多くの統制呼称の品質構成要素となる最低アルコール度数が引き上げられ、以後九・五度以下のワインはなくなった。

法律は統制呼称の数と量の増加を阻止しようとしたが、実際には数も量も制限することはできなかった。例えば、一九四三年一〇月一四日の政令は、一九四二年四月三日の政令を延長して、ブルゴーニュでコミューン呼称とグラン・クリュ呼称の中間であるプルミエ・クリュを創設したが、そのためいくつかは、供給要求の高まりに脅かされていた一部の呼称から抜け出ることができた。[*41] 統制呼称ボルドー・スュペリユールの条件は修正されたが、それは一〇月二七日のリュネル、リーヴサルト、コート・ダグリ、コート・ド・オ・ルシヨン、モンテリ、モンテリ・コート・ド・ボーヌなどの統制呼称ミュスカの場合と同様である。最後に、一九四三年一一月三日の政令は、「一ヘクタール当たりの生産高が上限を超える」一九四三年産の原産地統制呼称ワインが、新規の限度内で「例外的に呼称への権利」を保持することを認めた。一九四三年、収穫量申告は総量三七八三万四〇〇〇hlのうち、五六二万二〇〇〇hlの統制呼称ワインの比率、つまり一四・八％を示しているが、これはかつてなかったものである。[*42]

だが一九四三―一九四四年のシーズン開始から、上昇傾向が鈍化した。これにはいくつかの理由がある。まず価格が、これ以上高くなることが困難ほどの天井に達した。次に、戦争終結が多かれ少なかれ近いという見通しのもとで、買い手が極めて高額な価格に躊躇して、手を出さなくなった。最後に、誰もが一一月三日の政令後、原産地呼称規制システムの自由化を予想していた。この政策の推進役であるロジェ・デスカは、闇市場撲滅の最良の方法は、消費者ができるだけ多くの呼称ワインを手にすることである、と考えていた。政府に支持されたこの方針によって、一九四〇年の侵略の五年ほど前に創設された原産地統制呼称全国委員会の立場は大幅に弱められたのである。

6　試練にさらされた原産地呼称全国委員会

フランスの潰走、次いで一九四〇年春の敗北以来、原産地統制呼称全国委員会は長い不確実な時代を迎えた。〔仏中西部〕ロシュ、次いでポワティエに事務所を後退させて、一九四一年春まではここで業務が行われていたが、その頃は、一九三五年創設のパリの付属事務所が開かれていても、もはや昔の支部事務所以外の何ものでもなかった。専任のボワイエ氏と速記タイピストのクリエジェ夫人から成る委員会は当時、元農業大臣でジロンド県上院議員ジョゼフ・カピュの監督下におかれていた。委員長カピュは、「特別配属」制度で帰還していた副委員長のリュシアン・ル・ロワ男爵に任務を補佐されていた。一九四〇年夏から、人員の不足がつねに組織運営の重みになっていた。二人の部課長職は空席で、枠外のレニエ氏と一時的な除隊兵リュシアン・ボワイエを除いて、他の専任すべてがそうだった。[*43] 不正抑止局の原産地統制呼称特別班にとっても、事態は同じだった。首席監察官で班長のミュラ氏だけが動員されなかった。この状況下では、フランスの不正統制呼称撲滅闘争は、たとえ次第に委員会が新任募集によってスタッフを強化し役割を見直すようになったとしても、脆弱なものとなった。ただ、業務の大部分は記録資料の保存、境界画定案の分類、進行中の訴訟手続きの追跡調査に関するものだった。[*44]

ブドウ栽培地の現地当事者との関係維持は一層困難になった。大半の接触を引き受けて、頻繁に各地を回るのは、ジョゼフ・カピュだった。この機関は徐々に影響力を失い、一九四一年までに、相対的に名もなきものに陥ってしまい、その頃になると、決定機関の活動リズムが両大戦間期と同じようなものになった。委員会機能を高めるため、委員会は二つの地区に足場をもち、組織をパリとヴィシーに分割した。また同じ趣旨で、その機能に重い制約がかかるにもかかわらず、地方での委員会開催を増やし、その権威をもっと強く定着させようとした。

全国委員会の構成は、一九四一年四月七日の条令によって一九三五年以来はじめて公式に修正され、二か月半後に補足された。条文は定員減を三八から三二、次いで三三名に定めていた。そして一三名を解職し、六名の新任を指名した。すなわち、ボルドー統制呼称グラン・ヴァン組合同盟委員長モーリス・サル、ジロンド県ジャン・カプドゥムラン、ブルゴーニュのアンリ・グージュとリュシアン・ロミエ、アルマニャックのパウイヤック、ドルドーニュ県のロジェ・ヌーヴェルだった。

ジョルジュ・シャパ同様、「ワイン界の有力者」として、公式に地位を保っていたエドゥアール・バルトを除いて、元議員全員が追放された。しかしながら、このエロー県代議士で国際ワイン事務局の長は、一九四一年秋に逮捕されるまでも、全体会議にはときたまにしか参加しなかった。結局、委員会の再構成は初期の生産者代表と、狭い範囲内での卸商に定員を縮小していた。機関を強化するメンバーは主として、新体制のなかで確固たる構成要素となっていた官公庁やさまざまな上層機関からきていた。

ボージョレ地方にとっては、国務大臣でフィリップ・ペタンの真の黒幕であるリュシアン・ロミエが、新委員会の構成においてヴィシー政府の一員であることから重要人物になっていた。彼の名前によって、実際には、この人物が託された役目に直接関与することは決してなかったにもかかわらず、委員会に及ぼされる新しい政治勢力の重みが明らかに増していた。[*45] 委員会は次第にその機能によって農業省の行政機関の派生物となり、諸基準を設定・強化し、かつては実際に地域で交渉されていた規則を同じように課した。こうした観点から、また行政府の代表に多くの官僚が維持されたことを考慮すると、一般的傾向は、前体制の既成の原理原則と均衡を持続することにあった。結局のところイデオロギー的には、委員会は一九四一年まで新しい政治体制の方針に一体化していた。つまり、全国農民協同組合が体現した方針に、である。その業務は当時、協同組合的農地改革論の痕跡を公然と示していた。レトリックは同じで、登場人物たちは任務期間が終わるまで緊密に入り組んだ組織網に溶け込んでいた。

商業界とブドウ栽培地と、ベルリンが繰り出す多様な圧力との間の危ういバランスが崩れると、ヴィシーでドイツへの納入引き渡しの支持者と民間人への供給派の間で繰り広げられた争いが、直接委員会に響いてきた。一九四二年一二月、全国卸売業組合長で飲料供給中央委員会委員長のロジェ・デスカのイニシアティブで、商業界の四人の新委員が任命された。事務局長アンリ・ペステルの反発は激しかった。彼はブドウ栽培地に対する商業界の支配の試みを激しく非難した。[*46] ル・ロワ男爵は、不正抑止局の上層部と関係のある農業省と供給省の決定機関に直接問いただした。つまり公式に全国委員会に対する任命権を有する部局に、である。[*47] 全国農民協同組合は商業界を非難し、ブドウ栽培地に変わらぬ支持を寄せた。そのような共同戦線に対して、商業界の勢力拡大の試みは、結局外見上は阻止された。委員会は原産地統制呼称の番人の権限を守った。この役割は、この時期がワインの名称に対する不正行為の前例のない増大に見舞われていただけに一層重要であった。統制呼称システムが多くの業界関係者と行政府の当事者に極めて拘束的なものと見なされていたとしても、実際には、関連産業に課される規制の不均衡さの弊害に比べてみると、まったく不十分なように思われた。

一九四一年から、統制呼称の枠組みは、偽造された収穫高申告、市場に溢れる混ぜものワインの増大、統制呼称ワインの架空の作付面積拡大に対して、ほとんど効力がなくなっていた。[*48] 同じ頃、けた外れの投機と、占領軍部隊が操る闇市場の爆発的拡大が混乱をまき散らしていた。この不安定な情勢のなかで、委員会は信用を得るために、体制側に公的な恭順のしるしを多発していた。国家機構が段々と、そのような状況でとるべき経済政策に関して、互いに相容れない政治的勢力によって分断されるようになっていたのに、委員会は各メンバーの利害に役立つべく完璧に忠誠な態度に与していたのである。

ヴィシー体制を特徴づける規制条文の激増の陰で、激しい政治的対立のもととなる亀裂が生じていた。原産地統制ワインの価格案作成・決定と、それを市民への供給ルートに組み込むことという、論争の主なる二つのテーマにおいて、委員会はその意に反して、統制不能になった状況の憲兵役になった。全国価格監視委員会が設置された。ブドウ栽培地では、地域の下部委員会がその役を受け継いだ。しかしこのシステムは、各県では財務省の要請で、知事が限度価格を定める条令を発布してこの問題に関与してきたので、急速に頓挫した。供給面では、委員会は仕入れ調達ができなくなった商業界の期待に応えるよう督促された。その信用は傷つけられ、緊急に論争を解決する必要があったにもかかわらず、影響力は落ち続けていった。

一九四二年六月四日、不正行為とその抑止の問題が明確に提起された。ブドウ栽培地は、虚偽申告とこれが闇市場にもたらす猛烈な闇取引の廉で非難されていた。委員会が調査員に対して補足的な報酬を与えるという措置を実施して抑止政策の強化を決めても、この決定は、はびこる不法逸脱行為を規制するには不十分だった。そこで財務省は価格決定の一般化促進のための圧力を強めたが、この価格決定は一九四三年二月九日と六月二九日の条令でやっと認められたのである。

この問題に関してもなお、委員会は自律性を一切失い、とりわけ強力な新しい競争相手の飲料供給中央委員会に対してはそうだった。「ワイン収集分配全国計画案」を作成し、省庁の指示の実質的な執行を担当するのは、このライバル委員会だった。その権限は極めて広く、原産地統制呼称委員会をはっきりと侵食していたので、これはその役割の大部分と、すべての効力と信用を失ったのである。商取引の展開に広く開かれ、しかも大量の規範や規則に巧みに隠蔽された環境にあって、ワイン市場は極めて厳しい影響力下に晒されることになったのである。

第四章　敗北が幸運となる時代

1　闇市場とナチの購入事務所

ベルリンが要求する徴収量の劇的な増大を確保することができなくなったワイン指導者たちは以後、ドイツ当局の委託を受けたあらゆる代理人と公然と競合関係におかれた。規制されることもなく、計画化されたのでもない、この一般化した経済的な一斉強奪は、フランスの国庫が直接または前払い形態で払いこんだ金額をヴィシーから渡されて、できるだけ早く価値ある商品に変えて、闇流通ルートから引き離さねばならなかった。それまで闇だった商取引を次第に見えるようにしながら、ナチ当局は、フランス略奪のために必要不可欠なものとなる、史上最大の闇市場の状況をつくり出したのである。

ドイツ人占領者が目指したのは、公定価格をはるかに上回る魅力的な価格を提示して、手に入る物はとにかく何でも買い取ることだった。各軍部隊は大規模な商取引を担当する代理機関を増やした。

ワイン酒造庫《ヴァインラーガー》（国防軍経理部）、海軍省、空軍、ＳＳなどの各購入事務所である。それぞれの使命において、これらすべての代理機関がフランス中のブドウ栽培地で、猛烈な競争を煽った。時にはドイツ軍将校もいた無数の仲介役は直接業界関係者に掛け合って注文した。しかも、つねに多額のプレミアム付きで、フランス税務当局やドイツ占領行政府の頭越しに交渉したのである。

　国防軍参謀本部ＯＫＷ所属の、リュテシアホテルに陣取っていたアプヴェーアは特異な部隊で、同じくあらゆる形の商活動にかかわり、その上司たちに実のある恩恵をもたらした。彼らの長たるカナリス提督の威光によって大幅に自由な行動ができるため、この機関はヘルマン・ブランドル率いる「オットー事務所」という商活動次元の秘密部署を設けた。大の誘惑者で厚顔な策士である「オットー」ことヘルマン・ブランドルは、ずっと前から、フランス経済界上層部の面々と確固たる関係を築いていた。彼が、「円卓の酒宴」を開いていくつかの供給契約を交わし、己の影響力を測ってみるのは、月に一度ボヴォー＝クラオン公、カステラーヌ侯爵、ルネ・ド・シャンブラン弁護士の後援で、二〇人ばかりのフランスの主なる銀行家と大経営者が集まる、リッツホテルにおいてであった〔ちなみに、このホテルのスイートルームでは、コラボのココ・シャネルが暮らしていた〕。並行して、オットーはナチ党のなかで相互依存の有益な絆を結んでいたが、とりわけゲシュタポとＳＳの代表たちとであった。彼の友情関係は、ナチの高官のために、それもしばしばドイツの国益を害してまで行われた多くのサービス提供と闇の贈り物供与に基づいていた。彼の支えは無数の贈り物、優遇策、商売上の特典に基づいていたので、一層堅固だった。魅力的で献身的な秘書マリー・ヴァルトラウト＝ヤーコブソンに助けられて、彼は、活動面で、ハインリヒ・ヒムラーに近いナチ党の古参党員ラデッケ大尉と繋がりがあった。彼はベルリンの銀行、帝国信用組合頭取で、パリでアプヴェーアの商取引を直接取り仕切っていた。

アプヴェーアの運命に結びついたこの二人の男は、巧妙に手繰り寄せた軍事情報を使って商取引を偽装し、そうして彼らの商売に有利な情報を戦術として自在に操っていた。一九四二年には、フランスの価値あるものを何でも探り出す役目のスパイや手先を雇って、大組織網をつくり上げていた。「オットー」事務所が当初はワインの闇取引専門ではなくても、ワインが稀少になると、これが彼らの商売にとっては一貫して関心の対象となっていた。そこで事務所は、パリ郊外やベルシー、シャラントンなどの酒倉や倉庫でストックを積み上げ始め、次いでそれに偽装工作を施して、ドイツの諸部門に転売したのである。

ブドウ栽培地では、雇った手先、時にはフレーヌ監獄から出所したばかりの普通法犯の手先どもが手に入りそうなワインを見つけて、ブドウ栽培者や卸商に売却をもちかけた。彼らはうるさい監視の目を避け、フランスの法律をかいくぐり、憲兵隊や警察、裁判所の動きを封じるだけの特別な権限を備えており、圧倒的な購買力によって大量の買付けを行なった。アプヴェーアはこうした手先を使って、ライバル部局よりも先にフランスの全ブドウ栽培地にあるストックを見つけ出した。多数のワイン業界関係者が、この収集人、ゆすり屋、買収された仲買人などがひしめく流通ルートに、すぐさま巻き込まれた。破産した卸商、金銭亡者のブドウ栽培者、死活にかかわる問題だと気づいたブドウ園主たちは、「オットー」事務所の連中が値切りもせずに高額の支払いをするという噂があったから、このルートに乗って莫大な利益を一挙に得ようとしたのである。

ドイツの購入事務所や代理機関の中継点はまた、ドイツと急速に運命を共にするようになったフランスの大密売人どもに支えられていた。例えば、アンリ・ラフォンこと本名アンリ・シャンベルランは、長らく犯罪を積み重ねてきた名うての悪党だった。アプヴェーアに支えられて、ラフォンは何人かの共犯者やならず者、有罪宣告された殺人犯の釈放許可を得て、この連中と一緒に、パリのロリストン通りに有力なフランス・レジスタンス撲滅組織を立ち上げた。「ムッスュー・アンリ」となったこの一味の頭目は、むかしプランス顧問官の死のミステリーの捜査の際、法務大臣から「フランス第一級の警官」と称された元刑事ボニーを仲間に加えた。この「ボニー＝ラフォン」チームは活動範囲をすぐさま商業領域にまで広げ、闇市場の驚くべき拡大にまずパリ地域で、次いでフランス全土で係わるようになった。ゲシュタポの証明書を携え、アプヴェーアとＳＳに警護されて、彼らの手下はごまかし、横領、盗みと、金目のものなら何でも略奪してもまったく罰せられず、必要とあらば、フランスの警官の武器を取り上げ、逮捕させるまでに及んだ。ドイツの裏社会では、彼らのサービス供与が奪い合いになっていた。ラフォンが国防軍の軍服姿でのし歩いても、彼はＳＳの大尉になる前にもうその仲間の一人と見なされていたのである。

この二人のボスがワインに示した関心は、彼らがフランス駐留のドイツ最高首脳部との社交界組織網を維持するために引き受けた、非常に多くの祝宴や大饗宴を組織することから生まれた。シャンパンが宴席で大量に流れるために、ラフォンは、自ら全ブドウ栽培地で大量購入してさまざまなワインを提供するまでは、定期的な供給を確保する役目だった。「率直なる対独協力」の時代に、誰も彼の申し出を拒まなかった。パリ地域でのワイン、アルコール類、リキュール、コニャックやアルマニャックのオ・ド・ヴィを扱った多数の取引には、彼の名前があった。

フランスのブドウ栽培地を襲った闇取引の中心には、ジョゼフ・ジャノヴィシ、別称ムッスュー・ジョゼフまたはジョーと、彼を補佐する弟のモルダル、別称マルセルがいて、パリの組織網を維持するため途方もない金を使い、尋ねる者にはこう答えていた。「ドイツ人に反対して一体何になるんだね？わしはひと財産つくったのだ！」。パリの中心部や十六区、ヌイイで毎夜催される最上層のドイツ人高官との大晩餐会どころか、ムッスュー・ジョゼフは、金になるなら誰にでも何でも提供した。非占領地区の南仏でもっと知られていたのは、スコルニコフ、別称ムッスュー・ミシェルで、織物売買の卸し専門の密売人だった。彼は、海軍とSSの公認納入業者、つまり御用商人になると、莫大な財産を築き、不動産にも手を広げ、コート・ダジュール（プラザ、サヴォワ、ヴィクトリア、ルール、マルティネス）やパリ（とくにオテル・デュ・ルーヴル、レジーナ）の超高級ホテルを買い取った。スコルニコフが急にワイン卸商になって、大量のシャンパン、コニャック、ボルドーとブルゴーニュの高級酒を買いあさり始めたのは、この豪華ホテルへの投資とほぼ同時にであった。

この次第に混沌としてくる環境にあって、MBF当局はなんとか丸く収めようとした。そして正式に、制御しがたい競争の激化に警戒感を表明した。パリでは、ショップマン博士が「マジェスティックのドイツ当局とフランスの共給省が交わした正規の契約以外のワイン買付けはすべて禁止である」と指摘し、こう付け加えている。こうした不法な慣行は、ドイツ軍部の責任者とか、その仲介者が直接行なったものを含めて、「厳しく罰せられる」べきである。しかし実際には、そのような措置は無駄だった。ドイツ軍部隊が行なった商取引を制御することは、贈収賄の悪習に染まったドイツ軍では不可能だった。フランスに伝えられたイメージとは反対に、帝国軍隊は団結精神が乏しく、規律は極めて相対的なものだった。一〇年たらずで、性急にばらばらの部隊をもとに形成され、時にはたいして一貫性もないまま統合されたこの軍隊は、相対的に独立した軍団を横並びにしており、それぞれが将官とナチの政治指導者の激しい競争心に煽られ、しかも全員が臆面もない貪欲さに憑かれていた。彼ら各人が他の者を嫉妬し、国益を無視して己の特権と独占的既得権に固執していた。フランスに対する一九四〇年の奇妙な勝利で、一時はこの軍隊の明白な弱点が隠されていたとしても、ソ連人との対決の泥沼化、最初の敗北、占領地帯の駐留部隊に託された経済的使命の増大などが隊列のなかに疑念をまき散らし、不安を呼び起こしていたのである。

2 「仕方がない……商売なんだ！」

ワインに関する対独協力の文字通りリーダーになった卸商の何人かは、ドイツは全戦線で勝利していると思って、野放図に加担していった。ナチの収奪システムの効果的な中継役である彼らは、大供給組織網の中心に組み込まれ、当面は並外れた成功を保証されていたのである。

ブルゴーニュで、一九四〇年から、このブドウ栽培地で最も活動的な者として頭角を現してきたのは、マリユス・クレルジェだった。彼の行動方針は、極めて直接的な利害を考慮したもので、一九四四年夏まで変わらなかった。マリユス・クレルジェの売却激増ぶりを示す最初の概要は、税務申告の明細書に見て取れる。[*1] 一九三九年、この卸商は総量二二五三hlのワイン、そのうち九三六六本の瓶を申告していた。だが翌年、売却量が突然五七二五hl（瓶一万三三七六本）、次いで一九四一年、六〇七八hl（瓶一万一〇二二本)、一九四二年、五一三九hl(瓶八万七八三七本)、一九四三年、一万一二四七hl(瓶一六万六三六九本)、一九四四年、二六一七hl(瓶四万二三六六本)となっている。しかし、取引量の増加は、とくに数年前はまだ小規模な取引だった商会が売った驚くべき瓶数に顕著だが、この会社の帳簿にも記録されている。例えば、会社の売上高と利益はそれぞれ一九三九年の一五〇万六二四一フランと二〇万五七〇一フランから、一九四四年の九〇〇〇万フランと三六〇〇万フランにのぼり、データを比率に換算すると、五年間で売上高二二七七%の増加、利益六八六二%の上昇である。[*2] さらに一層劇的なのは、収益性の爆発的上昇で、売上高対利益の比率が〇・一三から〇・四になり、例外的な利潤率に達していることだった。

しかしながら、こうしたデータは、はるかに大きな取引の実態をカバーするには不十分である。ここでは、「クレルジェの帳簿には多くの欺瞞があることを考慮せねばならず[*3]」、それは一九四五年、コート・ドールの没収委員会の調査官の目にもでたらめと思えるほどだったからである。「一九四二年と一九四三年の決算書が明らかに細工されていたとしても」、実際にはマリユス・クレルジェは、一九四〇年から、二重の仕送り状のからくりを巧みに操作して二重帳簿をつくり、ドイツ向けの売却量を隠蔽し、驚くべき「裏金」で私腹を肥やしていたのである。[*4]

ここでの問題は、こうした隠蔽工作によって重いフランスの法規制を巧みに潜り抜けて税を免れ、しかも戦争の展開と一九四三年からドイツの勝利が怪しくなってきたなかで、ますます慎重さを要する取引をなおも続けていただけに、一層重大である。我々が実際の取引の詳細を知らないとしても、「帳簿上の請求書総額は……これまで知られていた金額の二七〇〇万フラン以上になる」、と思われる。一九四五年、没収委員会の調査官はまた、こう付け加えている。「我々はこれまで知られていた金額のことを言っている。それは、ギーユマン氏［税務署の首席監査官］が十分資料の裏付けのある報告書の末尾で、〝クレルジェ氏が行なった実際の取引量は、書類で確認したものよりもはるかに大きい〟、と結論しているからである」。一九四〇年夏と秋に行われたやり方は、後でも続けられた。「多くの、たっぷりと実入りのある取引が行われ、ドイツ兵が運転するワイン満載のトラックをブドウ園から直接走らせていたが、運送を証明するいかなる管理公社の書類もなしだった。取引は書類なしの手渡しで行われ、何の痕跡も残らなかった。世間も当事者の従業員も、クレルジェはドイツの顧客を求め、〝窓口を開けっぱなしで〟ドイツ人に売っていた、と一致して認めていた」のである。*5

こうした取引すべてが「小売り、公認買付け人への合意した売却、もっと単純に言えば、他のドイツ機関へ自由に合意した売却にかかわるとしても」、実際は、相当量が、国防軍購入事務所やその仲介者、シャロン・スュール・ソーヌの司令部やディジョンの野戦司令部の将校、将校グループなどの直接徴収によって、ボーヌの公式代理人の手からは漏れていた。こうした流通ルートを通って大量のワインが、国防軍のトラックで毎日ポマールの貯蔵庫からドイツ軍部隊、参謀本部、前線にまで運ばれた。クレルジェはまた、文字通りドイツ卸売業の衝立役であるアルザス＝モーゼル地方の会社とも接触し、そのいくつかと個人的に実入りのよい商売をし、そのなかに「ヴェストメルキシェ」（フランスで商品を収集調達するドイツ機関でフランス人外交員を雇っていた）があった。アルザス＝モーゼル向けの筆頭輸入業者はメッスのアードルフ・ヒトラー大通りの強力な商会で、購入ワインの量と質で抜きんでていた。ここでは、取引すべてにおいて、フランスで購入されたワインの決済はパリへの資金輸送を担当する地方銀行を介して行われ、そしてソシエテ・ジェネラル、国立商工銀行BNCI（一九三二年創立、BNPパリバの前身）、最も多くはゲーリングの絶大な権限を有する金融機関アエロ＝バンの管轄下で、仏独決済委員会で清算されたのである。[*6]

結局、クレルジェが確保した取引の一部はほかよりも直接的にナチの代理機関に供給しており、その中で無視できないのが、ナチのマックス・ジーモンが運営していた武装親衛隊《ヴァフェンSS》の中央購入事務所だった。そのため、いくつかの取引はクレルジェがSSの名義で行なっていた。[*7] ここで取引の詳細を正確に再現することは不可能だが、このポマールの卸商が次第に細っていった供給をほとんどひとり占めにするようになり、その結果、卸商間の競争が徐々にゆるんだ。例えば、一九四三―一九四四年のシーズンには、買付け人マックス・ジーモンの武装親衛隊への特別割当て量は「特撰ワイン」（シャンパンを除いて）八〇〇〇hlの獲得を予定していたが、一九四四年夏には一万一四一八hlもの納入になり、そのうち五〇〇〇hlはクレルジェ商会だけが扱っていたのである。[*8]

マリユス・クレルジェはナチの要求に応えるべく協力を惜しまなかったようだが、彼は早くから商売で得た真新しい成功をひけらかしたいという強い欲求に駆られ、あらゆる領域で大盤振る舞いを始めたのである。一九四〇年から、「クレルジェ氏の暮らしぶりは君侯のようになった。彼は占領当局から通行許可のあらゆる便宜を与えられ、パリ、リヨン、南フランスを旅行しはじめ、金に糸目をつけず、ふんだんに使った」[*9]（図版⑧）。同時にまた、「ポマールの彼の店の模様替えをするのに大枚をはたいた。解放後、彼の家では、家具、絨毯、宝石、美術品、家庭用布類、衣類などの購入に関する多額の請求書や見積り書が見つかった」。こうした出費にブドウ園、南仏の城、妻マドレーヌ・クレルジェ＝クレ名義で投資された不動産などが加わるのであった。[*10]

数か月で「県下有数の富裕な商人の一人」となったこの卸商は、そのような贅沢三昧と隠しようのない闇取引のやり口に対する、地域社会の激しい疑惑の念を呼び覚ました。一九四一年一月、ボーヌ当局によって「脱税」と「価格法違反」の廉で、クレルジェに対する調査が開始された。憲兵隊の調査の結果、不法行為の嫌疑を裏付ける一定数の詳細な事実がすぐに集まった。数日後、ボーヌの検事が家宅捜索を命じた。その場で、経済監督局の監査官が被疑者の容疑事実に見合った調書を作成した。捜索目録はさまざまな商品の相当量の「不法ストック」を列記しており、とくに「三四三メートルの布地、一一七キログラムのパスタ、一二四キログラムの砂糖、一〇〇キログラムのコメ、数十キログラムのパテの缶詰、サケ、カニ、イセエビ、イワシ、シュクルット、石鹸、コーヒーなど」があった。[*11] だが彼のカーヴのワインの出所と貯蔵状態については、いかなる調査も命じられず、それどころかこの出来事はクレルジェに、占領当局の支持で得ている影響力と、いわば免責特権を誇示させる機会を与えたのである。後の事情聴取で、憲兵隊長デルソルは捜索の詳細をこう報告している。「マリユス・クレルジェ氏は不在だったが、捜索中にシャロン・スュール・ソーヌから電話してきて、占領当局に家宅捜索の結果を破棄するよう訴えるつもりであると言った……実際その通りになって、翌日か翌々日、私はボーヌの地区《クライス》司令部《コマンダトゥーア》から、通訳将校ヴィンカー氏と一緒にポマールのマリユス・クレルジェ氏のところへ行って封印を解除するよう命令を受けた。ポマールへ行く前に、私は予審判事殿にその旨伝えた」。

「ポマールのマリユス・クレルジェ家に着くと、ドイツの上級将校数名と大尉一名がいて、前に私が押収していたものをすべて原状に戻すよう命じた。明確にしておかねばならないが、クレルジェ氏の態度が不快だったので、私は、彼におかしな仕事をしているものだ、と指摘せざるを得なかった。すると、マリユス・クレルジェは無礼な笑みを浮かべて、〝仕方がないのだよ、大尉、商売なんだ！〟と答えた。そこにいたドイツの大尉は〝義務だ！〟と付け加えた。上級将校たちは、半開きの隣室でシャンパンを開けていた。ボーヌに帰ると、私は予審判事殿に任務報告をした」[*12]。

数か月後、ディジョン控訴院の検事長の通達は、ボーヌの検事に対してクレルジェに対する訴訟手続きの開始に驚きを示し、「この事案は控訴棄却の決定によってすぐにも結審すべきもののようだ」と指示し、「今日にもこれを請求されたし」[*13]と付け加えていた。結局、最終的には、一九四一年九月一一日に控訴棄却が宣告された。

以後は公然とドイツ軍の保護下に置かれたクレルジェは、公権力の及ばない卸商としてのさばり、同時に卸売業に対して次第に拘束的になった規制をものともしなくなった。そこで、一九四二年四月一四日、ディジョンの地域圏知事シャルル・ドナティは、卸売向けの原産地統制ワインの供給に関して不正が増えつつあることを憂慮して、新しい条令を公布し、事前登録に「組み込まれていない」原産地統制ワインの生産者に納入を義務づけた[*14]。実際のところ目的は、公定価格を大幅に上回る価格で売った疑いのある上級ワインの差押えがあり得ることを、各卸商に思い込ませることだった[*15]。かくして供給省の命令で納入させられたワインは、次いで所管の組合を介して買い手の他の卸商の手に渡されたが、今回は公定価格によってであった。問題は、この行政措置が高価格、プレミアム付きで生産者との不法取引で購入された原産地統制ワインすべてを、結果として非常に高くつく差押えの脅威下に置くだけに、卸商にとっては一層憂慮すべきものだった[*16]。

この可能性からすると、どんな差押えも高くつき、どの卸商も規則を免れられないようだった。だから、MBFが交付した軍部隊やドイツ国民向けのワイン購入引換券を所持する業界関係者も、同じくこれに関係した。一九四二年五月二二日と六月二日、供給省がクレルジェのカーヴの一九四一年産ヴォルネとポマール九九ケースの差押えを命じたのは、こうした状況においてであった。[*17] ワインはすぐに予定された宛先ごとに徴収され、ブルゴーニュ上級ワイン組合に渡された。この決定を知るとすぐに、クレルジェは断固これに抗議して、押収ワインはすべてパリのマジェスティックホテルの将校団宛であると指摘した。[*18] 占領当局に対する彼の異議申し立ては、一九四五年、ボーヌの副組合長モーリス・デュベルヌが証言しているように死語、つまり効力のないものではなかった。

「一九四二年六月四日、組合は一般供給省コート・ドール県局長の通達を受けたが、それには占領当局の決定を待って、新たな命令があるまで留め置かれたままのワインすべての分配を延期するよう依頼があった。同年六月二〇日、組合長ブシャール氏は知事代理と供給省県局長と一緒に、ディジョンの県庁通り二二番地にあるゲマー大隊長の事務所に召喚された。ブシャール氏は都合が悪かったので、私が代理で召喚に応じた。ゲマー大隊長は、九九ケースが速やかにマリユス・クレルジェ商会に返却されるよう願っていると言った。

私がマリユス・クレルジェの受けている特別待遇に驚いていると、ゲマー大隊長は、この商会はドイツ当局が歓迎され、何の支障もなく商品を見出せるこの地域で唯一のものだ、と答えた[*19]」。

その時から、ディジョンの野戦司令部当局によって断固命令に服するよう通告されて、供給省県局長は命令を実行し、「マリユス・クレルジェのワインが……遅滞なく当該者に返却されるよう」通知した。[*20]

この決定が実行されると、クレルジェはボーヌの卸商組合を訴えて、運送費の払戻し、商売上の損害賠償、さまざまな妨害行為で受けた損失の補償を要求し、それを得たのであった。[*21]

そのうえ、ドイツ当局との近い関係から得た商売の規模と免責特権のおかげで、マリユス・クレルジェは、たぶん一九四一年からパリの最上流サロンに出入りするようになり、その中に極めてステータスの高い閉鎖的な最上流の「ヨーロッパクラブ」があった。中心部のシャンゼリゼ大通り九二番地にある、この占領中の最も有名なコラボの企業家クラブは、相互援助と了解済みの共謀関係のなかで、「新ヨーロッパ[*22]」の到来を見通して、ナチとの率直なる協力の必要性を確信した指導者たちを集めていた。

歴史家エルヴェ・ル・ボテールは、これについてこう書いている。「どんな札付きのコラボも、極めて閉鎖的なヨーロッパクラブ、リドの創始者エドゥアール・ショーが取り仕切るこのシャンゼリゼのスーパークラブに入れてもらおうとした……望んで入れるものではない。通行証〔白い脚〕を示さねばならない……または当時の政治カラーに忠実ならば褐色〔ナチ〕の脚となるが。新聞雑誌、ラジオ、政治、統制経済のエリートたちがそこに席を占めて、ドンペリニヨンを飲み損ねることはなかったのである」[*23]。

こういう連中のなかで、クレルジェは、現実には小規模経営者のように見えても、彼がしばしば示す巧みさと如才のなさで、銀行家や実業界から見返りにある種の共感を得て、このブルゴーニュのブドウ栽培者兼卸商が異彩を放っていたことは間違いない。この仏独クラブで同じく、いわくありげな他の同業者、例えばムルソーのワイン卸商アンリ・ルロワと一緒になったが、マリユス・クレルジェはおそらくここで、極上ワインを使って豪勢豪華なガストロノミーのカードを切り、実際の取引関係に生かしたことだろう。

彼は、商売の名において、政治的対独協力への道を選んだ日和見主義的職業人として世に出た。[*24] ブルゴーニュ丘陵地帯では、公然とヨーロッパクラブのメンバーと見られていた[*25]クレルジェは、ベルリン首相府から「第三帝国名誉市民」という、極めて稀にして突飛な栄誉を受けたことでも有名だった。戦後、総合情報局の調査メモにより確認された[*26]この情報は、ボーヌ地方では急速に広まったようで、また「多くのボーヌ市民がロンドンからのラジオ放送で、このクレルジェに授けられたドイツの栄誉のことを聞いていた[*27]」。だがこの男は用心深く、地域社会の嫌疑をよそに、身辺警護のために「ゲシュタポから武器携帯許可[*28]」を受けていたのである。

3　私は「生まれつきのコラボ」なのだ！

ピエール・アンドレは、一九二七年からブルゴーニュに居を定め、ボーヌ近くのアロックス・コルトンで、シャトー・コルトンを買収すると、この地域のブドウ栽培地帯で、創意に富んだ活動的なワイン卸商として急速に頭角を現わしてきた。一九三〇年代の商活動の持続的な成長に支えられて、彼はパリの事務所から新しい販売方法を展開し、斬新な展示スタイルを考案して値札とパッケージのコンセプトを新たにし、個人とレストランを顧客にした、効果的なセールスマンのネットワークに支えられていた。

要するに、国が戦争に襲われたころには、ピエール・アンドレはすでにいっぱしの企業家として通っており、溢れんばかりの野心によって圧倒的な成功をおさめ、多くの地域の同業者を凌いでいた。一一歳で母が早逝し、軍人の父が行方不明となって孤児になり、非常に質素な家庭環境のなかで叔母たちと祖母に育てられたが、彼はすでに――四〇歳にもならないうちに――地域のワインの名門家系の不意を襲って、いくつかの有名ブドウ園を次々と呑み込み、故ゴーテ・ボケ「帝国」のいくつかの最良のブドウ畑を買い取り、次いでクロ・デ・ラングルとともに、ボーヌの古い有名な商会アルテュール・モントワを手に入れた。この発展を固めてさらに販路を求め、一九三八年、ピエール・アンドレはパリの高級レストラン、ラ・ロティスリ・ド・ラ・レーヌ・ペドックを買収し、これによってフランス国内と国際的な上流顧客層に近づいていったのである。

外国市場に支店を設けることはまだほとんどなかったとしても、第二の世界戦争が始まる前、一九三七年のルクセンブルク侯国のパビリオンと、一九三九年のベルギーのリエージュ国際博覧会の大レストラン設置の際、ピエール・アンドレとドイツのドルトムント醸造所同盟の間で前途有望な協力関係が取り決められた。[*29] このアロックスの卸商がランスのシャンパン醸造所ヴィクトル・クリコに大金をはたいて買収したのもこの時で、[*30] このメゾン（ワイナリー）は、一九三九年、帝国に子会社を持つ極めて稀なワイン醸造所の一つだった。[*31] かくして、バッハラハ・アム・ライン発泡性ワイン株式会社系列のヴィクトル・クリコ社の株主となったピエール・アンドレは、人的交流と投資によって、ドイツとのワイン取引の前哨に立つことになった。リエージュの博覧会の閉幕二か月前、宣戦布告が深刻な損失をもたらし、この卸商はそれを一〇〇万フランと見積もったが、それでもベルギーとドイツの同僚と保ってきた同業者間の商取引関係を活用できるものと期待していた。

しかしながら、ドイツとの交易停止、次いで一九四〇年のフランスの軍事的崩壊は、一つならずの理由でこの卸商の期待を打ち砕いた。活動を続けていたピエール・アンドレは、しばらくしてから、ブルゴーニュのブドウ園から状況報告の知らせを受けた。[*32] 一九四〇年五―六月、パリ、ランス、アロックスのカーヴ、店、事務所の従業員の完全撤退に続いて、今度はピエール・アンドレも南フランス、カンタル県に避難した。[*33] 彼の不在中、ブルゴーニュのカーヴに凍結されていたワインのストックはドイツ軍部隊によって押収され、一部は破棄されるか略奪された。一九四一年、アロックス・コルトンの所有地が砲撃されると、ピエール・アンドレはブドウ畑の損害額を二〇〇万フランと推定した。[*34] 彼のブドウ園のカーヴの略奪は、侵略の際でも、コート・ドールでは極めて稀なことで、彼自身によると、何人かのライバルが嫉みから仕組んだ陰謀によるものだという。[*35] ブルゴーニュからシャンパーニュ、パリにまで広まった噂は、世間と占領者に、彼はユダヤ人だからその財産を奪ったところで何の不都合もないことを知らしめるものだった。[*36]

この状況下にあって、捕虜になったたか、南フランスに避難中の従業員の一部とともに、アンドレはブドウ園を直接管理運営するために、ボーヌのプレ・ペール&フィス商会の同業者ジャック・ジェルマンを指名した。だが一九四一年、彼はピエール・アンドレとの激しい対立で突然職を解かれた。[*37] 後任として、ド・ヴォギュエ伯爵の元秘書で、当時シャンパーニュワイン業種間委員会長ルイ・ピヨが、アロックス社のトップになった。その時から、戦争中とその後も、ピヨはピエール・アンドレのかけがえのない事業の代理人になった。

実際は、アロックス・コルトンの卸商はパリのレガリテ通りの事務所から商活動を続けながら、すぐに占領地区の自由通行に必要な許可証を手に入れ、一九四〇年秋からは境界線を越えることができた。コート・ドールのブドウ畑では、どこにでも現れたこの卸商は、営業部長と営業員を連れて、ブルゴーニュやローヌ渓谷、ボージョレのブドウ園主や卸商のもとに頻繁に出かけて行った。それこそが、一九三〇年代からピエール・アンドレが成功した鍵の一つだったのである。つまり、新しく増大する生産量を絶えず探し求めて、大規模な販売・普及を請け負うことである。彼の成功に寄与したワインのうち、数年間で予期せぬ次元に到達させてくれたのは、ボージョレワインである。この「ワインの民主化」と称された戦略をもとにして、わずか一〇年余りで一大王国を築きあげ、取引高によってブルゴーニュ丘陵地帯随一の卸売会社となり、ドイツ占領中に地域のブドウ・ワイン生産業界の無視できない役者になったのである。

かくして、一九三九年、営業規模は九一一〇hl、そのうち瓶一五万一七九六本の水準に達していたが、一九四〇年、この商会はなおも七五一〇hl、そのうち瓶一八万四〇九三本を販売していた。事務所占拠という衝撃波が過ぎ去り、再び販売ルートが作動し始めると、ピエール・アンドレは一九四一年、一万一二二九hl（瓶二一万五二〇一本）、一九四二年、一万四五四五hl（瓶三三万三七九四本）、一九四三年、一万八四三〇hl（瓶四七万六五六六本）、さらに一九四四年、一万七七二hl（瓶三九万七八五五本）を販売した。販売量は、一九三九—一九四三年は一〇二・三%、一九三九—一九四四年の全期間に対しては一八・二四%の上昇を示していた。[*38]

一九四〇年以前、この商会における平均売上高一六七九万六五八五フラン、申告平均利益二二四万三八六五フランから、一九四〇—一九四四年の物価指数のデータ修正なしのブルゴーニュ酒全取引高は、平均売上高三一五二万五六四七フラン、平均利益二〇一万九〇七五フランになっていた。一九四一—一九四四年、売上高総額一万一五〇〇万フランのうち、ドイツ軍への売却高は四〇九〇万フラン、すなわち、三五・五%だった。[*39] この全体収支に加えて、ピエール・アンドレのシャンパーニュ子会社ヴィクトル・クリコは一九四〇年以前の平均売上高二一四万五〇〇〇フランから、[*40] 一九四〇年以後の二五〇万八〇〇〇フランと僅少の上昇に終わり、一九四〇―一九四四年、全体的な赤字は埋まらなかった。ここでのドイツとの売上高は、一九四〇―一九四四年の全売上高に対して、三三・七%であった。[*41]

パリでは、卸商ピエール・アンドレに公然たる対独協力の道を極端に突き進ませるようなことは、何もなかったようである。この男は用心深い質で、また取引交渉の巧みさによって、それまでつねに会社の掲げた戦略的選択の目標に正確に向かうことができた。しかしながら、一九三八年以降、彼が新しい営業販売活動をもとにして、上流顧客層を広げたのは、パリのラ・ペピニエール通りの高級レストラン、ラ・ロティスリ・ド・ラ・レーヌ・ペドックからである。ところで、占領中制限されていたにもかかわらず、このレストランは開いており、一〇〇〇フランを超える闇市場価格で、最高級のブルゴーニュワイン付きの食事を、とくに有名人や金持ちの顧客に公然と出していた。事実、ピエール・アンドレのレストランは、公式の対独協力が白日のもとに現れた、パリの上流社交場の一つとして不可欠になっていた。ドイツ人将校、コラボの政治的責任者、各種組織の委員長、貿易界顧問、金融家、企業家、あらゆる種類の新興成金などが、パリのこうしたサロン、ブラスリー、キャバレー、レストランすべてに押し寄せてきた。[*42] この観点からすると、パリは魅力に事欠いておらず、占領中もずっと、ラ・クポール、グラン・ヴェフール、リュカ=カルトン、シェ・プリュニエ、ドゥルアン、マクシム、リップ、フーケなどで宴が催されていたのである。[*43]

この商売上羨望されるほどの状況のおかげで、ピエール・アンドレはレストラン経営の同業者たちと密接な関係をもち、共謀して甘い汁を吸っていた。リッツでは、「コラボの会食」と称された「ターブル・ロンド（円卓会議）」の宴会が毎月経済界のコラボのお偉方によって催され、仏独の接近を推進していた。[*44] こういう環境にあって、ピエール・アンドレは、パリ実業界の小世界と不可分の新しい友情関係を生む状況をつくりだしていた。とりわけ、世界的なガストロノミーのメッカであるラ・トゥール・ダルジャンとジョルジュサンクのオーナーで、[*45] パリで最も有名なカーヴの持ち主であるアンドレ・テライユとの間に生まれた玄人どうしの関係は、[*46] マクシムの所有者で、ボーヌにつながりのあるワイン卸商のオクターヴとルイ・ヴォーダブルと新たに結んだ絆によって幅広くなった。一九四〇年六月から、ラ・トゥール・ダルジャンとマクシムは、フランスのナチ参謀本部が優遇する高級レストランのなかで必要不可欠なものとなっていたのである。[*47]

それほど有名ではないが、ラ・レーヌ・ペドックもまた豪華食堂に変わり、ヨーロッパクラブ会長エドゥアール・ショーがいくつかのサロンを開く社交場の一つになった。ドイツの占領中ずっと、ピエール・アンドレが続けていたペピニエール通り六番地のル・ソレイユ・ダン・ラ・カーヴ（ワイン専門店）はレストラン付属で、富裕な顧客に最高級銘柄のブルゴーニュを含む多様な種類の極上ワインの購入を勧めていた。最後は、一九三九年九月、この卸商が購入したピガール通り六六番地のキャバレー、ル・モニコが、[*48] 三年たらずで築かれた飲食店グループの仕上げとなるが、その価値と有益性はあとでピエール・アンドレ事件の問題の種になる。

なぜならそれは、これらの商売上と政治的な付き合いによって、外見上は貴重な関係とか、大きな契約や取引が生まれたとしても、その際に行われた商取引や取決めの実態に関する証言はごくわずかしかないので、詳細不明だからである。商売の点では、ピエール・アンドレは、一九四〇―一九四四年、パリの事務所を通して、ブルゴーニュの公認買い付け人デラーとゼグニッツに原産地統制呼称ワインを五〇三九hl、総額二三八五万一六九〇フランで売却した。同期間、この同じルートで「統合」呼称ワイン（民間用に徴収されたワインリストに組み入れられたワイン。極上・上級ワインは含まれない）二三八二hlも、九八五万〇六九〇フランで売却された。[*49] しかし、彼の卸売会社の規模に見合ったこうした売却が、実際には、パリで培った人間関係の恩恵を受けたようには見えなかった。

その代わり、一九四〇年夏から、パリのドイツ軍政部の最高首脳と近づきになったことは、はるかに有望なものと思われた。エッカルト博士某と直接接触して、[*50] ピエール・アンドレがこのことをドイツ当局に引き合いに出すと、[*51] この卸商はマジェスティックの軍当局が管理運営する将校用カジノへの供給独占権を得るようになった。ブラッケライ大隊長とテーネ中尉の指揮下に置かれたこの管理運営部は、占領軍の幹部軍人たちのマネーゲームの管理を牛耳っていた。だがこの活動の規模と、イル・ド・フランス、ノルマンディ、一九四二―一九四三年からは南部地区とモナコを含めて、占領されたホテルとカジノに対する権限を記した正確な記録資料は見つからなかった。いずれにせよ、この活動は、商売に好都合な出会いと社交の場への新たなアプローチを不可避的に助長した。こうして、一九四〇―一九四四年、アンドレ商会はＭＢＦだけで、原産地統制ワイン一〇〇・二三hlを八一万二七六フラン、統合呼称ワイン三三八・四六hlを九〇万六二〇〇フランで公式に納入した。前出の全データ同様、こうした数字はもちろん、送り状なしの取引は考慮外なので、その広がりは推定不可能である。

しかしながら、ピエール・アンドレと何人かのドイツ軍幹部との利害が近いことや、彼が利用しようとした人的関係は、現場責任者の意向次第で変わる影響力の実態には何の関係もなかった。前述したが、フランスとヨーロッパで、ドイツと対独協力派のさまざまな行政府や代理機関が競って行なった活動は、戦争中ずっと、その活動分野に課された規制をいかにしてかいくぐるかという能力によって左右された。この段階におかれると、ピエール・アンドレの仲介能力は、外見よりもはるかに弱かった。富裕な企業家でも大金融家でもない彼は、古くからの有名な仲介者を通してしか、自らの商売上の立場をよくすることはできなかったのである。

一九二〇年代から、アンドレの活動が、大戦から生まれた友情に基づく人間関係の堅固な輪のなかに集中したのは、そのためである。第四四歩兵連隊の英雄的戦士で、戦功章を授与され、次いで一九一九年九月に除隊したピエール・アンドレは、「戦友」と緊密な関係を保ち、第四四連隊戦友会長になり、その後両大戦間期に強力な右翼団体クロワ・ド・フに参加した。[*52] 一九三八年からは毎年、彼のパリのレストランに招かれた第四四歩兵連隊の旧戦士は、彼らの上級将校で、その間クロワ・ド・ボワの聖歌隊員養成所の有名な創立者になっていたマイエ神父のもとに集まった。ところで、三〇年代から聖歌隊養成所の世界的な成功に立脚した大聖職者組織のトップにあったこの人物は、対独協力派に近い枢機卿のパリ大司教スュアール猊下[*53]の「被保護者」として現れた。戦時中、聖歌隊養成所が世界中でコンサートを続けていたとしても、[*54] フランス本土での活動はつねに、カトリック教会の最高位聖職者数名に支えられた、フランスとヨーロッパの新秩序という固定観念に結びついていた。この高位聖職者には、ボルドー大司教フェルタン猊下とディジョン司教サンベル猊下がいたが、二人とも支配的イデオロギーの熱烈な信奉者だった。[*55] この仲間クラブと彼らを鼓舞する潜在力を秘めた地域の強力な組織は、動員力のある政治的勢力を構成する堅固な絆の存在を示していた。

　例えば、一九四三年、当時シャンパーニュワイン業種間委員会長だったヴォギュエ伯爵にナチが下した死刑判決は、ピエール・アンドレにその影響力と、彼にそれを懇請してきた事務局長ルイ・ピヨへの感謝を示すまたとない機会を与えた。熱烈なコラボのフィリップ・アンリ〔ラヴァル内閣の情報大臣〕がラ・レーヌ・ペドックのレストランに招かれ、ピエール・アンドレがそこで、現在では理解不能な状況で、個人的に死刑判決の停止を働きかけたのは、「ラ・ロティスリに出入りするドイツ人将校」を介してであり、またフランスのコラボ社会の友人クラブに支えられてであった。明白な根拠があるとはいえ、例外的なこうした証言は、政治的領域が商売上のロジックに絡み合うこの複雑な経路にあって、傾聴に値する。

　多くの領域で安全圏にあると見なされるほど当局者と結びついていたピエール・アンドレも、時には矛盾した戦略的選択を強いる占領体制自体の不確かさに、大きく左右されていた。また卸売の商活動では、ドイツ当局からの確かな厚遇を受けていたピエール・アンドレも、一九四三年九月八日ドイツがパリに設けた新規制には直接影響を受け、キャバレーの夜間閉鎖を強いられた。その時から、MBF事務局の例外措置を受けられなくなったこの卸商の店は、不可避的に破産状態に陥り、多額の損失を被ることになる。

　そこで、ピエール・アンドレが一九四三年九月一四日付のパリ首都圏司令官宛の書簡で、単刀直入にドイツの大義に対する無条件の賛意を示したのは、占領軍政部顧問ホルネス博士を介してであった。[*56]この手紙で、彼はワイン卸商、シャンパン製造所ヴィクトル・クリコの所有者で、そのドイツ子会社の株主であるという身分を披歴している。またさらに、マジェスティックホテルの将校カジノの物品納入業者であると明かし、一九三九年のドルトムント醸造同盟との取引協定も強調している。手紙では、エッカルト博士との近さも挙げて、彼は博士が、彼の懸念する問題で責任をもってキャバレーの夜間閉鎖解除を働きかけてくれると、こうも主張していた。「私自身と私の意見に関するあらゆる有益な情報は、エッカルト博士殿に求められたし」。

その将来にとって一層危うくなるのは、ピエール・アンドレがドイツの優勢とナチの大義に盲目的な共感を主張し、「母がドイツ人であることとは無関係に、私はその場しのぎとか、最近の〝対独協力派〟ではない！と申し上げたい……それどころか、私を知っている者はみな、私が生まれつきのコラボだということを知っている」[*57]、と明言していることである。

パリの行政問題担当班長の中尉によって渡されたこの書簡は、ドイツ当局への形式上完全な同意に至っている。しかし、在仏軍司令部から出たホルネス博士のメモは、「ここでは、彼らが何かヘマをしたようである」[*58]、と付け加えている。

しかしながら、一九四三年一〇月四日、ホルネスはアンドレにこう書き送っている。「得られた情報では、キャバレー〝モニコ〟はこの頃、客がわずかしか来ないようである……四三年九月八日の新措置の際、四三年九月一四日の貴君の手紙で列挙された状況は知られておらず、したがって当該会議ではそれが考慮されなかった……貴君の要請が次の規制に対して好意的に検討されるよう肝に銘じておこう」[*59]。

一九四三年一〇月一八日、テーネ中尉は再びホルネスに要請を伝えたが、効果はなかった。そこでピエール・アンドレは、自分に夜間開店と、彼らに忠実なスタッフと経営権と交換に特別保護をするという提案をしてきたのは、パリのゲシュタポであると主張した。[*60] 卸商は提案を拒否したと表明したが、そのため、この問題に関する正式の保護者が不在のまま、キャバレーに対する彼の介入要請は立ち消えになったのである。[*61]

4 フランスワインはヒトラーの「秘密兵器」か？

ブルゴーニュとシャラントの異相の卸商アンリ・ルロワは、一九一九年、父の跡を継いで、主としてオーセイ・ル・グランとムルソーのブドウを生産する大きなドメーヌ domaine（ブドウ畑／園）のトップになった。企業家の才能と、間違いなく人並み以上の野心を併せもつこの卸商は、大戦直後、ヴェルサイユ条約がドイツに課した規制の変化をあてこんでいた。

アルコール管理庁のために酒類生産物を収集するブルゴーニュ・アルコールという会社を設立して、ルロワは当時ドイツ向けの輸出組織網に入り込み、二四度以上のアルコール類に法外な課税をする法制をかいくぐっていた。

一九二〇年、取引の増加に対処するため、ルロワはシャラント県ジャンサック・ラ・パリュの蒸留所を買収し、コニャック地方のラ・グランド・シャンパーニュ地区のスゴンザックに工業団地を開発し、オ・ド・ヴィと二三度以上のアルコール添加ワイン生産専門の会社を設立した。アンリ・ルロワが財を築いたのは、両大戦間期に大量販売したこの蒸留酒生産によってであった。一九二〇年代末から、オーセイのワイン卸商は、ドイツ向けのアルコール添加ワインの大輸出業者の一人になった。二度目の世界紛争初期の頃、彼の会社、エルヴィナ株式会社はこの生産を幅広く支配し、ほとんど全部が帝国向けだった。

一九四〇年、会社の全株所有者になったアンリ・ルロワはトップの座について、それまでドイツと結んできた商売上の絆を強めるため、極めて攻撃的な策を講じた。この見地からすると、フランスの敗北と、フランス経済がドイツの指揮下に置かれたことは、ルロワにとって驚くべきチャンスとなり、彼は特権的な商売上の立場に立ち、やがてこれを大いに利用することになる。かくして、ワインの卸売分野では、彼の会社の総売上高は一九四〇―一九四四年に八三二四万五七一〇フランにのぼり、そのうち仏独協定の枠内で、短期滞在の部隊向け直接売却が六〇〇万フラン、公認買付け人向け売却が三八七〇万九二七六フランだった。[*62] 公認買付け人とは、ベーマース、ゼグニッツ、ハーバー、オプファーマン、バルツである。

この数字に、一九四二年までに帝国代理人のハーバー、次いでベーマースと交わされたアルジェリアとチュニジア産ワインの売却高を加えねばならないが、各々一七四万二三二フランと三四三万一八五七フランだった。したがって、ごく早くからこの卸商は、フランス中のブドウ畑からのワイン収集を専門として頭角を現し、時には供給申込みを請け負ったり、またはこれに先んじて売却量を提案したりしていた。結局はこの時期全般にわたって、卸商ルロワ商会は公式に、ドイツまたはドイツの各種機関向けに四九八八万三四五五フランのワイン、すなわち彼の全売却高の約六〇%を売却していたのである。[*63]

このパーセンテージは、飲料アルコールに関する取引分が入っていないだけに一層大きく、これには公認買付け人クレッサー向けのアルマニャック八〇〇hl、総額九五万四二四四フランも含まれていない。

しかし、注目すべきは戦争中、アルコール添加ワインの輸出分野でルロワが占めた位置である。実際、この期間中、卸商は帝国向けのフランス製アルコール添加ワイン輸出の独占権を手にしていた。[*64] アルコール添加で二三度に強められたこの製品は、ドイツでのオ・ド・ヴィ、とくにシュナップス、ベルモット、またはドイツワイン製蒸留酒製造のための蒸留用原料として使われた。アルコール添加ワインはまた、ドイツの大卸売業が製造する、いくつかの発泡性ワイン、ゼクトのベースにもなった。

かくして、一九四〇年秋から、ルロワはボーヌ在住の公認買付け人デラーを飛び越して、「黄金色の」アルコール、アルマニャックやコニャック、アルコール添加ワイン、ジュラのワイン購入には、帝国代理人クレッサーの仲介で大きな契約を取り込んだ。一九四五年、フランスの裁判所への届け出で、デラーは、「クレッサーは高価格のものでも見つけ次第買っており、自分の講じた商売上の措置によって、ルロワ氏が有利な価格で売買できると考えていた」と明言している。[*65]

一九四〇—一九四五年、こうした納入総量は一二九万六七〇七hlで、[*66] 総額一五億フラン以上(一五億四一一八万一二〇四フラン)の莫大なものになった。[*67] そのような数字には事実なのかと疑問に思わせるが、それほど技術的次元の困難さと運搬手段の慢性的な不足がこの時期には、深刻だったのである。

結局は、アンリ・ルロワは、占領期間中、アルコール添加ワイン部門で総売上高一六億二五三八万一一五八フランあったことを認めたが、そのうち一五億九二〇一万八九〇三フランが帝国との取引だった。[*68] そのような取引の程度を測るには、参考までに言えば、発泡性ワインとシャンパンを除いて、占領期間中、ドイツへのあらゆる種類のワインの納入総額は約一二五億フランにのぼった。[*69] こうした数字を考慮すると、それは結局、オーセイの卸商は彼だけで、第二次世界大戦中の帝国向け非発泡性ワイン輸出総額の一二・七%を占めていたことを意味する。

したがって、ドイツとのアルコール添加ワイン取引の部門で手にした独占権は、ルロワに前例のない取引量をもたらし、彼はフランスのアルコール卸しの大商人の列に加わることになる。彼が巨額の資産をブルゴーニュ丘陵地帯の最高級銘柄ワインへの投資に振り向けたのは、この商売に成功したおかげである。例えば、一九四一年、深刻な危機にさらされ、経営資金不足に陥ったロマネ・コンティの超高級ドメーヌが、ジャック・シャンボンの所有区画の売却によって細分化される恐れが出てきたとき、ルロワはすぐさま大口の買い手として名乗り出た。

このドメーヌはブルゴーニュの最も有名なものの一つと見なされており、かつてはクロード=フランソワ・ヴィエノ、ポール・ギイユモン、ルイ・リジェ=ベレール、ジュール・ロスール、ジャック=マリ・デュヴォ=ブロシエのような名高い卸商兼ブドウ園主を迎えていたから、彼の賭けは大きかった。そのようなブドウ園の所有者に名を連ねることは、ブルゴーニュワインの歴史に加わり、フィリップ・ド・クローネンブールや、ルイ・フランソワ・ド・ブルボンことコンティ公の遺産を継承することなのである。

ところで、一九四一年、ドメーヌの一体性を保全することはつねに、各所有者の主要な懸念の一つだった。第一段階は、一九四二年七月三一日、エドモン・ゴーダン・ド・ヴィレーヌとアンリ・ルロワの平等の出資提携により生まれた民間会社の設立で始まった。ゴーダン・ド・ヴィレーヌの家系によって維持されてきた伝統に、ブルゴーニュの最も豊かな卸商の一人になった男の商才が加わる。オーセイの卸商が行なった金融支援と資本投入によって、一九四二年から、当時ネアブラ虫病発生前のブドウの木が植えられたままで、「古い取り木」〔木の根を土中に埋めて芽を出させる〕方式で栽培されていたブドウ畑に、多額の資金をかけて改良工事を行うことができた。[*70] 数か月後、このドメーヌが地域圏庁から、ワインを国内市場で公定価格以上で売却できるとする特例措置を受けたのは、この途方もない工事費用に対処するためだった。[*71]

ところが、ルロワの商売上の選択は同時に、いつも主としてそのアルコール添加ワイン卸しの驚くべき成功、この帝国の増大する需要を全面的に独占した活動に支えられていた。

アンリ・ルロワが一九四四年まで行なったこの広範な商売上の対独協力は、戦争が持続的に拡大するという見通しから、大量のワインと蒸留アルコール酒をナチ帝国に供給するという戦略的次元を介して、一層グローバルに組み込まれた。それは、アルコール添加ワインと蒸留アルコール酒の相当量が、一九四四年までルロワによってドイツに移され、明らかにドイツの戦争経済を支え、民間人にも戦闘部隊(軍部隊のワイン)にも供給されていたがまた、次第に世界規模になった戦争でドイツ軍を襲ったガソリン不足にとって潜在的な、無視できない代替燃料源にもなっていたからである。

もちろん、ここで第一に想起すべきは、歴史家はずっと前から、第二次世界大戦中、連合国、またより一層枢軸国、とくにナチ帝国が行なった戦略的選択がどの程度、両陣営で戦争遂行に不可欠なエネルギー源の探求に動機づけられていたかを指摘していたことである。それゆえ、ドイツが次第に長期戦にはまり込み、一九四一年からは大西洋の戦いで勝利が不可能になり、電撃戦が失敗すると、東部戦線が膠着化し、次いで赤軍の攻勢で瓦解するにつれて、ナチの参謀本部にとっては、ガソリン不足の問題が段々と憂慮すべきものになってきた。ところで、ドイツの化学工業が非常に早くから、ガソリンの供給不足の穴を埋め、国防軍が確保できないコーカサスの石油なしで済ませられるように新種の合成ガソリンを開発していたとしても、再生産が容易で、管理された大量の燃料源を供給できる生成技術の確立が、唯一役立つ不可欠なものとなる。

この点から見ると、一九三〇年代から知られていたいくつかの複合生成法は、水素と炭素、高温で熱したタールの化学的結合に基づいていた。[*72] 理論的には、植物からつくられた糖蜜の蒸留物はタールの基礎を成すのに十分であるが、その大量の工業生産は大がかりなものとなり、安定した燃料源とはなりにくい。その代わり、ワイン性アルコールの使用、とくにアルコール添加ワインから供給されたアルコール使用は、糖蜜アルコールの代替物になるか、あるいはまたブドウの発酵中にできた生物ガスとの化学的結合により、長期的には、いくつかの内燃機関に替わるエンジン用燃料になる、一種のガソリンを提供することができたのである。

かくして、一九四一年四月一〇日の会議で、原産地呼称全国委員会はこの燃料不足の懸念を確認し、ワイン性アルコールがガソリンにとって「極めて重要な」添加物になると判断した。それに、フランスは「アルコールストックを完全に零にする新しいキャンペーン」に取り組んでおり、「占領地区へのルーマニアのガソリン供給への期待が、最近の状況推移により極めて弱まっている」[*73] とも付け加えている。二か月後、ブルゴーニュ産のマール・ド・ブルゴーニュとフィーヌ・ド・ブルゴーニュ呼称の原産地統制ワインの配分添加によって、「燃料気化からできるだけアルコール分を少なくする」という提案がなされた。[*74] しかしながら、委員会の選択はもちろんワイン性アルコールに関するものではなく、その相当量はずっと前から占領当局によって抜き取られていたのである。

もちろん、一九四四年時点では、そのような代案で改革することなど、もはや争点ではなかった。ところが、新兵器使用の見通しが、[75] ナチによってドイツのヨーロッパと世界支配の決定打として示されると、通常のガソリンのあらゆる代替物が以後注目されるようになった。一九四四年六月から、ドイツ参謀本部が報復武器として考案した最初のロケットモデルはV1と命名され、技術的には明白に進歩していたが、その燃料消費方式はアルコールベースの燃料によるものではなかった。イギリス諸島南部の住民を恐怖させるため、三万五〇〇〇台以上製造されたこのロケットは、戦略的武器として呈示されたが、実際はすぐに弱点をさらけ出した。

一九四五年初めから、より近代的ではるかに速く、強力なバージョンA4／V2が量産された。この破壊兵器は、囚人の強制労働によって、非人間的な状況で四〇〇〇台以上生産され、約一トンの爆発物を積み、戦争末期に使用されて、主にイギリスとイル・ド・フランスに多数の犠牲者をもたらした。ところで、この武器は新方式のロケットエンジンの推進力で飛んだが、これはメタノールか液体酸素を燃料とし、第二の合成石油予備タンクを備えており、これによって二〇〜三〇分間殺人軌道を延ばせる可能性があった。二つのタンクのどれか一つに、量は不明だが、アルコール添加ワインを基にしたワイン性アルコールが入っており、その豊富な量はフランスから輸出され、潜在的な燃料源となっていたのである。

したがって、フランスワイン、とくにアルコール添加ワインは、一九四五年の数か月間、ナチの最後の攻撃に供給された液体燃料の一つとなっていた。この見地から、アンリ・ルロワがその生産品の最終目的を知っていたこと、さらにナチ体制がはじめ、ヴィシー政権が受け継いだロケット爆弾のプロパガンダを考慮すると、エルヴィナ社の指導者がその戦略に加担した活動を自覚していたことは、あり得ることであると思われた。

帝国代理人クレッサーに近く、戦争中ずっとその正式なフランスの代理業者であったルロワは、入念綿密に商売を行い、自由に意見を表明するまでになっていた。かくして、一九四四年、使用説明書に引用された書簡で、ルロワはドイツ監督当局に対して、糖蜜アルコールは、アルコール添加ワインを基にしたワイン性アルコールに替えることができ、それも深刻な危険はないと断言していたのである。[*77] ところが一九四五年になると、卸商はアルコール添加ワインと蒸留酒がドイツの戦争経済に直接役立ったことを断固否認し、その使用はおそらくは工業段階で、フランスの地での「戦争用の黒色火薬」生産として考えられただろうと明言したのである。

そして彼はこう付け加えている。「ロケットがアルコールエンジンで飛ぶという噂、またロケット用のアルコール性燃料生産のためにフランスで蒸留するとして、ドイツ向けのワインとアルコール添加ワインの輸出禁止が問題になったという噂がマジェスティックに届いてきたのは、一九四四年六月、V1とV2が実際に使われたとき」になってからである。ところで、この推定に根拠があるのは明白で、「アルコール管理庁が可能な限りストックを隠蔽するか破棄させたのは、この時期（一九四四年夏）[*78]」なのである。

ただし、ルロワは「「アルコール添加ワインは、ドイツで消費用のワイン性オ・ド・ヴィに変えられたのであって、（燃料）アルコールにではない[*79]」と断言して、証言を終えている。ナチ当局は、とくに新兵器が順調に作動するための代替エンジン燃料を絶えず求めていたが、彼らの自由になった驚くべき供給量のワイン性アルコールを活用することもできなかったか、またはそうしようともしなかった。一九四五年、ドイツで押収され、フランスに返還されたアルコール添加ワインの量からすると、この解釈は否定できない。以後、調査官にとっては、アンリ・ルロワがその明らかに大規模な対独協力活動によって、ドイツのための企てを目論んでいたかどうかが、問題となる。

5　モナコ、ワイン取引の世界的首都

フランスのワインビジネスの総体的再構成には、同時に国外におけるその位置の再定義づけを伴う。例えば、一九四〇―一九四四年、対外取引のほとんどすべてが次第にドイツとその同盟国、いくつかの中立国に偏った貿易ゾーンに限定されていった。戦争中のワイン取引の主要な相手は、運送業者シェンカー社の記録資料にある配達伝票や切符を調べれば分かるが、この会社は、戦時中ずっと、ドイツ軍とその代理機関へのシャンパンと割当て数量分の発送を除いて、大規模な鉄道・自動車による輸送全般に係わっていた。

発送された三〇〇〇トンを超える商品全体にわたって、ドイツは信用できる唯一の宛先として重きをなし、それだけで発送量（重量で）の八〇％以上を占めていた。注文品はドイツ帝国各地の主要都市に向けられ、ベルリン、フランクフルト、ミュンヘン、ハンブルク、リューベック、ニュルンベルク、ブレーメン、ケーニヒスベルク、シュテッティーン、ウィーン、インスブルックなどが大口の宛先だった。ナチはワインとアルコール類購入の国家独占権を持とうとしなかったので、数十の輸入卸売業者が民間

と軍隊向けの非常にうま味のある供給市場、とくにブルゴーニュとボルドーワイン供給を分かち合っていたが、その中にブレーメンのゼグニッツ、リューベックとベルリンのクロップケ、ミュンヘンのアントン・リーマーシュミット、ヴォルムスのランゲンバッハ、グリューンベルクのリーダーマイスター&ウルリッヒス、ダルムシュタットのユーアン・プリムなどの有力な会社があった。より特殊なのは、相当量が、シェンカー社の名で税関手続きを経た、不明確な買い手名義で免税通過していることである。結局、こうした資料をもとにして、高級品の積荷を受け取る顧客の正確な身元をつきとめることは不可能である。IGファルベンやクルップのような、いくつかの大会社もまたドイツのワイン輸入に直接係わっていたのである。

もっと意外なのは、アルザス＝ロレーヌの市場（発送量の五・三二％）[*80]が、戦争中、敵対関係に置かれて、フランスの財務監督局に何度も批判されたさまざまな国家法制に照らしてみても、極めて特異な地政学的位置を示していることである。[*81]例えば、フランス当局にとっては、休戦協定以後アルザス＝ロレーヌに設けられた特別制度はいかなる法的価値もなく、国際法的にも国内法的にも、アルザス＝ロレーヌはずっとフランス領土の一部であり続けた。したがって、実際、この地域への発送は国家領土内で行われた売却と見なされて、輸出証書も事前の許可証もなしに、既得権か運搬許可のあるものとして扱われたのである。

ところが、ナチ当局にとっては、アルザス＝ロレーヌは特別な自治的地位によって事実上帝国に併合されており、異論の余地なくドイツの州であり、仏独休戦協定の明白なる違反を無視して慣例化するものだった。この協定の条項は、確かにアルザスとロレーヌの運命については、何も触れていない。他のフランス領土と何の区別もされていなかった。協定第三条はフランス政府に占領地区と非占領地区の行政権を与えており、それゆえアルザスとロレーヌにも明らかに適用されるものだった。しかしながら、実際には、ドイツは二つの州を帝国に併合して、国境を一九一四年のものに戻してしまった。戦争中ずっと、フランスの異議申し立てに対して何の返答もなかった。この両州のドイツへの移転は、フランスとのアルザス＝ロレーヌ決済委員会の設置によって確立され、アルザス＝ロレーヌをフランスの経済的略奪の前哨に変えたのである。

この曖昧さを利用しながら、フランスのワイン卸商は、この迂回手段を使って、行政手続き、とくに厄介な輸出免許手続きを自由にかいくぐり、割当て量の限界を超えて取引し、ある意味では、ヒトラー帝国への売却の広がりを隠蔽していた。

ドイツ当局は、この便宜的に可能な方法によって、ドイツの輸入卸売業者に対し、ドイツ人が監督する主にメッス、ストラスブール、コルマールにある名義貸し会社を介してワイン供給の直接的な経済的ルートを提供できるだけに、一層協調的だった。とくに、メッスにあるハルトヴェーク&ロイター、ストラスブールにあるヴェーバー・レープとゼークミュラーがそうだった。もちろんそれに、アルザス＝ロレーヌ向けのワイン売却はドイツ向けの発送のなかに分類すべきもので、その立場をなお一層強化するものだった。

スカンジナビアの大独占企業向けの取引は、発送量の一〇％近くを占めており、注目に値する。ノルウェーのヴィンモノポレット、フィンランドのオイ・アルコホリリーケ・アブ、スウェーデンのヴィン&スプリットセントラーレンなどが、文字通り国家購入センターとして同じような役割を果たし、国民のために必要な輸入量と価格を計画的に定め、提供していた。これらの仲介なしでは、いかなるアルコール類の取引も不可能だった。両大戦間期の保護貿易主義的な法制の後継である、これらの独占大企業は、フランスの卸商にとって、生活水準が高く、ブルゴーニュワイン贔屓の顧客層に支えられた、極めて特殊な利益をもたらした。戦争、イギリスの単独封鎖、次いで英米による海上封鎖、海外市場の閉鎖のため、おそらくこれらの領域はナチ・ヨーロッパ向け、さらにはドイツとの交戦国家向けの取引市場として役立つだけに、なお一層戦略的なものになったのである。

占領されたベルギーとオランダは、両大戦間期に比べて少量の取引で脇役的な存在だった。ブリュッセルのボンヌタン、ナミュールのH・グラフ＝ルコック＆フィス、アムステルダムのヤーコビュス・ベーレンとイヤサント・ド・ボーモンのようなワイン輸入卸商が、ナチ支配下の領域でワイン取引に直接参加した、非ドイツ系のごく少ない会社の生残りだった。

最後にイタリアは、ローマの外交団向けの若干の特別注文を除いて、取引対象ではなかった。この種の発送は、権力と外交の場で、フランスの高級ワインのステータスが及ぼしていた魅力を物語っていた。主要な大口の宛先を通して、政治的な首都と地方の中心都市（ベルリン、ミュンヘン、ニュルンベルク、フランクフルト、ウィーン、ブリュッセル、アムステルダム、ストックホルム、オスロ）に与えられた重要性が、帝国首相府、大使館、公使館や領事館、軍事司令部本部などを通して、増してきた。

しかしながら、こうしたルートを辿っても、闇取引の広がりや非合法な子会社を隠れ蓑にした、その道特有の流れの実態については、ほとんど何も分からない。この理解不能な範囲は、占領中ワインの輸出取引の相当量が、フランスとドイツの行政府にとって手の届かないことで有名な国際商品市場を免税通過しているだけに、一層大きくなる。実際、モナコ公国は、その領土内で一滴のワインもアルコールも生産していないのに、数年間でヨーロッパ最大のワイン輸出国の一つになり、驚くべき量のフランスワインの免税通過システムを公式に立ち上げたのである。[*82]

当初からワイン取引の規模は、一九三〇年代半ばにモナコで行われた法改正の帰結の一環であった。実際、モナコ当局が外国会社のための前例のない特別法規制定を決定したのは、コート・ダジュールでの賭博の独占権を失った時であり、そのおかげで世界中の投資家は自国の税制を免れることができたのである。これを目的として、一九三四年七月八日の法律は、自国の課税措置を逃れて、国際投資のポートフォリオの税務管理を希望する非居住の富裕層に、極めて有利な最初の規定を創設した。フランスで同時に設置された規制措置の回避を助長するそのような法制はその時から、公国の入り口に第一級の呼び物機関を、資本と商取引への課税を恐れた企業家のために設けたのである。

ところで、一九四〇年六月、フランスの敗北後、モナコは独立国家の地位と治外法権を保持して、自国の税制を守り、完全な財政主権と予算権を確保していたので、仏独決済委員会とは何の関係もなかった。公式には中立国だが、ドイツの好意でヴィシーの保護下に置かれたモナコは、イギリスの封鎖に襲われた戦争中のヨーロッパの状況下で、極めてリベラルな税制を維持した。そこで、大陸中の実業家、銀行家、卸商たちが紛争の混乱から隔絶したこのミニ国家に特権的な場を得ようとしたのである。

スイスやスウェーデンよりもはるかに有利な公国の新しい立場は確かに、三つの主要な領域内の取引に対して、決定的な特権を提示していた。多くの企業に対して税制が強化される時代にあって、モナコは、資本がいかなる直接税にも付されず、取引税が極めて軽いままの制度によって輝いていた。[*83] そのうえこの小国は、とりわけフランスの卸商にとって、ヴィシーが停止しなかった一九三九年九月九日の法律、つまり、事前の許可がなければ、営業権の取得や拡大を禁ずるという規定を回避できるという、驚くべき利点を提供していた。結局、モナコ当局は、行政面での鷹揚な施策によって、匿名制度下の職業的慣行に対する極めて寛容な扱いを保証していたのである。

要するに、モナコで商業免許を取得することが、ワイン卸商たちにとっては、あらゆる行政事務的な煩雑さを免れて、実入りの多い商売を続けるのに不可欠となった。[*84] ところで、そのような「開け、ゴマ！」を授けることは自由で、モナコの商人と提携関係に入るか、またはもっと直接的に公国で自らの卸売商社を経営するだけの経済規模に達していれば、十分であった。ところが、この現象は、あらゆる種類[*85]の架空の商事会社創設という大波に呑み込まれており、それは、一九四四年、モナコ市長ジャン＝シャルル・ベルナスコーニが次のように証言している通りである。「私が到着した最初の週から驚かされたのは、公国に本社は置くが、実際は郵便受けになってしまった会社が次々と設置されたことである……公的に公国に存在することは、フランスよりも有利な税制の恩恵を受けられることだった……会社設立は国家事業になった。名義貸しシステムが広まったのである」[*86]。

実際、一九四一年からは、それまでなかった規模の商取引がモナコから広がり、公然とワインと蒸留酒が取り引きされた。[*87] フランスの同業者とは不可分の名義貸し人であるモナコの卸商は、大規模な取引を行い、大量のワインを主としてフランス、アルザス＝ロレーヌ、ベルギー、オランダ、ルクセンブルク、とくにドイツに売りさばいた。「商取引の領域では、大概は占領当局のために活動するフランスの卸商と、あまりまともではないモナコの仲介役との共謀関係が多く見られた。万事がまるで、帝国の勝利か、少なくとも妥協的な和平に終わることを確信し、また英米との外交関係を信頼して、モナコが、一時的に衰えたフランスの物質的利害を無視して、この後見国を多少揺さぶっても、国際的な役割への野望を果たせるものと信じているかのように起こった」[*88]。

ところで、この卸商たちの活動が、フランス・モナコ・フランスと、フランス・モナコ・輸出という文字通り「三角取引」の大規模な展開を支えていたが、それは、モナコ駐在フランス副領事ドゥローがピエール・ラヴァル宛の報告書で強調している通りである。公国は、

「数か月前から、格別活動的な輸出取引の中心で、極めて特殊な性格を帯びており、我々が留意しておくべきものであります。

その最も顕著な展開はワインとアルコール類においてです。実際、当方に届いた情報から、一九四二―一九四三年間に、あらゆる種類のあらゆる出所のワインとアルコール類数万hl、総額七二〇万フランが、公国に居住する商人によって売られていたのに、モナコの倉庫からは、これらの飲料は一滴も流れ出ておりません。

そのような取引には、いかなる商業上の証明書もなく、公国とは一切関係のない輸出向けのフランス製品を取り扱っており、多くはそういう会社には、タイプライターと帳簿をつける秘書がいるだけでした。こういう活動方式の唯一の存在理由は、利益にフランスの所得税がかからないようにするためであります[*89]」。

公国登記所の首席管理官は、財務省評定官にこう言明している。「こうした取引のなかで、飲料類の卸し取引に関するものは、特記に値する。実際、金融機関の検査では、およそ二年前から、ワインとス

ピリッツ類の大がかりな取引が、モナコの会社とアルザス＝ロレーヌとベルギーの大きな商社との間で交わされたことが判明している」[*90]。

その後、モナコの国務院評定官で税務局長アンリ・ラファイラックは、国務大臣にこう明言している。「そこでも、他の領域でも、〝三角〟取引――フランス・モナコ・輸出――が行われていますが、これは純粋に商業的な観点からは正当化されず、その唯一の目的は臆面もなき厚顔なフランスの商人による利益の〝隠蔽〟であります。それに、当局の収支統計では、一九四三年、公国予算は輸出税（〔売却価格に〕三％と〔最終価格に〕一％）の名目で二一〇〇万フラン以上を国庫に収めていることが判明しております。したがって、まだ監査局に把握されていない不法行為を考慮すると、モナコの輸出取引量は、ほぼ一〇億フランに達することになります」[*91]。

しかしながら実際には、この時期全般にわたる、こうしたワイン取引に関するいかなる正確な計算書も存在しない。結局、フランス税務当局が作成したデータによれば、このワインとアルコール類の三角取引は、一九四一―一九四三年、「毎年七～一〇億フラン」にのぼったと推定される。この取引規模はまた、見返りに得られた利益の大きさを見ると、実際に使われたメカニズムが単純であったことで、極めて直接的に説明できるのである[*92]。

かくしてフランスで生産されたワインとアルコール類の相当量が、まずモナコの仲介業者に買われ、次いで本当の買い手に転売された。したがって、これらの商品の大半は、物理的にはモナコ領土を免税通過したのではなく、生産地から直接顧客、この場合は主にドイツに向かったのである。ほとんどいつも、この策略によって売値は隠蔽され、受取人の身元は、でたらめの名称や架空名に変えられていたのではなくとも、フランスの行政府にはまったく知られないままだった。このシステムでは、税関手続きを請け負っていた運送業者シェンカー社名だけが出てくるが、モナコの仲介人は、単なる注文主として帳簿上に現れるだけである。結局、この仲介人の活動を示す口座やさまざまな出所は、フランス当局には把握不能だった。[*93] 要するに、係わった卸商たちは、フランスの税と手続き全体（とくに輸出免許、決済協定に属する、つまりは常に取得困難な免許の申請）を無視して、取引の完璧な匿名性によって身の安全を確保していたのである。

ある種のワイン卸商たちがまったく秘密裡に、繁盛する市場にあふれんばかりに押し寄せて、ドイツの輸入業者とナチ軍隊の無数の代理機関や買付け集団に供給していたのは、このいわゆる「三角」方式によってである。それゆえ、文字通りダミー会社に用心深く隠れたフランスの買い手は実際、あらゆる調査・訴訟手続きを免れており、「フランスの本当の買い手の身分を隠し、フランスの国益に有害な混乱を厭わないその性向は、モナコの仲介業者の意向と無関係なものとは思われなかった[*94]」。

この秘密保持は、こうしたワイン取引専門の会社が当時急速に爆発的な利益を得ていただけに、一層推奨されていた。例えば、元ロビニ社のソシエテ・ヴィニコルは、アルザス＝ロレーヌ向け売却だけで、売上高が一九四〇年の三二万五〇〇〇フランから一九四三年の五六〇〇万フランになっていた。[*95] 大がかりな取引をしていた二つの会社、レ・シェ・ド・モナコとソガル（総合食品商社）は、ともにニース暗黒界出の投資家ユゴー・ジュスティのものだった。前者は当初マコンの代理業者が設立したもので、一九四二年、一億五三〇〇万フラン、一九四三年、最初の一〇か月で二億二一〇〇万フランの売上高をあげていた。一九四三年一二月一五日には、一億五〇〇〇万フランの荷為替信用状を持っていた。また他の多数の会社が、この実入りのよいワイン取引を三角方式で行なっていたが、いつも本当の所有者は誰なのかを確実に知ることはできなかった。例えば、コントワール・ジェネラル・ド・モナコ、ソシエテ・デ・グラン・ヴァン（ルペール&フィス）、ポール・ミッセ、ワイン・アルコール地中海商館、ソシエテ・ヴィニコル、ワイン・リキュールモナコ商館、フランス-モナコグラン・シェ、健康飲料モナコ商館などである。各会社は銀行支店、主としてバークレー銀行と国立割引銀行のモナコ支店に口座を開いて、スイス、イギリス、アメリカに税金逃れをしていたが、数値化するのは不可能だった。

あらゆるワイン取引のなかで、モナコの卸売会社の衣を纏うのは、フランスの商取引だった。[*96] 例えば、モナコのレ・カーヴ・ド・サント・スュザンヌは、一九四一年、ブルゴーニュの大卸商グループが買収した瀕死の小会社ボナルドーから生まれたものだが、この卸商たちは出資金をかき集めて数百万フランを投資し、極秘裏に巨額の利益を上げることを目標にしていた。「一九四〇年に売上高一〇万七〇〇〇フランを超えなかった」会社が、一九四三年だけで、国内市場で七五〇万フラン、輸出で約二六〇〇万フラン（五四五八hl）を売却していた。[*97] 輸出向け商品のワインはすべて、生産地（ボージョレ、マコン、ブルゴーニュ丘陵地帯）から、直接アルザス=ロレーヌに発送された。

もっと後になって、一九四三年九月一六日、ルペール&フィスがモナコでジャン・ルペールによって創立された。その目標はもっと大きく、「リキュール、ワイン、スピリッツ類の卸し、仲卸しに関する動産、不動産、商業、金融などの取引全般」に係わっていた。だが実際のところ、これほど手を広げた会社は卸売りというよりも、ブルゴーニュ丘陵地帯の豊かなワイン卸商数名が投資した資本の実り豊かな運用にふさわしく、この卸商の一人アンドレ・ボワッソ[*98]などは、一九四一年突然、ボーヌ最古の会社の一つのパトロンになった。[*99] 結局は、ルペール&フィスは、フランス市場で取得してすぐにドイツに送られたストックワインの購入と売却を、帳簿上で専門に扱う持株会社として活動していた。一九四三年、この会社は銘柄ワイン四一二九hlを三三〇〇万フラン以上売っていたが、そのためモナコ最大の売上高を誇る大卸商の一つになった。そのような金額は、フランス本土なら絶対に見逃されるはずはないが、ここでは公的にも巧妙な匿名投資家の取引のままだったのである。

結局は他の会社が、数十人のフランス人卸商に対して帳簿上の仲介人の役をしていたが、扱った取引において、彼らの投資額を正確に算定することは、いつもできなかった。名声あるレ・シェ・ド・モナコ社は、ボーヌ駅からアルザス=ロレーヌ向けの、ブルゴーニュ、ボーヌ、ポマール、ヴォルネの原産地統制ワインの相当量の直接発送を記帳していた。[*100] ロビニ社はとくにラ・ローシュ・ミジェンヌ駅でかなりの量のシャブリの積荷を扱っていたが、その発送人の名前は正確にはわからなかった。だがこのシステムは卸商だけの独占ではなく、ブドウ栽培者たちも負けてはいなかった。例えば、ワイン商社ポール・ミッセは、少なくとも一九四二年から、ブルゴーニュ丘陵地帯のブドウ栽培者の仲介役を果たしていた。一九四三年、六二hlを六〇万二五〇〇フラン売っていたこの会社は、外見上はこの新しいワインの首都で親指太郎と見なされていたが、だがその利益は、積極的な役割のおかげで小さなものではなかった。一九四四年五月一五日、ジュヴレ・シャンベルタンのブドウ園主は一万本を八〇万フランで売りさばき、一三三万フランで転売された。つまり、単なる帳簿上の操作で、約六〇%の利益である。そのような利益は普通で、多くはフランスの課税額の正味八〇%に達し、しばしばこれを超えていた。[*101]

そのような輸出ルートの多様化に支えられたフランスのワイン取引は、かつてなかったほど自由になり、ブドウ栽培地にブドウ・ワイン生産の新しい型の危機的状況をもたらすまでになった。一九四二年末、再び衆人の注目を集めたのは供給更新の問題であった。

第五章　戦争に酔う

1　ブドウ・ワイン生産の危機と変転

一九四二年一二月一九日の会議で、ブドウ栽培の業種間・省庁間合同委員会は、フランスのブドウ・ワイン生産の持続的な低下を前にして不安になった。報告者は、「戦争のため、労働力、家畜、肥料などが不足し、殺菌剤までが使われ、わが国のブドウ生産は減少した」と書いている。フランス本土における通常の一〇年単位のブドウ生産高平均は「約五五〇〇万hl」だが、「一九四〇年の収穫量は四四八七万七〇〇〇ヘクトリットルを超えなかった。一九四一年は際立って減少し、四二八〇万hl、一九四二年は前年比でさらに低下し、わずか三三七六万一七六四hlだった」。事態は悪化し、「北アフリカで起こった出来事のため、我々はアルジェリアのブドウ生産に関する情報を奪われた」。そのうえ秋からは、このブドウ栽培地の収穫物が届かなくなった。このことは、北アフリカ産ワインの相当量が以後イギリスに向けられたため一層苦い経験となった。平和時には、この国は年間七三万hl輸入し、そのうち約一八万二〇〇〇hlがポルトガルから、約二一万hlが大英帝国植民地からきていたが、すでに多数のアルジェリアワインがロンドン市場に流れていた。

被占領地フランスでは、より規則正しくワインを引き渡す努力が生産増に向けられた。「一九四一年一二月三一日の法律によって、ブドウ園に対する管理統制と、ブドウ栽培者の申告延期かまたは修正申告か、選択肢が与えられたこと」が相乗効果になって、「一九四二年一月中は、生産高が四二四六万hlから約四二八〇万hlになった」。並行して、「相当量の過小見積もりとか申告漏れを認定する三二〇七件の調書」が作成された。すべての「紛れもない不法行為は厳しく処罰された」。さらに、一九四一－一九四二年度のシーズン末には、「前のシーズン末の結果に比べて、ブドウ園と卸商の倉庫のストックの著しい改善が見られた。前者は一九四一年のわずか一九七万hlに対して、一九四二年九月一日には四二八万三〇〇〇hlに達し、後者は一九四一－一九四二年初めの六四六万三〇〇〇hlに対して、同年シーズン末には七九七万八〇〇〇hlになっていた」。かくして、「全体としては、三八二万八〇〇〇hl、とくに新しいシーズンにとって貴重な改善」が確認された。

しかしながら、未来は極めて憂慮すべきものだった。一九四二－一九四三年のフランス本土の収穫高は、「申告によれば」、わずか三三七六万一七六四hlで、その内訳が一般消費ワイン二八九一万二〇一二hl、原産地統制ワイン四八四万九七五二hlだったからである。このシーズンの可処分量は、ブドウ園での四二八万三〇〇〇hlのストックと、卸商の倉庫で七九七万八〇〇〇hl、これにシーズン初めのアルジェリア産九一一万hlが加わり、合計四六九三万二〇〇〇hlであった。シーズン末のブドウ園の酒倉と卸商の倉庫のストックの減少を考慮すると、免税分の消費ワインは一一〇〇万hl、コニャック、アルマニャックなどのオ・ド・ヴィ製造のための蒸留用ワインは約一七五万hl、工業用は一三五万hl、ドイツ向けの輸出用は公的には約三〇〇万hl、公定価格消費ワインと銘打たれた可処分消費量は二二八三万二〇〇〇hlにのぼった。

この状況下で、ブドウ・ワイン生産規定が廃止はされないとしても、「現在の状況と需要に調和」させられており、「結果としてワインの量を増やし、飲料アルコールに供給できるもの」となった。確かに、「この結果は時にはワインの質を犠牲にして得られた」が、大部分の「緩和」措置は、「一時的なものとして」公布された。実際さしあたりは、「全市民にワインを適切に配分する必要性」が急務だったのである。[*1]

この会議の結論として、報告者はこう明言している。国内のブドウ栽培地は「戦前の生産潜在力を保っている」が、その生産拡大はまだ火急の課題にはなっていないように思われる。それは、「使用可能なあらゆる生産要素（人員、家畜、機材、肥料など）が国の存続に不可欠な食糧農産物の栽培に充てられるべきもので、それにまた新しい農耕者が出てくるとしても、きちっとした生産ができるようになるには三年や四年はかかり、それまでは、貴重な殺菌剤などを相当量使うだろうから、これは生産可能状態にあるブドウ栽培用に取っておく方が好ましい」からである。

それでもやはり、供給省は来シーズンの増産が見込めない、この現状維持策に抗議した。ところで、商取引の不安は政府の決定に重くのしかかってきた。

ロジェ・デスカが繰り返し発した問いに答えて、一九四二年一二月一八日の条令はブドウ園に、一九四二年八月一三日の法律に従って一般供給に付された一九四二年産ワイン五〇％の備蓄を命じた。一九四三年六月二五日の条令はブドウ園に、生産申告量の三〇％の比率で、原産地統制ワイン呼称を受けていた一九四二年産の非混合ワインの新たなリスト作成を凍結する旨決定したが、二〇hl以下の生産者と非混合の原産地統制呼称の白ワインは、除外されていた。さらに、凍結に付されない非混合の原産地統制呼称ワインは、「保税倉庫業の卸商に交付された購入許可書、またはブドウ栽培者に交付された売却許可書」によってしかブドウ園からは引き出せないものとすると明記されていた。こうした許可書は、飲料供給中央委員会事務局によって、つまりは商取引の管理統制下で与えられることになっていた。

ワイン保税倉庫業兼卸商は、混合・非混合を問わず、原産地統制ワインをブドウ園から直接購入できる伝統的な買い手で、一九三七—一九三八年、一九三八—一九三九年、一九四〇—一九四一年度のシーズン中、ブドウ園から直接購入したワイン総量の平均に比例して、譲渡不能な記名購入許可書を得ることができる。購入許可書配分の基礎となる平均の計算としては、現在混合された原産地統制ワインの量と、現在混合されていない原産地統制ワインの量が、農業・供給担当国務相の決定で定められた加算係数によって割り当てられる。計算で対象にした量からは、「当該年中、輸出用に納入された量は減じられる」が、それは「特別割当て量のワイン交易の需要に充当される」からである。前例のない騒動混乱に見舞われたこの状況に陥った一部のフランスブドウ栽培者は、小規模生産者の利害の保証人とされたヴィシーの農業政策を断固として支持し、国家の新しいプロパガンダの象徴役を任ずることになる。

2　ヴィシー、ファシストの農地改革論とブドウ栽培防衛

国事に対して協同組合的な影響力を及ぼそうとすることは、これがヴィシーの政策を元首たるペタン元帥自身を称えんとする文字通りのスピード競争を伴うだけに、利害対立を一層激化させた。

かくして、ジロンド県のブドウ栽培業界では、国家元首の農地改革論的、伝統主義的信条が好意的に受け取られ、ボルドーの地域圏知事フランソワ・ピエール＝アリプが一九四一年産を「アネ・デュ・マレシャル（元帥年）」と命名する提案をすると、メドックのブドウ栽培者たちに熱狂的に歓迎された。それから二年もたたない一九四三年四月五日、ボルドーワイン取引・ブドウ園主組合長フェルナン・ジネステに率いられたジロンドの有力者代表団が、ボルドーグラン・ヴァンＡＯＣ組合連合会長モーリス・サル、ボルドーワイン・スピリッツ卸商組合長エドゥアール・クレスマン、ジロンド・南西フランス協同酒蔵連合会長ピエール・マルタンに伴われて、国家元首と面会し、シャトー・マルゴー畑の一区画の生産物所有権を譲渡謹呈した。ブドウ栽培と卸売業代表団のイニシアティブで、このブドウ畑は以後「クロ・デュ・マレシャル（元帥のブドウ畑）」[*2]と冠せられた。

数か月後の一九四二年五月三〇日、ブルゴーニュでは、ボーヌの極上銘柄ワイン卸商組合総会の際、国家元首に最上級の銘柄ワインを献呈する決定が下された。参加したブルゴーニュ卸売業六六社名で、[*3]組合はこのグラン・ヴァンを国家元首に、「閣下への尊敬のしるし、閣下の政策への忠誠の証拠、国家統一への思いを共にする証しとして」[*4]捧げた（**図版⑱**）。寄贈者一同は、お返しに元帥のサイン入りの

肖像と、元帥直筆の謝辞の写しをもらった。[*5]

「フランスの救世主」たる元帥神話が当時、国事とブドウ・ワイン生産法制に圧力をかける必要性と混じり合っていた。卸商たちの決定の前日、五月二九日、地域圏知事シャルル・ドナティ引率のもと、有力者の公式代表団がヴィシーに赴き、元帥に尊敬と体制支持の忠誠のしるしとして、オスピス・ド・ボーヌ〔一五世紀創設の施療院、現在は慈善病院〕のブドウ畑一区画の不動産登記証書を渡していたのである。

卸商モーリス・ドゥルアンが代表団に入っていたが、彼はブルゴーニュのワイン卸商代表ではなく、市長ロジェ・デュシェ[*6]と並んでボーヌ市とオスピスの管理委員会の代表であった。それに対し、ブドウ栽培者で県のブドウ・ワイン生産協会長、農業会議所会頭、マルサネ・ラ・コート農民協同組合員で村長のジョゼフ・クレール＝ダユと、サン・ジャン・ド・ローヌの県会議員でコート・ドール県元代議士、フランス農地改革・農民党の全国的な顔役ピエール・マテの存在は、ジャン・ヴィグルが正当にも指摘しているように、「ボーヌ地域の農地改革運動の精華」[*7]の存在感を明確に強調していたのである。

一九四〇年から、クレール＝ダユは、ブドウ栽培を商業界の有力者に対抗する主要な政治的争点にする意志を隠さなかった。コート・ドール県会議員である彼は、一九四三年五月、県知事が計画したクロ・デュ・マレシャルの境界画定の杭打ち式を支持したが、これは、ヴィシーの文化プロジェクトとブドウ栽培者の価値観と労働称揚精神から決して消えることのない〝地方と農村フランス〟という理想を掲げて、改めて地域有力者を動員するものだった。

商業界も負けずに、ボーヌ市当局に対し、一九四三年七月二一日と二二日、オスピス一五〇〇年祭を企画し主導した。祭典はジャック・コポー演出指揮下で、オスピスの正面広場で上演された宗教劇『黄金パンの奇跡』〔ジャック・コポー翻案の奇跡劇〕[*8]によって盛り上げられた。[*9] 催しは地域の主だった政治的責任者を集め、高位聖職者の庇護下で行われ、その中にパリ大司教スュアール枢機卿猊下がいた。[*10]

このお祭り騒ぎの成功は、数か月後には、地域社会におけるブルゴーニュの卸商の役割と存在感を称える主要な催し事が復活する助けになった。卸売業界が主導するオスピス・ド・ボーヌ管理委員会を介して、市長ロジェ・デュシェと帝国代理人アードルフ・ゼグニッツの庇護下、一九三九年以来中断していた権威ある慈善競売会が、一九四三年一一月一七日に甦った。[*11] この催しは戦前の華やかさを取り戻し、公開競売会の際、慈善病院運営の資金援助をするために、ほぼ独占的に落札購入する地域の卸商たちの働きと寛大さを世間に定着させることになったのである。

その頃、一九四二年産ワインが総額一〇三九万六三二〇フランにもなって、売却高は一九二八年の最高記録を実質(実勢価格)フランで超える歴史的な額に達していた。[*12] いくつかの樽は二〇万フランに達するか超えており、例えば、一部のオスピスのキュベ・デ・ダムとかクロ・デュ・マレシャルの場合で、ムルソーのルロワ社ではひと樽一〇万フラン、三樽セット三〇万フラン、ボーヌのパトリアルシュ・ペール&フィス社でひと樽二一万フラン、二樽セット四二万フランであった。オ・ド・ヴィは一ヘクトリットル五～六万フランで売り渡され、ここでも以前の記録すべてを書きかえていた。

この慈善競売会では、何人かの著名な卸商が獅子の分け前を取り合っていた。その中で、アンドレ・ボワッソ、アンリ・ルロワ、アルセーヌとマリユス・クレルジエ、ピエール・アンドレなどが大口の買付け人だった。驚くべき反響を呼ぶ催しに関与していることを証明しながら、この戦争の時代に大金持ちになったこうした何人かのプロたちは、誰の目にもドイツ敗北が決定的なものと思われるようになると、後ろめたさもあって、この時とばかりに善行と慈善活動をしている姿をひけらかすのだった。

商業界とブドウ園が共通の脅威に対して一致した立場を確立するために、共同でロビー活動を行なったのは、それぞれの影響力と役割を増すことのできるこうした催しと並行してであった。とかくするうちに、一九四三年、原産地統制ワインの配給制に徐々に組み込まれることが、地区呼称ワインを直接脅かすようになった。一九四三年一月六日の条令[*13]は、白、赤の「並ブルゴーニュ」、「白ブドウ苗のブルゴーニュ白」、「ブルゴーニュ白」、白、赤の「マコン」、「マコン・ヴィラージュ」の各呼称ワインを一般供給用の徴発に付した。しかし現実には、その後は、もはやいかなるワインも徴発から保護されてはいなかった。一九四二年以降、八月一三日の条令が、「一般消費ワインの可処分量が需要を下回る各生産年に対しては、全ワイン生産者はその収穫量に比例して一般供給に加わるべきものとする[*14]」と指示しているからである。

卸商アレックス・モワンジョンは当時、商工会議所への報告書で、「ブルゴーニュの卸商からこうしたワインを取り上げることは、結局は商売を殺すに等しい[*15]」と述べている。徴発の場合、配給制に付された原産地統制ワインは呼称のもたらす利益を失い、当然一般消費ワインの価格で売られる。そうなると、利益を共有することの困難さが、ブドウ園と卸売業の一致した観点からも浮かび上がってくる。

一九四三年、地域の業種間委員会の要請を反映するいくつかの政令が発布されたが、これは、彼らに配給制用徴発の脅威を免れさせてくれる、ある一定の上級カテゴリーの銘柄ワイン生産を拡大するか、高めるためであった。一九四三年一月二七日の官報は、一九四二年一二月三〇日の政令第三八一七号と三八一八号を公布し、コルトンとコルトン・シャルルマーニュ呼称の利益をアロックス、ペルナン、セリニーの小農地区画にも開いた。[*16] 質がコルトン呼称に必要な水準に達していなくても、アロックス・コルトン呼称がこれらのワインにも認定された。結局、政令第三八一七号は、「要は、〃アロックス・コルトン〃呼称の生産域の評価に値する拡大」である、と明記していたのである。

「評価に値する」とは熟慮された言葉である。それは、この再格付けがかなりの数の小規模生産者に徴発に対する保護を与え、卸商にはカーヴにある関係する前年産の再評価を可能にするからである。「アロックス・コルトン」呼称からコルトン・シャルルマーニュ呼称（グラン・クリュ＝極上銘柄ワイン）への移行は、該当するワインを原産地統制ワインの一般リストから外して、生産量に何の共通尺度もない「特別統制令の対象となる銘柄ワインの特別リスト」に組み入れることであった。

例えば、セリニーのブドウ産地「ル・ロゲ」三等級区画のワインの場合、以前は地区呼称ラドワ＝セリニーで、二二八リットル樽が七〇〇〇フラン（生産限度価格）で売られていたが、再格付け後は突然、公式相場で一万六〇〇〇フランに達していた！[*17] ところで、呼称の利益拡大は取るに足りないものではない。格付け地方委員会のワインとオ・ド・ヴィ原産地統制呼称全国委員会への提案を必要とし、後者はこの申請を農業・供給担当閣外相に提示し、その承認は、価格統制局の公報で修正を有効とする条令発布を認可する、国家経済大臣と大蔵大臣及びその閣外相によって有効と認められたものである。[*18]

さらに一層困難なのは、新しい呼称の創設には、一部の業界人による絶えざる圧力と働きかけが必要なことで、その第一線には極めて有力なブドウ園主の代表たち（ＣＮＡＯ〔原産地呼称全国委員会〕[*19] 執行委員会員ダンジェルヴィルとグージュ、コート・ドール県ブドウ・ワイン生産協会長ジョゼフ・クレール＝ダユ）と、ブルゴーニュ極上銘柄ワイン卸商組合長フランソワ・ブシャールやボーヌ農業・ブドウ・

ワイン生産委員会長ムシュロン伯爵のようなブドウ園主兼卸商たちがいた。

かくして、一九四三年二月二三日の政令は、マール・ド・ブルゴーニュに原産地統制呼称を与えたが、そのためこれは、前年からドイツ当局が始めていたオ・ド・ヴィ徴発の大キャンペーンを免れた。[20] 数か月後の一〇月一四日、この運動は地区呼称とグラン・クリュの中間等級を認可する政令公布によって延長された。こうして突然、「プルミエ・クリュ」の創設はブルゴーニュ丘陵地帯全域の多くの区画の再評価を進め、ここでもまた当該ワインは徴発供給の恐れのあるカテゴリーを免れたのである。[21]

ただし、そのような関連業界の関係者の目論見は、シャンパーニュやボルドーをモデルにした業種間組織がないという弱点に直面していた。ブドウ栽培業と商業界が以前試みた共同歩調の組織上の失敗は、一九〇四年、はかないブルゴーニュワイン委員会の消滅とともに、地域の緊密な連帯の下で集められたこま切れのブドウ園と、絶えず取り上げられそうになる特権にしがみつく商業界との相互理解と認知が、ブルゴーニュではいかに困難であったかを物語る証拠だったのである。

3　ブルゴーニュでは、卸売業ぬきのブドウ・ワイン生産

一九四三年春から、ブドウ園での購入はもはや卸商によるカーヴのストックを入れ替えることにはならなかった。ブルゴーニュでは、ブドウ畑の極端な細分化と、多数の中小ブドウ農家が存在していたため、価格が上昇すると供給が非常に困難になった。以後、思惑が変化し、ブドウ農家は、少しでもストックができれば、少量でも、ブルゴーニュ丘陵地帯中にひしめく公認仲買人と直接取引することを考え

るようになった。

特定したワインの徴収、ブドウ園での収集、生産者との直接交渉などによって、ワイン醸造者は小規模でもただちに、卸商の高くつく仲介をなしですまそうとしたので、彼ら小規模農家にとって、その大取引網はもう何の効用もなかったのである。ボーヌ商工会議所は当時、事態を憂慮してこう明言している。「我々のストックは毎日減ってゆき、この素晴らしい交換通貨、我々に残された外国との唯一の通貨は、当局が商人に再び仕入れができるような措置を講じなければ、消えてしまうだろう[*22]」。

数か月後、商工会議所会頭、アレックス・モワンジョンはこう付け加えている。「我々は、一九四三年、ブドウ園が公定価格でワインを売ることを拒否した結果、卸売業にはストックを正常な水準に維持することが不可能になったことを確認しておこう。一九三九年には三一万一〇〇〇hlだったストックが、一九四三年末には二〇万七〇〇〇hlに低下しているのである[*23]」。

彼らに害をもたらす状況の進展を自覚して、卸商はその役割の重要性を指摘した。「輸出の観点からすると、ブドウ園側には、世界市場で商取引の役割を果たすだけの道具立てが備わっておらず、カーヴから直接出荷するワイン製品の体裁の九割は、顧客の期待にはそぐわず、その体裁はわが地方の評判に害となろう。とくにスイスでは、我々はすでにイタリア、スペイン、ポルトガル、ハンガリーのワインのために市場の大半を失っているのだ[*24]」。

しかしながら、商業界は打ちのめされても、こう提案している。「一般供給のための徴収は底辺から、すなわち今までなかったほどの広がりで、闇取引が行われている生産現場で実施されねばならない。普通酒ワインの生産申告量のほぼ全部が偽りで、時には実際の五〇％以下の申告である。もっと低く申告しているかもしれないが」[*25]。

商工会議所の報告書はさらにこう付け加えている。「数百樽が非合法にいくつかの村から、異常なほどの高価格で出荷されている。当局が植付け禁止の必要性を認めたブドウ畑（雑種の区画）から直接生まれたいくつかのワインが闇市場で、二二八リットル樽四〇〇〇～五〇〇〇フランでさえ売られている[*26]」。

この事態を一定方向に導く（公認する）ために、ヴィシーは一九四四年四月五日（一九四三年産）から、「非代替の」（すなわち「非混合の」）原産地呼称ワインを生産する全ブドウ・ワイン生産者に対して、卸商兼栽培者と卸販売業者の商標権比率を加味した公定価格で、生産ワインの六〇%を消費者に直接販売[*27]することを合法化した[*28]。

そのため伝統的商取引の手順が、今回はこの直接販売の合法化のためブドウ園主側から無視されることになった。ディジョン税務署主席監査官はこの点、報告書でこう付け加えている。

「全ブドウ栽培者に区別なく自由販売の権限を与えることは、伝統的な商習慣を完全に覆す恐れがある。生産者が、小売りや消費者に自由販売で、卸商兼栽培者と同じマージンを享受するようになると、生産者価格で六〇%の自由枠分の何ほどかでも卸商に売り渡すことなど、ごくまれにしか同意しないだろう。

他方、一般供給枠への留保分ワイン（四〇%）は大半がゼグニッツの徴発（帝国向け購入）に充てられ、しかもこれは特別価格である。したがって、ブルゴーニュ商人は大部分の注文を退けられることになろう。ストック量の減少に耐えている誠実な商社には破滅的となるこの状況を解消するためには、〃

購入引換券〟に絶対的な性格を与えることが重要である。

以下のことを指摘しておくのは有益と思われる。すなわち、ブドウ園に、一九四三年産のこれほどの自由裁量権を与えることは、同時に彼らに請求書もなく現金正価で直接支払わるので、事実上統制不可能な取引によって不〝適切な〟ワインをフランス市場に投入することになり、その結果さまざまな不法慣行をもたらすことになった。逆に、伝統的な商習慣を尊重すれば、ワインの醸造元で徹底的な検査が可能になり、とにかくは帳簿上で、価格の不正操作をある程度防ぎ、保証することになろう[*29]」。

それゆえ、多くの卸商にとって戦争の情勢急変は、関連業界のなかでの影響力の喪失と脱落ショックによって、一九四〇―一九四二年代の安易な富裕化現象の終わりを告げたのだろう[*30]。ボーヌの卸商モーリス・マリオンがブドウ・ワイン経済全体にとって取り返しのつかない衰退と見なしていたものを苦々しく総括したのは、まだ三〇年ほど前、地域の卸売業の黄金時代に回顧の眼差しを向けながらであった。「かつてわが地方の卸商は、最初はブルゴーニュをカップ一杯分買ったものだ。まず試飲して、どんな質のものか、あらゆる要素を見分けた。そしてワインの力強さ、深みやコクを味わい、その足りなさとか弱点を確かめた。また欠陥や味の悪さ、保存の悪さなどの原因を見つけ、熟成の影響で将来どうなるかを判断した。彼ら卸商は長く困難な見習い期間を必要とし、己の仕事に情熱を燃やす芸術家的職人だった。しかし、彼らの知恵はメゾン（＝ワイナリー）の名声をつくり出し、地方全体の富をなすものだったのである[*31]」。

一九四四年五月の状況について、彼はこう付け加えている。「今日なら、誰でも目抜き通りに店を出したいとか、仲買人になろうと思えば、高級ワインの卸商として身を立てることもできる。そうすれば、多額の投資をしなくてもすみ、破産する恐れもなく、今や消費者と生産者を直接結びつける営業活動も容易に果たすことができるのである。

だがワインはアルコール度数で買われて、その味や香り、風味などはお構いなしで、味わってみることさえしない。ブドウ・ワイン生産者の方は、法で定められたこの最低限の度数のものを製造し、ワインを予定されたラベルで商品化することに励む。とくにワインが、申告通りの名称を受ける権利があるかどうか、またそのように仕送り状が作成されるかどうかだけを気にかける。他のことはどうでもよいのだ……これが一般化しつつあるメンタリティで、昔からの確たる商売にとって重大な脅威となるものなのである」[*32]。

同月、ボーヌ商工会議所の報告書は、卸売業の動揺困惑と、関連業界における地域の商業界と多くの拘束から解放されたブドウ栽培業との間に穿たれた溝を指摘している。

「考慮すべきなのは引換券の受取りではなく、ワインを購入できるようにすることである。この区別は、ブドウ園主に公定価格でワインを売るように強いることなく、一切の責任を卸商に押しつけようとする役所との対立を避けるために必要である。もっとも、この戦術は、生産部門が明らかに保護、特別視され「ここはタイプ文に万年筆で下線が引かれている」、規制の厳しさが販売部門に向けられた頃から一般的なものだった。

ブドウ栽培とワイン生産販売活動にはバランスが欠けていた。ブドウ園主と商業界の協調、協同組合、ブルゴーニュの規定こそが問題である時代には、まず当事者どうしが平等の立場に置かれることが重要になろう」[*33]。

外見上は、戦争でブルゴーニュのブドウ・ワイン関連産業の経済組織が変わったようには見えなくとも、需要の高まりと価格上昇が、上流部門でブドウ園の大半を抑えている業界に突然の恵みをもたらした。不動産税にワインの鑑定と価値評価を組み込んで登録課税するようになってから二〇年後の占領時代に、卸売業とブドウ栽培業の業種間協定が強く求められたとき、ブドウ栽培業は卸売業の庇護下から徐々に解放され、それが定着していったのである。

ブルゴーニュでは、一九三〇年代、何度かブドウ栽培者と卸商が提携協力を試みて関連産業のよりよい統合を進めようとしたが、実際には、その統合効果は主に文化的・プロパガンダ的性格の言説と慣行の形でしか現れなかった。しかしながら、一九四〇年の敗北、次いで占領によって卸売業の勢力が復活し、また突如として広範なブドウ栽培業が前例のない繁栄の時代に入ると、国家の要求が強まった。同時に、ドイツの徴発による信じがたい流出がワイン市場を完全に不安定化したからである。外見上は当局の法規制と行政の監督下に置かれても、ワイン取引は次第に公権力の手を逃れ、非合法な大地下組織に食い込まれていった。大混乱に陥る恐れがあると分かっていても、「どのカーヴにも憲兵を番人におくことはできない」[*34]のだから、ブルゴーニュのワイン市場はまったく規律を失い、ドイツ諸機関のアナーキーで並はずれた買付けに毒されていったのである。

かくして、卸商にとって新たな仕入れが困難になったことに加えて、段々とワインの質など無視して、原産地統制呼称の初歩的な規制をもないがしろにするブドウ栽培業者の不法かつ独占的な売却が増えたのである。ブルゴーニュでも、シャンパーニュ同様に、当局は早くから不正行為の慢性的な増大、質の低下、連帯感の欠如、供給困難、一部の商取引の麻痺状態などを憂慮していた。

ヴィシーの指針に促されて、シャンパーニュのブドウ栽培業と商業界との伝統的に密接な関係[*35]が初の業種間団体[*36]の結成に至ったのは、一九四〇—一九四一年の苦難の状況下であった。数か月で体制が整ったシャンパーニュの委員会は、他のブドウ栽培地にとって、この種の委員会のモデルとなった。[*37]規律と連帯感の雰囲気に満ちたこの委員会[*38]は、ブルゴーニュ市場に秩序を取り戻そうとしていた者、とりわけその先頭にいたワイン卸商をはじめ関係者全員に不可避的に感化を与えた。

一九四二年、終わったばかりの収穫シーズンは以後、この種の委員会が高級銘柄ワイン市場をプロの手を介して管理統制し、方向づけるために不可欠になったことを示していた。地域圏知事は、「行政府の管理下で、生産者と卸商が結束することだけが、地域圏と国全体にとって重要な富を保全できるように思われること[*39]」を確認した。

その頃、真の最初の業種間地域プロジェクトが出現したのはソーヌ・エ・ロワール県からである。一九四二年二月、マコンで卸商シャルル・ピアとアンリ・モムサンが行なった提案は、イヨンヌからコート・ドール、シャロネ、マコネ、ボージョレのブドウ栽培地の全区域を代表するブルゴーニュワイン業種間事務所の創設を目指していた。[*40]想定された組織は、各地域職業組合の庇護下におかれた平等な代表制に基づいていた。ただ、その実際の役割に関しては何ら詳細なことは残されていない。しかし、この計画にはもっと北、境界線の向こう側の自由地区には賛同者がいなかったようで、同時期にボーヌ組合会議所で催された討論会にもその痕跡は見出せなかった。

したがって、主たるイニシアティブはむしろディジョンの地域圏知事シャルル・ドナティに帰せられたようで、彼はその職務と監督当局が出した指針の枠内で、ブルゴーニュでも、シャンパーニュワイン業種間委員会のような成功にできるだけ早く到達すべく、交渉窓口の設置に動き出した。

シャンパーニュ方式をモデルにした最初の条文案は一九四二年三月に表明されたが、四月九日には地域圏知事に任命された関連産業の代表一一人から成る諮問委員会によって修正された。ブドウ栽培業側は、市長で組合理事、シャロネ丘陵（占領地区）のブドウ栽培業代表のルソー氏、ブドウ・ワイン生産協会地域連合会長ラネリ氏（非占領地区）、コート・ドール県ブドウ・ワイン生産協会長クレール＝ダユ氏、ワイン価格委員会地域圏代表で原産地統制呼称委員会員グージュ氏、農業協同組合上級ワイン部門代表ラトゥール氏、イヨンヌ県生産者代表ピック氏。商業界は、ブルゴーニュワイン・スピリッツ卸商組合連合会長モムサン氏、その副会長トワノン氏、イヨンヌ県ワイン卸商組合副会長シモネ氏、コート・ドール県ワイン卸商組合副会長シルデ氏、ボーヌ卸商組合副会長ブシャール氏。さらに、原産地統制呼称全国委員会監査官オリゼ氏とブルゴーニュワイン醸造学研究所長フェレ氏などがこの委員会に加わっていた。

ことはうまく運んでいたようで、一九四二年一月、最初の原則的協定が知事の監督下における意見交換後に成立した。ローヌのブドウ・ワイン生産協同組合連合会は全会一致で賛成し、同じくマコンとヴィルフランシュ、ボーヌの各卸商組合、リュリーのシャンパーニュ方式発泡性ワイン醸造者組合もこれに続いた。それに、どのブドウ・ワイン生産組織もこの計画には権益に障害となるものを見なかったようである。ブルゴーニュ丘陵地帯においてさえそうだった。

ところで、この状況が顕著に現われたのはこの県においてであった。ボーヌではフランソワ・ブシャールがブドウ栽培業者と交渉し、原則的一致に達した。とくにブルゴーニュ丘陵地帯では革新的な計画案の第三条は、生産者が「できる限り生産と消費価格の安定を確保し、生産者と買い手の間で行われる支払い様式と価格を提案し、併せて関係するさまざまな仲介者の報酬も考慮すること」を想定していた。そのような措置は、当時の価格の人為的な操作に気づいていた恵まれない町村の小規模生産者を魅惑した。彼らには、両大戦間と一九三〇年代の困難な時代、買い手がいないため収穫物を蒸留するか、時にはワインを川に捨てざるをえなかった思い出があったのである。それゆえ委員会は、未来のためにワイン市場を健全な規律あるものにして、国家の責任下で最低価格を保証する総体的な共同管理を提案し、持続的なものにしようとしただけである。

当時いくつかの業界では、期待感が大きかったので、一九四二年六月一日、ディジョンの会議がまとめた計画案は、生産者と卸商の共通の懸案事項をめぐってなされた満場一致に祝福の念を呈していた。「商業界とブドウ栽培業が販売不振のため袋小路に陥っていた一九二九―一九三五年代の悲劇的な時代」を想い起こさせながら、締結された協定は、「商業界とブドウ栽培業のどちらかが死ぬことは、必然的に双方がともに死ぬことになる事態を避けるため、両者が連帯するという理念が生まれた」ことを示していた。[*41]

ひと月後の一九四二年七月二日、今度はマコンの会議がディジョンの計画案に満場一致で賛成し、未来の組織の概略を明確にした。だがこのように目標が達成されても、案文はなおまださまざまな関係業界組織の同意を必要としていた。そうこうするうちに、一九四二年七月六日、ブドウ栽培業と商業界混成の代表団（ブシャール、クレール＝ダユ、ラネリ、ムジア、プティ）が、パリの農業大臣、担当国務相に最初の地位規定の雛型を提出した。やがて一九四二年一〇月、農業省は二人の調査官、監察官を派遺し、政令公布のための最終報告書をまとめ上げた。外見上は当事者すべての合意によって、一九四二年一二月一七日、ブルゴーニュワイン業種間委員会創設を認める政令第三八〇五号公布の運びとなった。[*42]

だがまったく意外なことに、公布されるやいなや、ボーヌの卸商に驚きと怒りの声が湧きあがった。ボーヌ商業組合長フランソワ・ブシャールは、知事に対して真っ先に「現在発布された条文と、ブドウ栽培業と商業界の協定を認めたものとの基本的な相違は、当事者の留保意見を必要とするものと思われる」旨を申し送った。[*43] 翌一二月三〇日、組合通達は全組合員にこの事態に警戒するようこう呼びかけた。

「以下に同封してあるのは、ブルゴーニュワイン業種間委員会設立を布告する政令の全文である……この条文はいくつかの項目、それも最も重要な項目において、わが組合会議所執行部とブルゴーニュブドウ栽培業指導者とが協議一致して、一九四二年六月一日のディジョンと一九四二年七月二日のマコンで両当事者同数が出席した会議で、ほぼ満場一致で採択されたものと異なっている。この深く失望させられる条文を前にして、我々はこれにどう対処すべきか、ブルゴーニュの他の組合の同僚たちと協議することにする」。[*44]

確かに政令の条文を読むと、業種間諮問委員会における地域・職種別の一般的原則と概略的均衡に変更はないとしても、執行委員会に関してはそうではないことが窺える。

通常業務を担当し幅広い権限で組織全体を大きく支配する執行委員会は当初、「［大臣が業種間執行委員会員から指名した］二人の総代、一人は卸商代表、一人は生産者代表」によって構成されることになっていた。卸商とブドウ栽培者がともに新たな相互理解の基礎をおいたのは、この二頭指導体制に担保された対等性という基本的問題においてであった。

ところが全く意外なことに、一二月に公表された最終条文はこの均衡関係を変更し、「生産者から選んだ会長と二人の副会長、一人は生産者代表、一人は卸商代表」[*45]の指名によってブドウ栽培業だけの委員会指導体制を提案していたのである。

それゆえこの修正案は卸売業を下位におくことになり、執行部の権限が大きかったので、委員会における彼らの役割を著しく制限することは明白であった。したがって、フランソワ・ブシャールにとって、「もう長々と議論することは無駄であり、この条文は我々が了解したものではなく、我々のものではない」[*46]のであった。

実際、最終規定は卸商を生産者に従属させ、もし後者が政治権力の支持を得れば、単独で業種間組織の方針を決められることになる。ところでこの点から見ると、ブドウ栽培業の有力者若干名はヴィシーにもパリにも通じる中継ルートに事欠かなかった。一九四二年中に各自がとった立場を理解するには、この政治権力の上層部にまで影響力を及ぼす能力の有無が重要なのである。

表面上の満場一致の陰では、生産者と卸商は双方ともが相互不信の姿勢を崩さなかったのだ。相手方のどんな同意にも自らの既得権への侵害があるものと思い込んでいた生産者側は、数年前なら予想もできなかったこの協定をできるだけ早く承認したい気持ちと、最終的には卸売業の仲介なしで済ませられるという圧力からの解放欲求の間で揺れ動いていた。

この争点は大きく、このブルゴーニュ業種間の主導権争いを通して関連産業における卸売業の立場の極めて重要になった問題、その存亡にかかわる問題が浮上してきたのである。

全国農民協同組合とコート・ドール県ブドウ・ワイン生産協会連合会代表で、マルサネ・ラ・コートの生産者でもあるクレール＝ダユ氏はすぐさまシャンパーニュ方式に倣う旨表明した。彼はブドウ栽培業者たちを取り込み、地域圏知事に対しては、生産者側が「既得権の保全に関して」不安になるとしても、彼らの利害関係からして協定の賛成に向かうことには、何の疑いもないと説得して安心させた。

結局一九四二年夏、生産者の敵対感情は取り除かれたが、知事は依然として警戒していた。それは、「ある有力者たちがこの計画に残された猶予期間を利用して、協定を再び問題にしようと新たなキャンペーンを企てていたことは事実だった」からである。彼は直属の大臣に、「こういう面々には、地域圏内ではパリで得ているような権威はありません」[*47]と単刀直入に言い添えた。九月、彼は相変わらず「上級ワイン卸商の利益保全の必要性とブドウ栽培業者の利益そのもの」[*48]に腐心していると表明していたのである。

生産者代表、マルサネのクレール＝ダユ、ヴォーヌ・ロマネのアンジャン、アロックス・コルトンのラトゥールたち[*49]は、それぞれの地域のブドウ・ワイン生産協会を対等に委員会に入らせるよう一致して妥協したようにみえても、実際は組織を掌握できると思っていた。したがって、この最初の圧力グループが本省に働きかけて、生産者のために当初の条文の実質的な修正を得ることは不可能ではなかった。だが懐疑的なヴォーヌ・ロマネの生産者ド・ヴィレーヌはロマネ・コンティ畑のアンリ・ルロワとともに、計画を弱める恐れがある緊迫した状況に身構えていた。[*50]

しかし注視の目が向けられたのは、グージュとダンジェルヴィルの周りにできた圧力グループにであった。二人ともニュイ・サン・ジョルジュとヴォルネの生産者で、一九二〇年代からコート・ドールの原産地呼称適用の歴史的責任者として名を馳せており、地域では強力なブルゴーニュブドウ・ワイン生産協会総同盟とコート・ドール上級ワイン生産者総合組合を代表していた。

この観点から、二人が有名な銘柄ワインの生産者という特権的な立場にあることを考慮すると、そのような委員会に加わることに本当は何の利益もないことを認めねばならない。アンリ・グージュによれば、ブドウ栽培業者側に打ちのめされてしまった卸売業を再生させる「新しい策略」[*51]が問題ならば、何が何でもこの計画を失敗させなくてはならない。その代わり、状況次第で、卸商の権益を決定的に葬り去る企みの委員会執行部を奪い取れるならば、関係者の大多数が決めた協定にもかかわらず、条文を大きく修正することが必要なのは一目瞭然であった。

それゆえさしあたりは、アンリ・グージュが巧みに交代したダンジェルヴィルがいないこともあって、彼は「跡を継いだ」積極的な生産者代表として重みを増し、ブルゴーニュ丘陵地帯の全ブドウ栽培業者の名において活動した。そこで、一九四二年から、このニュイ・サン・ジョルジュのブドウ栽培業者は、戦争の時代が異常なほどの利得によってもたらした商取引上の解放効果を狭めるような計画をはっきりと拒否する道を選んだのである。

ブドウ産地の生産者間では、原産地呼称の適用のときと同じく少数派だったアンリ・グージュは、全国組織の動員が他のどんな代表資格形態よりも勝っていることを知っていた。彼はパリとヴィシーで原産地呼称全国委員会と全国農民協同組合に直接呼びかけることにし、ブルゴーニュで起こりつつある悲劇的状況について有力者数名を説得しようとした。それは、一九二〇年代と同じく、彼にとって一時的にだが、抑圧された小規模生産者の仮衣を纏うことだった。

この目的において、もちろんアンリ・グージュは切り札に事欠かなかった。一九四〇年から全国農民協同組合代表で、CNAO〔原産地呼称全国委員会〕の全国委員会と執行委員会にいつも顔を出していたので、彼は公益組織のなかで主だった者たちとは定期的に接していたのである。

委員長ジョゼフ・カピュとの書簡では君呼ばわりし、副委員長エドゥアール・バルトとル・ロワ男爵とも密接な関係を示していたアンリ・グージュはフランスの全ブドウ産地で鑑定を行い、各地の事務局長や政府代表メンバーと直接的な関係を築いていたが、その中に、アルコール管理庁の長デュボワ氏、ボルドーワイン組合元委員長でワイン・スピリッツ輸入配分全国連合会と飲料供給中央委員の会長ロジェ・デスカがいた。グージュとCNAO委員長の書簡を読めば、ブルゴーニュのブドウ・ワイン生産に関するいかなる重要措置も、彼またはソーヌ・エ・ロワールの同僚エドモン・ラネリの同意なしには講じられなかったようである。[*52]

グージュはニュイ・サン・ジョルジュのブドウ生産者組合長として請われると、ブルゴーニュで強力な鑑定の指揮権を行使していた。全国委員会の会議の際、彼は立場を表明し、反対し、拒否し、退け、しばしば意見を押しつぶした。またブルゴーニュの鑑定委員会員を選び、特殊なあらゆる問題に対して無視できない人物として重きをなしていた。

それゆえ、ジョゼフ・カピュが不在のとき委員長の職責で、彼がル・ロワ男爵に釈明を求めたのはこの確固たる関係に支えられていたからである。ブルゴーニュワイン業種間委員会に関する政令の署名の三日後、ヴィシーの全国委員会では激論が起こった。会議報告書はこう伝えている。

「議事に入る前、委員長は、［一九四二年一〇月二二―二三日］マコンでは、一九四〇年一二月二日の法律に従って農民協同組合に諮った後、業種間委員会は全国レベルでのみ構成するよう求められたと指摘した。ところが、昨日ブルゴーニュワイン業種間委員会の設立を知らされたが、この関係政令はブドウ栽培業者には付されておらず、その政令に一九四二年産ワインに対する卸売業の独占的支配を避けるため、マコンで要求された重要な予防策を含んでいるかどうかも分からなかった[*53]」。

それゆえ、「ル・ロワ男爵はこの委員会設立に対する異議申し立てをし、一九四〇年一二月二日の法律と全国農民協同組合の決定遵守を要求する動議を提案した」のである[*54]。報告書にはさらにこうある。

「［シャンパーニュブドウ栽培業者代表］ドワイヤール氏はこの動議には賛成できないと応じた。彼も所属する業種間委員会はブドウ栽培者だけでなく、消費者をも満足させているからである。彼は全国委員会が当初から、生産者の悪習を断ち切ることを目指す業種間委員会の組織に反対したことを嘆き、また全国委員会が現在の必要性に応じた組織の創設を阻害したのは間違いであると考えていた。

委員長はシャンパーニュ業種間委員会を少しも批判するものではなく、この地方では商業界がワインの流通販売においてどこよりも重要な役割を果たしているからと答えたが、協同組合組織の委員会は一年以上も前から申し分のない業種間委員会設立プランを提案しているとも指摘した。それに取るべき基本的な予防策もあり、さもなければ生産者が騙され役を演ずることになろうとも付け加えた[*55]」。

またグージュ氏はこうも発言している。「生産者が一定程度の保証を得られる限りはブルゴーニュ業種間委員会の設立には同意するが、それがないということが判明すれば、自由に行動することになる。［これに対し、CNAO事務局長］ペステル氏は、本省が署名したばかりの条文が生産者側にあらゆる保証を与えていると見なしていた[*56]」。

結局、ラネリ氏は「業種間委員会組織のための方針は協同組合から発せられるべきであることを[*57]」を確認して、会議を終えた。

二日前、おそらくCNAOからのこの支持を先取りして、グージュは農業大臣に電報を打った。「ブルゴーニュ業種間連合署名――ブドウ栽培業者への事前諮問なき政令反対――グージュ拝」[*58]。

こうした意見表明の延長線上で、CNAOの全国委員会は生産者側に同調して、業種間委員会の構成問題については全国農民協同組合理事長グッソ氏に意見聴取するよう提案した。[*59]

一か月後、政府代表が生産者尊重のもとに全般的な指導方針を示す意向を語ったのはヴィシー流の官庁式表現によってであった。この代表によると、多くの業種間委員会が生産者を「害する恐れがある」としても、フランスの農民を守ることは国家を後ろ盾とし、「すべての点で」対等な代表制を枠組みとする協同組合を介して行われることは明らかであるという。

当局が憂慮する現時点では、「ブルゴーニュワイン業種間連合の条文が若干の異議申し立てを惹き起こした。そのような事態が繰り返されるのを避けるため、政府は一般的レベルの条文が必要で、その後の適用条文は各地域において法の適用政令によって定めるべきであると考えた。今のところ、我々はまだ一般的規則の領域に立っている。だが以後は、ブルゴーニュ委員会の条文が適切かどうかがわかるから、その時に大臣が以前の原産地呼称委員会の場合と同様に、その適用を実施すべきかそれとも新しい法に応じて修正すべきかを決するであろう」[*60]。

出席していた代表の一人がCNAOに全地方委員会を監督する全国業種間役員会の役割を果たさせる可能性を挙げると、全国農民協同組合理事長はこの方式を退け、ヴィシーが考案した協同組合政策と不可分の業種間委員会が果たすべき役割を強調した。彼によると、商業界とブドウ栽培業者の連帯は野望や敵対関係を超えて、彼らの努力によって個々人の連帯感を強め、真のフランスモデルを築くプロジェクトの一環を成すものであった。つまり「イタリア、ポルトガル、ドイツ、ベルギーなどの協同組合組織が有する利点をフランス的システムの支配概念である人格と結びつけることが可能であり、したがって全般的政策を定めるにあたり、このシステムに農業生産にかかわる商業界と産業界を結びつけることができるのである[*61]」。

雄弁を仕上げるかのように、彼はこう付け加えた。「生産者のいない生産政策など……考えられない。生産政策の欠点から守るべきは生産者である。したがって、我々が望むところの組織は同じ経済的役割を果たし、この職務に定められた共存方式で生活する人間を集めるものだ。これが協同組合組織の輪郭を定めるものである[*62]」。

異議申し立ての妥当性をめぐるさまざまな意見を退けて、全員が最終的には当局の示した政治的懸念、またアンリ・グージュの目的とCNAOの見通しとがまったく一致する懸念、すなわち苦境にある「ブルゴーニュグラン・ヴァンの敵」に対する生産者擁護という明白な論拠に同意した[*63]。

一九四三年春、ディジョン控訴審付き弁護士で農業問題の専門家のルイ・フィヨは「細部の若干の微調整を除くと、この計画は生産者の勝利である」と確認しているが、グージュは第九条に満足しているふりをした。彼によると、この九条はまだ、「生産者出身の一人ポストの委員長が執行部の二つの職種によって指名されることから依然として危険であり、警戒を要する」というのである[*64]。

かくして、一九四三年は卸しの供給状況が急速に悪化するなかで、それぞれの位置が定まったように見えた。一九四三年五月二四日、地域圏庁経済問題監督官ルシャルティエ氏のもとにロマネ・コンティ畑のド・ヴィレーヌとルロワが集まり、一つならずの点で錯綜してきた状況に関して見解を表明した。[*65]
委員会の代表指名に関しては、ド・ヴィレーヌはクレール＝ダユ、ラトゥール、アンジェルの指名には絶対反対し、彼らは「ブルゴーニュの真の利益の代表者ではない」という。それにルシャルティエは、あれほど待ち望まれた地方組織は当面グージュとクレール＝ダユの対立のために設立できないと指摘した。この監督官によると、クレール＝ダユがアンジェルの選任を諦めるとしても、グージュがCNAOの支持を確保するためには業種間委員会に入ることが絶対に必要である。その場合、ダンジェルヴィルがクレール＝ダユに席を譲ることになる。だが一五年以上前から国政の領域で無視できなくなった人物が、おいそれとは排除されないだろう。そこでド・ヴィレーヌとルロワは彼を説得しようとしたが、さしあたりは何の結論も得られなかったようである。
かくして一九四三年一一月二六日の総会で、商業組合は「有力筋がこの協同組合協定案反対に動いた」と報告した。[*66]
同じ一九四三年、商業界の代表の一人アメールは、「政令は一九四二年一二月二七日の官報で公布され、我々はこれをつねに待っていたが……生産者と原産地呼称委員会はそう望まなかった。政令発布後、政府にまたもや屈服し、我々は泥沼を歩き続けている」[*67]と書いている。
地域代表と国政に通じる潜在的なパイプ役との間で、どの有力な生産者も複雑なゲームで独自のカードを切ろうとしたが、力のある少数派は計画案が彼らと無関係に、すなわち彼らの直接的な利害を配慮せずに実現されるよりはむしろ、失敗する方を望んだ。この交渉代表者たちが解決の糸口を探す難路で、コート・ドールのブドウ栽培業はブルゴーニュ丘陵地帯の極端な細分化に見舞われたので、独自の呼称とそれにかかわる利害にこだわるあまり、実際にはもう統一欲を失ってしまったのである。

一九四三年五月、このブルゴーニュの業種間組織の実現が困難であることを示すため、ある「ブルゴーニュの生産者」は匿名で『ラ・ルヴュ・デ・ボワッソン』誌の自由論壇に寄稿した。「生産者と商業界の間の敵対心はとくに一九一九年五月の原産地呼称に関する法律以来蔓延しており、これはブドウ栽培業者のなかにさえ対抗意識をもたらした。どちらにもそれぞれの責任がある。その原因は相手の立場を考えない双方のエゴイズムである……ブドウ栽培者は繁栄を経験したばかりだが、うわべだけのものとしても、これはやはり双方が裕福になるのに大きく貢献したのである」。

「この一時的な幸運は生産者と商業界の利害に関する議論を推進することになり、将来の試練のためにみなの要求を考慮して比較的安定した規制を樹立すべく利用された……交渉者はまず通例となっていた相互不信を払拭しなければならない……一九三九年以前、ブドウ栽培者はいつも不十分な価格でワインを売っていた。我々が農村人口をもとに戻すか、ただ維持するだけにしても、彼らが単に生活費を得るだけでなく、それによって住居や農地の施設を改善できると確信するものでなければならない。また、教育や訓練の中心が遠隔であることからくる不都合や、都会の娯楽からかけ離れた田舎暮らしの冬の陰鬱さを補い、さらには不作の年や農業災害も考慮し、彼らが雇い人にきちっと払いができるようにしなくてはならない。また彼らが、好調不調時を問わず、全収穫物を売りさばけるよう保証されなくてはならない。金融機関のおかげで、彼らが不況不作のときでも、商人が買取ってくれることを期待できるようにしなければならない……」。

「一時的に商品が不足したためかえって売却が容易であった場合、卸売業など必要ないと思う者が多い……ブレンドに関しては滑稽な戦いがなされた。概して商道徳を口実にして、ブドウ栽培の代表たちはその効用を否定した。ところで噂によると、この生産者たち、それも我らが銘柄ワインの不滅の品質の熱心な擁護者が、数年前から雇い人の欲求のため……休暇のたびに高濃度で高価格のワインを頻繁にカーヴに戻しているという。ここでもまた、個人とか仲間の利益だけが問題なのだった」[*68]。

計画案の取り返しのつかない破綻を確かめて仰天した卸商は、地域圏知事が対抗策としてとった行政措置にまたもやびっくり仰天した。実際、知事は彼らがブルゴーニュのワイン市場の管理を掌握できないことを確認すると、一九四二年四月一四日の条令の再発動を命じて、卸商からは生産物を公定価格で徴発するべしという恒久的な威嚇の下に置いた。実際、ブルゴーニュの上級ワイン市場は飲料供給中央委員会の管理支配下に入ったのである。

換言すれば、行政府だけで闇取引や裏取引をする多数の生産者を制御することはできないので、生産者から不法買付けをすると罰せられるのは卸商だけなのである。

一九四三年の商業組合会議所の活動を締めくくる総会の際、卸売業代表フランソワ・ブシャールは生産者に対する苦い思いと失望感を示し、以後公然と非難することになる。

「幻滅の項目として、我々は業種間委員会の計画失敗と、これまで以上に強まった相互理解の必要性に対する生産者の無理解を記さねばならない。生産者が将来のために堅固な備えをすることができないのは、部分的には彼らの内部分裂によって説明できるが、それに対して私は喜んで認めるが、逆に我々は団結しており、少なくとも危機を前にしては結束しているのだ！」[*69]。

ブシャールはこうも付け加えている。

「さて今や我々のストックが危険なまでに減っているのに、生産者はわが物顔をしている。嘆かわしいことに、かつて以上に栄えているブドウ栽培業の指導者どもが近視眼の利己的政策を行い、協働機関の設立に頑固に反対している。私が厳粛に主張しておきたいのは、我々商業界の義務は、不可避的な景気循環によりそれぞれの状況が逆転し、ブドウ栽培業が危機に陥る時代がやってきた場合、現在の業種間組織設立の意思を守り通すことであり、また過去の苦い思いを忘れて、我々が実現するよう望んでいた精神そのものにおいて信頼できる地方協同組合計画の努力を再開することである」[*70]。

国民救援基金のための募金額を比較しながら、フランソワ・ブシャールはなおも多少とげとげしく、卸売業に比べて生産者側の募金の少なさを強調した。利害は一致しており、市場の不安定さと拘束的状況の及ぼす脅威も同じであるにもかかわらず、卸売業と生産者は対立し、以後関連する産業の二つの考え方に明確な断線を画することになった。

結局、一九四三年のブルゴーニュワイン業種間委員会の失敗は第一に、ものごとの流れを変えられず、時代に取り残されてしまった卸売業に帰せられた。同じく負け組の大半の小規模生産者も、結局は長らく不確実な状況の浮き沈みのままに翻弄されていた。最後に一九二〇年代の原産地呼称の解釈と設定に勝者となった生産者は、「先祖伝来」でブルゴーニュワインのもっとも名高い銘柄名で独占的な特権を有しており、供出とか監視という実際の拘束的状況を免れたものとして重きをなしていたのである。

もっと南では、原産地統制呼称の天然甘口ワインとリキュールワインの業種間委員会が占領下で設置された最後のワイン業種間組織であった。これは一九四三年四月二日の第二〇〇号法から生まれ、四月三日の官報で公布されて[*71]、規則に則って同年一一月に明確に定められた[*72]。

天然甘口ワインとリキュールワイン生産全国同盟会長アンリ・ヴィダルがバニュルスで以下のように問う機会をとらえたのは、ブルゴーニュ業種間委員会設置計画の論議開始のときだった。すなわち、「天然甘口ワイン業種間委員会を設置する条文がやっと生まれたが、この委員会は全国レベルで明確に専門的生産に関するものであり、協同組合組織の委員会によるあらゆる保証がそこに記載されているかどうか」を問うていたのである。

ところで、シャンパーニュとブルゴーニュの委員会とは逆に天然甘口ワイン業種間委員会は、明確に産地特定できる全国レベルの特殊な性格によって、農民協同組合と原産地統制呼称全国委員会の期待に合致した相貌を呈していた。したがって、当初からペルピニャンを本拠地とするこの委員会はジョゼフ・カピュの支持を受けていた。原産地呼称全国委員会と執行委員会員であるアンリ・ヴィダルは新機関の実力者で、これを原産地統制呼称委員会の政策に緊密に結びつけていた。

この観点から、一九四三年七月一六日、新しい業種間委員会はリュネルのミュスカ、ボーム・ド・ヴニーズとラストのミュスカの原産地呼称認定に参加し、コート・ダグリ、リーヴサルト、コート・ド・オ=ルシオン呼称のなかに新しい生産者を加えることにも関与したのである。[*73]

同じ頃シャンパーニュでは、業種間委員会がその支配的にして不可避的な役割を引き受けかつ強化し、これがドイツの収奪システムの中心となったのである。

4　シャンパーニュでは、泡立つ商売繁盛

帝国買付け人クレービッシュとバルトによって完全に収奪軌道に乗せられたシャンパーニュのブドウ産地は、業種間委員会を介してナチの購入システムにきっちりと組み込まれていた。ランスでは、毎週水曜日か木曜日、購入委員会事務局がオットー・クレービッシュの権限でワイン管理事務所の部屋に招集された。この会議にはロベール・ド・ヴォギュエ、フールモン、サーブ、デュセリエが集まり、割当て量、価格、原料の割り振り、通行許可証などの主要な議題が扱われた。一時的には、卸商と生産者の利害対立は原料供給の困難な状況に見舞われて封印されていたが、この困難さは、業種間委員会の積極的な役割のおかげで、「シャンパン産業に致命的」なものとはならなかった。

それに一九四〇年から、シャンパンの平均的生産は肥料やブドウの木の手入れ用品が稀少化しても、決して減少しなかった。硫酸銅や硫黄はつねに占領者から十分な量を提供されていた。これらの製品はクレービッシュの命令で国防軍のトラックでシャンパーニュ業種間委員会宛に送られ、ドイツ当局とシャンパーニュの卸商関係者で定められた配分基準により分配された。

ワインの生成過程で本質的に重要な役を果たす砂糖もまた、卸商の需要に十分な量が渡されていた。原則として、一リットル当たり五〇グラムが必要だった。蔗糖はもっぱらブドウ栽培業種間委員会代表理事モーリス・ドワイヤール親展で、シャンパーニュワイン業種間委員会宛にエペルネーへ特別列車で必要量が送られた。このブドウ栽培地では、ほとんどの卸商社はシャンパン製造用の砂糖不足に悩むこ

とはなかった。占領期間中ずっと、シャンパン製造所は数十トンの砂糖をストックしており、例えばピペール・エドシック社は四年間で一〇〇トン以上の砂糖を受け取っており、その半分はフランスで徴発供給され、帝国の会社がマージンを取って転売し、ドイツから逆流したものだった。引き渡された大部分は甜菜糖で国防軍用のシャンパンに使用されたが、大半の製造所は民間用の製造と備蓄用に蔗糖のストックを取っておいた。

シャンパン産業はとくに瓶不足と樽の劣化に困惑させられた。瓶不足の危機は、一方では石炭不足によりガラス生産が減少したこと、他方でドイツが割当て量から天引きしたことから生じたもので、後者の場合は占領当局が見返りにごくわずかの瓶を供給しただけである。四年間で約二〇〇〇万本が不足した。「一本に三本」キャンペーンが始まったのは、こうした状況においてであった。これは、各人がシャンパン一本買うのに空き瓶三本が必要だということである。一九四一年からキャンペーンはシャンパーニュワイン業種間委員会に支援され、受益者としてのドイツ人によって大いに推奨されたのである。

この解決策によって実際に多くの瓶が回収されたが、しかしシャンパンの闇市場を潤すことにもなった。さまざまな「もぐりの仲買人」がパリから空き瓶を満載したトラックでやってきたが、これは大都市で法外な値段で転売されたシャンパンの瓶を数倍もの高値で買取ったものである。占領者が支持した方式にもかかわらず、引き渡す二〇〇万本のフルボトルに対して、月二〇万本以上を回収することは不可能だった。樽に関しては問題はもっと深刻で、公式には卸商は木材引換券、または木材そのものを手に入れることはできなかったのである。したがって、製造所はいつもストックを最大限使用したが、これを元通りに更新するリズムは極めて遅かった。

ブドウ栽培地では、栓用コルクがもっと不安になる別の制約となった。一九四二年までは錫を張った鉛のカプセルを使い、次いでアルミニウムのカプセルを使っていた。一九四三年、カプセルは消えたが、占領が終わるまでに栓をふさぐのに必要な鉄を見つけねばならなかった。一方でスペインと、他方でフランス植民地諸国との経済関係が途切れたため、栓製造は著しく阻害された。そこで、使用済みコルクを最大限利用して、いくつかのパーツを固く張り合わせた栓をつくった。ただ固い栓だと認めはされても、専門家にとってさえも抜きにくかった。栓用コルクはエストゥヴァ氏と、ランスのジョルジュ・ダンツのコルク会社オプティマが供給した。シャンパン製造所は瓶のコモをランスのムラン社とバザンクールのミット社から仕入れていた。栓のコルクワイヤーは一般にコルモントルイーユのシャルボのガラス工場とソワッソンのド・ヴィオレンヌとフミのガラス工場が供給していた。荷箱はランスのドロワジ社とダルジャン社、エペルネーの他の数社が受け持っていた。瓶の包装は紙不足のため少なかったが、それでも十分足りていた。ラベルは大抵地味だが大きさは元のままで、ドイツ向けのワインには赤インクで「Frankreich」と記されており、時には「国防軍用――購買・転売禁止」とか正確な宛先や割当て先の連隊名が記載されていた（図版⑩、⑪、⑫、㉕、㉖）。

　国防軍向けのシャンパンの発送に関しては、二つの専門会社がシャンパーニュ地方の物流システム全体を独占していた。プリュメ・ミニー&ヴァスール社がドイツ向けシャンパン輸送の大半を基準運賃一本〇・一五フランで受け持っていたが、これが一九四一年には〇・二〇フラン、一九四三年からは〇・二五フランになった。この会社はオットー・クレービッシュに車両を依頼し、時には鉄道員やドイツ兵の協力を求めた。ランス、エペルネー、キュミエールの駅倉庫や格納庫を支配するアンリ・ヴァスールは、直接権限で四年間運行を組織調整し、シャンパンケースの列車三八八台、樽入りワインの列車、タンク車、タンクローリーなど四六六台を送り出していた。[*74] しかし一九四〇年秋からプリュメ・ミニー&ヴァスールは輸送活動をやはりランスにあるヴァルボームと分け合うことになった。もっとも、一九四〇年一一月二九日付のクレービッシュ宛の手紙で、ミニー氏は誠心誠意努力したのにこの新しい競争に悪影響を受けると猛烈に抗議した。運送センターと呼ばれた貨物列車配分事務所は買付け人クレービッシュの権限下に置かれて、シャンパーニュワインの徴発を組織調整していたが、それでもプリュメ・ミニー&ヴァスールの倉庫にそのままあった。

二つの公認会社がランスとエペルネー地域の徴発を引き受けていた。シャロン地域の小規模な徴発は運送会社ルブランが扱っていた。こうした運送にはドイツのガソリンチケットが配布され、都市部での回収には一〇〇〇本当たりガソリン一・三リットル(ランスとシャロン)、エペルネーには五リットル、農村部には八リットルが基準だった。毎月、運送センターにはガソリン一五〇〇リットル、軽油二五〇リットル、オイル二五リットルが支給された。もっと遠い周辺部のルートは馬車運送だった。

結局、自動車通行許可証はシャンパン製造所の経営者や代表者に与えられた。オットー・クレービッシュの検印済み配布名簿を県庁に提示するのは、シャンパーニュワイン業種間委員会だった。占領中「ドイツに通行を許可された」観光用自動車のリストはシャロン・スュール・マルヌの土木運輸局が作成し、「シャンパン卸商の通行許可はクレービッシュの承認を得て、シャンパーニュワイン業種間委員会の週委員会により一括して提示され、クレービッシュが五三一野戦司令部のレーダー大尉に必要事項を伝えること」になっていた。この点、一九四五年一月のランス地方委員会の調査は明確にこう結論している。

「シャンパン卸商が四年間フランスの供与に基づき支給されたガソリンによって車で動き回れたのは、シャンパーニュワイン業種間委員会と特別指導者《ゾンダーフューラー》との事実上の協力関係が存在したためである。しかし奇妙なことに、全卸商社がこの特別措置の恩恵を受けたのではない。したがって、リストには……協力と奉仕を最もよく評価された以下のような会社が記載されていた。エペルネーのドゥルイヤ、マルヌ&シャンパーニュ、モエ&シャンドン、ポル・ロジェ、メラン、イセット、マッス、ブロンデル、ルメール、ダムリのルノーブル、アイのボランジェ、ド・マルジュリ、ランスのベルトラン・ド・マン（ヴーヴ・クリコ・ポンサルダン）、カレ（ポムリー）、シャルル・エドシック、ポムリー&グルノ、レドゥレール、レオン・ド・タッシニー、ランソン・ペール&フィス」。

結局のところ、シャンパーニュにとって、ワインの生産と商品化の困難さは、市場が業種間委員会の後ろ盾の下で文字通り晴れ間で活況を呈しているだけにほかと比べて限定的だった。ランスの週委員会では、いくつかの「白熱した」議論、いつもシャンパンの価格に関する議論だけがド・ヴォギュエとクレービッシュを対立させていた。ただ普段はほぼすべてのシャンパン製造所が支持し積極的に協力していたため、良好な相互理解の関係が保たれていた。エペルネーでは、買付け人バルトが可能なものはすべて買いあさっていた。このもう一つのシャンパンの首都、ここでもまた大量のワインがシャンパーニュワイン業種間委員会を介して引き渡されていた。そのうえ、多くの製造所が二つの世界最大の倉庫から割当て量以外のものをドイツ人に供給していた。

一つは有名なコラボで策謀家の出世主義者リュシアン・ドゥーヴィエの責任下に置かれていた。まったく厚顔無恥なこの男はまたランスの野戦軍憲兵隊の通訳でもあった。供給用として、ドゥーヴィエは二〇ばかりのシャンパン製造所から自社に納入させていたので、「クレービッシュ割当て量のロット」全部と、ドイツ向けに横流しされた「フランス民間用割当て量のロット」の大半を買い占めることができた。シャンパーニュ商業界で有名な大部分の製造所は「シャンパンを自発的にドイツ人に」渡していた。主として第一グループ製造所は、モエ&シャンドン、ランソン・ペール&フィス、テッタンジェ、ヴーヴ・クリコ・ポンサルダン、ポムリー&グルノ、G・H・ムンム、エドシック・モノポル、ペリエ・ジュエ、メルシエ。次いで、グラン・ヴァン社、ビシャ、カナール・デュシェーヌ、ブルゴワン&フルニエ、イロワ、トゥルイヤール、モレル、ポール・ビュール、ジャクソンが積極的な第二グループを形成していた。

こうした会社から、リュシアン・ドゥーヴィエは「クレービッシュ氏の推薦によるか、または供給者からの申し出により、店を離れることなく直接」シャンパンを手に入れていた。極端にワインが欠乏した状況にあって、ドゥーヴィエは供給の困難さには何の不平不満も唱えなかった。それどころか、この男は絶えず買取り要請を受けていた。熱狂的なコラボの彼は商売「相手から直接ワインケースの山」を受け取っていた。一九四〇年夏から、自発的な申し出が絶えずあった。ランスのジャクソンとモレル社は営業担当者を介して六〇〇本を提案してきた。「テッタンジェの息子自ら」が五〇〇本、ビシャが三〇〇〇本、ブルゴワン&フルニエが二〇〇〇本、イロワが四〇〇本提案してきた。モラン・ド・コニャック社からは「ランスのポムリー&グルノのシャンパン担当営業員を介して……コニャック一〇〇〇本」を手に入れた。グラン・ヴァン社は「シャンパン三〇〇〇本を、それもランスのラングレ風紀警察の刑事を介して」提供してきたのである。

もう一つの倉庫は有名なオーストリア人エーリヒ・ビーバーに管理されていた。代理人、仲買人、名うての小悪党の商人であるビーバーは元プロのサッカー選手で、一九三八にはランス代表チームのコーチになった。一九三九年にスパイ容疑で逮捕されたが、一九四〇年にはドイツ人により釈放された。町では有名人の彼は「メリヤス・編み物会社ヴィル・ド・トロワと格子縞織物会社カロ・デュ・タンプル〔安物衣料品売場の謂〕のユダヤ人財産を買って」、数か月で繊維産業部門でひと財産を築いた。ランスのテオドール・デュボワ通りにある彼のシャンパン倉庫は一九四〇年からイニャス・コヴァルツィックに管理されていたが、この通称イニャスは「サッカーファンには有名な選手」で、ランス代表チームと、一九四三年からヴィシー政府に設置されたランス＝シャンパーニュ連合チームとの花形アタッカーの一人だった。ビーバーとイニャスは二人とも「地区司令部行政管理将校ゲルスと親密」で、この将校とともに商売をして宝の山を分け合っていた。

この二つの倉庫に倣って、何人かの戦争太りの死の商人がドイツ当局向けに供給されるシャンパン取引に参加していた。「食料品店デーガーマンは現地ではかなり有名だが、店のウィンドーに〝シャンパン大入り Champagner Mitzunehmen〟の文句を掲げ、ドイツ人客にフランス人には手に入らない商品を提案していた」。グレ＝テュルパン社支配人ジョゼフ・グレは、一九四〇年、ランスのエルロン広場に「シャンパンパレスという名の田舎風料理店」を開いた。「ドイツ人を満足させる」ためのこの店は懇意の「クレービッシュの保護」を受けていた。「六〇歳を超える」この商売人は「海軍将校まがいの制服でのし歩いていたのだ！」。もう一人、「ランスのマルタン・ペレール通りのワイン・スピリッツ商人」が安易な金儲け話の「動き」に乗った。ランス近くのサン・ブリス・クルセルでは、「ルロンという元ガソリン泥棒でレストラン店主の怪しげなる男」が、「ランスの山村地帯からトラックで」運んできた「積荷の山」から、「ドイツ人に闇価格で大量のシャンパン」を売っていた。そのうえ、この男はドイツ人に多くの「強壮剤製品」、牛乳、バター、チーズ、タバコさえも渡していた。この地域外では、「ドイツ人は一団のあくどい厚顔無恥な仲買人がたむろする闇市場の店からシャンパンを買い込んでいた」。名の知れた密売人は大半がパリ人で、以下のような者がいた。シャンゼリゼ大通りのピション、ロワイヤル通り（レストランマクシム）のヴォダブル、グルーズ通りのポルトン、サン・マルク通りのカルダニ、ヴィルジュスト通りのヴァン・オランド、ベリ通りのムリッス、オペラ座大通りのカペリ、ベルシー中央市場のバゾワン、クリュシフィックスの有名店。エペルネーのギノ、フィニュロル、ロラン・ミュル、エドゥアール・シャルボニエ、またジュモンのヴァンダンヴァランが最も活発だった。

一九四三年秋、クレービッシュの事務所でロベール・ド・ヴォギュエが「テロリストと共謀」の廉で逮捕された後、エペルネーの高名なモエ＆シャンドン製造所が接収されてしまった。オットー・クレービッシュは「懇意にしていた」マルグリという卸商ジャキエ某を指名した。ドイツ当局とゲシュタポに大いに尽力したこの名義貸しは、ひとを食ったような多くの名の持ち主だった。たぶんアイ居住の実業家で、二度目の結婚でコレット・テッタンジェの夫になったピエール＝アラン・ジャカン・ド・マルグリのことであろう。つねに現地にいたモエ＆シャンドンのフランス人支配人と一緒に、彼はパリへの通行許可証を得るために、「残忍さで知られた、野戦司令部運送部門の管理将校」で、レーダー提督の甥であるレーダー大尉を頻繁に訪ねた。「もっとも、この男たちはシャロンのゲシュタポの一人を介入させて大尉に圧力をかけていたが、モエ&シャンドンはゲシュタポへのほぼ公認のシャンパン供給者になっていたので何も驚くことではなかった」。レーダーはシャンパンの地域供給ルートで鍵を握る将校の一人だった。彼は、一九四一年一二月のエペルネーのマルヌ&シャンパーニュ社からのように普段からプレゼントを受けており、またどの会社でも店でももてなされ、その中にポリニャック侯爵率いるランスのポムリー&グルノがあり、そこも頻繁に訪れていた。それに、レーダーはそこで毎回格別に歓待されていたのだ。ジャン・ドラン侯爵が自由フランス軍に加わり、ヴォージュ山地で殺害されていなくなると、そのメゾンの管理者に指名されたオットー・クレービッシュの監督下に置かれたのは、今度はピペール・エドシック社の番であった。

二人の人物が、ドイツ帝国に課せられた状況が悪化するとともに無視すべからざる者として頭角を現してきたのは、活動真っ盛りでその影響を受けたこのシャンパーニュにおいてである。二人とはモーリス・ドワイヤールとフェリックス・アンリ・ゴンドリで、一人はブドウ栽培地、もう一人は商業界を足掛かりにして破格の出世をしたのである。

シャンパーニュワイン業種間委員会代表理事であるモーリス・ドワイヤールは、戦争中ずっと占領者のために盛んな活動をして有名になった。コート・ド・ブランのブドウ栽培者で、代議士に立候補して落ちたこの元教師は、「その頭脳を単純すぎる性格のため無道徳な出世主義に使ったが、かなり高い能力」の持ち主と見られていた。敗北で生じた大変動を利用して、彼は卸売業を代表するロベール・ド・ヴォギュエとコンビで、単なる組合指導者から業種間委員会代表理事の位にのし上った。極めて積極的なコラボとされる彼は熱烈にナチの勝利を望み、ヴィシー体制に対する賛同のしるしを連発して有名になったのである。

一九四二年三月二五日、地域圏知事ルネ・ブスケ率いるシャンパーニュワイン業種間委員会代表団が催したフィリップ・ペタン歓迎レセプションで、モーリス・ドワイヤールは好位置を占めていたが、そこにはとくに間接税地方税務署長で政府委員シャルル・テロン、業種間委員会長ロベール・ド・ヴォギュエ、エペルネーとリューズシャンパン卸商代表で幹部職・職工長組合代表モーリス・ポル・ロジェ、生産・経営者代表パルマンティエ・ド・シャムリ、シャンパーニュワイン業種間委員会副会長クロード・フルモンなどが列席していた。この催しは、シャンパーニュワイン業種間委員会が国民救援基金のために集めた募金二二五万四〇二九フランを国家元首に渡す機会だった。一九四二年五月一日、モーリス・ドワイヤールは『ラ・マルヌ・アグリコル』紙でこう書いている。シャンパーニュ地区代表団員は「何の儀式もないこのレセプションの簡素さと父性愛的な真情に強く印象づけられ、また、この偉大なフランス人がフランスを改革の道へ導くという英雄的かつ高貴な任務を引き受け」、同胞に自らの意見を伝えようとする「この偉大なフランス人に近づけたことを喜びかつ誇りとしたのである」。政権との近さを想い起こさせながらも、彼はブスケ知事の働きを称賛する機会も決して逃さなかった。

協力的活動をよりよく示すために、モーリス・ドワイヤールは二つの地方紙『ラ・マルヌ・アグリコル』と『シャンパーニュ』で、占領下におけるブドウ・ワイン生産と組合の問題を定期的に扱った。どの記事もシャンパーニュのブドウ栽培者に規律に服して対独協力に熱意を捧げるよう促すもので、例えば一九四三年一〇月の『シャンパーニュ』紙で、彼はシャンパーニュのブドウ栽培者に収穫量申告の仕方について詳しく説明している。

熱烈なコラボの彼はドイツ人将校、とくに購入担当将校との近さのしるしを多発してみせた。例えば、オットー・クレービッシュとかフランク・ミュラーを「二週間ごとに自宅に」招いた。彼らにとって、この会合は「定期的に宴を催す」機会だった。彼らは「例のない大饗宴となったドワイヤール嬢の婚礼の日、まるで家族の一員だった。婚礼は四日、五日と続き、フォン・クレービッシュともう一人の私服の将校の列席の名誉に浴した一〇〇人以上の客が招かれた。さすがにこの将校たちも市役所にまで行くほど〝厚かましく〟はなかった。ドワイヤール氏は子供たちに英国のラジオ放送TSFを聞くことを固く禁じていたが、真実はつねに子供の口から洩れるもので、長女のドワイヤール嬢から、人々は彼女がこのあたりの所有権はすべてハンブルクにあるとフォン・クレービッシュに嘆いたことを知った。また彼らは、シャンパンの総統とシャンパーニュワイン業種間委員会の執政官とのねんごろな関係も効果がなくはないのだとも感じていた」。

ドワイヤールがフランク・ミュラーと一緒にフランス経済統制監察官の助力を得て一六万五〇〇〇フランをゆすり取ろうと脅しをかけたのは、ヴェルテュのブドウ栽培者ドゥブレ・ルジャンティにであった。この強奪作戦後、「ミュラーと二人の監察官はドワイヤール家に行ってたらふく飲み食いした。ドワイヤール嬢がちょっかいを出して、国防軍にドゥブレ・ルジャンティ家を接収させたのだった」。

戦前の彼の状況が危機的であっても、役職と人間関係によって、「占領下で、彼はひと財産をなし、自動車、ブドウの手入れ用品、大圧搾機、電気冷蔵庫、馬や牛、タイヤなどを買うことができ、また工事など不可能だった時代に大改良工事を行なった。住居の屋根改修、新築、馬小屋の貯蔵庫への転換改修、庭園整備などである」。

一九四三年秋のロベール・ド・ヴォギュエの逮捕後、圧迫感から解放されると、モーリス・ドワイヤールはランスのポムリー&グルノの経営者で商業界の新代表であるポリニャック侯爵の傍らで、業種間委員会への支配力を強めた。フランスのブドウ・ワイン生産界で人々を驚かしたこの出来事に続いて、ランスのワイン管理事務所にある週委員会は、ポリニャック侯爵、アイヤラ社の経営者ルネ・シャイユ、間接税務署長で政府委員シャルル・テロン、ランソン・ペール&フィス社のフェリックス・アンリ・ゴンドリを加えて、完全に組織変えされた。

ブドウ栽培地では「事業屋」で有名なフェリックス・アンリ・ゴンドリは、「世間周知のこと」として「親独感情」を隠さなかった。彼はランスの自宅や、トゥール・スュール・マルヌの屋敷にドイツ人将校を定期的に招き、豪華な食事を供した。オットー・クレービッシュがランソン社のドイツ代表であった戦前から親交のある彼は、この「シャンパンの総統」とはいわば親友で数多くの贈り物をすると注目されていたが、その中には誕生祝のバイオリンもあったという。

彼が率いるランソン社は当時ドイツ帝国と最も活発な取引をする会社の一つになり、割当て枠外の相当量のシャンパンを引き渡していた。この会社の周辺では、「ベルギーとランスを頻繁に行き来する」ベルギー人卸商の指揮下に置かれた大きな闇取引集団がうごめいていた。この人物はトラックでランスに来ると、ゴンドリ氏のところに宿泊し、大急ぎでシャンパンを積み込むとまたベルギーに帰って行った。付け加えておくべきは、この男は時おりドイツ兵の運転するトラック数台と一緒にやってきてどのトラックにも一五〇〇~二〇〇〇本を積んだが、結局はまだ一万本の特別枠があったということである。一九四一―一九四三年、ランソン社の従業員は封印された不思議な荷箱が到着し、しばらくするとモーベルジュ方向に再び出発するのを何度も見て、びっくり仰天させられたという。

この成功物語によって、フェリックス・アンリ・ゴンドリは二〇人のランソン社の株主の五大株主の一人になり、額面一〇〇〇フランを三〇〇〇株持っていたが、その頃ランソンは会社資本を一八五〇万フランに増資していた。この増資の際、ランソン社の最大株主ピエール・ギュイヤールは、ゴンドリが共同株主であったアムステルダムのネーデル＝ランソン・フランシュ・トラスト社の持ち株を買い取った。

フェリックス・アンリ・ゴンドリはまたもう一つのシャンパン会社、ランソンの子会社ヴーヴ・ロラン・ペリエでも運用益を得ており、資本金五〇〇万フランに相当する五〇〇株のうち三三〇株を持っていたが、この会社資本は一九四二年一二月三一日から二五〇万フラン増資されていた。この会社のトップの法定代理人ブリモン夫人はランソン社の会計係の妻で、フェリックス・アンリ・ゴンドリの愛人だった。彼は特別視したこの会社を飛躍的に発展させ、またトゥール・スュール・マルヌの巨大な施設に投資してさまざまな整備改修工事を施した。例えば、貯蔵庫の整備、カーヴの増設と改修、居室と事務室の建設、鉄製醸造桶の設置などだが、「それらすべてが好意的な許可とドイツ通貨ライヒスマルクのおかげで、無力なフランス人の鼻先で徴収・利用された数トンのセメント、数十立方メートルの木材、数トンの鉄、数千枚の瓦などを使うことによって」であった。フェリックス・アンリ・ゴンドリはこの工事のために合計約五万フランの見積書の県知事許可を得ていたが、「実際には会社の決算書によれば、五〇五万三〇八四フランを費やしていた」。フェリックス・アンリ・ゴンドリはシャンパン会社ＤＮＬフランスＲＨフォックスの株主でもあり、一九四二年一月二三日から総資本五〇万フランに対し四〇万フランを投資していたが、この会社に度外れの繁栄をもたらし、戦争中最も大きく発展したものの一つにした。例えば、一九三九年には一五フラン以下で売られた数千本が一九四三年には一〇〇フラン以上で一〇万本売られ、しかも大半が「割当て量枠外」だったのである。

5 ドイツの闇市場の中心にコニャックとアルマニャック

戦争中ずっと、コニャックとアルマニャックの市場は、不法行為と堕落に色濃く染まった取引の影響下にあった。販売と上乗せ金付き転売の大チェーン網で、まずブドウ栽培者が仲買人に、次いで卸商に結び繋がると、今度は卸商が商品を闇で雇われたあくどい仲介人に売り渡した。数か月で「闇市場の原型」[*75]になったこの世界の頂点では、ドイツの略奪システムが他の至るところと同様、いくつかの形で同時に行われた非合法な徴発供給に支えられていた。

占領が始まってから、ドイツの軍人と民間人が多かれ少なかれ合法的な金券や特別証券を使って行なった個人的な買い物は、期間中ずっと、正確には算定不可能な大量の商品を天引きするようなものだった。周辺の県の町や村で何人かの卸商、小売りの売人や転売人のもとへは一群の国防軍兵士やナチ組織の機関員が毎日頻繁に訪れ、絶えずにぎわっているショッピングセンターのような観を呈していた。コニャック、アングレーム、オーシュなどの駅ホームとかパリの駅では、休暇中のドイツ軍人が毎日高価なワイン、とくに最上級のアルコールの瓶で膨れ上がった小包やリュック、荷物ケースを抱えて出発する光景が見られた。東部戦線やリビアの砂漠でさえ、ドイツ軍部隊は褒美としてかまたは強壮剤代わりに貴重なボトルを受け取った。この観点から、昔から有名なコニャック、またアルマニャックは他のワインとは比べようがないほどの成功を収めた。ドイツ人には格別デラックスな酒、アルコールと見なされたこの蒸留酒は引っ張りだこだったが、とりわけ強い高級酒の大愛好家の将校連には大人気だった。

こうした地域の業界関係者と直接行われた不法売買には、各部隊や軍団、軍事務所、陸海空三軍の参謀本部に関係する多数の特殊機関や事務所、代理機関が行なったものが加わったが、シャラントやアルマニャック地方のブドウ・ワイン産地にはこの連中が犇めいていた。原則としてこれらの諸機関は食糧または加工製品などさまざまな商品の直接購入を担当し、部隊とかその附属施設（兵隊食堂、軍人集会所など）の必要に応えた。実際には、こういう物品購入は軍部隊への供給に限られるどころではなかった。コニャック地方では、出先機関がシャラントのワイン生産地帯の中心という好位置にあって、軍隊の実需とは無関係に転売でたっぷりと儲けるために大量の買付けをした。ドイツの諸機関は何の正規の営業許可もなく、数百人のフランス人外交員、仲買人、勧誘員、買付け人などを使っていた。取引すべてが申告も購入者の身元証明も流通販売の許可もなく行われ、大部分がまったくでたらめの請求書をもとにしていたのである。

ドイツ軍諸部隊の組織機関は、宿営地の設置・整備に関するあらゆる商品や製品を部隊に供給する購買専門機関、軍営宿舎管理局ＨＵＶを使っていた。当初は人員配置と仮宿舎設営装備を専門としていたＨＵＶは、一九四〇年秋からシャラントやジェール、ロッテ・ガロンヌ県などのワインとアルコール類を大量購入した。この種の購入は当時フランスの国庫で清算されることになっていた。これにはいつも、後で「フランスの関係部局」に渡すためのまったく形式的な請求書が付されていた。例えば、一九四二年一〇月一四日、財務省所管の徴発供給評価ジェール県委員会は、占領当局からオーシュにある空軍発行だけで五〇〇〇万フラン以上のワイン・アルコール類代金請求書を受け取った。実際には、こうした金額はドイツの借方勘定からは決して差し引かれることはなかった。請求書が渡されても、財務省の所轄機関は何の措置も取らなかったのである。[*76] 空軍と海軍の多くの部隊はこの方式を大いに利用したようである。占領初期から海軍の中央事務局はパリのサン・フロランタン通りのフランス海軍省にクラウス博士率いる買付け機関を設けたが、この御仁は「公式」買付け以外に途方もない闇取引を行い、ありとあらゆる商品を買いあさり、その中には多くの飲料アルコールがあったが、コニャックとアルマニャックがいつも大量に含まれていた。

この例に倣って、ゲーリングの空軍、SS帝国指導部、ドイツ軍経理部、ゲシュタポも似たような購入事務所網を設け、とくにシャラントとジェールで活発な取引をした。こうしたそれぞれのグループは、パリ地方にワイン・アルコール類専用の大倉庫を持ち、列車や大型トラックでドイツに送った。海軍用にはオーベルヴィリエの倉庫センター、SS帝国指導部用にはシャラントン、ベルシー、コンフラン、ラヴィレットなどの埠頭倉庫や貯蔵庫などがあった。

時には、購入事務所は限られた期間、ある任務のために設けられた。例えば、一九四二年八月末、ドイツ軍経理部付きの特別任務代表は、ベルリンからドイツ国民の「クリスマスの食卓」に供するための物品買付けを命じられた。この「活動」予算は三億ライヒスマルクであった。そのような購入作戦には一万二〇〇〇トンの小包を輸送する二三〇六台の列車が動員され、化粧品、玩具、アルコール類、特撰ワイン、シャンパン、オ・ド・ヴィ、コニャック、アルマニャックなどを運んだのである。

同時に、シャラント地方と南西フランスのワイン・アルコール類はまたナチの主要な政治組織の職員や機関員によっても天引き徴収された。例えば、国家社会主義ドイツ労働者党NSDAPやプロパガンダ・ラジオ、軍隊の補助部門BDK（GBK）、トート機関〔ナチの軍民の建設土木工事、アウトバーン建設などを請け負った機関〕、帝国鉄道管理局だが、これらがすべて膨大な需要に応えるために、自前の購入事務所やワイン部門を持っていたのである。

シャラント地方のコニャック、アルマニャック、ワインの大量売却はまたドイツ闇市場の先兵である非合法の購入事務所も行い、しかもまったくの非合法下で公式機関とは無関係に行われた。シャラントとリムーザン地方のブドウ栽培地では、フランス人や外国人の仲介人・代理業者が至るところを探し回ったが、彼らは偽名やでたらめの名で行動し、多数の補助員、勧誘員、スパイに支えられていた。この連中は武装親衛隊、ゲシュタポ、リュテシアホテルのアプヴェーアとオットー事務所、ロリソン通りの工作員組織（ボニー＝ラフォン団〔フランス人ゲシュタポの一味〕）、ドイツ大使館などの管轄下で雇われ保護されていたが、全員が高級酒を求めていた。

シャラントのブドウ栽培者を襲ったこの一般化した堕落の風土にあって、フランスの首都は密売人の群れに支えられた二〇〇以上もの購入事務所に蝕まれており、驚くべき量のコニャックとアルマニャックに溢れていたが、これはあらゆる形の商取引、プレゼント、贈与、景品、褒美、手数料、心付けなどとして頻繁に使われるいわば交換通貨だった。シャンパン、銘柄ワインがナイトクラブや高級レストランでべらぼうな価格にもかかわらず、大量に流れ、コラボのミニ世界の連中がナチと楽しくたらふく飲み食いしたので、コニャック、アルマニャック、高級リキュールやオ・ド・ヴィは活躍の場をたっぷりと見出していた。「あくどい戦争利得者、死の商人どもがドイツ人将校やフランス人コラボの高官を伴って支配していた」この時代、「シャンパン、コニャック、アルマニャック、ベネディクティン酒〔甘くて強いリキュール〕などは一〇ロット五万本単位、フォワ・グラはトン単位で扱われていた」。

ブドウ栽培地では、多くの卸商がずっと前からドイツの商社とは緊密な取引関係を築いており、後者はパリに支店か個別の購入事務所を置いていた。正規の取引のほかに、これらの会社は多くの不正規の購入を行なっていた。そうした商品はフランス当局の目を逃れて、地域のドイツ当局の保護下で相当量がドイツに送られた。コニャックで町の指揮を執るためドイツ参謀本部から指名されたのは、シャンパン公認買付け人の弟グスタフ・クレービッシュだった。彼はコニャックの生まれで、ここで勉学も修めたが、相続人の兄とともに、一九一四年、フランスによって家族経営の商社モイコフを没収された。ドイツでコニャック売買が組織され、絶えず価格が上昇したのは彼の影響下においてである。ジェール県のオーシュでは、昔は消費者にほとんど知られていなかったアルマニャックもまた以前とは比較にならないほど価格高騰した。それは「生産者公定価格一リットル当たり四三フランが、パリでは一般に六〇〇〜八〇〇フランになるほどだった。この異常な差の原因はもちろん、多くの仲介人が介在し、また途中で彼らが儲け分を天引きすることにあった」。こうした状況下で、「大半の卸商や仲買人は占領中も敵と取引きしたが、それは占領者が大のアルマニャック愛好家で、価格など見向きもしなかったからである[*77]」。

シャラント地方ではまったくの混乱状況におかれた最初のシーズン後、売却は一九四一年一月五日の条令で設置されたコニャック地方ワイン・オ・ド・ヴィ国立配分事務所の管理下におかれた。どこにもあるこの業種間機関は二六名からなり、モーリス・ヘ〔エ〕ネシーが卸売業を、アンブルヴィルのガストン・ブリアン、マラヴィルとコーズのピエール・ヴェルヌイーユがブドウ栽培業を代表していた。卸商総代表モーリス・エネシーはコニャック市場では無視できない卸商で、ジェームズ・エネシーの息子で地域最大のワイン卸売会社の長であり、コニャックの製造販売を管理統制し、ブドウ栽培業と商社が生産するオ・ド・ヴィの質を監視する配分事務所の実力者だった〔この卸商エネシー家は、一八世紀半ば、アイルランドからきた卸商人リチャード・ヘネシーに遡る。あとがき参照〕。この機関は大きな権力を持っていただけに一層重要なものだった。これがコニャックの呼称と極上シャンパンの準呼称の権利付与を判断し、この統制呼称で蒸留販売される収穫量の比率を決めたのである。それにまたワインとオ・ド・ヴィの生産者からの最低購入価格を定め、ストックを管理し、その売却を命じ、生産者または卸商に対して、特定の購入者に販売させることもできたのである。

部分的には帝国公認買付け人の後押しで行われた大量購入に煽られて、売却は急増した。これは主として「三ツ星」コニャック（VS＝Very Special、樽熟成四、五年以下のオ・ド・ヴィ）にかかわるものだったが、量は多少少ないが相当量のVSOP（Very Superior Old Pale、樽熟成最低四、五年）とXO（Extra Old、または樽熟成最低六年の年代物）も「割当て量枠外」で売られた。ジェール、ランド、ロッテ・ガロンヌの隣接県では、アルマニャック生産が急増した。投機と闇取引に煽られた市場を統制する試みとして、今度はオーシュ商工会議所がアルマニャック地方のワインとオ・ド・ヴィ配分事務所の創設を要求した。一九四一年九月一一日付けのヴィシー政府の省令で設置されたこの機関は、シャンパーニュとコニャック地方の前例をそのまま踏襲していた。

新機関の設立も指数関数的な価格上昇を抑えられなかった。一九四二年六月までは自由価格であったが、「アルマニャックひとケース（五〇度の蒸留酒四〇〇リットルの販売ユニット）の価格は次第に上昇し、六万フラン、時には八万フランにもなった。もちろん、これは法外な価格であったが、この頃は合法的なものだった。この高騰は飲料アルコール不足と占領者の需要のためである」[*78]。このアルマニャックの劇的な価格高騰は当時、「コニャックとアルマニャックのそれぞれの値を熟知しているシャラント地方の人々すべてを」[*79]びっくり仰天させた。ところで、それまではアルマニャックがコニャックの価格に達したことは一度もなかった。例えば、コニャックとアルマニャックの蒸留酒価格を定めた一九四二年一〇月六日の条令は、六〇度の一九四一年産第一級のグランド・シャンパーニュコニャック〔シャラント県スゴンザック町のグランド・シャンパーニュ地区産〕を三六二〇フラン、五二度の一九四一年産低地〔ジェール県西側地区〕アルマニャックAOCを二八五〇フランに設定していた。一九三六年産第一級コニャックは七二八〇フラン、一九三六年産低地アルマニャックは五七二〇フランに値づけされていた。その後、一九四三年三月二日の条令は、一九四一年産低地アルマニャックを四八三〇フラン、第一級コニャックを五四四五フランに、また一九三六年産低地アルマニャックを七七八〇フラン、第一級コニャックを八七七〇フランに値づけしていた。一九四二年一〇月六日の条令が確認した価格差は、一九四三年の新条令の結果、一九三六年産オ・ド・ヴィが一五六〇フランから九九〇フランに縮小したのである。

この状況下で、五二度のアルマニャックと六〇度のコニャックのヘクトリットル当たりの時価をみると、低地アルマニャックが第一級コニャックよりも高く値づけされていることが分かる。

ある者にとっては、「それはまるで異端、冒瀆、不敬罪である。蒸留酒の明白な女王の極上コニャックが遅れてきたライバルに泥をかけられたようなものだ！　コニャックとアルマニャックを同一視することは、ソーテルヌのボルドー白とアントル・ドゥ・メール産〔ボルドー南東部のドルドーニュ川とガロンヌの間の地方〕を同列にし、ロマネ・コンティと安物ブルゴーニュを一緒くたにすることだ！　それに、アルマニャックの評判は国土外にまでは及んでいないが、コニャックは世界的なのだ」。

しかし、この二つの産物が競合する危うさは限定的だった。一方が他方の陰に隠れることはなかった。例えば、一九四三年、アルマニャックのストックはやっとコニャックのストックの約三％に達した。それに、戦前、アルマニャックのストックはやっとコニャックのストックの約三％に達した。それでも一つの事実ははっきりしている。つまり、戦争と占領時代がアルマニャック地方のブドウ栽培者にとって意外な認知を受けることになった原因であり、この地はまだ雑多なブドウの木が植わっていて、ほんの少し前までは一般消費ワインを生産していたのである。

この予想外の成功は多量のアルコールを求めるドイツの略奪政策がもたらしたものである。コニャックとアルマニャックの蒸留酒価格がひとケース一万五〇〇〇フラン平均の水準で凍結されたのは、ドイツの命令によってである。生産者はそのような管理価格にびっくり仰天して、ワイン売却を大量に闇ルート向けに方向転換したが、そこでは「胡乱な仲買人がドイツの各種組織のためとドイツ人向けの輸出のために跋扈し」、はるかに高価格の買付けを提案していたのである。

それに、このシナリオは「帝国の政策にまったく合致しており、帝国は公認買付けは低価格を維持し、他方でこのブローカーたちがまったく法外な値でかき集めた商品を自由市場か闇市場でかっさらった」のである。若干数のブドウ栽培者と卸商がこの取引に加わるのを拒み、時には最後まで抵抗したとしても、それは、他の者がドイツの闇市場に同化するときに、自らの商売の利益に反して行われたのだ。また別の者は「国立アルマニャック事務所の命令」を受けてはじめて行動したが、この事務所は「製品の販売確保を懸念して彼らが売買を行わなければ、強制労働徴用STOで従業員が動員される恐れがあると通告していた」のである。

結局、主として闇市場でのドイツの買付けがもたらした劇的な価格高騰はアルマニャック生産を著しく増大させ、戦前は六〇〇〇hlを越えなかったが、一九四三年には六万七〇〇〇hlに達していた。主要な生産県ジェールは昔は「貧しいことで有名」だったが、占領期間中に「予想外の繁栄の時代」を迎えた。戦争が終わると、ジェールは「手形の交換が住民一人当たりの現金保有率が高いことを示す県の一つだったこと」[*80]が判明した。こういう状況下で、不法利益没収県委員会の務めはとりわけ多数のブドウ・ワイン生産業者に対する嫌疑と商業界に対する調査を通して困難が予想されたが、調査の一部はボルドー居住の卸商にも及んだのであった。

6　全国ワイン取引センター、ボルドー

一九四〇年夏から、ボルドーは文字通りフランスのワイン取引センターと見なされるようになった。占領期間中に強まったこの状況は、このジロンド県都にメドック、オ・メドック、グラーヴ、ソーテルヌ、サンテミリオンなどの極めて重要なワイン市場が存在することと、ここにフランスのブドウ・ワイン生産業界の何人かの有力者がいて、ワインの生産販売流通組織網で決定的な役割を果たしていること

に基づいていた。

有力者の筆頭がハインツ・ベーマースだった。ボルドーのワイン指導者に任命されたベーマースは、ドイツ国民向けのフランスワインの徴収調達全体を調整する役割を担っていた。ドイツ卸商協会のフランス駐在公式代理人ベーマースは、ボルドーの主要な卸商の一人ロジェ・デスカに絶えず補佐されていた（図版⑥）。ワイン卸売業全国組合長、飲料供給中央委員会長で、大学時代のベーマースの学友であるデスカは「優秀な補佐役」で、あらゆる決定事項を補佐し情報を与えていた。ベーマースの主要な技術顧問のロジェ・デスカは、フランス市場の動きやブドウ産地からのワイン供給を最大限確保する手段について、リアルタイムで情報を与えていた。日ごろから、彼はベーマースがボルドーを留守にするときさまざまな行政的な役務を代行し、当局宛の郵便物を作成したり頑固な人物を説得したりしていた。ブドウ・ワイン生産関連産業の辣腕のプロとされるデスカは戦略的な情報を把握し操作していたので、つねに要求されたワインを割当て量の枠内でも、枠外でも獲得することができた。その役割から無視すべからざる存在である彼は通行許可証、流通許可証、納入引換券や輸出証書を手に入れていた。ベーマースはまた鉄、鉄鋼、銅などの「優良素材」をとくに自らに関係する輸出専門の卸商に与えていた。こういうやり方で、彼はボルドーやフランス中で最も忠実な会社から仕入れをしていたが、その中には以下のようなところがあった。クリューズ、クレスマン、カルヴェ、シャプロン、フルーシュ、グラジアナ、マコン卸商組合、ポール・エティエンヌ、ヌリッセ、モントゥールロワ、ダングラッドなどだが、とくにベーマースとエッシェナウアー（エシュノエール）が共同管理していたフランス・グラン・ヴァン社があった。

一九四〇年からベーマースの管轄下で、デスカは南仏の卸商を集め、ドイツとの取引を迅速に行うためのさまざまな指示や方針を伝える責任を負っていた。彼はまたボルドーにあるベーマースの管理事務所を介して、南仏と北アフリカのブドウ産地を完全な監督下においていた。一九四〇年以前、ドイツはごく少量を除けば、南仏地方のワインの買い手ではなかったが、ベーマースがロジェ・デスカに補佐されて、南仏のブドウ産地の卸商に対して始めた活動は割当て量を定めた仏独協定の一環だった。彼はまた公式または地下ルートで行われた割当て量外の売買にも関与していた。ロジェ・デスカの助言で、ベーマースは南仏の商社の代理人に直接注文を出していたが、その中にはアルジェリアワイン輸入組合代表のルイ・ユックと、ペズナにあるラングドック・グラン・ヴァン社の長グランデ氏がいた。国防軍に直接供与されたワインは、オットー・クレービッシュの管轄下にある軍経理部の機関を介して買い付けられた。関係する全卸商は南仏のブドウ産地中に散らばる下請け業者を介して契約を果たしていた。何人かは購入したワインが供給管理局によって凍結されると、ハインツ・ベーマースに通報し、彼がパリのMBFに掛け合って即時の凍結解除を得るのであった。

ベーマースの腹心デスカは、彼の要請で、一九四三—一九四四年シーズンのワイン一〇万hlを武装親衛隊用に供与しただ、そのうち二万hlは一般消費ワイン、一万hlがアルマニャックとコニャックであった。[*81] また一九四四年四月、彼が一九四三年八月一九日締結の七五万hlのうち未発送のワインを購入できるようフランス政府に働きかけを求めたのは、デスカに対してであった。当時、未発送分は一般供給省が買い取ることになっていた。ベーマースはデスカに、輸出入配分全国連合会を介して五二五〇万フランン相当の前払金の払戻しを実現し、連合会が対価として契約納付金の譲渡を受けられるよう個人的に行動することを要求した。

ドイツの買付けの恩恵を受けた卸商のうち、デスカが紹介した者はつねにドイツの買付け人に厚遇されていたが、例えば一九四一年五月のアルジェリア産二二度のアルコール添加の白ワイン一〇万hlの取引で、これは「スイス向けと偽装」されていたが実際はドイツ宛だった。ロジェ・デスカが整えた取引は、アルジェとオランにあるセネクローズ社とつながりがあるベジエのレ・フィス・ド・ルイ・ユック社が契約した。卸商ポール・キネとビュシェル、ゲ、サヴィニョン、パルリエ社など複数の仲買人がオラン、アルジェ、セート、ニーム、リヨン、ナンシー、メッス間の移送運搬に関与していた。この注文だけで、一週五〇〇〇hlの鉄道便で五か月にわたって行われた。第一回は一九四一年一一月一五日に行われた。ベーマースとレ・フィス・ド・ルイ・ユックで交わされた契約にはいかなる名前もなかった。六万hlの購入と四万hlのベルモット用アルコール添加の白ワイン追加を記載した会計簿は、ガストー社とモナコのワイン商社が扱ったことを示している。この取引は地中海での魚雷攻撃や破壊工作を避けるため、セートにワイン用タンカーが到着するまで秘密にされていた。国防軍の移動部隊と野戦軍憲兵隊が目的地までのワイン移送を護衛した。

この大規模な商活動において、第三の人物が無視すべからざる者として重きをなしてくる。シャルトロンの大ワイン卸商の一人ルイ・エシュノエールはベーマースと極めて親密な関係を保ち、個人的な友人で好意を抱いていた。それにエシュノエールは半世紀前からベーマース家と懇意であり、食卓に招かれる多くのドイツの将軍との親密な関係は周知のことだった。大戦末からドイツ向けのボルドーワインの主要な輸出入である「ルイおじさん」はドイツ社ユーリウス・エーヴェストの長で、ボルドー潜水艦基地の総司令官として海軍に配属された職業軍人の将校エルンスト・キューネマンの近親者だった。アベ・ド・レペ通り九三番地の食卓で、彼はビジネスと社交界行事の多くの夕食会を催し、コラボのミニ地域社会を活気づけていた。

この帝国買付け人と何度も行なった売却取引以外に、エシュノエールはベーマースの所有するフランスの会社ソシエテ・デ・グラン・ヴァンに二四％出資することで個人的に繋がっていたが、この会社はもっぱらドイツ向けのワインだけを扱っていた。一九四〇年から、二人はまた非常にステータスの高いリスラックのシャトー・レスタージュと、スサンのシャトー・ベル・エールの共同経営でも結びついていた。

この二人の周りには、ワイン世界の地方名士たちの大きな人間群像が犇めいていた。ボルドー卸商組合長エドゥアール・クレスマンはベーマースとほぼ独占的な商関係をもち、直接ボルドーの枠を超えた取引をしていた。確信的な親独派アルマン・クリューズはベーマースの親友であり、ブルゴーニュ酒の公認買付け人ゼグニッツの側近であった。リブルヌのオドリーはドイツとの商売に魅惑され、なびいた卸商だった。ボルドーのシャルトロン河岸通りの仲買人ピュジベールは、一九四三年まで南仏のワイン収集活動に積極的な仲介人だった。リブルヌのマルセル・ボルドリはベーマースとSSの出先機関に近く、直接交渉していた。抜け目のない実業家の彼は一九四三年、ベーマースとデスカとモナコに旅行をした。ボルドーのマコー通りのドロールは国防軍への割当て量に応ずるため多数の売却提案をしたが、とくにクレービッシュに対してであった。ボルドーのシャルトロン河岸通りの仲買人ダニエル・ロートンは、ボルドーの醸造所や商社を巻き込む多数の買付け作戦で、ベーマースの「お墨付き営業員」だった。彼は積極的な仲介人で、とくにシャトー・ムートン・ロートシルドとシャトー・ラフィットの取引に熱心だったが、ボルドー登記所長ランデーシュ氏と交渉し、この所長は彼を介してベーマースに売り込んでいた。ダニエル・ロートンはまたボルドーワイン大好きの帝国大臣ヘルマン・ゲーリングの注文にも応えていた。コリニョン通りの仲買人ジルベール・ロワはナチ帝国の大の賛同者として知られていた。大事業屋の彼はアントル・ドゥ・メール産ワインの多くの売却提案をしていた。ボルドーのグノ通りのフルーシュは忠実な親独派で、海軍省へのワイン売却の専門家だった。デュ・メドック通りのカルベ・ペールは積極的なコラボ商人で、どんな割当て量もどんな注文も無視せず、ドイツの要請に最大限応えていた。彼とハインツ・ベーマースの関係は周知のことで、非常に友好的だった。二人は彼の居宅でのレセプションや宴で意見を交換していた。

忠実な仲介人である、経済省の地方監察官ベルジュ氏は、デスカによってベーマースに紹介された。ジロンド県ブドウ産地では一九四三年末から、ベルジュ氏はボルドーワイン生産販売組合長フェルナン・ジネステ、ボルドー統制呼称グラン・ヴァン組合連合会長モーリス・サル、ボルドーワイン・スピリッツ卸商組合長エドゥアール・クレスマンなどとともに、ボルドーワイン業種間委員会設立の発案者の一人であった。ドイツの買付け人ベーマースが、フランス国家のワインとアルコール規制の対策や条令に対して異議を申し立てるのは、監察官ベルジュに対してである。彼を介して、ベーマースは異論のある条令の修正を得るため、パリの自分の事務所に、一般供給省事務局のデスカと連絡を取るよう促した。また、ジロンド県ブドウ・ワイン生産協同組合からのワインの買付けが困難になると、ベーマースはベルジュ氏に強情な業界関係者を説得するよう何度も繰り返し申し入れた。最後にだが、ジロンド県仲買人協会長ド・リヴォワールはベーマースの公式営業員である。彼はボスに価格統制の流れ、とくに生産地にあるストックに関する情報をもたらした。パリュダット河岸通りのコルディエ社は、ドイツの発泡性ワイン製造用白ワインの主要な供給者だった。売却はヨーゼフ・ベッカーとオプファーマンとで行われたが、二人ともマジェスティックホテル用のシャンパンと発泡性ワイン購入の帝国代理人だった。

同じ頃、ヴィシーのナチ・ドイツ協力政策とその必然的帰結である反ユダヤ主義は経済の「アーリア化」システムの設置へと至り、これがとくに一九四〇年一〇月五日の法律〔ユダヤ人排斥法〕の枠内でブドウ・ワイン生産世界に直接打撃を与えた。ボルドーでは、非常にステータスが高く国際的な名声のあるムートン・ロートシルドとシャトー・ラフィットの生産畑と、フィリップ・ド・ロートシルド所有のポイヤックワイン生産会社が管理するストックがすぐさま注視の対象になった。イギリスの権益を狙ったメドックのシャトー・バルトンとランゴアに対する略奪を飛び越えて、事態はますます顕著な国際的次元の様相を帯びてきたのである。

開戦前の一九三三年九月一四日、ポイヤックワイン生産会社は自然製法のワインとスピリッツの製造販売社として創設されたが、七人の株主の管理下に置かれていた。フィリップ・ド・ロートシルドを中心にして元代訴人ジェルド氏、映画プロデューサー、アンドレ・ヴィスネール、専務エドゥアール・マルジャリ、ポイヤック本社代表ジャック・レヴィ、法定代理人ポール・ルナール、銀行家ジャン・レアンなどが共同株主だった。彼ら全員がステータスの高いもう一つの生産畑ブランド、シャトー・ムートン・ダルマイヤックの株主でもあり、世界で最も立派なワイン企業体の真の所有者フィリップ・ド・ロートシルド男爵の名において行動していた。[*82] 一九三八年九月一二日、役員会は、戦争で役員会メンバーが動員された場合には、戦争期間中の会社の経営と通常業務に対する権限を技師長オーレリア・アジェールに与えることを決定した。[*83]

一九四〇年五―六月のフランスの軍事的敗北、次いで反ユダヤ主義政策の採択の結果、一九四〇年九月六日の政令によって、フィリップ・ド・ロートシルドは突然国籍を剝奪された。一九三九年に役員会を構成していた現職メンバーのうち、フィリップ・ド・ロートシルド会長、アンドレ・ヴィスネール、ジャン・レアンは事業から排除された。一九四〇年一〇月三日、一二月一〇日、二三日の各法令によって、フィリップ・ド・ロートシルドの全財産、ムートン・ダルマイヤックとポイヤックの生産畑の会社関係の所有権や有価証券は公式にフランス国家に接収された。

完全な目録作成後、国有財産管理の地方当局は慎重に構え、会社の事業の歩みも止まらなかった。フィリップ・ド・ロートシルドと規約上の役員は当時、「占領地区外」に居住し「そこに戻らない意向で」不在だったので、一九四〇年夏からは指定された財産全部の収容とともに接収状態になった。ジロンド県登記所と国有財産管理部の長ラヴァブル氏が臨時管理人に指名された。[*84] オーレリア・アジェールは、役員会から受けた占領期間中の権限によって、前は三つの事業を経営していたが、一時的な資格でムートン・ロートシルド運営の技師長に指名された。レパール裁判所は、会社の存続に固有なあらゆる活動に対して、要求するにしろ弁護するにしろ一切の権限を有するとされた。

しかしながら誰もが驚いたことに、一九四一年四月三〇日付の政令はフィリップ・ド・ロートシルドにフランス国籍を回復させるよう命じていた。[*85] 接収の解除と当事者への財産返却を命じた政令はレパール裁判所長によって下された。ところで、国有財産管理部がフィリップ・ド・ロートシルドへの財産返却を担うとしても、その行動は不可避的に「ユダヤ人財産」に関するドイツ法の適用と明らかに矛盾することになった。それゆえ、フィリップ・ド・ロートシルドにフランス市民の権利を回復させることはカードをひっくり返して、以後フランス行政府代表とドイツ当局の対立が表面化するのである。この接収を終わらせるための方法の問題は、「フランスのユダヤ人問題の管理」に関するドイツの最初の法令が一九四〇年五月二〇日に遡り、また同年一〇月一八日に修正された法令が、一九四〇年五月二三日以後に行われた「ユダヤ人財産」に付随する法的活動は一切「無効である」と想定していただけに、一層複雑になったのである。

この新たな状況において、フィリップ・ド・ロートシルド、またはこの場合その代理人は「二つの会社（ポイヤックとムートン・ダルマイヤックのワイン会社）における彼の権利を早急に清算することが得策だった」が、この権利移転の提案は「ユダヤ人企業の清算」を命ずる「ドイツ法の拘束」のため「極めて重大な困難にぶつかった」。さしあたりはフランス行政府にとって、二つの脅威、つまりワイン企業グループの解体と「外国企業数社」、すなわちここではドイツによる「ポイヤックワイン会社併合」の脅威がのしかかっていた。

緊急時として、ジロンド県登記所と国有財産管理部の長はマジェスティックホテルのＭＢＦの同意を得て、ボルドーの県知事によりムートン・ダルマイヤック生産畑の会社とポイヤックのワイン会社の管理委員に指名された。この指名は、一九四一年七月一七日、ユダヤ人問題総合委員会の臨時清算部によって承認された。一九四一年六月二六日のドイツ法第四条に従って、管理委員は所有者と同じ権利をもっていた。それゆえ、彼は会社の出資金や株券を売る権限があった。彼は「ユダヤ人財産清算」のために講じられた措置の進展状態、すなわち、フィリップ・ド・ロートシルドの財産をその不在中にその利益になるよう売却する計画の進行状況を早急に報告せねばならなかった。

「ユダヤ人に帰属する企業、財産、有価証券等」に関する一九四一年七月二二日の法令が突然フランス法をドイツの法令に合わせたときにも、この清算措置はまだ終わっていなかった。翌八月二六日に発布されると、この法令は「ドイツ当局の要求でユダヤ人財産に課される措置を合法的」とし、ユダヤ人問題総合委員会に「所有者または指導者がユダヤ人か、そのうちの誰かがユダヤ人である企業、あらゆる不動産、あらゆる動産[*86]」の臨時管理人を任命する権利を与えた。この法律が臨時管理人に与えた権限は「法外なもの」だった。彼らは「司法当局の認可を得る必要もなく」、どんな性質のものであれ、財産の全部かその一部を清算することができたのである。

この状況下にあって、二つの名高い会社の価値は落ちるどころか、その反対であった。オーレリア・アジェールは専務職にとどまって、「ドイツ通商の代表ベーマース氏とボルドー卸商グループが行なった大量購入」によって大商いをした。そのうえポイヤックワイン会社にとって、一九四〇年度は「莫大な純利益をもたらした最初の年」であり、またこの大量売却にもかかわらず、取引は六〇〇万フランを超えるストックを抱えた余裕のある最も堅固なものの一つだった。ジロンド県では、ロートシルドの所有株買収に対する欲求が激しくなった。加えて法令によって、臨時管理人は売却の方式も形態もまったく自由だった。唯一の義務はフィリップ・ド・ロートシルドの出資分の譲渡は国家によってではなく、民間の買い手によってのみ行うものとされたことである。実際、フランス国籍喪失者の財産に関するフランス法は公的領域における彼らの財産移転を想定していなかったのである。[*87]

注目の的になったのは、当時ポイヤックワイン会社の一画を占めていたシャトー・ラフィットの生産畑だった。ポイヤックのコミューヌの行政地域にあって、これは総面積一二七ヘクタール五一アール四八サンティアール（一二七万五一四八平方メートル）で、約五五ヘクタールの牧草地、農地と森を含んでいた。[*88] 一八六八年八月八日、この土地はこの家系の一員によってロートシルド家の遺産になった。一九四〇年、その三分の一がエドゥアール・ロートシルドに、三分の二がロベール・ド・ロートシルドに、六分の一がモーリス・ド・ロートシルドに、六分の一がロンドン居住の英国人ジェームズ・ド・ロートシルドに分割されたのである。

一九四〇年七月二三日法で執行された条令によって、一九四〇年九月六日、エドゥアール、ロベール、モーリスはみなフランス国籍を奪われた。この措置によって彼らの財産は没収され、国民救援のため売却された。一九四〇年一〇月五日法の執行で、国有財産管理局がこの三人の国籍喪失者の財産「接収管理人」に指名された。結局は、一九四〇年一二月二一日の法令によって、レパール裁判所長は管理局がシャトー・ラフィットの経営を継続することを許可した。しかしこの資格では、エドゥアール、ロベール、モーリスに属する六分の五しか経営できなかった。実際には、「ジェームズに属する六分の一」は敵の所有権を狙い撃ちする一九四〇年五月二三日と九月二三日の「ドイツの法令の手に落ちた」のである。イギリスに滞在するジェームズ・ド・ロートシルドはドイツ法令の意味において「敵」と見なされ、ベルリンによるドイツ人管理委員任命と財産供託が想定されていた。

一九四一年二月二六日付の書簡で、ボルドー国有財産管理部長ラヴァブル氏はボルドーの野戦軍司令官に対して、シャトー・ラフィット生産畑の経営はどうしても「切り離せず」、また「どんな介入も受けないし、経営全体にも害を与えない」と述べている。それゆえ、彼はドイツ当局に「この生産畑の管理方針と経営の統一を確保するため」、この分割におけるジェームズ・ド・ロートシルドの持ち分の臨時管理人として自分を指名するよう提案した。一九四一年三月一二日、この提案はボルドーの野戦軍司令官に受け入れられた。フランスのブドウ・ワイン生産にとってシャトー・ラフィットがもたらす利益を考慮して、農業省は、一九四二年四月七日付条令において「実験と応用の場」の創設と「農学校の設置」のためこの生産地の開発工事を「緊急な公益性を有する」[*89]ものであると表明した。この公益性表明に従って、裁判所長は、一九四二年七月二四日の決定により、「フランス国家のためのこの生産畑の接収」を宣告し、一九四二年一一月一日、国家がこれを所有することになる。暫定的な接収補償金は四一〇〇万フランと定められた。国籍喪失のフランス人共有者に帰するこの総額は国有財産管理局に収納された。ジェームズ・ド・ロートシルドの持ち分(六八三万三三三三フラン)は、預金供託金庫に彼の名義で開設された口座に振り込まれた。最終的な接収補償金は「後日評価調停委員会によって定められる」ものとされた。この処理過程を終えた結果、この生産地の営業用ワインのストック、貯蔵品、家具調度類一切はすべてフランス国家に譲渡されたのである。

この問題は、ボルドーの国有財産管理部長の一九四二年一一月二五日と一二月二六日付の二つの書簡によってドイツ軍司令官の知るところとなって、マジェスティックホテルでは大騒ぎになった。ドイツ当局にとって、フランス政府が行なったこの処理手続きはシャトー・ラフィットの生産畑が「ムートン・ロートシルドの生産畑に隣接して」おり、後者が「同じくフランス国籍喪失者でポルトガル居住の」アンリ・ド・ロートシルドのものであるだけに一層重大であった。ところで、この後者の所有地も

「フランス国家のために接収されて国有財産管理局の供託下に置かれ、国がその経営を確保していた」。もう一つの「シャトー・ラフィットの隣接所有地」ムートン・ダルマイヤックの生産畑についても同様だった。国家が所有するまでは、ムートン・ダルマイヤックはフィリップ・ド・ロートシルドが指揮する会社のものであり、彼はそこで主要な位置を占め、もうフランス国籍喪失者ではなかったが、今度は「ユダヤ教徒」としてユダヤ人を襲った措置の影響下にあったのである。

一九四三年二月一二日、問題の複雑さを前にして、この問題に裁定を下すヴィースバーデンの休戦委員会の決定まで妥協案を探るのが望ましいとされた。フランス政府は「この期間中、あらかじめドイツ当局の指示を仰ぐことなく譲渡は行わない」と約束した。管理がすでに国有財産管理局に委ねられている事案に関しては、新たな措置が出るまで現状維持のままとされた。これがとくにシャトー・ラフィットのブドウ・ワイン生産畑に対して取り決められたことだった。ところが、一九四三年四月二一日、ボルドーの卸商ルイ・エシュノエールに近いドイツ人管理人グスタフ・シュナイダーがこの生産畑に派遣されて、その経営の監視と統制をすることになった。彼の存在はＭＢＦの意図に対して、フランス行政府の嫌疑を呼んだ。

一九四三年六月一日、ドイツ当局の要請でボルドーに派遣された軍政部上級顧問リンケ氏の事務所で会談が行われた。敵国財産部門付き軍政部顧問ヴェーバー博士とともに、彼は国有財産総局付き管理人ロジョン氏、セーヌ国有財産管理部長ジャニコ氏、ボルドー登記所・国有財産管理部長ラヴァブル氏、国有財産管主席監査官グロス氏などと対峙した。[*90] フランス代表団は、ドイツ人管理人の存在は二月に双方で取り交わした約束に違反すると抗議した。彼らは「敵と見なされた国籍喪失者の資産に属する株券のみならず、この有価証券の収益まで国有財産管理局の手に渡すことが爾後フランスの各銀行に禁じられた」ことに驚いた。この名高い生産畑に関しては、彼らは一九四三年四月二三日の書簡においてフランス政府作成の理由書を引き継いでいたが、そこには「接収手続きは公権力行為なので、敵国財産に関するドイツ法の意味における措置行為とは見なされない」と明記してあった。ロジョン氏はこの見解をフランス国家がその領土内で行使する「主権」に依拠させた。少なくとも言えるのは、ドイツ人管理人の任命は「まったく特殊な違反」になるということである。状況は、一九四三年五月一五日、ドイツ当局が一九四二年七月にフランス国家が宣告した接収の断固たる破棄を要求しただけに一層深刻になった。さしあたりは、フランス法において所有者となったフランス国家とベルリン当局の「二重管理」の事態を避けねばならないが、ベルリンは「担保」を要求しており、戦争相手の「国家に対して報復措置を講ずる」必要に迫られれば、これを使うというのであった。

リンケ氏にとって、ドイツ人管理人の任命は主として「この問題に関して、フランス行政府が遅滞なく休戦委員会に付託するよう圧力をかけること」であった。彼は「上級オブザーバー」に過ぎないシュナイダー氏の権限を制限することには同意した。この会談の結果、翌七月七日、グスタフ・シュナイダーはラヴァブル氏に「交渉の結果……その事項が小生にはドイツ軍政部長官によって伝えられたが、当面貴君は国有財産の管理を続け、小生はオブザーバー役として諸問題の進展についてマジェスティックホテルに定期的な報告をするだけにする」ことを確約した。[*91]

ところが、MBFの経済指導部は彼らの名義で名高い生産畑の接収を行うことをあきらめなかった。そこでジロンド県登記所・国有財産管理部長は、ボルドー市場の有力な卸商でドイツ首脳部とも極めて近い関係にあるルイ・エシュノエールに助力を求めた。シャトー・ラフィット問題に関して彼を安心させながら、ルイ・エシュノエールは、「困難を取り除くための協力」を申し出たようだった。この問題に関してはラヴァブル氏のために、ルイ・エシュノエールは「彼を補佐して管理部の活動に協力し、これが保全していた財産を守るべく尽力した」[*92]。戦争が終わって数か月後、このボルドーの卸商に襲いかかった訴訟手続きの中心にあって、彼の役割は名高い生産畑をフランス行政府の下で維持した点において極めて重要なものとして言及された。いずれにせよ、世界的紛争の成り行きから、ドイツ側の関心はもはやどんなに名高いものであれ、不動産資産を追い求めるのではなく、法定貨幣価値、つまりは現金正貨と外国為替の獲得探求にあったのである。一九四二年から、シャトー・ラフィットのワイン生産畑の「管理納付金」の名目で、毎月多額の振込み金がパリのバークレイズ銀行の信託・監査事務所口座に振り込まれた。シャトー・ラフィット技師長のランデーシュ氏宛の一九四四年二月一七日の通達は、「管理納付金の毎月の振込みは……今後パリのスクリーブ通り三番地のアエロ銀行本店信託・監査事務所〝B〟口座に振り込むものとする」[*93]と通告していた。この書簡で対象とされたヘルマン・ゲーリングと空軍管理の金融機関宛の振込みは、ドイツ供託下の帝国の敵の財産管理に対するドイツ法の規定に対応するものだった。もっとも、この書簡には「フランス駐在のドイツ軍政部が任命した全管理人宛の軍政部通達の形を取っていたようである。だから、これはシャトー・ラフィットの個別例には適用されないように思われる」とあった。財産とワイン生産畑の獲得時代は過ぎ去った。素早く自由にできる資産と通貨の取得の時代に席を譲っていたのである。

第六章　呑み込まれたあらゆる恥

1　ゲームセット。崩壊へ

一九四二年は、ドイツにとって苦難のうちに終わった。予想された敗北のあらゆる徴候が現実のものとなった。ソ連とアフリカで激しくなった戦争を行うために、ドイツ帝国は際限なく浪費し、資金不足はかつてないほど大きかった。一九四二年一二月一五日、ベルリンは占領費の前払い金一〇〇〇万ライヒスマルクの増額を要求したが、これはフランスフランなら二億フランで、毎日の直接振込みが計五億フランということになる。そのような金額はフランスの支払い能力をはるかに超えており、ヴィシーは通貨を犠牲にしてフランス銀行に前払い金を増額させざるを得なかった。一九四三年一月、ラヴァルは「これはヨーロッパの共同防衛に対するフランスの金融支援」であるとみなして受け入れた。以後は、もはや口実が問題ではなかった。ヴィースバーデンの休戦協定や決定規約のあらゆる不公正な条項も忘れられた。「協力精神」が公式プロパガンダによって大喧伝され、あらゆる権利概念を捨て去って、占領者に与える特別優遇の拡大力学が強まったのである。

この激動の状況下にあって、フランスのブドウ産地はかつて以上に現れ始めた最後の搾取の恰好の標的になった。それゆえ、一九四三—一九四四年度のシーズンはドイツ当局からの増大する要求によって幕が開いた。仏独の交渉で無理やり引き出されたドイツ経済向けの新しい「公式」割当て量は、ワイン一八七万hlと定められた。その内訳は一般消費ワイン七五万hl、アルコール添加ワイン製造用ベースワイン三八万五〇〇〇hl、発泡性ワイン製造用ベースワイン二二万hl、ベルモット用ワイン一〇万hl、ヴィネガー製造用ベースワイン二〇万五〇〇〇hl、原産地統制呼称ワイン二三万hlである。シャンパンの追加割当て量とドイツ軍配給用の割当て量は決まっていなかったが、フランスのブドウ産地がこれほどの量をどうやって供給できるのか、誰にもわからなかった。

一九四三年六月二九日、フランス当局は市場に対するそのような圧力を抑えようとして、約千近くの有名なクリュ（銘柄ワイン）の制限価格を定めた規定集を公表して対応したが、その中には主として、ボルドーのシャトーとグラン・ヴァンの高級格付けがあり、その頂点にサンテミリオンとポムロル地区のソーテルヌ、メドック、若干のグラーヴがあった。*1 格付けのヒエラルキーとしてはメドック、リブルネ、グラーヴ、プルミエール・コート・ド・ボルドー、ソーテルヌ、ルピアック、サント・クロワ・デュ・モンなどが比類なき位置を占めていた。価格の点では、ソーテルヌ産のシャトー・ディケム九〇〇リットルボルドー樽が一三万フラン、メドック産の三つのプルミエ・クリュ、ラフィット、ラトゥール、マルゴー、あるいは類似のクリュ、グラーヴ産赤のオ・ブリオン、ムートン・ロートシルド第二級クリユ、サンテミリオン産の二つのクリュ、オゾンヌとシュヴァル・ブランなどが一〇万フランに達していた。ソーテルヌ村の一〇種のクリュ格付けがこれに近く、グラーヴのクリュ、ミッシオン・オ・ブリオンはひと樽九万フランだった。フィリップ・ルディエが示すように、ここでは他のクリュとの比較は示唆的で、ドイツ人が高く評価した白のリキュールワインの流行はモンバジヤック村のワインに有利になった。最良のボルドーワインは最も有名なブルゴーニュと肩を並べる。ロマネ・コンティは二二八リットル樽三万二五〇〇フラン、すなわちボルドー樽に換算すると一二万八二九〇フランである。シャンベルタン、クロ・ド・ベーズ、ミュジニは九万八六八五フラン、クロ・ド・ヴジョとコルトンは四万三〇〇〇フランである。モンラシェは一一万フラン強である。[*2]

そこからボルドー地方では、異例の高価格がメドック、オ・メドック、グラーヴ、ソーテルヌ、サンテミリオン地区などのワインに大きな商取引の流れを生むことになる。そのような圧力は地域の関連産業の混乱を招き、ボルドーワイン業種間委員会の出現を促したが、その最初の輪郭は、一九四三年一二月、ボルドーの経済省地方監察官アンリ・ベルジュのイニシアティブで描かれた。タイミングも悪かったが、この計画は状況に照らして遅きに失した感があった。

一九四三年一二月一四日の会議で、ブドウ・ワイン生産の業種間委員会と省庁間委員会は現状報告書を作成した。[*3] 戦争前一〇年の平均生産高はフランス本土で五五〇〇万hl近辺だったが、一九四〇、一九四一、一九四二年の三年ごとの収穫量は、この平均と比べて「大きく減少しており、それも年々強まっていた。一九四二年、本土の生産は三四〇〇万hlにも達しなかった」。ところで、「一九四三―一九四四年度の収穫高申告の集中化は総計三七八三万四四四七hlと窪みを浮き彫りにしていた」。この結果は

「満足のゆくものではなく、とりわけ期待していたものと比べてほど遠かった」。

より重大なのは、最後のシーズン末には恐るべきストックワインの減少が記録され、生産者保有ストックが前の四二八万三〇〇〇hlから二五一万六〇〇〇hl、卸商分ストックが七九七万八〇〇〇hlから六八三万四〇〇〇hlに減っていた。この状況には当局を不安にするだけのものがあった。実際次の年には、年度末のストックが一二二万六一〇〇hlから九三万五〇〇〇hlになっていた。事態は収穫量がうどん粉病に襲われて減少し、旱魃のため多くのブドウ産地でブドウの木が正常に成長できなかっただけに一層憂慮すべきものがあった。他方では、ブドウ栽培が地中海沿岸でドイツ軍が行なった防御・要塞化の大工事によって阻害され、ブドウの木が引き抜かれることになり、とくにエロー県では被害甚大であった。

結局のところ、収穫量は「期待されたものにはならなかった」。三七八三万四四四七hlの数字（内訳＝一般消費ワイン三一四九万一九九hl、原産地統制呼称ワイン五六二万二四六三hl、発酵を止めたブドウ液七二万一七八五hl）は、たとえ「一九四二年の三三七六万一〇〇〇hlに比べて著しい増加」を示していたにしても、「戦前の平均収穫量よりはるかに少なかった（本土では五五〇〇万hl）」のである。

しかしながら「消息筋」によると、最近の収穫高申告は「忠実に現実を反映していない」とされ、大きな隠蔽工作が行われたようであるという。そのうえ「いくつかの県では、異常な申告者数の増加が見られ、この状況からすると、多くの消費者が不当に生産者の資格を得てブドウ栽培者に与えられるワインの割当てを受け、配給制を免れているものと考えられる」としている。生産地での検査は増え、前シーズン中七〇〇〇件もの違反調書が作成されたのに、次第にその効果が薄れたようである。

結局、統制呼称ワインの割合は増え続けた。この年、生産量は五六二万二〇〇〇hlにのぼった。各シーズンは単に絶対値としてのみならず、とくに収穫量全体と比べて増えているが、これは極めて特徴的なことである。かくして、本土の生産量全体に比して、原産地統制呼称ワインの申告量は以後一四・八%を示しているのだった。

結局のところ、この年のシーズンは総収穫量に基づいて計画され、一九四三年のわずかながらも増加した生産量が取引における生産地ストックの減少とアルジェリア産の完全な欠如をぎりぎりで補っていた。次の年、減少量は七四万三〇〇〇hlに達したが、他方ではドイツ向け輸出の「公式」需要と占領軍部隊向けだけで三五〇万hlと算定されていた。こうした諸要素を再検討すると、フランスにおけるワインストックをこのシーズンだけで少なくとも四〇〇万hl下げねばならない。状況を鑑みると、これは民間への配給を厳しく制限してはじめて可能となる。この代価において、ドイツ向けの公式割当て量が一九四四年六月まで目立った混乱障害もなく引き渡されていたのである。

一般消費ワイン七五万hlの引渡しは一九四四年夏まではこうして賄われたが、それにはトレーブのドレッセール、ペルピニャンのマルティ、ベジエのペトリエ、イェールのユーグ、ニームのテシエ、ペルピニャンのパン、セートのデュボネなどフランス各地の供給分が充てられていた。買付け人クレッサー用のアルコール添加ワイン製造用ベースワイン三八万五〇〇〇hlの割当て量は、追加分を加えられたムルソーのルロワ社とコニャックのワイン・スピリッツ国立配分事務所によって確保された。バルト、ベッカー、オプファーマンが購入した発泡性ワイン製造用ベースワイン二二万hlは、ピュトのマルネーズ・デ・ヴァン・ド・シャンパーニュ社、アヴィニヨンのコンタのワイン会社、ボルドーのコルディエ社、アンボワーズのフォルツ、モンリシャールのモンムソによって確保された。ベーマースが購入したベルモット用ワイン一〇万hlはベジエのレ・フィス・ド・ルイ・ユックが供給した。カーヴェンが購入したヴィネガー製造用ベースワイン二〇万五〇〇〇hlはベジエのペトリエが供給した。最後に、ベーマースとゼグニッツ用の統制呼称ワインは一九四四年夏にはまだ引渡しが全部終わっていなかったが、ベジエのシアポ、ボルドーのレノトニク、パリのコラ・トニクマルマンドのソヴィアック、サンディカ・ド・ラ・ジロンド、デ・ヴァン・ド・ブルゴーニュで賄われた〔このパラグラフでは、数字があまりに複雑煩瑣過ぎて一部省略した――訳者〕。

この同じ一九四三―一九四四年度のシーズンに、国防軍へワインを納入する二つの取引が行われた。一つは五〇万hlで、困難な状況にもかかわらず、一九四四年夏ほぼ全量の四八万九五一hlが引き渡された。そのうち三四万七四九hlがドイツ軍経理部の担当部局、二万五〇〇〇hlがベジエのレ・フィス・ド・ルイ・ユックによって納入され、七万一〇〇〇hlが国防軍の将校会食所用に供給省からドイツ軍経理部に直接渡され、二万五八〇二hlは正規の引換券なしにドイツ軍部隊が天引きし、一万八四〇〇hlは国防軍のヴィネガーとベルモット製造用だった。

二つ目の取引は四万hlで、三万六三六六hlがディジョンのレ・グラン・シェ九一二〇hl、ニュイ・サン・ジョルジュのショヴネ二二八〇hl、ボーヌのパトリアルシュ一六二〇hl、ニュイ・サン・ジョルジュのデュフルール六八四〇hl、ボルドー商業組合一万六五〇六hlの分担で供給された。

さてこの最後のシーズンからは、武装親衛隊にその公認買付け人のナチ、マックス・ジーモンが行なった取引の二つの公式な特別割当て量が浮き上がってくる。一つは、フランスの軍経理部が直接売った一般消費ワイン二万hlである。二つ目は総量八万hlの「特撰ワイン」の取引である。この武装親衛隊の提案には以下の売り手が応じた。一万九〇〇〇hlの予定のうち、五八四五hl納入したマルゴーワイン会社、一万五〇〇〇hlの予定のうち、五四三三hl納入したサント・セシル・レ・ヴィーニュのヴェルシェール&グラニエ社。また、ベルシーのヴィローム一四〇hl、ベジエのコミコの予定した五〇〇〇hl、ポマールのマリユス・クレルジェ五〇〇〇hl、フロワラックのデュロン九〇〇〇hl、パリのコントワール・デ・グラン・ヴァン・レジオノ三〇〇〇hl、ボルドーのルセル四〇〇〇hl、パリのフランスワイン・スピリッツ社一五〇〇hlなどだが、これらの最終的納入はドイツ軍部隊の敗走前には間に合わなかった。

この数字はすべて、一九四四年夏、ナチの収奪システムが崩壊した際に得られた引渡しに関する算定数値である。逃亡中の公認買付け人が担当地域の記録資料の一部を破棄し、秘密と目されたものを持ち去っていた。最終的には、何人かの業界関係者や地域の組合が購入ワインの引渡しを諦めた。アルマニャック・コニャック国立配分事務所も、一九四四年夏に契約した一万hlのアルコール類の供給を断念したようである。とくにボルドーとボーヌの商業組合とブドウ栽培組合は当時、多数の統計記録が「散失する」か「偶然破棄された」と報告している。一九四四年一〇月二五日付の書簡でも、ボルドーの組合は送付したいくつかの情報が郵便局によって破棄されたか、または紛失したと報告している。さらに一九四四年一二月七日の書簡では、解放委員会の調査委員会に求められた情報を提供できないと釈明している。それにこれらの数字はすべて「シャンパーニュワイン業種間委員会によって直接提供され、次いでコニャックやアルマニャック、さらにはアルコール類の国立配分事務所によって引き渡された」極めて多量のシャンパンと「シャンパン方式の」発泡性ワインを考慮したものではなかった。もちろん後述するように、これはまた闇市場やフランス中のレストランとホテルがブドウ産地で直接購入した膨大な取引量とも無関係である。[*4]

一九四四年の初め頃から次第にドイツの購入圧力に押しつぶされながら、フランス経済は混沌の危機に脅かされていた。ドイツの収奪の実態と関連産業を襲った信じ難い腐敗を隠蔽するため、ヴィシー政府は逮捕大作戦の開始で反撃した。この政治的欺瞞は報道分野で幅広く受け継がれた。一九四四年五月一五日、フランス通信〔ナチ占領中ヴィシー政府が設けた通信社〕は「ワインの供給がここ数週間で悪化した」と伝えている。フランス人、とくに都市部では「厳しい制限を受けていた」。再び供給することは不可能になったのである。農業と供給担当閣外相フランソワ・シャセーニュは、危機の「大部分は爆撃と破壊工作による運送困難」からだが、しかしまた「ワイン市場の有力者たちの不正行為」のためでもあると認めた。彼は不正行為者と陰謀家たちに対して「断固たる措置」を取るよう命じた。昔は徹底的なコラボでドイツ大使オットー・アベッツに非常に近かったこの大臣は、近づく体制の崩壊もヴィシーが始めた政策を加速化する好機だと盲信する頑固者だった。SSクノッヘンと拷問者で出世主義者のアンリ・ラフォンと懇意な彼はフランス民兵隊の友人たちに頼んで好き放題にやっても、恐れるところがなかった。

経済警察の長マルセル・ベルナールの結論に基づいて秩序維持局長に指名された民兵隊長ジョゼフ・デュランはSSオベルクの支持を得て、ブドウ・ワイン関連産業のあらゆる全国レベルの指導者逮捕を命じたが、その中には飲料供給中央委員会長ロジェ・デスカ、事務局長の監督官シャロン、元局長ベルトラン、ナルボンヌ郡ワイン卸売組合長セーニュなどがいた。他方で、ジャーナリストで数社の技術顧問、卸商で有名な実業家でもあるモーリス・ラバンを拘禁せねばならなかった。政府は「たとえいかに高位にあっても、責任者に厳しく処するべく……断固たる決意である」と表明した。利害対立は最高位の者たちまで分裂させた。数日後、ハインツ・ベーマースはブリストルホテルで軟禁されていたロジェ・デスカを釈放させるため、パリで個人的に介入した。

一九四四年七月三一日、連合軍がパリへの道を切り開き、国防軍が東部でソ連に最悪の失敗を被らされていたとき、ナチの全権公使ヘメンはフランスが支払う占領負担金を一日五億から七億フランに増額すると命じた。八月一〇日、フランス側大臣カタラは、フランス経済の極端な脆弱状態や増大する占領費用、当時七億六〇〇〇万フランにもなっていた仏独決済委員会の膨大な赤字による急激なインフレを挙げて丁重に断った。こうした理由のため、まったく外交的な書式で「フランス政府は自国に求められたが満足を与えることのできない要求を、帝国政府におかれては断念されたい」旨申し送った。もう一つの現実には、その後戦争がフランス領土の中心部で行われ、またドイツがすべての戦線で決定的敗北を喫していると思われたということがある。同日、カタラは釈明のためマジェスティックホテルに召喚された。ヘメンは、八月二一日の支払い期日の期限前支払いに付随する前払い金を即刻振り込むよう要求した。ラヴァルが八〇億フランの前払い金の即時振込みを受け入れたのは、翌々日の八月一二日である。苦杯はなめ尽くされたのだった。

2 戦争のページをめくる――敵との「協力」の問題

ドイツによるブドウ栽培地の占領が終わり、国土の解放が徐々に進むと、根気よく積み重ねてきた成功物語が大きく変わり、戦争中の敵とのワイン取引と関連業者の立場が論争の中心に置かれた。嫌疑は関連産業全体に及んだが、耳目が集中したのは卸売業である。実際一九四一年から、レジスタンスのプロパガンダは「ワイン滓ども」、この不当に金持ちになったと目された大搾取者の告発を公然と展開していた。両大戦期間中盛んだった主要テーマの一つを再び取り上げて、フランス共産党は「大卸商」[*5]の裏切り行為に対するブドウ栽培農民の抵抗を描いたビラを多用した。ブルゴーニュのニュイ・サン・ジョルジュでは、ヴィシー政府により町長に任命されたアンリ・カルトロンは卸商でリキュール酒製造業者だったが、匿名の手紙で公然たるコラボの反愛国主義者と非難された。カルトロンは反駁して、共産党に加担した疑いで町の住民の一人に緊急調査を行うよう指示した。共産党が「第三帝国の暴君ども」[*6]の共犯者とされた者に対する復讐のレジスタンス精神を一貫して鼓舞したのは、「フランスで生産されたものはフランスに残さねばならない」という主張であった。

どのブドウ栽培地でも平和が戻り繁栄が約束されても、そんな約束は当時、敵の提案に応じなかったために、この時代にひどく貧しくなり破産さえした者にとっては信じ難いものに思われた。実際ごく少数だが、ドイツ占領中に活動を抑えるとか意図して帝国との取引を断念した者と、時には途方もない成金ぶりで、店が突然戦前とは比較にならないほど立派になった卸商とのズレは大きかった。連合軍のプロパガンダとレジスタンスがあれほど顕揚した正義の精神は当時、このズレを超えて、商取引に求められたある一定の公正と忠誠精神と不可分の心の高揚と活力を呼び起こしていたのである。

こうした立場の先鋭化は、一九四四年一二月、コート・ドールの業者の小グループが会員の利益を守る卸商レジスタンス協会設立のイニシアティブを取ったとき、その頂点に達した。ワイン取引レジスタンス団という名称で、ボーヌで創設された協会は卸商モーリス・ダールが主宰し、「戦争中敵と協力した会社のために不利益を被った」[*7]者すべてを集めていた。

事務局では、モーリス・ダールに他の六人の卸商が協力していた。ボーヌとポマールのポール・ノダン＝ヴァロ、ボーヌのジャン・バティスト・ベジョ＝コロン、ショレのモーリス・グー・ド・ボピュイ、ボーヌのルイ・ジャド、サン・ロマンのロラン・テヴナン＝ブズロ、ボーヌのピエール・ゴティエである。彼らは何人かの同僚の非難すべき慣行との完全な断絶を表明した。

そのため、協会の規定はこう明記している。「ドイツによる占領中商売はしても、敵にはいかなる売却も行わなかったワイン卸商のみ加入」できる。「占領者から課せられた徴発だけに応じた卸商は、協会事務局による個別検査後に加入を認めるものとする」[*8]。

もちろん、このようにして構成されたこの団体は新しい商業政策に与するもので、そのプロパガンダは、いつも敵には売らないよう心がけて抑圧に対する最終的勝利に寄与した会員の道徳的・愛国的性格を基にしていた[*9]。そのような倫理的論法は当然ながらフランスやヨーロッパのあらゆる顧客層に向けられたものだが、しかしまたすでに注目しているイギリスやとくに北アメリカの市場にも向けられていたのである[*10]。

したがって最初から、協会の活動は不滅のレジスタンス精神に立脚していた。経済界に不信と疑念が蔓延していたこの混乱した時代には、愛国心は比類なき商業上の論拠になったのである。そのため、瓶のラベルにはこう明記されることが決まった。「戦争中ドイツ人には一滴のワインも売ることなし Not a drop of wine sold to the Germans during the war」。

協会に加盟した店や会社の商用郵便物は同じようなレッテルを用いており、例えば卸商ポール・ノダン＝ヴァロのレターヘッドや請求書にはこうあった。「戦争中〝ドイツ野郎 Boches〟に協力しなかった会社」。

協会幹事役を託された性格の強いノダン＝ヴァロは公然とコラボの同業者に敵意を示し、完全に一線を画していた。それゆえ、一九四四年一一月、フランスワイン輸出委員会がイギリスの新聞に「ワインの四年間のレジスタンス」と題した声明文を渡したとき、このボーヌの卸商は怒りに燃え上がり、現実を歪曲しようとする者たちのペテンを告発した。輸出委員会長ジャン・クプリ宛に、彼はこう書いている。

「よくもこんなことが書けるものだと信じ難い思いだ。我々はわがブドウ・ワイン生産地域の商社が行なった大量のワイン取引をこの目で見てきた。それに、私はこうした商社の活動は〝意図的に細工した〟ものでも、ドイツ人を欺くために地域組合が与えた情報に基づくものでもなく、まったく逆であることを知っている。それなのに、なぜ委員会長はこのコミュニケを掲載されたのか？」*[11]。

卸商はこう付け加えて、終わっている。

「ブルゴーニュ以外の地方では、ワイン卸商がもっとよく己の義務を理解していたことはあり得る。

しかし、ことブルゴーニュに関しては、それはまったくの偽りだったのである」。

この手紙がクプリによってボーヌの組合会議所に転送されると、爆弾となった。有力な卸商たちは大半が愛国心の証明を要する調査で身動きが取れなかったが、このやり方には憤慨した。このように商業全体に投げかけられた嫌疑は不可避的に欺瞞的で一面的な混同をもたらし、商人を詐欺師、密売人、裏切り者と同一視することになった。したがって、組合会議所としては、拡大されて結局は、ブルゴーニュの商売全体の信用に致命的な打撃を与えかねないこうした嫌疑には強く反撃せねばならなかった。ノダン゠ヴァロに対して、彼も一員である組合は二つの措置を取った。一つは彼に対して懲戒訴訟を起こすことだった。もう一つは、彼の名誉と商売の信用を失墜させることだった。

かくして、この卸商は釈明するよう通告されたが、組合総会は「同業者との連帯に対する重大な違反」と「不正確な事実を論拠として……また組合と組合員に対する中傷的な発言をして不当な競争行為」を行なったと結論して、満場一致で彼を除名したのである。

しかしながら、当初から極めて慎重な卸商たちは「少なくとも当面は中傷的発言を法的には問題にせず、また……不当競争に対しても問題にしない」[*12]と決めていた。それでも、組合は商売の信用を失墜させる例の「ラベル」の「誤った」使用をやめさせようと躍起になっていた。

「我々はごく手短に議論し争いを回避する方向で一致して、〝占領中ドイツ人と協力しなかった会社〟を集めるため形成されつつある分派集団に対する行動の可能性に決着をつけた。要するに、この集団はそれほど多くの賛同者を集めることはないものと思われたのである。

推進者の一人は前からわが組合の一員で極めて激しやすい男であり、何かにつけて口を出し、しばしば見当違いでさえあるが、彼が犠牲となった不正行為、とくにさまざまな引換券（とりわけガラス製品）のことで激しく抗議し、組合事務所でいざこざを起こしていた。

我々は好きなようにさせておき、この激情家が決して正確には説明しない事実の真相を明らかにするだけにした。

しかし問題が複雑になったのは、彼が便箋や封筒に〝占領中ドイツ人と協力しなかった会社〟という例のレッテルを貼り付けたからである。しかし、この事実が正確だとしても、それが彼の権利であると言えるだろうか……」[*13]。

ところで、反撃の際、ブルゴーニュの卸商の代表たちは組合の保管文書から、一九四〇―一九四一年、ノダン゠ヴァロが買付け人デラーと行なった商活動を示すいくつかの書類を引き出してきた。あらゆる公式の取引が交錯する十字路にあって、供給を集中的に取り扱っていた商業組合は当時、組合員の所業に最も通じていた機関だった。ノダン゠ヴァロの失敗はおそらくあまりに早く彼の目論見を越えてしまった争点たるこの局面を過小評価したことで、組合会議所の指導者の方は、帝国代理人による公式かつ限定的な売却と闇市場でのはるかに大量の取引を意図的に混同して、彼の弱みを衝いたのである。

シャンパーニュでも、状況は同じく緊張下にあった。ここでもまた戦争と占領の時代は文字通りワイン商売の「黄金時代」であり、大半の商店・会社がこの時代に前例なき営業益を挙げており、一九四四年までにシャンパンを約九〇〇〇万本と発泡性ワインを一〇〇〇万本も敵に売り渡していたほどだった。解放時に調査研究総局が作成した詳細な報告書で、報告者はこう書いている。「人々は喜んで純粋な愛国心のモデルとして、占領下で強力な卸商集団に牽引されたシャンパン協同組合を挙げるかもしれない。

この態度は論理的にはフランス精神擁護から生じるはずのもので、この名において、地方の有力者たちは必ずや世界的に有名なワインを美化したことだろう。だが事態はそうではなく、大雑把に言えば、シャンパン商会も多数の独立系ブドウ栽培者〔ブドウ・ワイン生産販売を一貫して直接行う栽培者〕も敵に対して好意的以上の態度を示していたのである」。

さらに、報告者はこう付け加えている。「規則には例外があるものだが、その中で挙げておくべきはオラン侯爵である。彼はシャンパン株式会社カンケルマンの取締役会のメンバーで、ゲシュタポの手から脱出に成功して北アフリカに達するとフランス戦闘部隊で参戦し、その後アルザスの戦場で斃れた」。一九四三年、抑圧が激化してから「テロリストとの内通」の廉でのいくつかの逮捕強制収容がブドウ栽培地を襲った。一九三八―一九四一年にブドウ栽培者総合組合長だったガストン・ポワトゥヴァンは、一九四四年三月四日、ブーヘンヴァルトで死んだ。その婿アンリ・マルタンはエペルネーの社会党代議士でオヴィレール町長、シャンパーニュブドウ・ワイン協同組合連合会長でもあったが、一九四五年五月九日、マウトハウゼンで死んだ。業種間委員会委員長クロード・フルモンはブーヘンヴァルト、次いでドラに強制収容された。ポール・シャンドン＝モエはアウシュヴィッツに送られて殺され、モエ＆シャンドン社の法定代理人で営業部長のカミーユ・ド・マルイユと解放者組織のメンバー、ロベール・ド・ヴォギュエはゲシュタポに逮捕された。死刑判決を受けたこの営業部長は、一九四四年六月、ベルゲン・ベルゼンに送られる前に恩赦を受けた。歴史家クロディーヌとセルジュ・ヴォリコフが強調するように、業種間委員会執行部の辞任の原因となり、ＣＧＴ〔労働総同盟〕の組合運動指導者たちのストライキ・アピールを引き起こしたのは、彼の逮捕である。もっとも、この指導者たちは厳しい抑圧を受け、とくにその中には酒蔵職人、共産主義者のレジスタンなどがいたが、何人かは一九四一年から逮捕されて処刑されたのである。[*14]

しかし、幕が徐々に上がって見えてきたのはシャンパン製造販売会社の罪深い活動だった。帝国への最大の供給者はとくに以下のメゾンが挙げられる。シャンパン一〇二万三二二五本を引き渡したエペルネーのモエ＆シャンドン社、七九万九三〇本のランスのヴーヴ・クリコ・ポンサルダン、七〇万四三二〇本のランスのポムリー＆グルノ、五九万五九八〇本のランスのG・H・ミュム、五六万一八五〇本のランスのエドシエック・モノポル、五五万一二五〇本のエペルネーのメルシエ[*15]（これらは現在も有名ブランドである）。

しかしながら、「占領下のシャンパン生産・取引において非難すべき行為を探索することは、多種多様な関係者を考慮に入れると、大規模な企てとなる。確かに、彼ら各自が捜査機関や当局にそのような者として把握されていることが必要だし、途中で興味深い多数の事例に出くわすこともあるだろう。だが、一つの事実が残る。フランス第一級のブドウ産地の企業家たちが、国家の富と名誉を犠牲にして膨大な利益をあげていたことである」。一九四五年一月、ランス地方委員会の調査研究総局が作成した占領下のシャンパーニュワインに関する総括的な分析は、この曖昧さなど微塵もない言葉によって始まる。

この報告書は反愛国的な行動の積み重なりを提示するのではなく、敵との集団的協力に向かった関連産業全体の組織的一貫性を報告している。例えば、ブドウ栽培者のメニル・スュール・オジェの村長はシャンパーニュの一般的な状況に関する見解ではるかに率直である。[*16] 彼は「大地の恵みでシャンパンのカーストほど（特権階級）豊かになった地方はフランスにはない」と書いている。フランスに来ると、

「ドイツ人はシャンパン取引を推し進め」必要量を確保し、「国際的な不正取引」を続けた。この新しい環境にあって、「ほとんどすべてのシャンパン会社が経済面で協力した」。「ドイツ人代理業者がいるとかドイツ人との友好関係」が「大半のシャンパン会社」の現実だったのである。

解放時、不当利得没収委員会の監査委員は「びっくり仰天」の利益を暴露している。多くの会社の会計簿は事業の途方もない不健全な財務状態を示していた。もっとも栄えた会社のうち、「堅実なルイ・レデール社は五一五〇万フランの公式上の純益をあげていた。モエ&シャンドン社は四六二〇万フラン、マルヌ&シャンパーニュ社は四二二〇万フランに達していた……それは全体としてみると、戦前の利益と比べて二〇〜一〇〇〇%もの純益増に見合うものだったのである!」。

報告書はさらに付け加えている。「はっきりと言っておくが、それは純益であって、これ以外に各社はストックの再評価、建物の整備、予備費分などとして数百万フラン予定することができたのである。そのうえ多くの場合、資本金を数百万単位で増やしていた。メルシエ社九五〇万フラン、ランソン社一〇〇〇万フラン、ヴーヴ・ロラン・ペリエ二五〇万フラン、ポムリー&グルノ一五〇〇万フランなどである」。

しかしながら、いくつかは「かなりの取引をしながらも」利益を「一九三九年と比べて大きな比率では」増やせなかった。概して、それは「グランド・ブティユ(大型瓶→高級酒醸造所)」と称されるワインの品質で有名な高級ワインのメゾンであった。逆に、「モワイエンヌ・エ・プティット・ブティユ(中小型瓶→普通酒醸造所)」は確実に状況を利用して驚くべき発展をしていた。例えば報告書は、その名を取ったメゾンの所有者マダム・オルリー=レデレールは決してドイツ人に不満を言わなかったと明記している。一九四一年四月二一日の報告書で、クレービッシュについて、彼女は「ドイツ人への売却ワインの請求価格については言われるままに同意した」と書いている。また一九四二年五月二二日の報告書ではこう書いている。「私たちは占領軍の決定に従わねばならず、また取引の小さな流れを維持しながら、彼らを満足させるため非常に難しいことを少なくとも私たちにできる範囲内でしていた」。いずれにせよ、大半の「グランド・ブテイユ」社は「外国市場を少なくともスウェーデン、ノルウェー、フィンランド、デンマーク、スイス、オランダ、ベルギー、もちろんドイツでも守っていたのである」。

約一八〇のシャンパン会社の総合的な成果は「一〇億」と推定されるが、これは「けた外れ」の利益、すなわち「通常」の商活動で得られる利益をはるかに上回る額であった。そのうえ、調査書は「シャンパン商人は闇市場で膨大な量のワインをドイツ人に売っており」、この闇ルートが「計り知れないほどの莫大な利益」を担保していた。同時に、彼らは率直なる協力を維持するため「国防軍」価格で大量のシャンパンをドイツ人に「提供」していた。結局、売却ワインの質の変造・悪化は二度にわたる値上げの波を理由として人為的な増量をもたらした。最初は一九四一年六月一日の条令によって、一九三九年九月一日以前一五～二〇フランで売られたひと瓶は一〇フラン、二〇～三〇フランで売られたひと瓶は一二フラン、三〇フラン以上で売られたひと瓶は一四フランずつ値上げされた。同じく、一五フラン以下で売られたひと瓶は二五フランで売られた。一九四二年五月二九日の二つ目の条令は、最初の場合と同様、それぞれを二二フラン、二七フラン、三二フランずつ新たに値上げした。一九三九年九月一日に一五フラン以下で売られたひと瓶は三五フランに定められた。[*17]

この管理販売価格の問題は、戦前、シャンパーニュの卸商は「リボン」とか「札」(白札、赤リボン、ゴールド札など）のラベルで多様な質のシャンパンを提供していただけにより一層根本的に重要なことだった。しかしこの品質はそれぞれのシャンパン会社の責任で決められており、いくつかの値段や「ブランド率」に対応するものだった。それゆえ、占領中は並みのワインで製造してレッテルを変え、「高級」シャンパンを売ることは容易であった。ある者からは「不正」とされたこのやり方はまったく合法的だった。それはこれが、一九四一年から、政府委員の管轄下でシャンパーニュワイン業種間委員会が行なった検査が好意的であったし、またいかなる規制も受けなかったからである。だからこれには即効力があった。あらゆる下位等級のシャンパンが色々な「特上品」（ゴールド札、赤リボンなど）のために姿を消したのである。そのようなやり方で「合法的な」潜在利益が爆発的に増え、想像力を超えたものになったのだ。

こうした事実にもかかわらず、シャンパーニュワイン業種間委員会は、地域の解放後わずか一一日目の一九四四年九月一一日、さらに管理価格を上げる新条令の公布を受けた。このシャンパーニュの卸商へのプレゼントは、「占領中の価格で十分利益があった」だけにより一層驚きだった。これに関して、報告書は、調査官には「公権力を説得するのにどのような弁証法が使われたのか」わからなかったと付け加えている。そのため法定価格は、一九三九年九月一日以前一五～二〇フランで売られたひと瓶は三三フラン、二〇～三〇フランで売られたひと瓶は四一フラン、三〇フラン以上で売られたひと瓶は四九フランにも値上げされた。同じく、一五フラン以下で売られたひと瓶は以後四五フランで売られたのである。

一九四一年六月、一九四二年五月、一九四四年九月の各条令によって、一九三九年九月一日に一五フラン以下で売られていたシャンパンと、一五フランと二〇フラン以上のシャンパンとに明確な差がつけられた。前者は、大卸商が嫌った小規模会社と独立系ブドウ栽培者の取引に応えるものだった。ところで、「大商会にとっては、その名声の堅固さを考慮すると、一九三九年の売却価格を証明する仕送り状を適宜提示することは可能だった。だが小規模の独立系ブドウ栽培者の場合はそうではなく、彼らは破産しないようひと瓶一〇フランとかそれ以下でも売らざるを得なかった。したがって、二五とか三五フランの高価格を要求することはできなかったのである」。

この状況下にあって、全生産者にとって一般的費用が上昇したことを考慮すると、独立系ブドウ栽培者が危機を脱するには、ブドウ産地に犇めく闇屋を介して徹底的に闇取引をするしかなかった。それゆえ、当時臨時政府がシャンパーニュの卸商と独立系ブドウ栽培者に与えた「特恵措置」は驚くべきもので、解放時に役人と調査官が作成した報告書と提言に明らかに矛盾するものになった。一九四四年九月二一日、「偶然見つかった報告書において」、ランス経済委員会の主席監査官は「シャンパーニュワインの値上げは必要なしという理由」を六頁にわたって述べている。当時、この報告書が顧みられなかった理由と、「忠実な役人たちの客観的な指摘を蔑ろにした陰の勢力」については大いに疑問が残る。彼らの一人はとりわけその説明として、シャンパーニュワイン業種間委員会副会長でクレービッシュの週委員会の元メンバー、クロード・フルモンに「パリの価格管理局に近い親戚のトップがいたからだが、おそらく今もいるだろう（コメント不要〔分かりきったこと〕）」と指摘していた。

しかしながら、一九四四年に一〇〇％理想的な銘柄で造られた最良品のシャンパン一本の原価は五四・七五フランで、それに利ざや一〇％と売却税三三％を加えても、「シャンパーニュでシャンパン一本が一〇五フラン以上で売られることはない（もちろん、運送費は別）」とされていた。ところで、シャンパンは通常、公認市場で一三〇〜一四〇フラン、時には一七〇フランでさえ売られたが、闇市場でははるかに高くなる。当時、他の地方ブルゴーニュやボルドー、アンジューなどで、ワインひとケースが「以前は六〇〇〇フランを超えることはなかった」のに、シャンパンが二万フランで売られても異論を唱えることは難しかった。

いずれにせよ、シャンパーニュワイン業種間委員会は公然と危うい妥協的行為の主役と見なされていた。一九四五年に暴かれた次のような問題によって一層疑惑が増した。一九四四年七月、エペルネー在住の発泡性ワインの帝国公認買付け人バルトが輸送中のワインの支払いに六二三八万四五五フランの巨額を業種間委員会に渡していたのである。それは各シーズンに同じ原則で行われた数十回の支払いの一つであり、通常の支払いである。ところが夏の間にドイツ軍が突然退却し、次いで一九四四年八月三〇日、バルトが逃亡したため引渡しが中断された。このまったく予想外の状況に直面して、業種間委員会はこの金額の保留を決定し、敵財産没収国家管理庁に申告もしなかった。[*18]

嫌疑をかけられたこの委員会は当時極めて弱体化していた。秋には、モーリス・ドワイヤールは職を辞さねばならなかった。ヴェルテュ村のブドウ栽培者組合部門が彼を「望ましからざる人物と判断していた」からである。しかし、シャルル・テロン、この政府委員で業種間委員会の三巨頭の長、マルヌ県不当利得没収委員会副会長はあらゆる権力を掌中に収めていた。この決定を彼は、以前の取引で契約した一三〇〇万フランの未払い金が業種間委員会に対する帝国の借金として存在することによって説明した。それゆえ、委員会は「バルトの預託金を使って残りは返却する」つもりだと言うのであった。

共犯者ではなくとも、シャルル・テロンは疑わしい怠慢さを指摘されたが、それは、「この数百万フランがドイツに送るためにフランスの民間用割当て量から取られた樽詰めのシャンパーニュワインの支払いに充てられていた」からである。彼の態度はどう見ても奇妙なものだった。「彼が任期中シャンパーニュの実業界で結んだ」関係が、「シャロン・スュール・マルヌの間接税税務署長としての任務を歪めるものである」と思われたのだ。しかも「テロン氏が、シャンパーニュの裕福な卸商を俎上に載せる不当利得没収委員会の副会長であるとなると、些か危惧の念を覚えずにはいられない」からであった。かくして、「この政府代表の健全なる愛国心と清廉潔白を信じようとしても、残念ながら国家再建の代表たちは疑念を発するのだった」。テロンの部下である間接税税務署の某署員は政府代表の好ましからざる行動を語り、しばしば公私混同をしており、とりわけ彼自身が猛烈な闇取引に加わり、それもとくにタバコとアルコール類に激しかったという。

より重大なのは、シャルル・テロンが占領下で「ヴィシーの指令に対する罪深い熱情」を示し、とくにドイツにその手先数名を送るために脅迫と制裁を繰り返していたことだろう。直接税税務署の調査官は、この高官にかかわる圧倒的な事実を確認している。ロベール・ド・ヴォギュエがドイツ人に逮捕された後、シャルル・テロンは代わって一時的に彼の地位に就いた。調査官はこう書いている。「ロベール・ド・ヴォギュエが宴を催し、フォン・クレービッシュという名のドイツ人シャンパン指導者と友好関係をもっていたのは、その頃である。このドイツ人野郎を満足させるため、テロン氏はシャンパーニュワイン業種間委員会代表としてシャンパンを徴発させ、ドイツ人に引き渡したのである」。

「テロン氏は間接税税務署長として、ドイツ人に供給用カラス麦を供出しない農民に罰金を課す役目にあった。政府に強いられた間接税の多くの徴税事務所長が罰金命令を出していたが、軽微だった。しかしテロン氏のは農民に莫大な金額を払わせていたのである[*19]。

この状況下にあって、経済調査研究総局の代表たちはシャンパーニュワイン業種間委員会の長にシャルル・テロンを任命したことを「誤り」と見なし、「シャルル・テロン氏の存在は単にシャンパーニュワイン業種間委員会にのみならず、さらにマルヌ県の不当利得没収委員会にとっても有害である」[*20]と報告している。

この全般化した混乱状況からみても、一九四四年一一月二一日付のパリの新聞『リベラシオン・ソワール』が、「シャンパン前線は抵抗した」と題してシャンパーニュワイン業種間委員会をベタ褒めした記事を載せたことには、驚かされる。記者ジャクリーヌ・ルノワールはこう書いている。

「噂によると、ドイツ人がすべてを持ち去り、連合軍部隊が生産を麻痺させ、ここ数年の収穫高は不足していたという。だが誰もが間違っている。シャンパンは抵抗したのだ……

問い：占領中のドイツの要求とはどんなものだったのか？

——我々は四年間で六〇〇〇万本も渡した。もっとも、大量徴発は休戦協定の秘密条項になっていた。シャンパンはフランスの黄金の価値の一つであることを忘れないでもらいたい。

——そんな莫大な量は現存のストックを大きく減らすことになったのでは？

——いや、それは違う。それこそ我々の大きな勝利だった。我々の遺産の一〇%を失っただけだ。

——それは素晴らしい。よくわかるけど、シャンパーニュ大卸商は資産に手を付けずに年金で暮らすプチ・ブルのようなものだ。

――その通り。シャンパーニュワイン業種間委員会がドイツの重苦しい要求を一五〇人の卸商に配分してくれた。戦後、フランスが交換通貨を持てるようにストックを維持しなくてはならなかった」。

経済管理調査局長の驚くべき論評にはこうある。

「シャンパンのレジスタンがゲシュタポの牢獄や前線についてどう考えているのか知らないが、我々はリベラシオン紙の愛想のよいジャクリーヌ・ルノワールがワインの試飲会で、いとも簡単に説得されたものだと思っている。シャンパーニュワイン業種間委員会の何人かは、前述したが、有名なコラボだった。この委員会自体が行政府の庇護下でドイツ人の仕事を助けたが、しかしまたワイン価格の設定において故意に政府を誤らせ、しかもこうした価格の逓減一覧表を作成して不正を犯していた。彼らの責任はその長たる政府委員、国家官僚のシャロン・スュール・マルヌの間接税税務署長の権威で覆い隠されてしまったのか?」。

シャンパーニュで指弾を浴びた有力者のなかで、フェリックス・アンリ・ゴンドリは世間の噂にさらされ、ランソン・ペール&フィス社の多くの責任者同様、「周知のコラボ」と指さされていた。誰もが認めたオットー・クレービッシュや国防軍指導者、ゲシュタポとの近さに加えて、彼の使用人の一人ダルデンヌ夫人が「ドイツが戦争に敗けたときに」取られた処置のことを打ち明けた話が報告されている。つまり、数百万フランが不動産と金《きん》に用心深く投資されていたのである。身の保護としては、「ゴンドリ氏は裁判所から追及された場合には堅固な人間関係を当てにしていたという。彼は現役に再招集された予備役少佐シモナン氏とも懇意だった」が、この少佐も「コラボ思想の持ち主と見なされていた」。「ランソン社の元酒蔵庫頭でランスの郡長の従兄弟、シャンパン会社ポール・ビュールの所有者シフェール氏も少佐と懇意だったようだ。また郡長シュネテール氏もその友人だったという」。

こういう状況にあって、「おそらくは愛国心を売り込むため、こうした指導者らはいくつかの公的機関に自社製品を贈っておく方がよいと思ったのだ。アメリカ人がランスに来ると、シャンパンがフランス国内軍FFI〔レジスタンス組織〕にふんだんに注がれた」。一九四四年晩秋、「年末が近づくと、シャンパンケースが贈り物として、第一軍に敬意を表して公的機関に無償で送られた。警察は警察署長個人として、また各種の社会援助委員会なども受け取った[*21]」。

この会社の法定代理人の事務所にあった書類をめくりながら、経済調査研究局員はその長にとって危うくなる手紙を発見した。このドイツ語の手紙にはフランス語の下書きがあり、こう始まっていた。

「フィルマ・ランソン社社長F・H・ゴンドリ／パリ、マジェスティックホテル

数年前から対独協力者で、息子をドイツのヘンケル社に送った……」。

この下書きは普通のタイプ用紙に書かれていた。数語はゴンドリ氏の手で修正されていた。下書きの原文は、ランソン・ペール＆フィス社のレターヘッド入り用箋にドイツ語でタイプされていた[*22]。

遅まきに証言した愛国心にもかかわらず、「このシャンパン会社の指導者たちは、ドイツ人の逃亡直後に不正行為で有罪とされたのである。ランソン社に非難が雨霰と降りかかった。一九四四年八月二九日の朝、退却中のドイツ人を追跡できないよう運転手がわざとパンクさせたマルリエ・ベルトラン運送のトラックがランソン社の中庭に戻されていた。このトラックにはさまざまな用具・機材と二〇〇リットル入りのガソリン樽数個が積まれていたが、その場で降ろされた。運転手は沈黙の代価にシャンパンひとケースと札束の入った封筒をもらっていた。

「ランソン社の隣の建物はやはりこの会社のものだが、ドイツ人が占拠していた。彼らの出発後、さまざまな物品や家具類、例えばベッド、テーブル、六〜八台の鋳鉄製ストーブなどが引き出された。こうした種々の物品はランディ街の行き止まりにあるランソン社の二階と三階の家具倉庫に入れられた。いくつかの物はなくなっていたが、鋳鉄製ストーブなどはその場に残されていた」[*23]。

ランソン社の所有であるランスのイタリア領事館は、一九四三年、ムッソリーニが失墜してバドッリョ元帥によってファシスト党が解体された後、家具調度は空っぽになっていた。「ランソン社からはタイプライターを含むいくつかの物品が運び去られていた」。

ワイン醸造について言えば、「毎年、供出量に見合った量の砂糖が全シャンパン社に配給された」。占領中、「ランソン社は課された量をはるかに上回るシャンパンをドイツ人に渡していた」。この超過量に対して、ドイツ当局はその分だけ割り増した砂糖をこの会社に与えていた。それは検証しがたいが、非常に多かったことだけは分かる。これは極めて特異な状況で、占領中、「ワインへの砂糖添加はとくにドイツ向け輸出用シャンパンに対しては基準が守られず、そのためシャンパン会社は砂糖を大いに節約することができたのである」。一九四五年当時、ランソン社は「シャンパンの年間製造に必要な量をはるかに超える多量のストック」を抱えていた。クールランシー街のランソン社倉庫には一五〇トン以上の砂糖があった。結局、経済調査研究局員は「裏勘定」をみつけたが、これを基にシャンパンが公式書類も輸出許可書もなく売られていたのである。司法上・職業上・金銭上の理由で行われた粛清手続きとは別枠で、一九四四年から調査が付け加えられたのはこうした基本的な問題に対してであった。

一九四四年六月二六日と八月二六日の政令（一九四四年九月一四日と一一月二八日の政令により修

正）によって、対独協力行為を処罰する独軍協力者裁判法廷と〔破毀院（最高裁判所）〕特別民事部の責任下で、法的粛清制度が創設された。ブドウ産地の中心都市と県庁所在地に設けられた法廷は重罪院用につくられた原則に基づいて、四人の陪審員に補佐された専門司法官が指揮する各県部門に分けられた。概して、訴訟は告発を受けてから行われた憲兵隊の調査結果によって、この裁判法廷かまたは特別民事部への訴訟手続きに入るかどうかが決まった。裁判法廷は死刑を含む重罪刑を下すことができるが、これに対して特別民事部は非国民罪を宣告し公民権剝奪を科すことになる。

ただ、今では各県の記録保管部門が有する資料集は極めて不揃いで欠陥があり、期待はずれで利用しがたいことが明らかになった。資料の添付や分類も相当不確かな形で行われていたが、独軍協力者裁判法廷と特別民事部の書類や活動を示す主要な部分そのものが消失していた。一九四四―一九四五年、訴訟手続きの最中に起きたいくつかの盗難や不可思議な消失のケースが記録されている。こうした状況下では、ワインの業界関係者にかかわる問題の徹底的な追跡調査を行うことは極めて困難だった。

企業における職業上の粛清が制度化されたのは、一九四四年一〇月一七日の政令（一九四五年三月二九日修正）によってであった。まず業種間粛清全国委員会が制定され、これが業種間地方委員会に分けられ、さらに各職業部門に細分されたが、この委員会は「直ちに企業から反国家的な態度とか行為をしたと推定される人物を排除せねばならなかった」[*24]。

訴訟手続きは、「どんな資格においてであれ、一九三九年九月一日から敵と協力したさまざまな企業を優遇し、フランスと連合国の戦争努力を阻害し、とくに密告によりフランス人レジスタンスを妨害した企業に関係した個人全員」に関係する。

そして結局、問題は「国の経済活動の再開が……企業における不健全かつ望ましからざる分子の存在によって妨げられない」ようにすることであった。

それゆえ、歴史家エルヴェ・ジョリが正当にも強調するごとく、[*25]狙いは法人としての企業ではなく、「どんな資格においてであれ、企業生活に参加した」個人全員なのである。[*26]

そこで、各地方委員会は、共和国地方委員会〔共和国臨時政府が地方統括のため派遣した政府委員〕に指名された司法官一名、地方解放県委員会代表二名、組合組織代表五名、雇用者代表一名で構成されることになった。

同時に行われた超法規的な司法上の粛清と競合して、職業上の粛清は一九四四年一〇月一八日の政令（一九四五年一月六日の政令により補完）によって延長されたが、これは完全な経済的粛清の唯一本当の形である金銭上の粛清を組織立てるもので、解放県委員会が主導した不当利得没収委員会が行い、「公然と不当利得を得たあらゆる個人、企業、商人、農民など」を探し出し、金銭的な罰則を科することを目的としていた。[*27]

このように定められた政令は、企業の税務資料と会計書類を用いて不当利得の性質と金額及び没収金額を算定するため、委員会にあらゆる自由な権限を与えていた。[*28]まず「闇市場の密売人や裏切り者」に対する処罰が問題だった。目標は、「フランスを犠牲にしてスキャンダラスな財産を築いた者すべて」[*29]を資産面で把握することだった。この規定の原則はレジスタンス国民会議（ＣＮＲ）のプログラムに忠実なものだったが、これは正義の要求と経済的必要性の中間にあった。

この観点から、一九四四―一九四六年の委員会の旺盛な活動記録は今もなお、例外的でほとんど研究されていない資料を歴史家に提供してくれる。税務調査・更正の手法をフルに使いながら、訴訟手続きは調査記録、尋問調書、会計書類の分析、弁護趣意書、公文書原本、命令書などを集めており、これが重要な裁判の詳細な記録資料となったのである。

結局のところ、記録資料全体は多数のワイン卸商とブドウ栽培者に関する数万の大量の書類から成っているが、彼らはそれだけ訴えられたことになる。ただ、没収地方委員会の枠内だけで扱われたほとんど全部の訴訟がもつれて、数十件は不当利得没収高等評議会への控訴に発展し、地方委員会の決定の施行を妨げ、しばしば国事院への上訴に及んだが、こうした手続きは、一九五一―一九五三年間に前判決の是認、軽減、減刑、無価値な案件として受理、さらには税務上の特赦によって終わることが多かった。ところで、司法上の粛清と職業上の粛清に属する訴訟は多くが「控訴棄却」か、遅い有罪判決が出てもすぐに特赦になって終わることが多かったが、この没収委員会が行なった金銭上の粛清は科された刑の大きさと重さによって明確に異なっており、とくにワイン卸商に対しては重罰だった。

あらゆるブドウ産地の卸商から何度も非難告発された金銭上の粛清は、彼らの業界では恐怖感をかもし出していた。卸売たちが自己弁護として戦争中の優れて愛国的な主義主張を想い起こさせたのは、繰り返し「宗教裁判」や「恐怖政治」の例を挙げることによってであり、これが、少なくとも一九四七年までは「赤の危険」の強迫観念に結びついて離れなかった、というのである。それは、調査の手続きがどんなものであれ、またブドウ・ワイン産地がどこであれ、卸売業は仲間同士で連帯した共同防衛線をずっと信頼していたからである。

3 対独協力？ どんな協力？

解放時に「敵との内通」の廉で起こされた裁判が始まると、調査官の果たすべき任務の広がりが明らかになった。いくつかの象徴的な事件に注目すると、把握すべき状況の複雑さが垣間見えてくる。ブルゴーニュではこの点、マリユス・クレルジェ事件がドイツによる占領中、例がないほどの繁栄ぶりで同時代人の顰蹙を買ったワイン業界関係者の象徴的な行動を示していた。このポマールの卸商が、一九四〇年にフランスに生まれた新体制への共感を隠そうとしなかったことは、本当である。一九三〇年代、数回の経済的苦境に陥ったワイン業のトップにあって、マリユス・クレルジェは友人や政治的な知り合いたちのおかげで、占領中のはじめの三年間でこの業界を活性化し、尋常ならざる復活を遂げさせたのである。

一九四四年夏に逮捕されたクレルジェは、牢番に対して、「X伍長」某とその同僚ムルソーのアンリ・ルロワとともに秘密の任務に就いていたと明かし、命令によって、このルロワと二〇〇万フランをFFI〔フランス国内軍〕地方責任者に払うことになったという。即刻ボーヌの刑務所に拘禁された彼は、数日後には共犯者「マリユス大尉」の助けで脱走した。当時、県解放委員会長のクロード・ギーはこの点について回想録でこう明言している。

「まだ無秩序状態で、三つ四つの、それも急いで袖口に縫い付けた階級章をつけた男どもが自由気ままに権力を振り回していた頃、マリユス大尉は二〇〇万の小切手でもう一人のマリユスを釈放させた。

この金額はマリユス隊のメンバーに分配されたようである。だが民兵隊の部下たちは、この二〇〇万の一銭も見ることはなかった。他人のことよりわが身を……だ。九月九日、ボーヌの監獄で、私はこの粗暴な兵隊上りを個人的に知った。彼は強者気取りだったが、実際に彼が強かったのは公権力が一切なかったときだけだった」[*30]。

一九四四年九月九日に脱走すると、クレルジェは妻同伴で長い逃亡生活に入った。総合情報局によると、クレルジェの隠れ家の住居があるというリヨン、パリ、モナコと逃げ回っては警察につきとめられたが、それでも彼は挫けなかった。「元首相［エドゥアール・エリオ］」を含む「強力な人間関係」[*31]を信じていたクレルジェは、重い嫌疑をかけられたにもかかわらず、逃亡も亡命をしていないことを訴えるため、当局に出頭した。九月一七日付の書簡と報告書で、彼は解放委員会長にこう明言している。「ボーヌのコート・ドール県郡部解放委員会の要請で、対独協力者として」逮捕され、「二五〇万の保釈金支払いの書類審査後釈放されたが……この金額のうち、五〇万はボーヌの愛国民兵隊のマリユス大尉、二〇〇万はディジョンのＦＦＩ少佐［司令官］ギーに支払った〔当時の混乱した状況下、解放委員会を制していたのはレジスタンス組織だったので、保釈金がその指導者に対して払われた〕。疲れて休息を必要としたので、ポマールから出たが、以前からこの手紙を貴解放委員会に送りたいと思っていた。一九一四―一九一八年の大戦の退役兵である私はつねにフランス人として行動し［彼はそう断言している］、隠れたレジスタンスを行い、わが同胞に尽くすため全力を傾けてきた」[*32]。

突然の「行方不明」を法的に確認させると、コート・ドール県不当利得没収委員会はクレルジェに対して、一九四四年一二月二日の決定と調査後、二一六九万六一七四フランの返済と八六七八万四〇〇〇フランの巨額の罰金を宣告した。実際の総利益額の決定にあたっては、クレルジェの代理人と調査官の間で激しい論争が起きたが、委員会の結論は以下のごとく明快だった。

「〝世間の名声〟という表現は、本件の申請者が占領に乗じて築いたスキャンダラスな富や、この富によって買われた彼の人間関係に対して地域住民が示した反応を表すには不十分である……調査によると、申請者は一九四四年一〇月一八日の政令第一条が対象とした不当利得を得ていたことが明らかになった……敵との商売は否定できない……それに、かなりの有価証券類が申請者の息子ラウル・クレルジェ氏の口座に移されているが、この口座は、申請者の口座凍結によって委員会の許可なくしてはできない商取引を行うために開設されたものである……当委員会にとって極めて重大だと思われる事実は敵との意図的な協力を明らかにするものであり……行政上の拘禁の原因となった事実である[*33]」。

数か月後、一九四五年五月二八日、コート・ドール独軍協力者裁判法廷が「敵との商取引と交流関係」の嫌疑で発した逮捕状に加えて、この法廷が委任した専門家数名が没収委員会の結論を補足しているが、その中で間接税税務署主席監査官ギーユマンはこう付け加えている。「証人全員が、クレルジェ氏は一九四四年初めまで一〇〇%ドイツのカードに賭けており……また一九四四年半ばの彼の豹変は彼が足場を失ったと見ていること……この姿勢転換で何も変わらず、誰をも欺けないことを知っていたと一致して認めた……一方ではこの不正行為に実際に関与したパリ、マルセイユ、リヨンなどのコラボ、仲買人、商人たちの広がりと多様性のため、他方では調査の進展によって別の不正行為も明らかになるだろう[*34]」。

そのうえ、告訴された卸商の商取引の面では、「不正行為防止と原産地呼称に関する法律の重大な規律違反が確認された。押収資料やクレルジェ社の酒蔵庫頭から調書作成執行官に渡された文書からは、異なった呼称のワインが別のワインやアルジェリアワインと混ぜ合わされたことが判明した。このようにして、一九四二年―一九四四年、クレルジェ氏は偽の原産地呼称のワイン一七八六hlを売ったのである。その量的な格下げは、一九四三―一九四五年度のそれぞれ一月一日付の原産地呼称分のストックによって決められた[*35]」。

こうした最初の報告書が法的に確認されると、裁判でより重い判決が出るものと予想して、クレルジェは所有財産を早急に清算するべく活発に動き出し、一九四五年一〇月、ポマールの会社から「トラックによるワインの回収、それも日に三回または四回の間隔での回収」を指示した。「この一〇日間行われた回収は五〇〇万か六〇〇万フランと推定される。運び出しはカフェ店主やレストラン経営者、個人などの実名と見せかけた宛名人への解約通告の形で行われた。しかし、これらのワイン、例えばサン・グラティアン（セーヌ・エ・マルヌ県）のカルヴェ社宛のシャトー・ヌッフ・デュ・パップは、たぶん本当にこの会社に向けられたと思われる。クレルジェ社の最後の在庫目録は、九月末にカーヴにあったワインを二五〇〇万フランと見積もっていた」。クレルジェ事件の監視を担当していた総合情報局の監査官はこう付け加えている。「回収が今の調子で行われ続けると、約二週間後には、クレルジェのカーヴは完全に空になるだろう。当然必要なこととして、クレルジェに対して金銭的な制裁を科そうとするならば、現在彼の所有する全ストックを緊急に凍結させて然るべきであろう。付言しておくが、クレルジェ氏の義兄弟で、現在彼を継いでいるラルディ氏が商売上は前任者の跡を辿ることはあり得ることである[*36]」。

ところが、一九四六年一月、マリユス・クレルジェは屈服してボーヌの軽罪裁判所判事ペレッティのもとに赴く決心をした。司法当局が作成した最初の出頭調書において、クレルジェはボーヌとポマールの住民への供給のために偽装したという規模と、シャロン・スュール・ソーヌ司令部の将校団の影響下で「ドイツ赤十字」が管理する「ドイツ兵」の食糧ストックを自宅に受け入れざるを得なかった必要性を率直に表明した。卸商は「ワインに関してはドイツ人と一緒に[*37]」働いたことを否定せず、戦争中も職にとどまっていた地方判事の良識に巧みに訴えかけた。

「命令したのは占領当局でした。私に何ができたでしょう？」

次回の出頭を予想して、クレルジェは最後にこう表明した。

「私がしたことすべてはフランス人とドイツ人に役立つためにしたことで、彼らからは何か別なものが得られるだろうと思ってしたのです。これが真相です」。

一九四六年六月の尋問は容疑者の弁明方針を明確にし、最初の証言を延長する形で、占領者に対する潜在的な反対のカードを公然と使って見せた。このため、クレルジェの「レジスタンス」関連書類は一二もの項目と一五の整理番号区分、また約一ダースの通行許可証の獲得、境界線越えの助力者、ユダヤ人家族の財産保全、ゲシュタポに対する囚人釈放運動、レジスタンスに提供した情報、マキ〔南仏中心のレジスタンス組織〕への物資と金銭提供に関する約二〇〇件の書類を含んでいたのである。

彼の証言では、敵との商売の問題は、解放委員会に送られた弁明書で指摘された確固たる原則により始まったレジスタンス行為と不可分であるという。

「私はドイツ軍経理部とも帝国買付け人ともいかなる取引もしようとは決して思わなかった。私の会社が行なった唯一の取引は短期滞在部隊や軍人集会所、正規の許可証を得てきたドイツ国民とであった。私は次のような場合にはドイツ人に売らないわけにはいかないと思った。

1．徴発を避けるため。2．従業員を養うため。

3．それにドイツ人に売れば、フランスに金が残り、それを使えば戦後、私が得た利益が少しはフランスの再起に役立つものと思った」。

「私は一九四〇年からドイツ人と関係を持つようにしたが、これはワイン取引で容易になった。そこで、次のような関係者ができた。シャロン・スュール・ソーヌの司令部：これによって、私は多くの通行許可証をもつことができたし、また境界線を越えた人々を獄中から釈放させることもできた。自宅で迎えたのはこの司令部の将校だけで、一九四一年からだが、一九四一年末からはいかなる将校も迎え入れなかった。一九四三年、役立てる必要があって、私はディジョンの野戦軍司令部の将校と知り合いになったが、自宅には決して受け入れなかった」[*38]。

早くからの敵との関係についてはクレルジェは、「占領当初からドイツ人と取引したが、ヴィアール・ド・メルキュレ氏に情報を与えるためであり、氏自身も情報部員と関係があった」[*39]と主張した。それゆえ、地下活動の領域では、「二重スパイ」を自称するクレルジェは戦略的と判断した情報を連合国の秘密情報機関にうまく伝えるために、ナチ権力と最も近いところにいたのだと言明した。彼の弁論は極めて大胆であったが、支えを欠いてはいなかった。レジスタンのロジェ・フランは一九四三年まで南部地区の活動家だったが、こう証言している。「はじめてマリユス・クレルジェに出遭ったのは、一九四二年末ニースであった。その頃私は、コルディエ指揮官の命令で南フランスの一地域でマルコポーロ組織網を組織していた」。クレルジェに対して「ヨーロッパクラブに出入りしているコラボに関する情報を得るためこのクラブ」に潜入するよう求めたのは、彼である。彼はまた、クレルジェが「この閉鎖的なクラブに出入りするフランス人コラボの名簿をくれたので、彼がそこにうまく入り込んだことが分かった。私はこの名簿を直属の上司に渡したから、この上司自身がおそらくロンドンに送ったのだろう」とも付け加えている。

ブルゴーニュでは、レジスタンス組織網アンドロメダの二人の責任者が、クレルジェの不滅の愛国心と、「レジスタンと地下戦士の実際の身分」[*40]によりレジスタンスとマキ組織「ターザン」[*41]に帰属することを裏付けた。二人は「我々の明確な命令で、クレルジェは連合国部隊に貴重な情報を得るため、敵との取引関係を利用した……クレルジェはレジスタンスを助け、よきフランス人という理想のため生命を危険にさらした」とも付け加えている。

大量の証言や証明書に対して、クレルジェと占領者との近さを語る主要な証人の一人が突然意見を翻した。確かに、デルソル大尉が一九四一年にポマールの会社で行なった捜索の際、彼の態度を「不快」に思い、一九四五年には「マリユス・クレルジェは結局情勢を見て、最後にはレジスタンスと関係を持った方が得策だと考えた」のだと言明していたが、この大尉はその後二股説に変わったのである。「今では、私はもう同じ意見ではない、当時の一九四一年一月は、封印を解除しに行ってクレルジェと話した際の「あの不快感」に歪められていたのだ……クレルジェがレジスタンであったことを知った今は、彼があいう態度を取ったことがよくわかる」[*42]。

しかしながら、いくつかの証言がこの後から出てきた証言と大きな対照をなし、その中にピュリニー・モンラッシェ村長でレジスタンのルネ・ゲランのものがあった。一九四四年九月、ゲランは弟や他の者とともにシャロンのゲシュタポとクレルジェの近さを証言して、ポマールの卸商が戦争中ずっと、「ドイツ人とセンセーショナルな取引」をしていたことを確認している。そして、卸商が「ボーヌの愛国民兵隊長マリユス某」を伴って彼に会いに来たのは、その立場が不安になったときのことであると付け加えている。自分を古参のレジスタンと認めるようしつこく言い張りながら、クレルジェはお返しに経済的支援を申し出て、「いつでも彼のところへ来てもいいし、もし不在でも〝ガメ〟という合言葉を言ってくれればよい。また夜昼自由に使える車を持てるし、他の者同様小切手も使える。ただし、〝マリユス・クレルジェはレジスタンスのためによく働いた〟と言うことが条件だという。私は家族のこともあるし慎重に考えると言ったが、その後彼の提案には一切応えなかった」[*43]。

のっぴきならない証拠は数多くあり、訴訟が進むにつれて、あとから大量にレジスタンス関係書類を持ち出してくる巧妙な男の姿が浮かび上がってきたが、書類に説得力はなかった。「周知の事実、敵との取引の大きさ、スキャンダラスな利益、申請者に対するドイツ人の信頼ぶりなどすべてが、敵との経済的かつ意図的な協力関係があったことを裏付けていた」。それに、以下のことも指摘された。「クレルジェ氏が実際に積極的なレジスタンスをしていたならば、県や地域の運動指導者は知っていたはずである。ところがまったく逆で、レジスタンスの指導者層は、クレルジェ氏はたぶん二股をかけていただろうが、十中八九金儲けが目的で敵と経済的な協力をしたという絶対的な確信を持っていたし、今も持っており、また地域のレジスタンたちも、クレルジェ氏は本当のレジスタンスは決してしなかったと断言した」。結局、「運動への経済支援が増えてきたのは、一九四四年、すなわち誰もが戦争の結末を疑わなくなった時期になってからだった……クレルジェ氏が武装親衛隊の御用商人〔マックス・ジーモン〕との取引をやめたのは、情勢が逼迫してからでしかなかった」。

要するに、一九四六年からの政府委員の第一審論告求刑が明言するように、彼は「敵と商売してでも、何がなんでも大儲けしようとした人間なのである」[*44]。

第一審で有罪になったマリユス・クレルジェは、ディジョンの独軍協力者裁判法廷の一九四六年六月一一日の控訴審判決でも訴えを棄却され、判決は「戦争中、一九四〇—一九四四年の占領時代にポマールまたは他のフランス領土において、発布された禁止措置令を無視して直接または間接に敵権力の当事者または代理人と、それも敵のあらゆる種類の企てを助長する意図でもって商行為を行なった廉で」[*45]有罪であると宣告した。

マリユス・クレルジェは禁錮刑四年、罰金六〇〇〇フラン、現有財産全額没収、以後五年間の〔関係地域〕滞在禁止に処せられた。ブルゴーニュで見せしめとなった刑罰は、不当利得没収高等評議会への上訴でも最初の有罪判決の是認によって裏付けられた。最終報告書はこう明言している。「クレルジェ事件が法的には考慮に値する問題を提起しないとしても、事実は報告者が説明しておくべき複雑な事件の一つである。

クレルジェとかいう男は何者か？

コート・ドールの委員会にとっては厚顔無恥な密売人、臆面もなき商人、敵との経済的協力者、脱税者、県内で最もスキャンダラスな成金である。

請願書が描くところのクレルジェは正直で戦前から裕福であり、経済的規則を遵守し、組織の命令で軍事情報を得るためにのみ敵との関係をもったレジスタンで、占領者との強いられた関係を利用して多くの同胞に尽くした優れたフランス人で、また妬んだライバルどもが誤った情報に惑わされて、臆面もなき役人と共謀した一部の者を巻きこんで仕組んだ陰謀の犠牲者というだけである」。[*46]

報告者はさらに付け加えている。

「この極めて長い調査からどんな結論を引き出せるのか？　一つの解釈が可能と思われる。すなわち、クレルジェは最初から敵と取引し、密接な関係をもった。公共に尽くすという真摯な気持ちからであれ、影響力を示したいという満足感からであれ、再保険を得ておくという用心からであれ、彼はある者には役立つことを示したが、レジスタンスには実際に役立たなかった。彼がレジスタンスに入ろうとしたのはただ一九四四年夏からであったが、彼の富、地域での多くの人間関係、先を見越した企業家精神によって、彼が証拠としたいくつかの資格証明書を獲得できたのである。

結局のところ、彼のケースはまったく伝統的なものでイデオロギーではなく、商売根性から協力したが、最後になって活動を修正しようとした多くの企業家や商人のケースである。したがって、当事者の熱烈な異議申し立てや、自らに対する偏見への暗示などは信用できるまともなものとは思われないのである」。

クレルジェはディジョン刑務所に投獄されて破産に追い込まれ、科された罰金と没収額を払えないとして、一九四七年一〇月六日、弁護士を通じて特赦願いを出した。[*47]共和国大統領が彼に禁錮刑の残余期間の完全免除を与えたのは、一九四八年二月三日付の政令だった。[*48]二月一〇日に釈放されると、ポマールの卸商は妻と友人名義にしておいた財産を事実上自由にできた。[*49]一九四八年八月、申請者の要請によって、コート・ドールの独軍協力者裁判法廷は没収財産凍結の全面解除を宣告し、この処罰を一万フランの罰金に軽減した。クレルジェの滞在禁止に関しては、法廷は「行政当局から禁止措置を通告されていなかった受刑者はすでに何度も村に帰っており、何の支障事も起こさなかった」ことを確認した。判事はまた「この状況下で、クレルジェが再び財産づくりに戻って負債の全額を清算するようなことはあり得ないことと思われるが、本官は彼がこの第二の点に関する請願においても権利を有するものと考える」[*50]と付け加えている。

全国的なレベルの別の事件が扱われたのはパリである。一九四四年一〇月一〇日、セーヌ県独軍協力者裁判法廷は、パリとブルゴーニュのワイン卸商で「敵との内通」の廉で告発されたピエール・アンドレに対して、「対外国家安全保障侵害」裁判を開始した。調書にはこうある。本件は「一九四三年九月一四日、被告が、ピガール街六六番地のナイトクラブ〝モニコ〟の夜間開業許可の取消し決定を延期させる目的でドイツ人に出した手紙が発見されたこと」に起因する。「この手紙において、モニコの所有者アンドレは戦前また開戦以後のドイツ人との取引関係を指摘した後、親独感情を引き合いに出していた」[*51]。

ところが解放時に逮捕されてフレーヌに投獄されると、ピエール・アンドレは親ヒトラー的感情を持っていたことを否認した。彼によると、一九四三年九月一四日のドイツ人宛の手紙は「彼らをだまして夜間開業許可を得ることを目的としていた」[*52]。この卸商は「ナイトクラブはいつも赤字経営だったが」、別に金銭欲に走ったのではないと主張した。彼にとってこの店を夜間閉店すると、従業員が失業し（三〇人）、彼らがドイツに向かう恐れがあった。占領当局への働きかけは確かにまったく非道徳的だが、従業員の圧力下で行われたという。[*53] また彼が実際にコラボであったならば、すぐにも許可が出たであろうが、そうではなかったとも明言している。押収資料や帳簿類の検証と予審期間中に収集された証言や証明書は、アンドレの説明を裏付けるものだった。[*54]

証言のなかで、ピエール・アンドレはまた嫌疑をかけられた手紙で使った論拠は彼が戦前から取り引きしていたブラスリーのドイツ人総代理人の提案に従ったもので、後でまったく悪しき助言であることが分かったと明言している。そしてこう付け加えている。

「当該者の言葉と起訴状の間には、私には決して承服できない溝がある。ドイツ人からフランス人の生活手段にかかわる利点を引き出すために、そのようなことを言うことが大きな罪になるとは思えなかった」。[*55]

ピエール・アンドレはまた、パリでは「〝対独協力主義者〟であることを態度で示そうとする者は〝出自身分 patte blanche〔白い脚――アーリア人であること〕〟を明らかにするため、コラボ集団であるヨーロッパクラブ――アーリア人――に加入させてもらっている。だが私はそういうクラブに一歩も足を踏み入れたことにないし、またグラン・パレのヨーロッパレストランで食事したことなど一度もないと言っておきたい」[*56] とも主張した。

結局、容疑者の商活動は三つの部門（ブルゴーニュワインを筆頭にシャンパーニュワインの卸売、パリのレストラン経営）に分かれているので全容を把握しがたいが、一九四五年の警察の捜査に基づいて、ドイツ人による占領前と占領中に彼があげた売上高総額をまず比較してみると、「アンドレ氏がとくにドイツ人客を求めたとは言えないし、また売上高増がとくにドイツ人客が押し寄せたからであることも証明されなかった」。一九三九年の買収のときからいつも赤字で、一九四三年五月に店の経営形態が変わったにもかかわらず、「モニコはいつも大多数の客がフランス人だった」[*57]。

それに弁明の論拠として、ピエール・アンドレは、一九四三年秋に彼とそのナイトクラブを陥れようとした試みに関する多くの記録資料を提示し、「妬んだライバル」[*58]がブルゴーニュで入念に仕組んで流した流言飛語に言及した。反ユダヤの扇動者ルイ・ダルキエ・ド・ペルポワを筆頭とする過激な対独協力主義の主役や共犯者たちが[*59]パリで受け継いで広めたこの噂話は、パリのコラボ界の一部が彼に向けた憎しみを示していた。一九四三年九―一〇月、コラボのビラのなかで、ピエール・アンドレが根なし草の、ユダヤ身分を隠そうとする富裕な商人の相貌で描かれたのは、確かにダルキエ・ド・ペルポワのイニシアティブであった。この新たな「商売敵」の攻撃に応えて、この卸商はダルキエ・ド・ペルポワに書簡を送り、一九四五年の裁判で明らかになったように、ある種の大胆さがなくはない次のような言葉で応じた。

「実際、キズがあるわけでもないのに、己の身分を認めたところで何ら恥じることはない。私がユダヤ人であっても、それを認めて恥じる必要はない。私が洗礼も受けていない自由思想家であれば、有名な紋章の銘句〔フランスの大貴族ローアン家の「王にあらず、かたじけなくも大公にもあらず、ローアンなり」〕をもじってこう言えるだろう。〝ユダヤ人でもなく、かしこくもキリスト教徒でもなく、アンドレなり〟、だが私はキリスト教徒であり、そう言っても何ら恥じる気がしない――〔これは、一七世紀初め、ルイ一三世が生まれるまでは、ナヴァール王の推定相続人であったローアン子爵がその権利を失うと、アンリ四世から公爵位を提案されて答えたもの。子爵は受け入れたが、真意は〝ローアンであることは大公であるより、または王であるよりもよい〟。ローアン家は一一世紀にまで遡る名門〕。

「私が恥ずかしいのは、ほら、あのどこかの狂った〝アルチュール〟とか軽率なポリ公の曇った頭脳のなかにしか存在しない……曖昧胡乱さを消すために、アーリア人であることの証拠を提示しなくてはならないことである……〔Arthur とは本来人名だが、一九世紀からは俗語で「うすのろ・間抜け・のんき者」の謂。ここではこれを、第二次世界大戦中、ドイツ兵パトロール隊が外出禁止時刻八時「acht Uhr!（アハトウーア）」を告げて歩いたことに引っ掛けて、揶揄したもの。これをフランス語式に発音すると、アシュテュール〕。

「貴君の手紙によると」曖昧胡乱さは……ある人々、シオン〔の黄色の星〕ではなく……シャラントン〔十七世紀創設の有名な精神病院〕の星印の烙印を押された〔貴君のような〕者が、麗々しく彼らのカーヴの宝物の前で、腕を伸ばしてこう言ったときにあるようだ。〝高貴なる戦士諸君、諸君は美味なるワインをご所望だ。ならばもう少し先の、経営者の命令で明け渡されたメゾン・アンドレのシャトーに行きたまえ。そうすれば好きなだけ飲めるし、何の問題もない、アンドレはユダヤ人姓を隠した名前に過ぎないから!!!［以下は戸籍への言及と短い家族史が続く］」。

それと話は別だとしても、諸君に、いや貴君にだけは目で見て、私がユダヤの義礼〔割礼〕による洗礼を受けていないことを証明できることを信じてもらいたいものだね！」*60。

こうした状況にあって、一九四五年一〇月二〇日、弁護側が提示した文書と証拠を見て、セーヌ県対独協力者裁判法廷の司法官は以下のような結論を下した。「アンドレの手紙の表現は非難すべきものだが、この者の言動は一致していないと思われる。彼はこの手紙で対独協力者を自称しているが、対独協力者として行動してはいない。彼がドイツ当局と大きな商売上の接触をしていたとしても、そうした接触はつねに占領者への割当て量の供給やフランスの管轄部局への供給か、またはドイツの公認買付け人の引渡し命令などによって命じられたものだった。アンドレがドイツ人顧客を求めたのではない。占領期間中、アンドレの平均年間売上高と平均純益は、通貨下落を考慮すると、戦前に比して著しく増えたとは言えない。彼はワイン卸商の身分上強いられた範囲内でのみ敵のために働いたのである」[*61]。

加えて、ピエール・アンドレは「あらゆる観点で優れた情報の提供者だった。レジオンドヌール・シュヴァリエ章佩用者[*62]である彼は、第一次世界大戦中、輝かしい武勲をあげた。多くの証人が、彼は親独的な発言は決してしたことがなく、それどころか愛国的信念が極めて強かったことを証明した。結局、アンドレは従業員のドイツ出発を避けるようにし、ドイツ人の要求するリストに彼らが載らないように努め、また逮捕される危険があったユダヤ人セールスマンを何度も助けたのである[*63]。

したがって、こうした事実から見て、一九四三年九月一四日の手紙はナイトクラブ〝モニコ〟の従業員のために開店許可を得る目的のフェイントに過ぎなかったと思われる[*64]」。

それゆえ、一九四五年一〇月二〇日、むしろ称賛するような報告書の末尾で、裁判法廷はモニコ事件の控訴棄却を命じた。しかしながら当時、経済的対独協力の嫌疑をかけられたピエール・アンドレに対しては、より幅広い訴追が相変わらず進行中だった。

こうした事態を見通して一九四五年一月から、この卸商はドイツ人への売却を次のようなことを論拠にして弁明した。「私には、専門家が引用した一九四二年一月三一日のドイツの条例によって、ドイツの公認買付け人が要求する供給を免れることは不可能だった。申し立てどおり、私にできたことは、彼ら買付け人には分からない保存のきく上質なワインを渡すよりも、普通のワインに目を向けさせることだけだった」[*65]。

裁判官宛の弁明書で、ピエール・アンドレはさらにドイツの民間及び軍事機関に売却したワインは、フランスのワイン卸商すべてがしたように、フランスの法令、指針、規制の枠内で公式に引き渡されたものであると明言した。この論法は一般的な弁明論拠に属するもので、取引の責任は第一にフランス国家に帰せられるべきであり、こうした取引が不法で処罰に値すると見なされるなら、卸売業全体が制裁を受けることになるとも指摘した。

それに、ピエール・アンドレ商会は一九四一年までボーヌの帝国代理人と一切直接取引をせず、「ゼグニッツの前任者でやはり帝国代理人ドレール某の要求をうまく逃れた」、ごく稀なワイン商店の一つであることも明らかになった。さらに説明の延長線上で、卸商はブルゴーニュの二人目の帝国公認買付け人との協力をしぶったことに関する興味深いことを付け加えた。

「一九四二年九月、ゼグニッツはパリから電話で四八時間以内に彼の事務所に出頭するよう命じてきた。その間、私は所属するボーヌの上級ワイン卸商組合にどうすべきか問い合わせた。返事は、ゼグニッツの要求を免れる手立てはなく、フランスが戦後輸出用に緊急に必要とするような原産地呼称銘柄ワインの徴発を避けるためには、私がとくに原産地呼称のない有名銘柄ワインを持っていると言った方が好ましいということだった。ゼグニッツの所に出頭すると、私はそのとおりにしたが、彼は私が前任者に何も引き渡さなかったと猛烈に非難し、彼との場合はそうはいかないとして、ドイツ向けであったはずのワインの供給量を取り戻すと断言した。

付言しておくが、大量のストックを持つ卸商である我々にとっては、幸いにもゼグニッツはストックのことなどよく知らず、後でそれも少々遅れて、原産地呼称ワインが実は鳴り響く銘柄名を着せられた無呼称のワインとは別物であると気づくと、彼は組合を介して、原産地呼称ワインの利幅を下げてワイン生産者から購入せよという絶対命令を伝えてきた。同僚たちと同様、こういう強制措置を避けることは不可能で、これが段々と強まって破局的になることに気がつくと、私は売却量を抑えて供給要求に備えた[*66]」。

結局のところ、卸商の証言は言うほどには公平無私なものではなかった。帝国代理人とMBFからの定期的な要請を逃れ続けることは困難であったにせよ、卸商が愛国心とレジスタンスのため、占領者から強いられた供出を制限しようとしたことなど、まったくの絵空事である。実際には、卸商とドイツ当局とのかくれんぼゲームには別な流通ルートが隠されており、これが競合する合法と非合法の市場をにぎわしていたのである。

要するに、一九四二年から一九四四年六月まで、ピエール・アンドレは帝国代理人ゼグニッツに八〇〇〇hl弱のワインを供給したと申告しており、その九〇%が銘柄ワインで、これにパリのマジェスティックホテル部局に引き渡された四二八hlの原産地呼称ワインが加わるという。これらの数字は検察側がおさえた数字とは明確に異なっているが、卸商の論証を補っており、彼はこう付け加えている。「外国貿易委員会顧問だったので[*67]、私には特撰高級ワインのような製品は戦後交換通貨となってフランスの経済復興に資するものなので、ストックの相当量を保持しさらに増やすことしか念頭になかった。とりわけ、一九四〇年七月に三二万本であった私のブルゴーニュワイン大瓶の当初のストックが現在は倍となってフランスの国益に寄与しているのは、そのためである。合算すると七二万本になる」。

かくして、裁判官は、フランス国家が設置し規制した通商交易の必要性に基づいた弁明の論拠を確認すると、一九四五年のモニコ事件の一審の際に政府委員が下した結論を追認するしかなかった。それは、「提示された記録書類を検討した結果、アンドレがドイツ軍にしたブルゴーニュワイン売却において、一方ではドイツの公認買付け人から、他方ではマジェスティックホテルのドイツ当局から受けた供給命令以外のことをしたとは思われないからである[*68]」。


この時代を象徴するもう一人の卸商アンリ・ルロワは、戦争中、ムルソーとコニャックにある店を拠点にしてドイツと大きな取引をしていた。一九四四年九月、「経済的対独協力」の廉で彼に対する訴追が始まったとき、告発は重く証拠は圧倒的であった。だから、秋から始まったこの訴訟手続き中に、調査官は次第にこの卸商の周りで展開された取引方式と彼の行動状況の広がりに気づくようになった。アンリ・ルロワはこういう風に描かれていた。「絶えずドイツ市場を求めて奮闘し、その獲得を試み、時には成功していた者。彼がワイン不足や運搬手段の欠如に苦しむことは決してなかった。価格はいつも実際の競争相手もなく、ワイン共同体とドイツの大義への完璧な賛同精神で自由に話し合われていた」。

したがって、事件は了解済みのように見えた。地域の同業者が主に一般消費ワインと原産地呼称ワインの卸売に集中していたのと違って、ルロワの取引は一つとして強制下とか徴発によって行われたものはなく、取扱量は地下貯蔵庫で手に入るようなものでもなく、主にアルコール添加の高度数ワインに関連していたのである。

そのうえ、アンリ・ルロワは一貫して売却には独占契約を求めており、これは確かに一部は戦前の契約を延長するものだが、また帝国代理人クレッサーとのほぼ独占的な業務提携のおかげで、はるかそれ以上に及んでいた。これはフランスでも特異な事例であったと思われるが、戦争期間中ずっとルロワはベルリンが指名した買付け人と直接談判して、彼一人で提案された取引のほとんどすべてを行なっていたのである。

ここで明らかなように、売却量はつねに多量でドイツの要求に最大限こたえ、時にはそれを著しく超えてさえいた。例えば一九四二年、年間「協定」の枠内で仏独当局が決めた最初の取引は三四万八九九六hlの引渡し量を計画していたが、ごく稀ながらシーズン中三六万五〇〇〇hlにまでなることがあり、これは売り手のルロワの輸出可能量三三万四八三六hlを超えていた。しかしながら、翌年の一九四三―一九四四年のシーズンには、卸商は当初の予定量をくつがえし、彼だけで三五万三三〇hlのアルコール添加ワインを三〇万三六三一hlと四万六六九八hlに分けて、引渡しに成功しており、しかもこれは両国が決めた全取引量二六万五〇〇〇hlを超えるものだった。したがって、当初の提案以上のこうした引渡しすべては、余剰生産物調整規則に定められていたフランス行政府からの追加輸出状を必要としたのである。ところが、この方式は難しく、多くの場合認められないのが普通だった。

したがって、取り決めた商売の規模とそのような取引の進行を損なう困難さを前にして、この卸商は役所の緩慢さと鈍重さに何度も苛立ち、ドイツの提案に思ったほど迅速には応えられなかった。ここに、拘束的な規制制度を克服しようとするルロワの試みの例がいくつかある。一九四〇年と一九四一年、コニャックとアルマニャックをそれぞれ六〇〇hlと二〇〇hl輸出した後、ルロワは当局に当初にはなかった六〇〇hl追加の許可証の更新を求めた。だがこの余剰生産物調整は仏独協定の厳密な枠に属さないと見なされて、フランス行政府から拒否された。

ルロワは怒って、商売の妨げになるとフランス当局とドイツの仲介者を非難した。卸商がドイツの運送会社メッツガーとシェンカー社に送った三つの書留の督促状は、彼がこの二つの会社の非効率と「潜在的なサボタージュ」[*69]を直接非難したことを示している。

ひとりのフランス人卸商が二つのドイツの会社を帝国の利益に反するサボタージュ行為と非難するとは尋常なことではないが、それはまたルロワがドイツの代理人と対等に取り引きしているという自由な立場を明確に示しており、彼は時には取引の交渉で助言したり、自分の意見を押しつけたりしていたのである。

例えば一九四一年、占領者がアンリ・ルロワにドイツ向けのチュニジアワイン一万二〇〇〇hlの取引を提案すると、卸商は取引条件を決めたうえでチュニジアワイン供給の独占権を要求し、それと交換に帝国が求めていた一〇万〜二〇万hlの「追加」分引渡しの継続を約束した。

「私はチュニジア産一万二〇〇〇hlをすぐに積み込むことを確約する……ただし、占領当局が対価のフランスフランの移転を許可するという留保付きで……当年末まで有効な約束、つまり、チュニジア市場に他の購入者を介在させないという約束があれば、私は同じ条件で一〇万〜二〇万hlの〝追加〟分獲得交渉を続けると約束する」。

しかしながら、概して、卸商と後ろ盾のドイツ当局とには暗黙の了解ができており、いつも意見は一致していたようである。ここでは、祖国解放時の法廷で何度も支配関係と影響力を引き合いに出してくるルロワの特異な立場を示す証言が数多くあったことを強調しておくべきであろう。ヒトラーとペタンのモントワール会談と、この時にペタン元帥がした演説のわずか数日後、一九四〇年一〇月二八日の手紙で、ルロワは「私は、来週ヴィシーに行って、チュニジアの総督政府の抵抗を抑える手助けをしてくれる有力者に会うつもりである」[*70]と書いている。

しばしば口に出されるイデオロギー的賛同は当時の彼の商売繁盛ぶりとは不可分で、彼はこれを意図的に混同していた。「正常化対策……これがドイツ市場の需要を考慮しないのであれば、結局は我々が個人的には両国間で確立されるのが喜ばしいとする、よき協力精神を害することになるのではなかろうか」。

ところで、この「よき協力精神」は、ボルドー駐在の帝国買付け人宛の一九四〇年一二月四日の手紙でもう一度証明される。「ベーマース殿、私は貴下とどれほどよき協力精神で仕事をしたいことか、ご存じであろうか」。数日後、一九四〇年一二月一六日、彼は「チュニジアでの別の案件の調整に努めましょう」と付け加えている。

さらにまた一九四一年二月八日、ルロワは仏独協力の名において、個人的な利益とナチの戦争努力に向けた利益との完璧な一致を示している。

「今月六日、リヨンの全国ワイン卸売業組合に出席していた同業の一人の報告では、ミットジャヴィル氏が、連合会は追加のタンク車を現在一〇〇〇台所有しているが、これは本来ドイツ向けで、これまで工夫して取っておいたものだと公然と表明したようです……失礼ながら、私はこのスキャンダルで疲れたうえに、ドイツとの約束は守るべきだと言ったばかりに、悪いフランス人だと見なされ疲れ果ててしまいました」。

数日後の一九四一年二月一五日、彼は帝国向けの輸送能力増強の必要性に関してこう付け加えている。「それは変えるべきであり、またマジェスティックホテルは目を覚まさねばならない――さもなければ、収穫期がやってくると、貴君はまたワイン輸送確保の空約束をすることになります」。

要するに、卸商ルロワは彼自身の個人的な成功を弁護するため対独協力を口実にしていたと思われるが、それは当時、ドイツとのワイン取引を取り仕切り、組織網の中心にいた彼の立場が裏付けることである。[*71] コラボの権力集団に近く、何人かのドイツ高官との密接な共謀関係を支えにしながら、ルロワはある時は国家復興と帝国との協調（これを彼は自らの企業家精神と混同していたが）カードを切り、ある時は組織者とその機関をせり合わせ競争させるカードを切って、巧みにのし上がってきた。卸商は明らかにこの同じ巧妙さによって、マルセル・デアの国家人民連合のメンバーでヴィシーの経済界と親密なエドゥアール・ショーが創立したヨーロッパ・サークルのメンバーに加わることができたのである。[*72]

これで分かることだが、経済的な訴訟手続きでも司法調査でも、弁護側の論拠は、検察側の証拠が圧倒的と思われただけに一層限られたものになった。それなのに、一九五〇年、ルロワ事件は控訴棄却で終わったのである。不当利得没収の予審の一件はルロワの「犯罪的」性格と「予謀」を対象としていたが、一九四九年に立ち消えになった。[*73] ごく稀なケースだが、検察側の論証に不可欠な証拠が訴訟手続き中に抜き取られ、極めて重大な告訴箇条である敵との内通容疑でルロワに対して起こされた裁判では、決して使われなかったのである。

こうした点を踏まえてもなお、一九四四年秋から、不当利得没収委員会はルロワがドイツとの取引において関与した広がりを明確に示す最初の調査を始めていた。[*74] 委員会は彼の会社エルヴィナSAを三五〇〇万フランの利益剝奪、罰金一五〇〇万フランに処した。[*75] ところが、地域間粛清委員会の商社専門部会が行なった二度目の予審では、アンリ・ルロワはドイツによる占領中、「強いられた状況下で」のみ敵と取引したものと結論づけた。裁判委員は彼が「社会事業と地域のレジスタンスに多くの貢献」をし、その中に一九四四年九月の多額の資金供与があるとも付け加えた。したがって、一九四四年一二月一六日の最終報告の結論は、卸商には何ら咎めるところなしと判定したのである。この地域間委員会の裁定は、大急ぎで行われた訴訟手続きを短縮して、一九四四年一二月二二日、この案件は「並行して行われる訴訟手続きから生ずる追加情報を待って」、暫時「既決」とされたのだった。

小さなボーヌ裁判所が扱ったこの事件は、当時地方の裁判官が手にしていた権限能力からすると、大きなもののように思われた。実際これは占領期間中、ルロワが行なった多方面の活動、つまりコート・ドール呼称ワインの販売、アルコール添加ワインの工業生産、コニャックとアルマニャックの販売、南仏やチュニジアワインの収集、帝国高官代理人との直接的な関係などに関するものだった。コニャックとニームでは、二人の予審判事がこの案件を放棄したが、理由は「活動の広がり……ルロワが行なったこの大きな取引は単にボーヌ裁判所のみならず、マルセイユと南西フランスの管轄下に入るものと思われるからであり……物理的に全部の予審を担うことはできないからであった」。[*76]

ボーヌ裁判所長は、「この案件は大きいので、当裁判所予審判事殿にはこの訴訟手続きを放棄して、一九四五年三月二九日の法令六九一条を適用し、軍事法廷に移すよう要請した」[*77]と報告している。

この案件の事後と被疑者の刑の宣告に関する資料がないため、我々の調査は、「敵との商売と内通」[*78]

の告訴箇条で続けられたルロワに対する新たな予審の枠内で一九四八年七月六日に開始された控訴の訴訟手続きに移ることになる。

そこで、被告の弁護は主要な三つの型の論拠に基づいている。アンリ・ルロワは正当な権利として、ドイツとの関係が昔からあることと、戦前彼がドイツの同業者と行なった大きな取引を証拠としてあげた。それゆえ、彼の商売は主として伝統的な流通ルートに属するものであり、これを守るべく努めたというのである。

ここで、弁護の第二の中心的要素をなす「存続するため」という論拠が出てくる。不可避となった経済的対独協力に関与することが、企業にとってもワイン産地にとっても、フランスにとっても絶対的な性格を有することを指摘しながら、ルロワはワインが外国との通貨役を果たすべく稀有の国家的価値を担う際、極めて重要な活動がもたらす恩恵の一覧表を作成してみせた。まさにそのために、卸商は仏独間の通商協定の範囲内で合法的に行動したのだと指摘した。この点、弁護側によると、彼がクレッサーから受けていた独占権は取引の完全な透明性を示しているという。

結局、間違いなく最も厚かましいのは「強制された」という主張で、これは卸商の活動が主に威嚇された状況、確かに証明するのは困難（不可能？）だが、現実にあり得た状況下で行われたというのである。

ある種の巧みさを使いながら、ルロワは、彼の役割はドイツの命令の出し手とフランスの生産者との単なる中継役に限られたものではないと言った。それどころか、彼は大胆な策略を使って、敵国代理人との相互不信にもかかわらず、帝国の強制的要求からフランスのワイン経済を守ったのだと表明し、さらに「相手側とは気分的に相容れないものが否定しがたくあり……それをレトリックの花で覆われた相互不信に巧みに変えたのだ」[79]とまで主張したのである。

裁判中、告訴状の書類が一部消失したことによって助けられて、ルロワは没収委員会の最初の判定を逐一否定することに努めた。彼によると、委員会の見解は不正確な情報によって歪曲されており、見つからなくなった書類を根拠のある論証で置き換える、つまり、「消失した記録書類の証拠を論証と事実それ自体で置き換えてみせる」というのである。

例えば、マルセイユからのチュニジアワイン一万二〇〇〇hlの引渡しに関するベーマースとの書簡について、ルロワはある共通の友人の仲介で会ったキネ某から数か月間にわたって何度も要請を受けたと熱弁した。ベーマースに雇われた仲買人世話役キネは、戦前はまともなビジネス上の知人だった。しかし、パリのヴェルディエ＝ブランシェ・グループのアルジェリア取引によって「こすからくなった」この仲買人は、儲けを増やすため、オランのセネクローズ社のボルドーの代理店を通じてベーマースに働きかけていた。

そこでルロワは帝国代理人の不満を煽る恐れがあると思い、要求された期間内では、チュニジアワイン一万二〇〇〇hlを引き渡さなかったと断言した。これは事実だった。ルロワは提出書類に、この一万二〇〇〇hlの早急な引渡しを督促するベーマースのシェンカー社宛の一九四一年二月二一日付の手紙を加えた。ところで、彼は同じ期間中にサン・ジル・デュ・ガールからクレッサーに二五万hlのアルコール添加ワインの引渡しが可能だったと指摘したが、それは、場合によっては二〇〇台まで増車可能なタンク車を保有しており、これをベーマースの前任者であるマンハイムのフーゴー・K・ハーバーと交わした協定により、ドイツのメッツガー社のジュネーヴ支店を通じて自由にできたからであるという。

説明を続けながら、容疑者の卸商はこのストックがドイツで一般消費ワインのオ・ド・ヴィ、つまりは民生専用に変えられたと断言した。国防軍には何も渡されなかったという。この主張は、取引の最終目的地の書類が欠如しているため、反論しにくかった。他方でルロワは、アルコール添加ワイン調合のために民生専用ワインのアルコールを使用することは結局ドイツ側から戦争努力には有害であるとされた、と述べた。最後に彼はつねにフランスの利益を守るよう努め、アルコール度数を高めるため飲料アルコールの代わりに甜菜アルコールを使い、シャラント地方のワインを要求するドイツ人の目を南仏ワインの方にそらしたという。そしてこう結んでいた。「要するに、私はマンハイムのフーゴー・K・ハーバーと立てた計画をベーマースと一緒に実行し、委員長エドゥアール・バルトの監督下で、一九四〇年にはわがワイン経済にとって厄介になっていた用を成さない超過分と交換して、わが国にとって極めて重要なもの、すなわち砂糖、地中海で必要な船舶（すでに侵略前に不足していた）、鉄道輸送手段を確保しようとしたのである」。

我々の調査は追加の訴訟手続き書と裁判の継続に向けられたが、残念ながら、前記のような理由で成功しなかった。だが一九四九年または一九五〇年に確認された控訴棄却の宣告理由になるような証拠の痕跡は一つもなかったようである。

結局のところ、業務禁止も加辱刑も一切免れて、一九五〇年、ルロワはルロワ商会、つまり、資本金一〇〇〇万フランの株式会社としてボーヌの商業登記簿に記載されたムルソーの新エルヴィナ社のトップに収まっていた。ディジョンとボーヌのフランス銀行支店が行なった卸売会社の経営に関する監査と統計調査は、この会社の情報の少なさを裏付けていた。[*80]

ルロワの資産評価に関する一九五三年一一月一二日付の報告書は、「ムルソーの公証人ヴィオレ氏も、銀行（ソシエテ・ジェネラルとソシエテ・リヨネーズ）もエルヴィナの社長H・ルロワ氏の個人資産に関する詳細な説明をすることはできなかった。当事者も……これについては、情報提供を一切拒んだ」と明記している。しかしながら、報告書は一四〇〇万フランにのぼる多額の動・不動産と評価できなかった他の所有地と有価証券一覧表を加えており、その中にはおそらく「ジュネーヴの最も立派なホテルの一つ（アパルトマンとして賃借）があり……［ルロワはまた］有価証券と貴金属資産をスイスに大量に［持っているが］、すべて秘密のままである」という。だから、「彼の財産についてはさまざまな数字が出てくるが、いずれにせよ極めて多額である。ソシエテ・ジェネラルはエルヴィナへの出資を含めて三億五〇〇〇万フランと見積もっているが、実際は五億フラン以上だろうと推定している。公証人とソシエテ・リヨネーズは一〇億を超える数字を主張している」。

明らかに一九五〇年代から、ワイン経済がワイン輸出の飛躍的拡大によって次第に現実的な自由を取り戻すと、何人かの卸商がフランスで最も有力な者を含めて、大幅に強化された立場を享受していた。この点で参照した原資料は一致してこれを裏付けるものだった。戦時中の商道徳は、日和見的とか愛国的な卸商の大部分とは無関係に、大金持ちのエリートをワイン商売の前面に押し出していたが、後者は直接または間接にナチ帝国との取引で財を成したため、多かれ少なかれ敵との協力を支持していたのである。

この観点からすると、ドイツとの経済的協力の支持者には、大きなメゾン、極めて有名な家系で多くは戦前からの華々しくかつ大胆な卸商たちが集まっていた。彼らにとって、対独協力の原則は実際にはイデオロギーの問題ではなく、単に個人的な利益の問題であるように思われた。

戦後の新しい立場と新しい世界が出現すると、次第に対立の時代が消えていった。地域の経済復興の前哨に置かれた卸商たちは敵ナチとの妥協でイメージが汚されていたので、地域住民に対する慈善を競い合って目立つような行為を繰り返していた。

ブルゴーニュでは、卸売業の肝いりで、オスピス・ド・ボーヌの管理委員会が数年前にヴィシーでペタン元帥に贈呈されたブドウ園の所有権を撤回し……ド・ゴールに謹呈するという提案をした。[*81] 極めて活動的な卸商の中で、マリユス・クレルジュ（まだ獄中）は国民救援基金に三万フラン、児童保護基金に二万フラン、ラ・クレーシュ（託児所）支援事業に一万フラン、フランス赤十字に五万フラン提供した。あらゆる地域のメゾンが満場一致の寛大さで先を競って他に抜きん出ようとした。一九四四年秋から、贈与総額は一一万八〇〇〇フランに達した。[*82] オスピス・ド・ボーヌの慈善バザーでは、大卸商たちが豊富な品揃えで競売会を主宰し、その山場見せ場はプロによって入念に計画され、貧困者に対する特権階級の信じ難い寛大さと献身ぶりを完璧に演出して抜け目なく衆目を集めようとしていた。[*83] 結局こうした状況下で、以後は別な問題が注目されるようになるころ、戦争のページは慌ただしくめくられたのである。

4　不正取引と共謀

ボルドー地方では、占領時代の決算書は決定的だった。大半のワイン関係者が非常に積極的に敵との商売に加わり、ベーマースなどの公認買付け人の計画に応え、割当て量外の強制もされないワイン類を売り渡していた。一九四五年四月二五日、「ヴェルドンの〔防御線の〕くぼみ」に参戦したフランス兵を支援するため派遣されていたラルミナ将軍は、金太りしたボルドーの卸商階層に対し「金銭欲で愛国心を失ってしまった」[*84]として断固たる非難を浴びせた。

だがロベール・アロンが仮定したように、[*85]ボルドーが「〔ナチとの〕ワイン取引によって救われた」状態になっていなかったならば、結局は関連するメゾンを網羅的に調査することなど、当時の商業電話帳地域版を書き写すのと同じような作業になり、疲れ果ててしまったことだろう。

ボルドーでドイツ行政府に関係した商会やブドウ園の中では、ジロンド県のみならず南フランスの全ブドウ栽培地のいくつかの名前に注目すべきである。例えば、エシュノエール、フランス・グラン・ヴアン社、クレスマン、クリューズ、ドレッセール、デュボネ、ユーグ、マルティ、ペトリエ、テシエ、ソヴィアックなどである。

最も象徴的な会社の一つはアンリとロジェ・デスカ兄弟が四八%保有するデスカ・ペール&フィスだが、その株主は一九三八年からルイ・エシュノエール、フェルナン・ジネステ（ロジェ・デスカと共同経営）、ピエール・ゴルス、ルイ・ベールなどの卸商かブドウ園主だった。占領中、この会社は異常な発展をしており、売上高が一九四〇年の三〇八三万八一九九フランから一九四一年三九八一万七三六七フラン、一九四二年四八七二万一〇六五フラン、一九四三年一億一九一九万六五〇〇フラン、一九四四年八〇九九万八三〇一フランとなっている。この飛躍的売上げ増は主にワイン売却価格の驚くべき上昇と量的拡大によるもので、その成長比率はドイツ向けが一九四〇年八・八九%、一九四一年一三・八八%、一九四二年三二・六六%、一九四三年三七・九四%、一九四四年三〇・六九%と伸びている。取引は主にベーマース、国防軍経理部、軍部出先機関、ボルドーの野戦軍司令部、パリのMBF、ボルドーのビション&ローリック社などを相手に行われた。

県解放委員会の記録資料部からの情報報告書には、スノンのラ・ヴィエイユ・キュール社は売上高の三分の一がドイツ軍と行われたと記載されている。この会社が一九四一年にはボルドーの軍酒保、パリの軍経理部、ベルギーの軍酒保への大量供給のもとだった。[*86] ボルドーのマリー・ブリザール&ロジェ社は「八〇%ドイツ軍のために」働いていた。一九四〇年七月一日からのドイツの注文総額は「二四〇〇万フランに達していた」。タランスのE・V・スシェ、ボルドーのフルニエ社、シャルトロン河岸通りのフェルボ倉庫はうわべを繕うこともなく供給を倍増した（図版⑭）。サンテミリオンの商人ピエール・ムエは、ボルドーのドイツ軍の供給部門とメドックの移動酒保に「大量の瓶詰めワイン」を「彼らが完全に満足する」ように渡していた。リブルヌのムエ社はボルドー地方の別の軍部隊に異常なリズムで供給をしていた。ブスカのカザノヴァとイルトポルはボルドーの司令部に売っていた。「ドイツ臣民」で確信的ナチのビションが率いるマルゴーのビション&ローリック社はベーマースに委託されて、その代理人のためのワイン収集・転売許可を軍民当局から得て公認買付け人に転売していた。ボルドーのレ・

フィス・ド・バルディネとレ・グラン・ヴァン連合は、自由地区でも占領地区でも野戦軍司令部と野戦軍憲兵隊へのワイン、リキュール、ラム酒などのアルコール類の公認供給者だった。一九四一―一九四四年、彼らの仲介で収集されたアルコール類とコニャックの一部はオットー・クレービッシュに買い取られて東部戦線に送られていた。

このボルドーの商業界にとって圧倒的な事実に対して、ボルドーワイン卸商組合長エドゥアール・クレスマンは、一九四四年一二月二〇日、国家経済省宛に、不当利得没収に関する一九四四年一〇月一六日の政令、敵との商売に関する一九四三年一〇月六日の政令、対独協力行為抑止に関する一九四四年一一月二八日の政令が講じた措置の適用に対して抗議文を送った。[*87] 彼はドイツ人にワインを売ったジロンド県の全卸商を無差別に狙った処罰政策のため、ワイン商業界にみなぎっている不安に対して当局の注意を促すべくこう明言した。「どんな社会でも誰にも、漠然とながらもそれぞれ意見があるものだが、ジロンドの卸商はすでに取られた措置と、占領当局と取引したという口実で今後予想される措置とのため不安になり、ワイン商業界全体が強い動揺に襲われている」。

確かに、エドゥアール・クレスマンはいくつかの取引は占領当局の公式代理人を介して公式に行われたことを指摘している。[*88] したがって、こうした取引はすべて「処罰策外に置かれるべき」であるとして、こう付け加えている。「伝統的な商売が国際的な取引の回復を目指してあらゆる所から舞い込む注文に応えねばならないとすれば、現在と未来の状況があまりに不安で商業界が麻痺状態にあるとき、彼らに不当に課された嫌疑を早急に取り除くべきである」。さらにまたこうも付け加えている。「経済的かつ職業上の重大問題は、これに公平無私に取り組める人々によって緊急に検討されるべきである。そうして彼らが不安から〝解放された〟と感じて……懸念なく前進できなくてはならない。それがわが国経済の再出発の前提条件であり、これに我々は全力で協力したいと思っている」。

エドゥアール・クレスマンは抗議文に論拠に富んだ完璧かつ詳細なメモを同封して、そこで法の条文解釈、地域レベルでのインパクトと商活動再開の問題を取り上げている。[*89] そして適切にも、一九四〇年七月一六日の政令は、敵との取引関係禁止と制限に関する一九三九年九月一日の政令を公式に停止していると指摘した。「そのため他の商人同様、ワイン卸商は占領当局と商行為を行うことを許されたのである」。この七月一六日の政令は、「もし商人がドイツ人との商行為を受け入れなかったならば、彼ら商人は強制徴発にさらされて重大な帰結をもたらし、彼らがしようとした輸出再開のために最良のワインを保全することを妨げるだけに一層大きな必要性に応えるものだった」。ただこれは、商業界や経済活動の代表たち全員が口にする一般的な論拠であった。

一九四三年一〇月六日の政令は七月一六日の条令を破棄して、「この日付までの有効性」を裏付けた。したがって、一九三九年九月一日の政令が規定した措置は効力を回復したのである。しかし、「同じ日の別の政令は……必然的状態に置かれて……占領地区で起こった敵との関係を除外している」。クレスマンにとってはまさに「一九四四年一〇月一八日の政令を解釈すべきはこうしたさまざまな条文に照らしてであり、これを文字通りに取ると、フランスのほとんどすべての企業家や商人に嫌疑がかかり、国の経済全体を一挙に破綻させることになるだろう。そのため、問題を提起されたいくつかの省庁、とくに農業省は正確に以下のような区別を示したのである。

――第一点、一九三九年九月一日以降、農業・供給省から与えられた輸出許可書に基づき定期的に行われた取引と、業界組織が協定とプロトコルの枠内で実行するよう指示された取引は除外する（返信には、こうした取引は申告義務はなしと明記されていた）。

――第二点、こうした条件の枠外で敵と行われた取引は前記の政令の条文に従って申告を必要とするものとする、と書面にあった」。

クレスマンが本省に渡したのはこうした見解であった。しかしながら、一九四三年一〇月六日の政令は、ヴィシー政府が交付した許可書が「正当化行為」または「情状酌量」として採択できるかどうか裁判所に判断を付託していた。クレスマンはこう付け加えている。「各省（国家経済、財務、司法）が事務当局に与えた正確な指示書がないので、占領者と取引せざるを得なかったワイン・スピリッツ卸商全員がこの単純な口実によって取引の種類を考慮せずに無差別に独軍協力者裁判法廷の訴追の対象となる恐れがある」。これが「ワイン業界に広がっている不安」の理由であり、この不安は、「いくつかの地方に存在する精神状態と、書類に名前が載るだけで個人、それも愛国者にもたらされる厄介な事情」を考慮すれば、正当なものである。

クレスマンはまたこう暗示している。「人心を宥めるため、こうした政令を適用する地方の担当機関に緊急通達を出し、関係部局及び業界関係者が敵との取引に加わったというだけで訴追されることはないと明記すべきである。なぜなら、こうした取引は占領当局の公式代理人を介して公式に行われたものであり、またこうした取引の責任は全面的にヴィシー政府に帰せられるべきで［傍線部はクレスマン］、政府当局が割当て量を議論して決め、輸出許可書に署名し、業界組織に管理任務を委託したのだからである（業界組織とはワイン・スピリッツ購入全国連合会、飲料供給中央委員会、フランスワイン輸出委員会、各地方組合である)」。

ところで、「地方で、例えばボルドーで激しく攻撃されたのは、逆説的だが、誰でも知っていて役所も把握していた取引である」。単に「そうした取引を主たる理由にして」逮捕が行われただけでなく、そうした取引が「同意の下で」扱われ、「敵との協力の意志的行為の結果」であることを証明するための調査も行われた。この調査は、「古い家柄の卸商、隠すものなど何もない文字通りガラス会社に向けられただけに一層やりやすく、これを実施する者を苛立たせたのである」。

クレスマンにとって、この忌まわしいことに費やしたエネルギーは取引の回復が輸出にとっても明い兆しをみせているだけに一層残念なものだった。実際、数週間前から「伝統的に世界市場に向けた(ドイツも含めて)輸出取引が政府から強く要請され、戦時中フランスワインから遠ざかっていた市場獲得に再度取り組むよう促された」。それゆえ、「商業界を萎縮麻痺させるような不安を生んでいる現在の雰囲気」を払拭しなければならない。クレスマンはまたこう付け加えている。「連合国自身それを懸念し」、商業界に対して「示された敵対的態度に驚いている」が、それは「彼らが、そのようなストックを質的にも量的にも保全されたことを離れ業と見なし、輸出が滞るどころか、まるでその逆だからである」。

したがって、「賭けられているのは、この輸出取引の死活の問題である。つまり、ヴィシー政府がとった責任の代償として国内市場に縛られたままでいなくてはならないのか、さらには取引をやめねばならないのかが問題なのである。もしそうならば、ワイン取引というものは個人的な関係の問題でもあるので、それはフランスのワイン・スピリッツ輸出に致命的な打撃となり、結局は国の経済全体を損なうことになる」。そしてクレスマンは率直に「ワイン商売が過去に国に役立ったこと」が、「政府の支えさえあれば、現在も未来も同じように役立つことができることの証拠」であると締めくくったのである。

しかしながら、提言の内容において、エドゥアール・クレスマンは、ヴィシー政府の同意の有無にかかわらず、占領中に得られた利益すべてを国庫に回収する没収委員会の活動と、一九四四年一一月二八日の政令が定めた条件によって敵との不正取引者を裁く独軍協力者裁判法廷の活動とを混同している。

経済的対独協力に関する捜査担当の経済調整委員会長にとって、この問題については徹底的な調査、すなわち、「独軍協力者裁判法廷で裁くべき真の有罪者と没収委員会に出頭すべき不当利得者を暴きだすことを目的とする調査」が不可欠となる。そのために、彼は国家経済省から、「全土で緊急を要すると思われるこの種の調査を迅速かつ適切に行うこと」ができる「経済的協力に関する捜査事務局の創設」を待つことになる。

ボルドーで最も有名なケースは「アンクル・ルイ」とか「シャルトロンの皇帝」と綽名されたルイ・エシュノエールである。占領中、幅広く対独協力に関与したこの卸商は、一九四四年九月一日に逮捕された。彼は元ボルドー市長でヴィシー政府の元内務大臣のコラボ、アドリアン・マルケとともに投獄されたが、一九四五年一一月一〇日と一一日、「敵との内通」容疑で非公開で裁かれ、経済的有罪判決は免れられなかった[*90]。一九四五年二月二九日と三月三一日の政令によって、彼の全財産は国有財産管理局の供託下に置かれた。最初の判決は不当利得没収県委員会の要請で下された。第二は、対独協力行為抑止に関する一九四四年一一月二〇日の政令第二条によるものだった。一九四五年三月二九日と五月一五日の没収委員会の決定により、ルイ・エシュノエールは、有限会社レ・グラン・ヴァン・フランセの管理者または共同管理者としての連帯責任を問われて有罪判決を宣告され、一五六一万六〇〇〇フラン没収と罰金四六八〇万フランを科せられた。有限会社ルイ・エシュノエールは一二八二万フラン没収と罰金三〇〇〇万フランを科せられ、彼は記録的な総額一億五二三万六〇〇〇フランを宣告されたが、それでもリブルヌの卸商マルセル・ボルドリよりも少なかった。この元美容師でマックス・ボナフ大臣の側近は、一九四六年一月三一日、ジロンド県だけで一〇億一六三六万フランの罰金を含めて総額にすると二四億七二五四万七四六フランという歴史的な額を科せられていたのである。

その一方で、一九四五年一一月一一日にはボルドー独軍協力者裁判法廷がルイ・エシュノエールを禁錮刑二年、公権剝奪、全財産没収に処した。彼は同地の他の二一名の卸商と同罪になったが、なかでもロジェ・デスカは公的機関の代表の身分とデスカ・ペール&フィス社の取締役会代表として処断された。一九四八年四月二八日の政令によってエシュノエールに科された没収は一億フランに減額された。その後、エシュノエールはこの有罪判決の執行を阻止すべく全力を尽くした。一九四五年一〇月三一日、彼は七五歳で結婚契約特別条項の留保付き法的財産共有制によって結婚したが、これは明らかに国庫にとられた抵当を減らすためであり、一九四七年三月二一日の法令第二四条に基づいて、一九四七年六月一八日の裁判官命令によって破棄された。それでも結婚は法的財産共有制から生ずる世襲財産相続の手続きとともに有効であった。

これによって、ルイ・エシュノエールの動産は共有になり、とくに彼の財産の大半を占める相当額の有限会社ルイ・エシュノエールの持ち株が共有になった。一九四八年一一月二四日、エシュノエール夫人の要求でボルドー民事裁判所は夫婦間の財産分離を宣告し、共有財産の分割と清算を命じた。これに応じて作成された分離‐清算の公正証書は、一九四九年七月一三日にボルドー民事裁判所に認可された。だが国有財産管理局は、認可された清算状態では、国家が没収財産の共有者としてその権利に応じた額の財産を共同分割者の資格で直接受け取るべきなのに、ルイ・エシュノエールが共有資産における権利をすべて分与されているとして控訴した。国家は、あらゆる共有財産分割前に減額された没収額一億フランを限度に、現物または現金の資産総額に対する割当てによって持ち分を弁償されねばならないと主張した。ボルドー控訴院はこの論法を退けて、一九五〇年一一月三日の決定により一審の判決を確認し、国有財産管理局に初審と控訴審の全額費用一二八万五二九七フランの支払いを科した。国はこの決定を不服とし、破棄院に上告した。破毀院（最高裁）の決定はいまだに行われていない。

結局ルイ・エシュノエールは、一九五一年一月五日の法令第九条によって特赦を申請した。国有財産管理局当局は検察庁により没収執行を延期するよう要請された。ルイ・エシュノエールが刑罰の財産没収措置を阻止するため「策略」を使ったが、不法利得のために科せられた罰金の軽減要請は却下された。[*91]

シャラント県とジェール県でも、占領時代の決算書は決定的だった。コニャックの申告売却高は、一九四一年八四〇〇万本、一九四二年六五〇〇万本、一九四三年七八〇〇万本、一九四四年三七〇〇万本、つまり総計四〇度のオ・ド・ヴィ二〇〇万hlで、全生産量の約三分の二にあたり、すべて帝国向けであった。この売却量に年平均一万〜一万五〇〇〇hlのアルコール添加ワインが加わり、最大の供給者はコート・ドールのムルソーの卸商アンリ・ルロワで、彼のエルヴィナ社名義で行われた引渡し分だけでこれらの合算量を大きく上回っていた。

他方、アルマニャックの取引は「一九四〇年からまさに闇取引と称すべきものの原型だった」。実際、「ブドウ栽培者は生産物を卸商に上乗せ金付きで売っていた（また今も売っている）。卸商も仲買人に上乗せ金付きで、次に仲買人もまたもぐりの仲介人に上乗せ金付きで転売していた」[*92]。この時代、アルマニャック地方の取引すべてが買うにしろ売るにしろ上乗せ金の慣行に基づいており、売上高や利益の計算は非常に大雑把になったが、それは上乗せ金合算額が川下では法定価格の六、七倍にもなったからである。

当時、アルマニャック地方の「被没収者」の戦術は「引き延ばし作戦」で、「不当利得没収高等評議会に提出された趣意書にも、当事者たちが上告に一縷の望みをかけている姿が浮き彫りになった」と記されている。誰もが時間稼ぎに努め、「状況に応じて公権力が寛大になり、罪状軽減に同意するか多少とも取引の自由を戻してくれるものと期待していた。つまり、罰金額の削減を得られなくても、少なくとも新たな実質的な利益のおかげで補われると思っていたのである」。

それでもオーシュ商工会議所の弁明書は、このブドウ栽培地を擁護していた。つまり「人為的に価格を下げて、自己の利益のためにわが国を略奪し闇取引の売買をもたらしたのは占領者であった。だから、不当利得没収県委員会に調査された大部分の債務者は一般的な意味での不正取引者ではない」というのである。

シャラントの状況と比べて、オーシュ商工会議所会頭はジェールで取られた訴訟手続きと基準の厳しさが不安の種になった。彼によると、「アルマニャック地方で価格統制が有効に機能した状況を理解するには、ジェール県で取られた決定の基礎と、コニャック地方の卸商の没収に対して基礎となったものを比較すべきである。価格統制の基礎は双方とも同じであることが公正と思われるが、それは実際に取引が同じ状況で行われ、どちらでも占領者が命じた措置のために不当利得システムに巻き込まれていたからである」。

不当利得没収県委員会の報告書にはこう記載されている。「明らかにブドウ栽培組合は、組合員のほぼ全員が行なった取引を犯罪的だとみなすことには嫌悪感を覚えている。それゆえ、組合は委員会の統制価格を例外的だが純粋に税務上の性格の協力金と見なしている。いかに重くても、負担金は年間粗利益によって支えられるべきもので、企業集団の社会的資産とか商人個人の財産からの徴収によってではないという」。そしてこう付け加えている。得られた不当利得は大きいので、ジェール県委員会が科した罰金の軽減措置については、誠実な債務者はほぼ完全に納期を守ることができるようである。上告前に没収財産の回復だけでも行われていれば、彼らはなお一層そうできるであろう。

ところで、「一九四一年から、アルマニャック地方のオ・ド・ヴィ取引で得られた利益は異常なほど大きかったので、商人や彼らのために働く単なる仲介人さえもが増えた。まっとうな企業の傍らで、多くははっきりした資産もなく、支払い不能状態を画策する悪党どもが動き回っていた」。こうした状況下では、「際限なく役所をだませると思い込んでいる若干の納税義務者に対しては、断固たる処置をとること」が問題である。

しかしながら調べてみると、約八〇〇〇人のブドウ栽培経営者を問題にすることは極めて困難であることが分かった。「彼らの大多数は上乗せ金付きで生産物を売っていたので、一月六日の政令によれば不当利得を得たことになるが、正確な利益を見極めることはほとんど不可能だった。それに、調査の結果、大部分の公式仲買人ともぐりの仲介人はマージンが大きかったにもかかわらず、容易には嫌疑をかけられないことも分かった。現場を押さえねばならなかったであろうが、今までごく稀なケースを除いて、そこまでは至らなかった」。

それゆえ、没収委員会はもっぱら卸商に立ち向かったのである。ところで、「彼らは秘密の上乗せ金で売り買いしていたのだから、帳簿が細工されていたとしても……彼らの酒倉からの商品の動きは間接税税務署当局によって明確に把握されていたので、そこに問題となる確実な基本的要件があるはずだった」。これを標的にして、ジェール県委員会は売却と見なした瓶数に乗数係数をかけることを決めた。この掛け算方式はある者には最も厳しいものの一つだが、他の者には最も公正なものの一つとして適用され、この時代にフランスでは決して用いられなかったものである。

実際、委員会は「調査の結果、アルマニャックの各瓶や各ケースを売るたびに、商人が不法利益Xを得ていたものと認め、この数字Xを区別なく全商人に適用した。このやり方が便利であるにしろ、また原則として採用できる唯一のものであるにしろ、このXはありうることでもあり、また現実にありえたことでもあった。それでも、これがあまり公正でないことに変わりはなかった。それゆえ、委員会の決定が激しい批判を招き、大部分の当事者が高等評議会に上告しても驚くことではなかった。この状況の実際の結果は、国庫への納入金がごくわずかだったことである。一九四五年七月末、宣告された没収と罰金は総額四億一六九四万九三四フランにのぼっていたが、徴収金額はわずか四七七万八一六二フランであり、明らかに満足のいくものではなかった……没収額と罰金を徴収するために現在まで用いられた方法はあまりに単一すぎて、いわば濃淡の区別が不十分だった」、すなわち、報告者であるこの共和国地方委員にとっては厳しすぎたのである。[93]

しかしながら、いくつかの身柄拘束許可が申請されて認可された。卸商ロピトとヴィレトルト（フランス・グラン・ザルマニャック社）、とくにエトシャールの投獄は「不可欠」と判断された。それでも、「エトシャールを逮捕できるかどうか疑わしく、実際には捕まえられないとされ、何年も前から何の経済統制要因も逮捕に結びつかなかった」のである。

したがって、この県では厳しい処置が予定されていた。課税査定総額は衝撃的だった。しかも、約四億四七〇〇万フランの罰金のうち、二億八〇〇〇万フランは北西部のカステルノ・ドザンの二人の納税義務者に関するもので、グラン・ザルマニャック社に二億フラン、エトシャール社に八〇〇〇万フランだった。他の二〇の決定は合計一億六七〇〇万フラン科され、一人当たり平均八〇〇万フランだった。

当時のパニック状態では、何人か業界人の国外追放が忌まわしいものとなった。コンドンのアルマニャック卸売会社社長エリオ・ド・コサッドは国家安全保障侵害でジェール県独軍協力者裁判法廷に訴追され、一九四五年二月二二日に急遽三六万フランで営業権を売った。次いで、妻と一緒にスペインに渡ろうとしたが、一九四五年一六―一七日の夜、二人とも案内役たちに殺されて所持していた有価証券類を奪われた。「経済規制違反と間接的な敵との取引」を行なったために、一九四五年五月二三日、彼は欠席裁判で強制労働二〇年、公権剝奪、全財産没収に処せられた。利得は「確かな会計当局に供託され」、規定によって評価された。一九四五年九月二一日の決定により、ジェール県委員会は彼（と相続人）に対して一〇一〇万フラン没収と罰金二〇二万フランの支払いを命じた。委員会は相続人を全額支払いの連帯保証人にした。高等評議会は一九五〇年五月二六日の決定によって、没収金七〇〇万フラン、罰金一四〇万フランにそれぞれ減額した。そのうえ、相続人の連帯保証まで破棄したのである。[*94]ところが罰金を適用する段になると、二二の決定のうち五つは没収金だけで、三つだけ（グラン・ザルマニャック社、リジェール、エトシャール）が没収金を一〇〇％超える罰金を課された（前二つが一一三％、後が四〇〇％）。他の一四の決定は概して没収金額の五〇％以下の罰金だった。

この観点からすると、フランス・グラン・ザルマニャック社は例外的ケースだった。カステルノ・ドザンで有名なこのオ・ド・ヴィの卸売商店は、一九四一年六月二〇日にフェリックス・ロピト、ダニエル・ヴィルトルト、ジャン・デュバリの共同出資で設立された。フェリックス・ロピトは前大戦中、優秀な飛行士でレジオン・ドヌール騎士章受勲者、元外国貿易省顧問、ルヴァロワの元県会議員、セーヌ県議会副議長（一九二九―一九四一）であり、政治とビジネスのキャリアを同時にこなしていた。だが一九三九年に政治から一切手を引いてしまい、その後はとくにヴィシー政府から提供されたセーヌ県会議員職も断っていた。

一九四五年、「物価統制違犯の取引を行なった」容疑で不法利得没収ジェール県委員会に召喚されると、共同出資者ダニエル・ヴィルトルトは逃亡中で、ジャン・デュバリは一九四四年に死去していたので、彼一人だけが出廷した。[*95]この訴追はこの県の最近の非常に怪しげな成功物語の例を扱っていただけに一層人々の関心を集めた。問題はジャン・デュバリ所有で、一九三九年以前は売上高が五〇万フラン以下の古い店だった。戦争と占領下で、この小さな商店がフェリックス・ロピトとダニエル・ヴィルトルトとの共同出資で有限会社になると驚異的な発展をした。一九四二年と一九四三年、年間売上高が一億フランを超えた。この例外的発展はほぼ全面的にフェリックス・ロピトの活動のおかげだった。

終戦になると、このフランス・グラン・ザルマニャック社の経営者はさまざまな告訴箇条でオーシュ刑務所に収監された。「これに関する調査は彼の敵たちの手で行われ、その中にオーシュ警察署長ブスケ氏がおり、この人物は奇妙な偶然の一致で彼のライバルの一人の共同出資者になっていたが、この調査では、彼にはいかなる内通とか協力行為の事実も認められず、むしろ彼がレジスタンスに多額の物質的援助をしていたことが明らかになった」。ロピトは七五日間の拘留後に釈放されたが、県条例によって自宅軟禁下に置かれた。

ロピトは「幅広く活動する事業家、おそらく些事末端にこだわらず一貫して著しく生産的な活動を示してきた事業家」として描かれていた。デュバリは「あまりぱっとしない人物」と見なされていたが、ダニエル・ヴィルトルトはこう描かれていた。「ドイツ人とのアルマニャック売買契約の大部分を取り仕切った卸商で、親独的傾向がかなりはっきりしており、解放委員会が実現しなかったとはいえ、逮捕を要求するほどだった。それでも、彼はオーシュの独軍協力者裁判法廷に引き出され……この法廷は次の審問に移送し、被告の精神鑑定が必要であるとした」。

フランス・グラン・ザルマニャック社は当時国有財産管理局の供託下に置かれていたが、一九四五年四月一八日、コンドンの裁判所は国有財産管理局監督官クスト氏を指名し、法を執行してこの会社のあらゆる活動を停止させる役目を委託した。没収委員会は、この会社が供託化によって「他のライバル会社同様……一九四五年度の蒸留・販売キャンペーンに加わることが事実上できなくなり、実際には、このキャンペーンが会社に最低数千万の利益をもたらして自動的に国庫に入るはずだったのに、これを奪われてしまった」ことを遺憾とした。またこの供託化は「供託執行官に権限のある管理官を加えなかったので、もう一つの残念な帰結としてカステルノ・ドザンにさえ四〇人の労働者の解雇と、管理公社に六〇人の労働者の事実上の失職をもたらした」のである。この結末は一六万五〇〇〇本にのぼるこの会社のストックの監視と用途の問題と、「毎日、ブランドの商品価値が加速的に失われる」という問題を提起し、またこのブランドは「非常に有名であるという利点があり、そのうえに多大の宣伝もなされていたので、国庫が主要な担保とする営業権一般の問題」も提起したのである。[*96]

こうした重大な支障に関して、没収委員会は従業員、県の各労働組合やCGT代表たちから善後策を要請されていたが、一九四五年九月二四日、彼ら自身が運動を始め、一三〇人以上が署名して解放委員会地方支部長が同意した書簡を直接送ってきて、こう明言していた。「フランス・グラン・ザルマニャック社はフランス市場でも外国市場でも、アルマニャック地方に驚くべき飛躍的発展をもたらすことに成功した。このため、また部分的にはこの会社によって、アルマニャック地方はコニャック地方の昔からの後見を脱して、フランスの最貧困地方の一つであったアルマニャック地方も生活水準が大きく向上改善されたのである。我々はこの会社が活動を再開しなければ、地域経済は大きな影響を被るものと考えている」。そのうえ、この会社は「自力で蒸留し、また自力で一日約五〇〇〇本を瓶詰めできる」県下で唯一の会社であるが、「ライバル他社は　限られた数社を除いて、大半の商品を買い入れて、地方の銘柄酒の零細蒸留業者かいくつかの協同組合に転売している」、としていた。

この状況下で会社従業員は、供託の事実上の管理下ではフェリックス・ロピトが会社のトップに返り咲くことはできないのだから、指揮権限を有する経営委員会の指名を緊急に要求していた。慎重にはしていたが、この実業家はすでにニューヨークの商工会議所と、「一〇年間に一本二ドルを基本にした」

一〇〇〇万本のアルマニャック売却交渉に入っていた。ロピトを参加させる解決策が見出せるような大臣の好意的な答えは地域的にはアルマニャック地方の商人グループと対立することになるが、このグループにはド・モンテスキュー＝フザンサック氏率いるデュヴィニョとジュラのライバル社が含まれ、しかもド・モンテスキュー＝フザンサック自身がアメリカと大きな取引をして、失敗したようであった。

政府委員は極めて曖昧に報告を終え、この種の情報は精度を「確かめるべき」もので、ロピトがライバルたちの被った失敗に「たぶん無関係」ではないだろうと強調していた。[*97]

したがって、この状況下で賭けられているのはこの地域のワイン経済全体であった。シャラント県以上にジェール県では、戦時中に成功した多くの商社がその活動の再開に支障をきたしていた。政治戦争と商業戦争の間に矛盾が残っていたが、それはいかなる輸出もいかなる輸入品販売さえも、企業の安定性の保証や技術と資金なしでは考えられないからである。以上述べてきたことが、フランスの全ブドウ栽培地において、国とその経済の未来のためにいつも極めて重要なものとみなされる活動を続行するという必要性に立脚した断乎たる経済的正当化の主張である。

一九四〇年代末からの多数の没収命令を越えて、寛容と和解が必要であることが、一九五一年以降の特赦令によっていまだ進行中の訴訟が終わるまでは、公権力の支配的な懸案事項となっていた。各省庁の当局者によれば、当時は「経済復興に有利な心理的要因を生み出す[*98]」時だったのである。

結　論

終戦直後、フランスのブドウ栽培地は不可避的に欠乏状況に見舞われていた。労働力不足とブドウの木に必要な物資や銅を供給することが困難で、いくつかのブドウ園はより一層困難な状況になっていた。しかしながら概して、生産手段はかえって戦争で強化された。占領者が強く徴発要求したところはどこでも、彼らは開発・生産手段を提供し、ワインを非常な高値で買い取っていた。良質なブドウ栽培地はすべて単に生産状態を維持しただけではなく、ナチの収奪システムが生み出した強力な需要に応えるため絶えざる注意深い維持管理の恩恵にも浴していた。前大戦以来、フランスのブドウ栽培地がそのような要請を受けたことは決してなかった。四年間も帝国が維持したさまざまな流通ルートを通して売却された量そのものが、輸出向けワイン生産を支えていたのである。

終戦時の総決算のとき、そのようにして引き渡された全体量を数字で集約するのはひと苦労だった。一九四五年のワイン・スピリッツ全国連合の統計によれば、公式割当て量としてドイツに送られたワインは一九四〇―一九四一年分九三万二四〇hl、一九四一―一九四二年分一七四万四二〇六hl、一九四二一一九四三年分二〇三万七〇八一hl、一九四三―一九四四年分一三九万八七五二hl、総計六一一万〇二七九hl、月平均一三万hlだった。占領期間中、ドイツの運送会社シェンカーはシャンパンとシャンパン方式の発泡性ワインを除いてドイツへのワイン輸送契約をほぼ独占していたが、その記録文書類によれば、ワインは公認買付け人分だけで一九四二年一月～一九四四年六月の期間中五一〇万四三七六hlになり、月平均一七万hlだった。さらに、一九四四年六月八日付けのジョッフェ将軍名の覚書では、一般供給部局は一九四一―一九四二年、一九四一―一九四三年、一九四三―一九四四年の各シーズンに対して四五四万五〇〇〇hlの数字を挙げ、月平均一四万hlだった。

全国飲料連合の算定では、一九四〇―一九四一年分一五〇万九二一一hlと国防軍向け二五万hl、一九四一―一九四二年分一五一万八一〇六hlと国防軍向け二六万八五〇〇hl、一九四二―一九四三年分二八万四四五四hlと国防軍向け四二万九一三七hl、一九四三―一九四四年分一四一万三八〇〇hlと国防軍向け五六万三四八八hl、総計八二三万六六九六hl、月平均一七万一五九七hlであった。こうした数字に、損害賠償委員会が見積もった以下のような「不法徴収」が加わる。一九四〇―一九四一年分四五万三七五〇hl、一九四一―一九四二年分二四万五〇〇〇hl、一九四三―一九四四年分二〇万hl、総計一二二万八七五〇hlで、この二つの統計を合わせると、九四六万五四四六hl、月平均一九万七一九六hlとなる。

損害賠償委員会は、「仏独協定に沿った」計画の徴収としては以下の数字を挙げている。一九四〇―一九四一年分二一五万三九五〇hl、一九四一―一九四二年分二七八万七五〇〇hl、一九四二―一九四三年分三七八万七〇〇〇hl、一九四三―一九四四年分三二〇万四五〇〇hl、総計一一八三万二九五〇hl、月平均二四万六五一九hl。

そのような算定数字の違い、つまり月平均でタンク車三八台分一一万六〇〇〇hlの差にまでなることに驚くのは当然としても、すべての統計が現実を過小評価していることは明らかである。不正確な統計データを別にしても、まったく即興的に組織された一九四〇―一九四一年度を除外したいくつかの推定評価はドイツ経済向けの公式割当て量と国防軍向けの引渡し分を分けており、どの統計も最初の年度の違法売却と一九四一―一九四二年からの「割当て量外」の引渡し量の正確な評価を断念していた。もともと、この種の数量はどんな統計からも漏れていたのである。結局は、一般化した不正行為は公認買付け人自身やあらゆる監視の目を免れたナチ組織、各種の集団などが組織化して直接かつ非合法に大量購入したもので、例えば武装親衛隊、空軍、海軍、トート機関、ゲシュタポは各自流通ルートを持ち、パンタン、ベルシー、シャラントンに倉庫を備えていたので、これらが実際に考慮されることは決してなかったのである。

結局外見上は、当初の購入計画が存在していたときは実際の公式徴収がこれを超えることはなかった。それは、解放時にロジェ・デスカが指摘したことである。試しに二つのデータを抜き取ってみると、年によって五〇万hlの差があり、デスカによると、「四年のうち一年」はどれかをずらせば、「引渡しの遅れのおかげでその差をうめること」ができたという。それに、年間六〇〇～九〇〇万hlの供出を要求したゲーリングが広めた総略奪化の予告とこうした評価を比べてみると、実際には徴収は穏やかなもので、卸商たちが売却に対する一種の仮装レジスタンスを示していたのではとさえ思われる。別の証言では、一九四〇年にドイツ軍当局と供給省間で、ドイツ軍経理部だけで約五〇万hlの年間割当て量が取り決められたという報告がある。このワインはモンペリエの供給省機関が買取り、パリに運ばれて輸出入連合会で送り状を作成した後、パンタンに保管された。

こうしたあらゆる推測とは別に、全国飲料購入連合会と損害賠償委員会が報告して合法・非合法ルートを合わせた推定評価によって補完されたデータを使ってみると、フランスのワイン経済は占領軍の直接消費分とドイツ向けの輸出で、一九四〇―一九四四年間に一五〇〇～一七〇〇万hlを提供していたようだが、闇市場がずっと前からフランスのワイン経済全体を掌握していただけに、評価の余地は一層大きいものと思われる。

平和が戻ってフランスがアメリカ大西洋世界に入ると、商業とワイン生産は復興の条件が整い、数十年間の危機後の一九四〇年、急速にドイツの秩序に組み込まれた後、今度は西側世界の新支配者が構築または復興した外国市場に敢然として立ち向かうことになった。しかし、自らの手でフランスのワイン経済の大規模な略奪状況を生み出しながらも、ナチはとくに閉鎖的で階級化されて内向きだったフランスのブドウ・ワイン生産世界の終焉を画し、これを持続的に外国市場との相関関係下に置くことにもなったのである。そうなると、ほとんどすべてがフランスの卸商とブドウ栽培者を絶えず拡大する輸出に向かわせ、これが資本の蓄積の論理で輸出を増していき、規制の拘束からも解放されて深刻な矛盾をはらみながらも、複雑なフランスのブドウ・ワイン世界の風景の出現を促すに至ったのである。

したがって、このフランスの歴史の苦難の時代、フランスのブドウ栽培地はいわば『罪と罰』を経験した、つまり商売の厚顔無恥と貪欲さが極めて猥雑な日和見主義や態度留保、さらには若干の稀なレジスタンスと並走した世界を生きたのである。それは金儲けの掟と貪欲さが愛国的精神を大きく凌駕した時代であった。この領域では、つねにレジスタンスのことしか考慮しない支配的言説に対して、不愉快な真実にアクセントが置かれていた。ナチ占領中の戦争とワインの関係は「〔ブドウ・ワイン世界の〕壊れた鏡」と〔戦争という大変動の〕出来事の未完の脱神話化を超えて、[*1] フランスの奥の間のドアを開けてくれるのである。[*2]

原注

序文と第一章

＊1　アニー・ラクロワ=リ『一九四〇―一九四四年のフランスのエリート。ドイツとの協力からアメリカとの同盟へ』アルマン・コラン、二〇一六年、四九六頁、『占領下のフランスの起業家と銀行家』アルマン・コラン、二〇一三年、八一四頁。

＊2　アンリ・ルッソ「ヴィシーと占領時代のパラドックス。古さと近代性」、パトリック・フリデンソン、アンドレ・ストロース編『フランス資本主義一九―二〇世紀。抑制と成長のダイナミズム』ファイヤール、一九八七年、六七―八二頁。

＊3、ドンとプティ・クラドストラップ『戦争とワイン。フランスのブドウ栽培者はいかにしてナチから宝物を救ったか？』（ペラン、二〇〇二年、ペラン、二四七頁）、ロベール・アロン「ワインに救われたボルドー」『現代史の新しい重要資料』（ペラン、一九六三年、二〇三―二二四頁）から採ったイメージ。

＊4　経済金融古文書センター（以下CAEF）：B類、登記と封鎖管理局、D類、不当利得没収高等評議会：正本と決議事項。

＊5　国立古文書館（以下AN）：蔵書Z6、特別裁判所、セーヌ県独軍協力者裁判法廷、アルファベット順索引カード資料「ワインと対独協力」、一九四四―一九五一年。特に、大量のDESCASファイルで、第二次世界大戦のワイン卸売業組織に関する多数の書類がある。AN：Z6/869ファイル5805（1–2）、ワイン卸商ロジェ・デスカに対するセーヌ県独軍協力者裁判法廷の予審手続き関連ファイル参照。

＊6　ただし、会計書類や運送明細書などの記録資料の重要部分が、上流部で、ワシントンの国務省封鎖部局長デイヴィッド・ゴードン指揮下の連合軍当局によって先取りされていたようである。この連邦政府高官は当時ロンドンの経済戦争省に勤務しており、関係書類はアメリカ合衆国に運ばれたと思われる。CAEF：B0047490/1（D）、タイプメモ、財務省、封鎖管理局、第一局、パリ、日付なし。
＊7　ガストン・ドゥリュス『わがワイン博士』、「ペタン元帥ワインへのオマージュ」序文、ラウル・デュフィの水彩画、エディシオンプュブリシテール・ニコラ、一九三五年。
＊8　パリの国際協定のテクスト、一九二四年一一月二九日。
＊9　拙著『ポワリュのワイン——第一次世界大戦中のフランスのワイン史』ディジョン大学出版、二〇一五年、一七二頁。
＊10　ガストン・ドゥリュス、前出序文。
＊11　エドゥアール・バルト『ヴィシー下の一議員の闘い。戦中日誌（一九四〇—一九四三年）』エディシオン・サンギュリエール、二〇〇七年、四七九頁。
＊12　エドゥアール・バルト「兵士にホットワインを」『国際ワイン事務局会報』一三七号、リブレール・フェリックス・アルカン、一〇九—一一〇頁。
＊13　『ワイン卸売全国組合会報』三〇号、一九三九年。
＊14　ルネ・ベッケール「美味なるワイン」『ワイン卸売全国組合会報』三〇号、一九三九年、一一一—一一三頁。
＊15　『ザ・ワイン&スピリッツ・トレード・リヴュー』一九四〇年二月二日号。
＊16　A・マレスカルスシ「ワインと紅茶」『ワイン卸売全国組合会報』一三八号、一九四〇年、PUF、九四—九五頁。
＊17　「三月三日のワインデー」『ル・プティ・メリディオナル』二月二七日号。
＊18　「兵士のホットワイン」『ラ・デペーシュ』一九四〇年三月二日、二—四頁。
＊19　『ル・ヴィニョーブル・ジロンダン』一九四〇年三月六日、二—三頁。

＊20 『間接税務署報』一九四〇年三月二八日、一三七―一三八頁。
＊21 『ラ・ジュルネ・ヴィニコル』一九四〇年三月一六日、一―二頁。
＊22 同前。

第二章

＊1 ジャック・コポー『日記：一九一六―一九四八年』エディシオン・セジェルス、一九九一年、四九三頁。
＊2 コート・ドール県古文書館（以下 ADCO）：29U-59、ディジョン間接税税務署主席監査官ギーユマンのマリユス・クレルジェに関する報告書、一九四五年七月九日。
＊3 ADCO：29U-59、ポマールのクレルジェ商会の会計係ジュリアニュ・ルネの尋問調書、一九四六年六月二日。
＊4 ジルベール・ガリエ「第二次世界大戦中のブドウとワイン」『ルヴュ・デゼノロジー』九八号、三五―三六頁。
＊5 ファブリス・ダルメダ『ナチズム下の社交生活』ペラン、二〇〇六年、二八五―二八八頁。
＊6 ファブリツィオ・カルヴィとマルク・マズュロフスキ『帝国の饗宴。占領地フランスの略奪一九四〇―一九四五年』ファイヤール、二〇〇六年、二四一―二四八頁。
＊7 AN：Z6/869 ファイル 5805。マジェスティックホテルでの会見報告（一九四二年四月二三日）、パリ控訴院経理専門官F・マルタンによるロジェ・デスカに関する監査報告書、一九四八年四月九日、七六―七七頁。
＊8 同前。
＊9 AN：Z6/869 ファイル 5805 (1)、デスカに関する補足メモ、一九四八年五月三日。
＊10 ドイツ軍司令部（ＭＢＦ）通達、一九四一年三月三〇日。
＊11 ワイン・スピリッツ卸売全国組合通達、一九四一年一〇月一三日。
＊12 国際ワイン事務局会報一四一号、一九四〇年、三三頁。
＊13 CAEF：B49509、研究調査総局、ランスのシャンパーニュワイン配分事務所の元通訳兼タイピスト、マリー＝フ

＊14　CAEF：B49509、研究調査総局、ランス地方委員会、一九四五年一月、情報等級：a/1、対象：占領下のシャンパーニュワイン、全体像。
＊15　CAEF：B49509、研究調査総局、ランスのシャンパーニュワイン配分事務所の元通訳兼タイピスト、マリー＝フランソワーズ・ガシェ夫人提供の情報、一九四五年二月二二日。
ランソワーズ・ガシェ夫人提供の情報、一九四五年二月二二日。
＊16　卸商組合通達状、一九四〇年一〇月二三日。
＊17　ADCO：1205W67-73、敵との取引。ブルゴーニュワイン取引における不当利得に関する警察報告、一九四四年一一月二三日。デラーはブルゴーニュワインの特性を知悉していた。
＊18　ボーヌのピエール・ポネル商会資料。F・デラーの通達状、一九四〇年一一月一八日。
＊19　同前。
＊20　ブルゴーニュワイン卸商組合資料：デラーの組合長F・ブシャール宛書簡、一九四一年一月二四日。
＊21　ブルゴーニュワイン卸商組合資料：デラーの組合長F・ブシャール宛書簡、一九四一年二月一七日。ブシャールのデラー宛書簡、一九四一年三月二一日。
＊22　敗者フランスと勝者ドイツの騙し合いの取引はこのように表現でき、ルトンドのフランス代表アンツィジェール将軍も類似の表現をしている。
＊23　アリ・ゲッツ「ヒトラーはいかにしてドイツの民心をかち得たか？」『第三帝国、国民のための独裁制』フラマリオン、二〇〇五年、一四四―一五一頁。
＊24　このため、ピエール・アルヌーは、ドイツ兵は「フランス全体を買えるかもしれない」と書いている。『フランスの財政とドイツの占領一九四〇―一九四四年』ＰＵＦ、一九五一年、三三―三五頁。
＊25　バルバラ・ランボエール『オットー・アベッツとフランス人あるいは対独協力の裏』ファイヤール、二〇〇一年、八九五頁。

＊26　ジャック・ドゥラリュ『占領下の闇取引と罪』ファイヤール、一九九三年、一九―二二頁。
＊27　ピエール・アルヌー、前掲書、一一―三五頁。
＊28　同前。
＊29　同前。
＊30　ピエール・アルヌー、前掲書、一二一頁。
＊31　「フランス人はいかにして彼ら自身の経営資金を調達したか？」、ルノー・ロシュブリュヌとジャン・クロード・アズラ『占領下の経営者』オディール・ジャコブ、七九三―八〇五頁。
＊32　両大戦間中、二国間の通商合意によって幅広く用いられた伝統的手法。仏独決済協定は一九四〇年八月八日に調印。
＊33　ピエール・アルヌー、前掲書、一八六―一八七頁。
＊34　輸出税一％が補償相殺事務所の天引きした手数料に加わり、これが三％から九％になる。
＊35　フレッド・カッパーマン『ピエール・ラヴァル』タランディエ、二〇〇六年、三七五―三九一頁。
＊36　一九四三年一月六日の条令に挙げられた代替ワインの売り出し分以外の全原産地統制銘柄ワインと、非代替ワインの売り出し分の徴発用ワイン。
＊37　AN：Z6/869ファイル5805（1）、損害賠償諮問委員会（一九四五年一〇月一八日の条令）。敵の占領下、フランスで生じた損害に関する報告。ワイン・スピリッツに関するモノグラフィー、一九四六年二月六日、七四頁。
＊38　『ワイン国際事務局会報』一四二号、一九四〇年、PUF、五―一〇頁。
＊39　『アルプスとプロヴァンス』一九四〇年一二―二四号。
＊40　ジャン＝ピエール・ユッソン「ドイツの占領の試練下のシャンパーニュワイン」ドイツ歴史研究所、二〇〇五年九月二三日。比較として以下を参照。ジャン＝ピエール・ユッソン「第二次世界大戦の試練下のマルヌ県とマルヌ県民」、博士号論文、ランス大学、一九九三年、二巻、四八九と一八二頁。

＊41　CAEF：B49509、研究調査総局、ランス地方委員会、一九四五年一月、情報等級：a/1、対象：占領下のシャンパーニュワイン、全体像。
＊42　エリック・アラルリ『境界線』ペラン、二〇〇三年、三八―一四六頁。
＊43　『ラ・ジュルネ・ヴィニコル』一九四一年九月一〇日号。
＊44　CAEF：B49509、研究調査総局、ランスのシャンパーニュワイン配分事務所の元通訳兼タイピスト、マリー＝フランソワーズ・ガシェ夫人提供の情報、一九四五年二月二三日。
＊45　国立シャンパーニュワイン配分事務所の一時的構成を定めた一九四〇年一一月二〇日の条令、一一月二一日の『官報』、五七六〇―五七六一頁。
＊46　フロリアン・アンベール『INAO（国立原産地・品質研究所）――創立から一九六〇年代まで：AOCワイン制度の創生と進展』、博士号論文、ブルゴーニュ大学、二〇一一年、二巻、一二五五頁。
＊47　コニャック地方のワインとオ・ド・ヴィの国立配分事務所設立を定めた一九四一年一月五日の条令、一月八日の『官報』、一〇五頁。コニャック地方のワインとオ・ド・ヴィの国立配分事務所の一時的構成を定めた一九四一年一月二六日の条令、一月二七日の『官報』、四四六頁。
＊48　シャンパーニュワイン業種間委員会設立を定めた一九四一年四月一二日の法令一六五六号。
＊49　一九四一年九月八日の政令三六一六号、九月一二日の『官報』、三九〇八―三九〇九頁。一九四一年八月二一日の条令、九月一〇日の『官報』、三八六二頁。
＊50　一九四二年五月六日の条令、五月二七日の『官報』、一八八六頁。
＊51　CAEF：B49509、研究調査総局、ランス地方委員会、一九四五年一月、情報等級：a/1、対象：占領下のシャンパーニュワイン、全体像。
＊52　AN：Z6/869ファイル5805（一）、鑑定報告、経理専門官F・マルタン、一九四九年二月三日、一三五頁。
＊53　『ラ・ジュルネ・ヴィニコル』一九四一年一〇月二九日号。

＊54 『ラ・ジュルネ・ヴィニコル』一九四一年九月一七日号。
＊55 『ル・モニトゥール・ヴィニコル』一九四一年一一月一九日号。
＊56 『ル・モニトゥール・ヴィニコル』補遺、一九四一年一一月一九日号。
＊57 『ラ・プティット・ギロンド』一九四一年一一月二九日号。

第三章

＊1 AN：Z6-869-870、一九四七年一二月三日、飲料購入全国連合会の記録資料から得られた情報の要約。
＊2 『レトワール・ブル』リーマン・フレデリック、一九四〇年、三頁。
＊3 『ドイチェ・ヴァインツァイトゥング』一九四一年一〇月二〇日号。
＊4 『ドイチェ・ヴァインツァイトゥング』一九四二年一月九日号。
＊5 『ノイエ・ヴァインツァイトゥング』一九四一年一二月二一日。
＊6 『国際ワイン事務局会報』一五〇号、一九四二年、ＰＵＦ、四—八頁。
＊7 ブルゴーニュワイン卸商組合通達書簡、一九四一年一月一七日。
＊8 エドゥアール・バルト、前掲書、二八四頁。
＊9 『ル・モニトゥール・ヴィニコル』一九四一年一二月一〇日号、二—四頁。
＊10 『ル・モニトゥール・ヴィニコル』一九四一年一二月二〇日号、一—二頁。
＊11 『ル・モニトゥール・ヴィニコル』一九四二年一月一〇日号、一—二頁。
＊12 同前。
＊13 『ル・モニトゥール・ヴィニコル』一九四一年一二月二一—二八号、一—二頁。
＊14 『ル・ミディ・ヴィニコル』一九四二年六月一七日号、一頁。
＊15 『間接税税務署報』一九四二年七月三〇日号、一—二頁。

＊16 『ラ・ヴィ・アンデュストリエル』一九四二年七月二日号、二―三頁。
＊17 エドゥアール・バルト、前掲書、二〇一―二〇二頁。
＊18 アニー・ラクロワ＝リ、前掲書参照。
＊19 エドゥアール・バルト、前掲書、一八五―一八六頁。
＊20 同前、一九六―一九七頁。
＊21 同前、二〇一―二〇二頁。
＊22 同前、二〇七―二〇八頁、二二七頁。
＊23 1. AN：Z6-869-870、一九四七年一二月三日、飲料購入全国連合会の記録資料から得られた情報の要約。
＊24 ジャック・ドゥラリュ、前掲書、一九頁。
＊25 ジャック・ドゥラリュ、前掲書、六七頁。
＊26 ジャック・ドゥラリュ、前掲書、七八―八一頁。
＊27 ジャック・ドゥラリュ、前掲書、一〇四頁。
＊28 ADCO：SM-2939、一九四二年九月三〇日の県知事通達。
＊29 ADCO：SM-2939、一九四一年一二月九日の県条令。
＊30 ADCO：SM-2939、ディジョン県知事宛のボーヌ郡長の手紙、一九四一年一一月二〇日。
＊31 ADCO：SM-2939、コート・ドール県卸売・仲買業代表のボーヌ連合の手紙、一九四一年一二月。
＊32 ADCO：SM-2939、ディジョン県知事宛のボーヌ郡長の手紙、一九四一年一二月八日。
＊33 『価格管理局報』（一九四三年七月二日）掲載の一九四三年六月二九日の条令六七二六号と六八五七号。
＊34 ADCO：29U-59-29U-105、ガイスヴァイラーとクレルジェ問題。
＊35 ADCO：SM-2939、価格管理局、ボーヌ部門、間接税税務署主席監査官シャッサニーの、ワイン取引の経済的状況に関する報告、一九四四年四月。

＊36　ADCO：1Pa–2Pb–1939–1944、直接税・間接税税務署のマトリックス。
＊37　『ル・ミディ・ヴィニコル』一九四三年一二月一日号。
＊38　『ラ・フゥイユ・ヴィニコル』一九四二年二月二八日号。
＊39　『ラ・ルヴュ・デ・ボワッソン』一九四三年四月二日号。
＊40　同前。
＊41　フロリアン・アンベール、前掲書、五三〇―五四三頁。
＊42　『国際ワイン事務局会報』一六一号、一九四四年。
＊43　フロリアン・アンベール、前掲書。
＊44　記録簿第一号、常任財政下部委員会決議、一二〇―一二二頁。
＊45　フロリアン・アンベール、前掲書、三一二―三一三頁。
＊46　AN：F/10/5362、農業省付き閣外相リュス・フロー宛のアンリ・プステルの書簡、一九四二年一二月七日。
＊47　AN：F/10/5363、農業供給大臣宛のル・ロワ男爵の書簡、一九四二年一二月一五日。
＊48　拙論「第二次世界大戦中のブルゴーニュのワイン卸売とブドウ・ワイン生産者」『ルラリア』一六―一七号、二〇〇五年、二〇一―二三二頁。*Ruralia* とは、フランスリュラスト ruraliste〔田園（農村）生活信奉者〕協会の機関誌。

第四章

＊1　ADCO：2P（W）、納税者名簿、直接税。ポマール税務署（一九三九―一九四六）。
＊2　修正データでは、クレルジェの売上高は一四〇万八〇四フランから三三三〇万フラン、利益は一九万一三〇一フランから一三三二万フランになった。
＊3　ADCO：29U–59、マリユス・クレルジェに関するギーユマンの報告、一九四五年七月九日。
＊4　ADCO：29U–59、予審ファイル。コート・ドール県独軍協力者裁判法廷。監査報告。

＊5　同前。
＊6　ADCO：29U–59、エンヌカン・エミールの共助要請の尋問調書、一九四六年六月一三ひ。サルラン・ルネの共助要請の尋問調書、一九四六年六月。ローヌ＝アルプス地方粛清委員会宛の代表者書簡。
＊7　ADCO：29U–59、ムッセ・ルイの証言、一九四五年七月一八日。
＊8　AN：Z6/869 ファイル 5805（一―二）、ロジェ・デスカ報告。
＊9　ADCO：29U–59、内務省。司法警察総局。ディジョン司法警察地方局長、警察本部長宛の司法警察庁長官アンドレ・ジャントの書簡、一九四六年九月二三日。
＊10　同前。
＊11　ADCO：29U–59、家宅捜索調書、財務省監査報告官アンリ・シャッサニ、一九四一年一月一五日。
＊12　ADCO：29U–59、デルソル・カミーユの証言、一九四五年七月二日。
＊13　ADCO：29U–59、ディジョン控訴院検事長通達、一九四一年九月九日。
＊14　徴収は以後、事前登録に「組み込まれていない」原産地統制ワインの生産者からの徴収申告検査のための、県諮問委員会の決定に照らして、県知事の同意に付された。この新機関で商業界を公式に代表するのは、卸商組合が指名した卸商ルイ・ラトゥールとモーリス・デュベルヌだった。
＊15　公定価格は国内取引には有効だったが、貿易には自由であったことを想起しておこう。ADCO：SM–4937、地域圏経済問題主計官ルシャルティエの報告、一九四三年五月二四日。
＊16　ADCO：SM–4949、一九四二年四月一四日の県条令、一九四二年六月三〇日の補足条令。
＊17　ADCO：SM–4949、一九四二年四月一四日の県条令による徴発状況。
＊18　ベルシーの卸売業ガベ社の仲介によるもの。ADCO：29U–59、マリユス・クレルジェに関する一九四四年九月二八日付の県知事の調査要請に対する報告、一九四五年一〇月二〇日。
＊19　ADCO：29U–59、モーリス・デュベルヌの尋問調書、一九四五年一二月一〇日。

＊20　ADCO：SM–4949、一九四二年七月九日の通達。

＊21　ブドウ・ワイン卸商組合資料。クレルジェ問題。書簡一九四二—一九四三年。ADCO：SM–4949、一九四三年六月二〇日の支払い命令。

＊22　アニー・ラクロワ＝リ、前掲『占領下のフランス企業家と銀行家』、四三八—四三九頁。

＊23　エルヴェ・ル・ボテール『占領下のパリ生活』フランス‐アンピール、一九九七年、三四〇頁。

＊24　ポマールの彼の家系の一員マルク・クレルジェは当時LVF（フランス志願兵団）〔一九四一—一九四四年の反ボリシェヴィキ団体〕に加わっていた。ADCO：40M-466、対独協力者名簿。ディジョン県、共和国地方委員、一九四五—一九四六年。

＊25　ADCO：29U–59、警察庁報告、司法警察局、一九四四年一一月一八日。

＊26　CAEFB49509/5（D）、パリ軍事政府情報ファイル、参謀本部第五局マリユス・クレルジェ。ADCO：29U–59、同前、一九四五年八月九日。

＊27　ADCO：29U–59、マリユス・クレルジェに関する一九四四年九月二八日付の県知事の調査要請に対する報告、一九四五年一〇月二〇日。

＊28　同前。

＊29　リエージュの国際博覧会については、政府総合委員会の『水の技術の国際博覧会一般報告』ヴィヴィアンヌ・ルジュヌ、マルク・モワッス『水の博覧会。リエージュ、一九三九年』エディシオン・デュ・モリネ、一九九九年参照。

＊30　シャンパン会社ヴィクトル・クリコは、一八九四年創立、一九二九年に拡大したが、一九六九年、ピエール・アンドレによって転売された。今はない。

＊31　ピエール・アンドレにとって、リエージュの国際博覧会は文字通り「博打」だった。フランスの卸売業のスタンドは、ボルドー、シャンパーニュ、アルプスワインを展示するために設置されることになっていた。ピエール・アンドレは当時、スタンドでの存在感を保証するヴィクトル・クリコのシャンパンブランドの買収を決めていた。

＊32　AN : Z6NL ファイル 501、一九四三年一〇月二九日付のピエール・アンドレの手紙。

＊33　AN : Z6NL ファイル 501、イード村村長の証明書、一九四〇年七月二五日。産業生産省の特務命令、一九四〇年七月二六日。

＊34　これに、ドイツ軍機に空爆されたランスの彼の会社の損害が加わり、また総額一〇〇万フランにのぼる八〇〇〇本が略奪されたという。

＊35　ボーヌ検事局への訴え、一九四〇年八月一三日。コルゴロワン憲兵隊の調書、一九四一年二月一三日。

＊36　AN : Z6NL ファイル 501、「ドイツの占領で被ったわが破滅的状況に関する報告」、日付なし。

＊37　この解雇については、ほとんど分からない。ジャック・ジェルマンがピエール・アンドレを無視して個人的取引をしたことはあり得る。

＊38　ADCO : 2P（W）、納税者名簿、直接税。ショレ税務署（一九三九―一九四六）。

＊39　AN : Z6NL ファイル 501、セーヌ県独軍協力者裁判法廷、情報と報告、一九四五年一〇月二〇日。

＊40　全売上高数字、物価指数の修正データなし。

＊41　AN : Z6NL ファイル 501、セーヌ県独軍協力者裁判法廷、情報と報告、一九四五年一〇月二〇日。

＊42　ニュイ・サン・ジョルジュのリュペ社資料 : LC1、シャトンの代理人シェレールとの商用書簡、一九四〇―一九四四年。パリの大レストランへの引渡し。

＊43　こうしたいくつかの高級レストランでは、ソムリエが立場を利用して、メニューに載せることを条件に有利な取引を商人に課していた。ニュイ・サン・ジョルジュのリュペ社資料 : シャトンの代理人シェレールとの商用書簡、一九四〇年二月一六日参照。「大レストランでソムリエ役を果たす暴君ども」への当て擦り。「シャンゼリゼのフーケの暴君は、わが同郷人の一人だが、五％の手数料を要求し、特別な計らいをすると言ったが、断った」。

＊44　アニー・ラクロワ＝リ、前掲『占領下の企業家と銀行家』、四三八―四三九頁。

＊45　一九三三年、有名なフランス・ガストロノミーの創設年、「ラ・トゥール・ダルジャン」は三つ星を受けた。

＊46　一九四二年、アンドレ・テライユは、サントネで極上ワイン貯蔵庫利用の許可を得た。ADCO：U-XVI、ボーヌ商業裁判所、一九四二年六月二六日。
＊47　一九四〇年六月二八日、ゲーリング元帥はそこで自ら食事した。
＊48　このキャバレーは当初、モンマルトルでのヴィクトル・クリコブランド売り出しのための、宣伝目的で獲得された。
＊49　AN：Z6NL ファイル 501、ボーヌ検事局、ファイル・ワインと対独協力、一九四九年四月一二日。
＊50　これが、ヒトラーの側近で「最初のヒトラー社交界組織網」の創設者、第三帝国の象徴的人物ディートリヒ・エッカルトの近親者かどうかは、分からない。ファブリス・ダルメダ、前掲書、三三―三五頁参照。
＊51　AN：Z6NL ファイル 501、一九四三年九月一四日の書簡。
＊52　エリアンヌとガブリエル・リオジエ・ダルデュイ『ピエール・アンドレ』。
＊53　ジャン・ロラン『マイエ猊下とボワ・ド・クロワの聖歌隊』セール、二〇〇一年、一五〇頁。
＊54　一九四一年、この聖歌隊はラテンアメリカを巡業。一九四二年、ベネズエラ、マルティニック島に渡り、同年一二月、ナチ占領下のフランスに戻った。
＊55　こうした人物に、LVFの司祭でシャルルマーニュ武装親衛隊付き司祭ジャン・ド・マイヨル・ド・リュペを加えるが、彼はスュアール猊下の側近でリュペ＝ショレ社幹部の兄弟でもある。彼のニュイ・サン・ジョルジュのワイン注文品は戦争中ずっと、その強力な人的関係組織網に直接届いていた。ニュイ・サン・ジョルジュのリュペ社資料：LC23、パリのマイヨル・ド・リュペ宛の注文書簡、一九四二―一九四四年参照。
＊56　AN：Z6NL ファイル 501、一九四三年九月一四日の書簡。
＊57　AN：Z6NL ファイル 501、一九四三年九月一四日の書簡。アンドレ問題に関する報告書、一九四四年一一月四日、一四七頁。
＊58　同前。
＊59　同前。

＊60　ゲシュタポが、とくにパリの商業界で行なったこのマフィアの独占的支配の言及は、レジスタンスのジャック・ドゥラリュの前掲書『占領下の闇取引と犯罪』の迫真的な記述と合致する。
＊61　AN : Z6NL ファイル501、弁護側報告、日付なし。
＊62　ADCO : U7Cf-106、ファイル：ルロワ。起訴状と調査報告書。一九四五―一九四九年。
＊63　同前。
＊64　同前。
＊65　ブルゴーニュワイン卸商組合資料：ワイン卸商に対する訴訟の枠内でのデラーの宣誓証言。フランス領事館、一九四五年。ADCO : U7Cf-107、ボーヌ検事局報告、一九四八年一二月六日。
＊66　県没収委員会による再評価量は一二七四三三二hl。
＊67　ADCO : U7Cf-106、ファイル：ルロワ。パリ控訴院、一九五〇年一月一七日。
＊68　ADCO : U7Cf-106、ファイル：ルロワ。起訴状と調査報告書。一九四五―一九四九年。
＊69　ADCO : U7Cf-107、ボーヌ検事局報告、一九四八年一二月六日。
＊70　ADCO : U7Cf-109、ゴーダン・ド・ヴィレーネとクラン問題（ロマネコンティのドメーヌ）、一九四四―一九五一年。ドメーヌの大半はフランス産ブドウの木（ロマネコンティとリシュブール）である。一九四五年には、ネアブラムシ病に耐える実生の〔接ぎ木されていない〕フランス産ブドウの木だけが問題で、このブドウ病は特殊で高価な〔薬物〕処理を必要とした。このドメーヌが世界的な名声を博したのは、そのようなブドウの木があったからである。
＊71　我々の知る限り、この措置は、地域圏知事が与えた価格規制の特例の唯一のケースである。ADCO : SM-4937、主計官ルシャルティエの報告、一九四三年五月二四日。
＊72　これは、第二次世界大戦中、自動車用として一般的に使われたが、性能に限度があったガス性エンジンのことではない。ジャン＝フランソワ・グルヴェ「一九二〇年代から占領時代までのフランスの自動車用〝国民的〟燃料あるいはガス性燃料の豊富な時代」、ＣＮＲＳのコロック、『フランスの輸送機関（一九四〇―一九四五年）』、二〇〇

五年三月一七日。

＊73　INAO：全国委員会報告、一九四一年四月一〇日。

＊74　INAO：全国委員会報告、一九四一年六月一〇日。

＊75　この「秘密兵器」はゲッベルスのプロパガンダに種を供給し、ドイツ世論に、ナチ体制はまだ戦争の流れをひっくり返せると信じ込ませることに寄与した。

＊76　AN：Z6/869ファイル5805（一）、法務大臣宛の供給大臣のロジェ・デスカに関する秘密メモ。鑑定報告書、一九四八年四月九日、七八―八二頁。

＊77　ADCO：U7Cf-107、ルロワに対する訴訟手続き。ボーヌ裁判所、一九四四―一九四九年。

＊78　ADCO：U7Cf-106、ファイル：ルロワ、弁護側タイプメモ、一九四五年。

＊79　同前。

＊80　ADCO：ファイルSRPJ、アルザス＝ロレーヌとのワイン取引に関するメモ、一九四四―一九四五年、番号なし。

＊81　CAEF：B33931、対外貿易と国際的経済関係、ワイン・スピリッツ取引の不正行為に関する補足報告、一九四四年四月一五日。

＊82　CAEF：B33931、モナコ公国との取引と経済・金融関係に関する税務当局の報告、一九四四―一九四五年。

＊83　飲料の間接税としては、慣例上、フランスとの法的同化制度が存在する。しかし、その適用と、理論上モナコ公国が天引きした金額のフランス国庫への振替えは、フランス税務管理庁からの多くの異議申し立ての原因となっていた。

＊84　一九四二年八月一四日の条令以降、モナコ公国の免許はフランス全土でも有効だからである。だが、フランスの免許はモナコ公国ではそうではなかった。

＊85　モナコの登記所管理局は、株式会社認可申請数の推移を、一九三九年は二六、一九四〇年は一五、一九四一年は八一、一九四二年は一三五件と算定していた。

＊86　ジャン＝シャルル・ベルナスコニ「全国評議会委員とモナコ人への公開書簡、一九四四年一二月九日」『モナコの政治生活』アンプリムリ・スペシアル。

＊87　CAEF：B33931、公国登記所主席監査官報告、一九四四年一月三日。

＊88　CAEF：B33931、フランスとモナコ公国の財務報告、一九四二年四月。

＊89　CAEF：B33931、フランスとモナコ公国の関係報告、モナコ駐在フランス副総領事の首相ピエール・ラヴァル宛の書簡、一九四四年二月三日。

＊90　CAEF：B33931、登記所主席監査官報告、一九四四年一月三日。

＊91　CAEF：B33931、フランスとモナコ公国の関係報告、公国国務大臣宛のモナコ国務院評定官の書簡、一九四五年一月一〇日。

＊92　CAEF：B33931、会計検査院報告、「ワイン・スピリッツ取引の脱税に関するメモ」、一九四四年一月二一日。

＊93　CAEF：B0047494/1、ファイル：モナコの卸商、一九四〇—一九四四年。

＊94　CAEF：B33931、会計検査院報告、「ワイン・スピリッツ取引の脱税に関するメモ」、一九四四年一月二一日、九頁。

＊95　CAEF：B33931、同前、六頁。

＊96　CAEF：B33931、モナコ公国との取引と経済・金融関係に関する税務当局の報告。

＊97　CAEF：B33931、会計検査院報告、「ワイン・スピリッツ取引の脱税に関するメモ」、一九四四年一月二一日、五頁。

＊98　ADCO：1205W–67、ファイル SRPJ, DI–53827。ボーヌとムルサンジュの卸商アルフレッド、エドモン、アンドレ・ボワッソ＝エスティヴァン（パトリアルシュ・ペール&フィス社）、一九四四—一九五一年。司法警察署長報告、一九四九年四月一三日。パトリアルシュ・ペール&フィス社は戦時中、モナコの卸商商社（ジャン・ルペール—モナコ・グランヴァン社）を介して、メッスのハルトヴェーク&リッター（ドイツ資本のアルザスの商社）のために大量のワイン取引をしていた。

＊99　ADCO：1205W–67–73、敵との取引。ボーヌとムルサンジュのパトリアルシュ／ボワッソ＝エッスティヴァン・アルフレッド、エドモン、アンドレ問題。パリ控訴院検事長報告、一九四九年三月一八日。

＊100　ADCO：ファイルSRPJ、ボーヌ検事正宛のニース第一審裁判所書簡。モナコとのワイン取引、一九四九年五月五日。

＊101　CAEF：B33931、財務省報告、一九四四年九月二一日。

第五章

＊1　ブドウ栽培業種間・省庁間委員会での報告、一九四二年一二月一九日。『国際ワイン事務局会報』一五五号、一九四三年、三―七頁。

＊2　セバスティアン・デュラン「ペタン、ブドウ栽培家元帥？」、ジャン＝ピエール・コシエルニアック／フィリップ・スロ編『アキテーヌ地方のヴィシー』エディシオン・ド・ラトリエ、二〇一一年、一七六―一九五頁。

＊3　ニュイ・サン・ジョルジュのリュペ＝ショレ社資料：LC23–59、ボーヌ商業組合を介して国家元首ペタン元帥に贈られた「シャトーグリ」六本。

＊4　『ブルゴーニュワイン卸商組合報』四二号、一九四二年九月二日、一頁。

＊5　ニュイ・サン・ジョルジュのリュペ＝ショレ社資料：LC22–19、ニュイ・サン・ジョルジュ町長・卸商アンリ・カルトロンの書簡、一九四二年一月二六日。

＊6　ロジェ・デュシェとモーリス・ドルアンはそれぞれオスピス管理委員会の委員長と副委員長。

＊7　ジャン・ヴィグル『ペタン元帥のブドウ畑』ＰＵＦ、二〇一二年、一六一頁。

＊8　このドラマでは、善と悪を擬人化した天使と悪魔が大金持ちの商人の魂を奪い合うが、その生活は繁栄栄華と貧者への慈善活動で二分されていた。

＊9　ジャック・コポー『日記：一九一六―一九四八年』エディシオン・セジェルス、一九九一年、六七二―六七三頁。

＊10 「ワインの首都ボーヌ」『トゥット・ラ・ヴィ、エブドマデール・デ・タン・ヌヴォー』一〇二号、一九四三年七月二九日参照。
＊11 『ル・ジュルナル・ド・ボーヌ』、一九四三年一二月八日。
＊12 一九三八年フランに交換、売上高総額は一九二八年、二七一万一一八八フランから、一九四三年、四六三万三三四四フランになった。
＊13 『官報』、一九四三年一月八日。
＊14 ブルゴーニュワイン卸商組合資料：通達五五号、一九四三年一月二〇日。
＊15 ボーヌ商工会議所（以下 CCIB）：通達、一九四三年三月。
＊16 『官報』、一九四三年一月二七日。
＊17 一九四三年八月二四日、完全に凍結された一九四二年産の非統合原産地統制呼称ワインのリストと生産地価格。
＊18 INAO：執行委員会報告記録簿、一九四二―一九四三年。
＊19 同前。
＊20 INAO：ファイル・グージュと執行委員会報告記録簿、一九四二―一九四三年。
＊21 INAO：ファイル・グージュ、ファイル三―四番（ブルゴーニュ呼称）と執行委員会報告記録簿、一九四二―一九四三年。
＊22 ボーヌ商業会議所資料：ボーヌ区域の経済状況に関する通達、一九四三年五月四日。
＊23 ボーヌ商業会議所資料：アレックス・モワンジョン委員長の報告、一九四三年一二月二八日。
＊24 同前。
＊25 同前。
＊26 同前。
＊27 いかなる許可書も公式引換券もなし。

＊28 一九四四年三月四日の省令、『官報』、一九四四年三月一〇日。
＊29 ADCO：SM–2939、価格管理局、ボーヌ区域。シャッサニー報告、一九四四年四月。
＊30 ADCO：W24011、ニュイ・サン・ジョルジュのガイスヴァイラー問題。
＊31 CCIB：ブドウ・ワイン生産状況に関するモーリス・マリオンの報告、一九四四年五月一六日。
＊32 同前。
＊33 CCIB：ブドウ・ワイン生産状況に関する報告、一九四四年五月。
＊34 ブルゴーニュワイン卸商組合資料：ルシャルティエの報告、一九四二年一二月一四日。
＊35 一九三五年九月二八日のシャロン委員会を設置する政令はすでに、共通の価格政策、品質政策、呼称とそれを守るための最低価格を検討することを目的としていた。
＊36 一九四〇年一一月二〇日の条令。一九四一年九月八日の省令。『官報』二五四号、三九〇八頁。
＊37 ブルゴーニュワイン卸商組合資料：ルシャルティエの報告、一九四二年一二月一四日。
＊38 ADCO：SM–4937、マコンの会議報告、一九四二年七月二日。
＊39 ADCO：SM–4937、一九四一―一九四二年の報告。
＊40 同前。
＊41 「業種間委員会に関する考察」『ラ・ルヴュ・デ・ボワッソン』四〇八号、一九四三年五月二一日。
＊42 一九四二年一二月一七日の省令、『官報』四一七八―四一八〇号、一九四二年一二月二二日。
＊43 ブルゴーニュワイン卸商組合資料：抜粋、一九四二年一二月二二日。
＊44 INAO：ファイル・グージュ書簡、ボーヌワイン卸商組合通達五三号、一九四二年一二月三〇日。
＊45 一九四二年一二月一七日の省令、『官報』四一七八―四一八〇号、一九四二年一二月二二日。
＊46 ブルゴーニュワイン卸商組合資料：メモ、日付なし。
＊47 ADCO：SM–4937、供給省閣外相宛の地域圏知事の書簡、一九四二年八月二二日。

＊48　ADCO：SM−4937、卸商ルイ・グリヴォ宛の地域圏知事の通達、一九四二年九月二三日。
＊49　コート・ドール県ブドウ・ワイン生産協会連合会長。
＊50　ADCO：SM−4937、地域圏経済部主計官ルシャルティエの報告、一九四三年五月二四日。
＊51　INAO：ファイル・グージュ書簡、ルロワ宛のグージュのメモ、一九四三年一月一三日。
＊52　ブルゴーニュ・グラン・クリュ地方連合会長。
＊53　INAO：CNAO（原産地呼称全国委員会）会議、一九四二年一二月二〇日。
＊54　同前。
＊55　同前。
＊56　同前。
＊57　同前。
＊58　INAO：ファイル・グージュ書簡、CNAO事務局長宛、一九四二年一二月二六日。
＊59　INAO：CNAO会議、一九四三年一月二八日。
＊60　INAO：CNAO会議、一九四三年二月二六日。
＊61　同前。
＊62　同前。
＊63　INAO：ファイル・グージュ書簡、CNAO会長ジョゼフ・カピュ宛、一九四四年六月一〇日。そこでグージュは全影響力を駆使して、「上質ワイン生産に対する激しい非難攻撃」満載のブルゴーニュのルポルタージュのある雑誌『ヴァン・ド・フランス』の出版禁止を要求した。
＊64　INAO：ファイル・グージュ書簡、CNAO事務局長宛、一九四三年六月四日。
＊65　ADCO：SM−4937、地域圏経済部主計官ルシャルティエの報告、一九四三年五月二四日。
＊66　ブルゴーニュワイン卸商組合資料：一九四三年一一月二六日の総会報告。

＊67　ブルゴーニュワイン卸商組合資料：「輸出状況に関する報告」一九四三年、七頁。
＊68　「業種間委員会に関する考察」『ラ・ルヴュ・デ・ボワッソン』四〇八号、一九四三年五月二一日、一—二頁。
＊69　ブルゴーニュワイン卸商組合資料：一九四四年一月二二日総会のフランソワ・ブシャールの演説、『ブルゴーニュワイン卸商組合報』七三号、一九四四年一月二九日。
＊70　ブルゴーニュワイン卸商組合資料：一九四四年一月二二日総会のフランソワ・ブシャールの演説。
＊71　原産地呼称の熟成甘口ワインとリキュールワインの業種間委員会創設を定めた一九四三年四月二日の第二〇〇号法、四月三日の『官報』、九五三—九五五頁。
＊72　原産地呼称の熟成甘口ワインとリキュールワインの業種間委員会に関する一九四三年一一月一六日の省令二二七八号。原産地呼称の熟成甘口ワインとリキュールワインの業種間委員会委員の使命を定めた一九四三年一一月一八日の条令、一二月一日の『官報』、三〇九四—三〇九五頁。
＊73　フロリアン・アンベール、INAO、前掲書、四四六—四五二頁。
＊74　CAEF：B-49509、調査研究総局、占領下のシャンパーニュワイン、プリュメ・ミニー&ヴァスール社の発送、一九四五年三月七日。
＊75　CAEF：30-D-873、シャラントとジェール県不当利得没収委員会の活動報告、一九四五年三月一五日と一〇月四日。
＊76　CAEF：30-D-873-874、ジェール県没収委員会活動報告、財務・国家経済大臣に渡された補足、一九四五年一一月。
＊77　CAEF：30-D-873、シャラントとジェール県不当利得没収委員会の活動報告、一九四五年三月一五日と一〇月四日。
＊78　CAEF：30-D-873、没収委員会に対するアルマニャック県、オーシュ商業会議所会頭の報告、一九四五年四月一五日。

＊79 『ル・ヴレ・コニャック』一九四三年四月号、一一二頁。
＊80 CAEF：30–D–873、シャラントとジェール県不当利得没収委員会の活動報告、一九四五年三月一五日と一〇月四日。
＊81 AN：Z6–869–870、ロジェ・デスカ宛の農業・供給閣外相ピエール・カタラの書簡、一九四四年三月一七日。
＊82 CAEF：B–60180、ジロンド県ドメーヌと検査証登記局、一九四一年九月二七日。
＊83 CAEF：B–60180、ポイヤックブドウ・ワイン生産会社役員会、一九三九年八月二二日。
＊84 CAEF：B–60180、ユダヤ人問題総合委員会、一九四一年七月一七日。
＊85 『官報』、一九四一年五月四日。
＊86 『官報』、一九四一年八月二六日。
＊87 CAEF：B–60180、ドイツ軍政部ミヒェル博士の供給省閣外相宛の書簡、一九四一年九月二九日。
＊88 CAEF：B–60180、ドメーヌと検査証登記総局、シャトー・ラフィットのドメーヌに関する通達、一九四二年。
＊89 『官報』、一九四二年四月九日、一三五三頁。
＊90 CAEF：B–60180、グロス氏作成の報告、一九四三年六月一日。
＊91 CAEF：B–60180、グスタフ・シュナイダー、シャバンヌ城、シャラント県ジャルナック、一九四三年七月七日。
＊92 CAEF：B–60180、登記総局、ロートシルドに関する緊急要件、ルイ・エシュノエールの出頭、一九四五年一一月六日。
＊93 CAEF：B–60180、ドメーヌと検査証登記総局、一九四四年二月二四日。

第六章

＊1 一九四三年六月二九日、完全に凍結された一九四二年産の非統合原産地統制呼称ワインのリストと生産地価格。
＊2 フィリップ・ルディエ『ボルドー地方のブドウ畑とブドウ栽培者：一八五〇—一九八〇年』フェレ、二〇一四年、

二八八頁。

＊3 『国際ワイン事務局会報』一六〇号、一九四三年、PUF、三―八頁。

＊4 AN：Z6-869-870、占領下のドイツ向けワイン輸出と売却の一般的状態。飲料購入全国連合の記録資料の要約、一九四七年一二月三日。

＊5 ADCO：U7-7Cf-76、カルトロン問題。

＊6 ADCO：U7-Cf-32-33、「ナチ・ドイツには引渡し一切なし――フランスで生産されたものは、フランスに残さねばならない」、フランス農民向けの共産党の宣伝ビラ、一九四四年。

＊7 GVRC（ワイン取引レジスタンス団）の規定、一九四四年一二月二九日。モーリス・ダールの息子イヴ・ダールが気持ちよく使った文言。

＊8 GVRCの規定、一九四四年一二月二九日、第二条。

＊9 CAEF：B0047490/1（D）、GVRCの頭書付き。財務省ギノナン氏宛のモーリス・ダールの覚書、一九四五年一〇月一六日。

＊10 ブルゴーニュワイン卸商組合資料：フランスワイン輸出委員会の親展メモ、一九四四年一一月一〇日。

＊11 ブルゴーニュワイン卸商組合資料：ファイル・ノダン＝ヴァロ、ジャン・クプリ宛の手紙、一九四四年一二月一九日。

＊12 ブルゴーニュワイン卸商組合資料：ファイル・ノダン＝ヴァロ、一九四五年二月八日。ルノーブル弁護士の手紙、一九四五年二月一一日。

＊13 ブルゴーニュワイン卸商組合資料：ファイル・ノダン＝ヴァロ、ルノーブル弁護士宛の手紙、一九四五年二月八日。

＊14 クロディーヌ・ヴォリコフとセルジュ・ヴォリコフ『シャンパーニュ！ 意外な歴史』エディシオン・ド・ラトリエ、二〇一二年、一八七―一九八頁。

＊15 CAEF：B-49509、研究調査総局、ランス地方委員会、一九四五年一月、情報等級：a/1、対象：占領下のシャャ

ンパーニュワイン、全体像。
＊16 CAEF：B-49509、研究調査総局、シャンパンの一般的状況に関するメニル・スュール・オジェ町長（マルヌ県）・ブドウ栽培家の証言、一九四五年二月二七日。
＊17 CAEF：B-49509、フランス経済管理局報告、一九四四年九月二一日、占領下のシャンパーニュワイン。
＊18 CAEF：B-49509、調査研究総局、シャンパーニュワインに関する補足メモ、第三部、一九四五年三月七日。
＊19 CAEF：B-49509、シャルル・テロンに関する調査報告、シャロン・スュール・マルヌ直接税務署長、一九四四年一一月。
＊20 CAEF：B-49509、調査研究総局、第二局、シャルル・テロンに関する情報、一九四五年三月九日。
＊21 CAEF：B-49509、フランス共和国臨時政府、研究調査総局、一九四五年三月一三日の情報、情報等級：a/1、対象：ゴンドリ問題に関する補足情報。
＊22 CAEF：B-49509、調査研究総局、ゴンドリ問題、一九四五年一月。
＊23 CAEF：B-49509、フランス共和国臨時政府、研究調査総局、一九四五年三月一三日の情報、情報等級：a/1、対象：ゴンドリ問題に関する補足情報。
＊24 ADCO：W21537、職業上の粛清、訴訟手続きメモ、法制、一九四四―一九四五年。
＊25 エルヴェ・ジョリ「職業上の粛清資料」、前掲書、一四七―一八五頁。
＊26 『官報』、一九四五年三月三〇日、一七一二頁。
＊27 ADCO：W21476、金銭的粛清、法制。
＊28 マルク・ベルジェール「金銭的粛清資料：不当利得没収委員会」、エルヴェ・ジョリ編『占領下の企業の歴史をつくる。経済界の役者とその記録簿』歴史的科学的研究委員会、二〇〇四年、一八七―一九二頁。
＊29 同前。
＊30 クロード・ギュイヨ『県解放委員会の沿革』S・E、一九六二年、二〇六―二〇九頁。

＊31　クロード・ギュイヨ、前掲書。
＊32　ADCO：29U–59、コート・ドール県解放委員会長宛のマリユス・クレルジェの手紙、一九四四年九月一七日。占領者との関係及びフランス人とレジスタンに対する奉仕に関するクレルジェの報告、一九四四年九月一七日。
＊33　同前。
＊34　ADCO：29U–59、マリユス・クレルジェ問題に関するギーユマン報告、一九四五年七月九日。
＊35　同前。
＊36　ADCO：29U–59、総合情報局。マリユス・クレルジェに関する県知事の調査要請、一九四五年一〇月二〇日。
＊37　ADCO：29U–59、マリユス・クレルジェ、第一回出廷調書、一九四六年一月二〇日。
＊38　ADCO：29U–59、コート・ドール県解放委員会長宛のマリユス・クレルジェの手紙、一九四四年九月一七日。
＊39　ADCO：29U–59、マリユス・クレルジェの尋問調書、ディジョン独軍協力者裁判法廷、一九四六年六月一二日。レジスタンでワイン卸商のモーリス・ヴィアールは、行方不明前、一九四一年一〇月七日、ドイツ人に強制収容された。弟のジャン・ヴィアールは、一九四四年八月二三日、ドイツ人に殺害された。したがって、クレルジェがここで、この英雄的な家系がブドウ栽培者地に残した思い出で自らを粉飾しようとしたことは、大いにあり得る。
＊40　ADCO：29U–59、アンドロメダ組織の責任者ベニー・ジャンの尋問調書、一九四六年五月二一日。
＊41　ADCO：29U–59、ラファール組織の元責任者ラポルト中佐の事情聴取調書、一九四六年五月一九日。
＊42　ADCO：29U–59、憲兵隊大尉デルソルの尋問調書、一九四六年五月二七日。
＊43　ピュリニー・モンラシェ村長ゲラン・ルネの証言、一九四四年一〇月三日。
＊44　ADCO：29U–59、最終論告、一九四六年一月二三日。
＊45　ADCO：29U–59、マリユス・クレルジェ事件のディジョン控訴院の決定、一九四六年七月六日。
＊46　CAEF：30D–162/5101R、マリユス・クレルジェ、没収委員会、一九四四―一九四六年。
＊47　ADCO：29U–59、恩赦願い、一九四七年一〇月六日。ディジョン刑務所監視官長の報告。

＊48　ADCO：29U-59、ディジョン控訴院、マリユス・クレルジェへの恩赦通告、一九四八年二月一〇日。
＊49　ADCO：29U-59、内務省。ディジョン司法警察地方局警察本部長宛の司法警察署長の書簡、一九四八年九月。
＊50　ADCO：29U-59、コート・ドール県独軍協力者裁判法廷、の決定、一九四八年八月五日。
＊51　AN：Z6/NL ファイル 501、検事局、セーヌ県独軍協力者裁判法廷。情報と報告、一九四五年一〇月二〇日。
＊52　AN：Z6/NL ファイル 501、弁護側報告、日付なし。
＊53　AN：Z6/NL ファイル 501、従業員の請願と支持書簡、一九四五年一月。
＊54　AN：Z6/NL ファイル 501、検事局、セーヌ県独軍協力者裁判法廷。情報と報告、一九四五年一〇月二〇日。
＊55　同前。
＊56　AN：Z6/NL ファイル 501、ピエール・アンドレのメモ「一九四三年九月一四日の手紙の分析」、日付なし。
＊57　AN：Z6/NL ファイル 501、検事局、セーヌ県独軍協力者裁判法廷。情報と報告、一九四五年一〇月二〇日。
＊58　AN：Z6/NL ファイル 501、キャバレー「ル・モニコ」の経営に関する報告、日付なし。
＊60　AN：Z6/NL ファイル 501、ユダヤ問題統括委員ダルキエ・ド・ペルポワ宛のピエール・アンドレの書留郵便、一九四三年一〇月二九日。
＊61　同前。
＊62　ピエール・アンドレ、アロックス・コルトンシャトー・コルトン・アンドレ社資料：シャトー・コルトン・アンドレ、ピエール・アンドレへのレジオン・ドヌール勲章授与証書。
＊63　AN：Z6/NL ファイル 501、弁護側報告、日付なし。さまざまな証明書と援助証言（多数のユダヤ人従業員の保護、STOの忌避者援助、境界線越えの幇助）。
＊64　同前。アンドレ問題の棄却決定の確認、一九四五年一〇月二〇日。
＊65　AN：Z6/NL ファイル 501、アンドレの尋問調書と補遺、一九四五年一月二三日。
＊66　AN：Z6/NL ファイル 501、弁護側報告、ドイツ諸機関へのワイン引渡し、日付なし。

＊67 ピエール・アンドレ、アロックス・コルトン社資料：フランス対外貿易顧問全国委員会会員証、一九三八年六月一〇日。
＊68 AN：Z6/NL ファイル 501、検事局、セーヌ県独軍協力者裁判法廷、政府委員、一九四九年四月一一日。株式会社モニコの封鎖解除は、一九五〇年一〇月一九日。
＊69 ADCO：U7Cf–106、ファイル・ルロワ、訴訟手続き文書と調査報告、一九四五―一九四九年。
＊70 ADCO：U7Cf–107、一九四〇年一〇月二八日のベーマース宛のルロワの手紙抜粋。
＊71 AN：Z6/869 ファイル 5805（1）、一九四〇―一九四四年、ドイツ向けワイン輸出の一般的状態。
＊72 ADCO：U7Cf–106、ファイル・ルロワ、訴訟手続き文書と調査報告、一九四五―一九四九年。
＊73 ADCO：U7Cf–107、ボーヌ予審判事メモ、一九四九年八月。一九四九年二月二三日、八〇箱の証拠書類が渡されていた。
＊74 ADCO：W–23980、ブルゴーニュ・アルコールの略奪――ムルソーのエルヴィナ社、一九四四―一九五四年。
＊75 ADCO：U7Cf–106、ファイル・ルロワ、訴訟手続き文書と調査報告、一九四五―一九四九年。
＊76 ADCO：U7Cf–107、一九四九年七月一九日と一〇月一八日の手紙。
＊77 ADCO：U7Cf–106、ファイル・ルロワ、訴訟手続き文書と調査報告、一九四五―一九四九年。
＊78 ADCO：U7Cf–107、巡回委員会、一九四九年一〇月六日。
＊79 ADCO：U7Cf–106、ファイル・ルロワ、証言計画、日付なし。
＊80 ADCO：4ETP–27、フランス銀行ボーヌ支店資料、ファイル・ルロワ、一九四九―一九五三年。
＊81 オスピス・ド・ボーヌ資料：IIL19、決議録（一九四三―一九五三年）。
＊82 ボーヌ市立古文書館：G・B、『カイエ』二号、一九四四年一〇月七日、整理番号なし。
＊83 オスピス・ド・ボーヌ資料：IIL19、決議録（一九四三―一九五三年）。IIL20、決議録（一九五三―一九六〇年）。XP46–55、ワイン売却：入札条件書、落札者名簿（一九四二―一九四九年）。

＊84　フィリップ・ルディエ、前掲書、二九〇頁。
＊85　ロベール・アロン、前掲書。
＊86　CAEF：B-49509、国立公文書館、マジェスティック、ファイル66/70。
＊87　CAEF：B-49509、エドゥアール・クレスマン、一九四四年一二月二〇日。
＊88　CAEF：B-49509、経済的対独協力に関する調査調整局、一九四五年三月五日。
＊89　CAEF：B-49509、関係する各大臣宛のクレスマンの簡潔なメモ。占領当局との極上銘柄ワイン取引（一九四〇―一九四四年）。
＊90　CAEF：30D-873、不当利得没収委員会。ルイ・エシュノエールの減刑要請、一九五一年九月二七日。
＊91　CAEF：30D-873、予算省、税関部、エシュノエール問題に関する報告、メモ。
＊92　CAEF：30D-873、没収委員会に対するアルマニャック県。オーシュ商業会議所会頭報告、一九四五年四月一五日。
＊93　CAEF：30D-873、ジェール県没収委員会、報告、一九四五年一〇月四日。
＊94　CAEF：30D-873、大臣決定に付された減刑要請。取引税務総局報告、一九五二年七月一二日。
＊95　CAEF：30D-873、取引税務総局、大臣決定に付された減刑要請、フェリックス・ロピト、グラン・ザルマニャック社。
＊96　CAEF：30D-873、グラン・ザルマニャック社の特殊状況に関する政府委員会報告、一〇四五年一〇月一五日。
＊97　同前。
＊98　CAEF：B49509/5（D）、タイプメモ、経済管理局、国家経済省、一九四四年一二月二二日。

結論

＊1　アンリ・ルッソ『ヴィシー症候群』スイユ、一九八七年、一四八―一四九頁。
＊2　ジャン＝ルイ・ボリ「フランスの奥の間」『ル・ヌーヴェル・オプセルヴァトゥール』誌、一九七一年四月一九日。

訳者あとがき

本書クリストフ・リュカン著『ワインと戦争——ナチのワイン略奪作戦』は Christophe Lucand: *Le Vin et la Guerre*, Armand Colin, 2017 の全訳である。原題訳は『ワインと戦争』であるが、邦訳題名には、本書の概要を捉えやすいよう副題「ナチのワイン略奪作戦」を付した。

本書は、第二次世界大戦中、ナチ・ドイツがいかにしてボルドーやボージョレ、シャンパン、コニャックなどのフランスワインや高級蒸留酒を手に入れたかを語ったものだが、以下に掲げるのは、原著裏表紙の紹介文である。

第二次世界大戦中、フランスワインは何でもない品物ではなかった。フランスの敗北とともに、それはナチの指導者たちにとって極めて貴重な戦利品であることが分かった。

一九四〇年から、〝ワイン指導者 Weinführer〟という、ベルリンが指名したワイン専門家の公式〔買付け＝収奪〕代理人がフランスのあらゆるワイン生産地帯に派遣され、各地域でそれまで経験したことのないような猛烈な略奪を組織立てて行なった。ヴィシー政府の極めて曖昧胡乱な仲介と、多くのフランス人関連業者と占領者との協力関係によるこのとてつもないワイン収奪システムは、人々の忘れてしまいたいドラマだった。戦争終結後七〇年以上たって、実際には何が起こったのか、真相実態を明らかにする時がきたのである。

細心かつ綿密な調査を行ない、もっぱらこれまで活用されないままであった未公開の多様な資料に依拠して、クリストフ・リュカンは戦争、占領、さまざま妥協など試練と苦境にさらされたフランスのワイン世界の歴史を明らかにする。

——著者クリストフ・リュカンはブドウとワイン世界の歴史の専門家で、歴史学の博士号を有する教授資格者。パリ政治学院や、ディジョンのブドウ栽培学とワイン醸造学の大学付属研究所（ジュール・ギュイヨ研究所）の講師で、ブルゴーニュ・フランシュ＝コンテ大学のユネスコ講座『ワインの文化と伝統』の担当者でもある。

＊補足すると、クリストフ・リュカンは一九六九年、ブルゴーニュ地方の中心にあって屈指のワイン産地であるコート・ドール県西部の中世来の小さな町スミュール・アン・オーソワで生まれる。二〇〇七年、ブルゴーニュ大学（ディジョン）提出の学位論文「ブルゴーニュのワイン卸商——一八〇〇年から現代までの歩み、家系、組織網」で博士号取得、後に歴史学教授資格者となる。まさに、ワインの産湯につかって育ったような生粋のブルゴーニュ人である。

さて、邦訳題名に「ナチのワイン略奪作戦」と副題したが、絵画、美術工芸品の場合と違い、力で強奪したり、盗んだりしたのではない——もちろん、戦争だから、ドイツ兵が荒らし回り、強奪することはあった。ワインの場合も絵画の場合も略奪作戦の総元締めは、ナチ党幹部で唯一上流階級出身の（貴族ではない）、絵画とワイン大好きのヘルマン・ゲーリングだが、その略奪の手法は異なる（ゲーリングの「貪欲な略奪願望」については本書一一五—一一七頁参照）。ワインの場合は絵画とは違い、「差押えも脅しも」なく、ナチが仕組んだ巧妙悪辣な収奪システムに基づいて、膨大な量のワインを「買い付け、輸入して」ドイツ国防軍の陸・海・空軍、SS、ゲシュタポなどのナチ諸機関や軍部・政府の高官、ドイツ市民に大量供給したのである。

ワイン略奪のカラクリについては本書に詳しくあるので、ここでは繰り返さないが、端的に言えば、ワインを買い取る形とはいえ、支払うのはフランスが負担した一日四億フランの占領費からで、しかも一ライヒスマルク＝二〇フランの途方もない為替レートだった。これに、ゲシュタポ主導の「闇市場」がからみ、その中心で「モナコ公国」が「ダミー会社」、「パナマ・ペーパーズ」の役を果たし、これに加えて、併合されたアルザス＝ロレーヌが悪用され、「三角取引」ルートを形成したのである。アルザス＝ロレーヌはドイツに占領併合されたとはいえ、国際法上は何の拘束規定もなく、フランス国内と同じ扱いを受けており、ナチはこれを巧妙に抜け道として使ったのである。なお戦後、フランスはドイツに巨額の賠償金を請求するが、膨大な占領負担金もさることながら、こういうナチの悪辣巧妙な搾取収奪システムに対する「目には目を……」式の報復だったのであろう。ただし、こういうあくどさは何もナチだけではなく、ほかにも例がある。例えば、戦時中、オランダでは一〇万七〇〇〇人のユダヤ人が強制収容所送りにされたが、オランダ鉄道は、ドイツから輸送料を受け取っていたにもかかわらず、ユダヤ人自身に収容所行きの切符を買わせていたという。「さまよえるオランダ人」どころか「あくどいオランダ人」である。もっとも、このドイツからの支払金も大半はユダヤ人から盗んだものだというから、何をか言わんやである。なお、死の収容所からの生還者はこの一〇万七〇〇〇人中わずか五〇〇〇人だったという。

そしてこうした状況を大いに利用して「肥え太った」のが、フランス各地のブドウ・ワイン産地の卸商人やブドウ栽培農家である。このワイン卸商 négociant には純然たる商人もいただろうが、ここでは一般にブドウや原液を買い取って自らもワインを醸造する商人 producteur-négociant（製造卸商）のことで、ワインの流通販売には欠かせない存在だった。こうしたワイン商人の原型はおそらくはるか昔の紀元数千年前のフェニキア人で、この海上交易に秀でた古代民族が中東、今のレバノン辺りからワインをギリシア、ローマの地中海世界に広めたとされている。

ちなみに、フランス側の占領負担金は、ドイツにとって戦争経済が厳しくなるにつれて一日五億、七億フランとはねあがる。またワインはドイツ人の喉を潤しただけではない。戦況が悪化するにつれ、深刻なガソリン不足が顕在化すると、本来蒸留酒用のアルコール性ワインが代替燃料源として考えられはじめ、例のロケット爆弾V1、V2の燃料としてさえ検討されたという。実現はしなかったが、補助的な液体燃料のもとになったのである。ついでに言えば、この史上初の誘導式ミサイル弾を開発した科学者・技師たちは後に米軍に連行されてNASA（米国航空宇宙局）で働かされ、アポロによる人類最初の月面着陸に貢献することになる。有人月ロケットサターンVを開発したのもこの第三帝国の元技師たちである。だが以後、彼らは戦犯扱いされ、アメリカ国籍を取得できなかったという。当時約一五〇〇人の諸分野のドイツ人科学者がアメリカに移住させられたというが（「ペーパークリップ作戦」）、二〇世紀前半はドイツの科学技術がアメリカよりもはるかに進んでおり、科学分野のノーベル賞の多くはドイツ人受賞者だった。またこのＶ１、Ｖ２を秘密基地の過酷な状況下で製造させられたのは、強制収容所の囚人たちであったことも忘れないでおこう。

第二次世界大戦中のこうしたワインと戦争の関係は、フランスでもこれまでタブーで、著者クリストフ・リュカンは、歴史家の責務として、フランスに根強くある「レジスタンス神話」という支配的言説に抗して、その真相実態を戦後七〇年にしてはじめて明らかにした。つまり、所謂「美談」を壊したのである。従来、レジスタンスが語られることは多かったが、コラボ（対独協力者）の実態が明らかになることは相対的に少なかった。終戦直後の「粛清」のエピソードはあっても、レジスタンスの「英雄神話」が優っており、その意味で、本書はフランスでもユニークなのである。なお、レジスタンス一般について簡単に触れておくと、これもまた「美談」だけではなかった。ロンドンのド・ゴール将軍を頂点としてさまざまなレジスタンス勢力が入り乱れて存在し、主導権争いや内部対立、党派抗争があり、卑劣な裏切り行為もあった。それを象徴する典型例が「レジスタン（対独抵抗派）の英雄」とされるジャン・ムーランの運命であろう。彼は本土におけるド・ゴールの代理で、そうしたばらばらの運動組織や党派、グループをまとめあげてレジスタンス全国評議会に統一組織化し、その評議会議長となったが、一九四三年初夏、その活動開始直後、ゲシュタポに買収されたレジスタンス仲間の密告によって逮捕され、拷問死した。今ではその裏切り者もほぼ判明しているが、ジャン・ムーランは国民的英雄の一人としてセーヌ左岸の霊廟パンテオンに祀られている。

ところで、確かにリュカンは真相解明のため、公文書はもとより、企業や団体などに残る経済・司法関係の記録資料、個人の書簡や記録簿などありとあらゆる歴史的な資料を科学的に厳密に調査研究して美談・神話を壊したが、著者自身が本書序文で語るように、この〝デコンストラクション〟の道は平坦ではなく、作業は並大抵のものではなかったようだ。

まずフランス国立公文書館からして、源泉となる歴史的資料がきちんと分類整理されておらず、目録さえなかったという。しかも民間企業をはじめ、公的機関さえもがリュカンの調査協力依頼に逡巡・難色を示す場合が多かったというから、作業がいかに困難であったか想像できよう。いずこの国でも同じだが、臭い物には蓋をするのが習いで、「過去の恥」を忘れたがり、「過ぎ去らない過去」など思い出したくないのだ。だが、戦後七〇年以上経っても、日中韓の軋轢があるごとく、いまだ行方不明のナチ略奪絵画が見つかったり、強制収容所の看守の最後の生残りが裁判にかけられたりする事例には事欠かない。ワイン世界の場合も然り。過去はそうたやすくは過ぎ去らないのである。現につい最近の二〇一八年一一月末、ドイツ公共テレビ放送のドキュメンタリーでは、九六歳の元SSの生残りが堂々と登場して、「何を悔いることがあろうか？　SSは何も罪を犯していない」とうそぶいたという。このナチは、一九四四年二月、北仏リール近くの「アスクの虐殺」で八六名を報復殺害したSS部隊の一人で、一九四九年、フランスによる欠席裁判において死刑宣告されていたが、戦後七〇年間、ドイツ北西部ニーダーザクセン州の田舎町でのうのうと生き延びていたのである。あまつさえ、「北のオラドゥール（南仏・死者六四二名）」と称されたアスク虐殺事件の戦犯でありながら、この元ペンキ屋はネオナチに「時代の証人」として利用され、公の場で積極的に協力しているというから、何をか言わんやである。ナチの亡霊は今もなおドイツ国民に憑いているのであろう。

さて、確かに、「ワインを守った人々」、つまりブドウ畑にレジスタンがいたとしてもごく少数で、本書で語られる大戦中の圧倒的なコラボ的状況からすると、リュカンが認めるごとく、ワイン世界のレジスタンが活動できる余地はほとんどなく、大半はナチの略奪作戦の大波に呑み込まれ、その恩恵に浴していたのが実情であろう。なるほどゲシュタポに逮捕され、ブドウ畑から強制収容所に送られた者はいるが、ブルゴーニュに卸商のレジスタンス団が結成されたのは、一九四四年八月のパリ解放後の一二月、戦争の帰趨がほぼ定まってからである。それゆえ本書でも、レジスタンに言及されてはいるが、章としては取り上げられていない。また真相を解明暴露する歴史家リュカンが調査研究の途上、何度も暗礁にぶつかったのが、その証拠でもあろう。後の世代が、いわば「証拠隠滅」、事実の隠蔽を図ろうとするのだから。ただそれにしても、商売のこととはいえ、なぜこれほどまでにフランスのワイン世界が対独協力にのめり込み、敵兵にワインを供することになるのに、多数のコラボが跋扈し、戦争太り profiteur de guerre（戦争利得者＝死の商人）が生まれたのだろうか。その理由の一つは、リュカン自身が本書序文と、あるインタビュー記事で説明している。

それによると、ボルドー、ブルゴーニュ、シャンパーニュなど有名なワイン産地は大部分が、戦争勃発時すでにヨーロッパの国際的な商業ルートに組み込まれており、ドイツの商業界とも密接に繋がっていた。本書でも明らかなように、フランス各地の多くのワイン卸商が第三帝国の同業者と緊密な関係を築いており、それも時には数世代前からであった。しばしば共通の利害関係で結ばれ、商売繁盛を願う一貫した精神で、彼らは固有な商人世界を形成していたのである。

要するに、かなり前からフランスワインの交易通商のネットワークが出来上がっていたので、占領下という特殊状況にあっても敵との商売が「裏切り行為」になるとは思わず、見境もなく金儲けするという人間の欲望が絡まって、欲得渦巻くワイン市場 foire d'empoigne（つかみ取りの市）が形成されていたのである——そうした記述は随所にあるが、とくに本書第五章四節にその具体例が語られている。その他でも著者リュカンが挙げる卸商の成金ぶりのあくどさは凄まじい。

ただし、このナチのワイン略奪作戦の文脈を別にして、古来何度も戦争をし対立してきたとはいえ、こうしたフランス人とドイツ人の関係は、はるか中世の昔から育まれてきたものでもある。例えば、比喩的に言うと、あたかも「シャンパンがドイツ語を話していた」かのごとき時期があったのだ。つまり、意外なことに、シャンパンの誕生発展にはドイツ人が大いに関与していたのである。多少本題から外れて長くなるが、シャンパンを中心にして、ナチ支配下とは別の、そうした仏独関係の一端を見ておこう——（なお、シャンパンの正式名称はシャンパーニュだが、ここでは地方名のシャンパーニュと区別する意味で、通称としてのシャンパンを用いた）。

ところで、シャンパンというと誰しもすぐにドン・ペリニヨン（一六三九—一七一五）を思い浮かべるだろうが、この発泡性ワインは、一七世紀の頃から今のように透明であったわけではない。また俗説にあるごとく、何かの偶然で生まれたものでもない。そこには、一八世紀末から一九世紀にかけて生きた一人の女性経営者の苦闘があり、そしてこれを助け大いに寄与したドイツ人がいたのである。だが、隣国とはいえ、なぜドイツ人なのか？　本題に入る前に、まずシャンパンの前史ともいえるエピソードに触れておこう。

確かに、シャンパンはシャンパーニュ地方で製法が完成し発展したものだが、発祥の地はここフランス北東部の地ではない。それは、はるか南方のピレネー山脈に近い、地中海に面したラングドック地方、オード県の小村リムー近くのベネディクト会大修道院の地下貯蔵庫 cave（カーヴ）である。近世初期の一五三一年、あるとき修道士が、コルク栓で瓶詰めして置かれていたワインが泡立っていることに気づいた。瓶中のワインが二次発酵していたのである。この発泡性ワインの発見は、当時の領主ル・シーユ・ダルクの伝として、一五四四年の写本に引用されているという。また伝承によると、一世紀後、ここを訪れた同じベネディクト会修道士ドン・ペリニヨンがこの発泡性ワインの泡止めの手法を学び取り、シャンパーニュに持ち帰ったという。後で触れるように、このオード産のブドウ同様、シャンパーニュのブドウも発泡性ワインを生む特性があったので、噂を伝え聞いたドン・ペリニヨンが当地に来たのかもしれない。天の采配なのか、単なる時と人の巡りあわせなのか、フランス最南端の発祥地ではなく、はるか北のシャンパーニュでシャンパンが育ち発展したのは、歴史の皮肉かいたずらか。なお今でも、ここラングドック地方では発泡性白ワインのブランケット酒や、泡立ちの弱いシャンパン酒クレマンが特産である。

さて、元来シャンパーニュ地方は、当時ドイツ領のアルザスやロレーヌ、ブルクント王国（現ブルゴーニュとフランシュ＝コンテ）と隣接する、いわば国境の州で、ドイツ人とは中世の頃から関係が深かった。つまり、シャンパーニュの大市の時代（一二世紀後半—一三世紀）から交流があったのである。その頃、この大市は国際商業網の一大結節点で、さまざまな国の商人たちで賑わい、ドイツ人も数多くいた。いわば国際見本市のようなものだが、州都トロワには「ドイツ人館」、プロヴァンには「ドイツ人街」があり、彼らの多くはシュトラースブルク、アウクスブルク、バーゼル、コンスタンツなど南ドイツからきていた。当時ドイツは織物産業が盛んで、麻織物や毛織物、北方の毛皮を運んできたという。

一四世紀になると、シャンパーニュの大市は百年戦争などのために廃れ、フランクフルトの大市Messe に席を譲り、ここが商人の一大中心地となる。当時、ヴェネツィアなどの東方貿易の商品はアルプスを越えて南ドイツに流入し、そこから北欧各地に運ばれていた。だがその後も、ドイツの織物商人はライン河を渡って往来しており、この地方への流入が続いた。とくにフランス革命以後、若いドイツ人移民が増加定着し、この流れがシャンパン醸造販売業と結びつくのである。

ところで、シャンパーニュ地方は、かつてヴォルテールが「虱だらけという芳しからぬ異名をとっている」と評した地であるが、七世紀頃からブドウ栽培が修道院の発展、すなわちキリスト教の布教の進展につれて盛んになった。それは、ブドウ酒が彼ら修道僧の重要な収入源だったからである。確かに、この土地でできるブドウ酒には泡立ち、発泡するという特性があったが、その頃からシャンパンがあったわけではない。先に触れたように、はるか後世の一七世紀になってドン・ペリニヨンが登場し、各種のブドウのブレンドを試みたり、イギリス人が発明したというコルク栓を使用したりして、試行錯誤を繰り返していた。しかしそれでもまだ、この発泡性飲料は透明ではなく、味も変質した。さすがのベネディクト会修道士ドン・ペリニヨンも、この「悪魔の葡萄酒」を克服できなかった。一八世紀にヴォルテールが、「この冷えたワインの輝く泡立ち／われらフランス人の輝くイメージ」（『社交界人』、一七三六年）と謳ったときも、透明ではなかった。また同じ頃、シャンパンが初めて絵画に登場し（J-F・ド・トロワ『牡蠣の昼食』、一七三五年）、開栓後、栓が天井に飛ぶのを会食者が見上げている情景が描かれているが、やはり曇り、濁っていたであろう。それが十九世紀初めになって、やっとひとりの女性の努力によって現今のようなシャンパン酒になったのである。

その女性とはバルブ＝ニコル・ポンサルダン。通称ヴーヴ・クリコ（クリコ未亡人）。彼女は現在もあるシャンパン・ブランドのヴーヴ・クリコ・ポンサルダンの女性社主である。一八〇五年、夫が三一歳の若さで急死すると、彼女はシャンパン会社の経営を引き継いだ。時はナポレオン戦争真っ盛りで、大陸封鎖のため商売は低迷していた。大得意先の英国への輸出もできず、東の顧客のウィーンの貴族たちは領地の小麦が売れず、シャンパン代金が払えなかった。だが、そうした不況下で、まれに見るほど気丈なマダム・クリコは革新的な試みに挑むのである。「回転攪拌技法 remuage」の確立である。詳細には触れないが、これは二次発酵用に瓶詰めして架台に首を下に傾けた瓶を、六、七週間毎日四分の一回転させて瓶口に濁りを沈殿させる技法で、出荷前にこの澱を除去 dégorgement する前の工程である。この回転作業は現在は機械化されているが、シャンパンの蔵元によっては、今でも手回しで行なう専門職人 remueur がいるという。

この「ルミュアージュ」という革命的技法によって、透明な辛口シャンパンができあがるが、マダム・クリコはこれをドイツ人酒蔵頭アロイス・ド・ミュレール（ドイツ名アロイス・フォン・ミュラー）の助けを借りて成功させたのである。次はこれを売り捌くことであるが、これを助けたのは、亡夫の代からの外商担当のやはりドイツ人のルイ・ボーヌ（ルートヴィヒ・ボーネ）である。この二人のドイツ人に助けられて、マダム・クリコはヨーロッパ中にシャンパンの販路を広げた。やがて、シャンパンはヨーロッパの宮廷や上流階級の宴には必要不可欠なものとなり、プロイセン王フリードリヒ・ヴィルヘルム四世などは大の愛飲家で、「クリコ・シャンパン王 König Clicquot」とまで称された。このシャンパンの銘酒ヴーヴ・クリコは有力ブランドとして今もあり、「プルーストのシャンパン」の異称もあるという。

確かに、マダム・クリコはドイツ人の職業的厳密さとか正確、几帳面さ、商才感覚を認めていたが、前記の二人のドイツ人だけでなく、ほかにもおり、その最良の協力者として、フランスに帰化したマティユ＝エドゥアール・ヴェルレ（エードゥアルト・ヴェルラー）がいた。このヴェルレはシャンパンの発展史上、特筆に値する人物である。

この一八〇一年、コーブレンツ生まれのドイツ人は最初、ヴーヴ・クリコ社の使用人だったが、やがて頭角を現し、一八三〇年にはその共同経営者となり、優れた創造的精神によってマダム・クリコに貢献し、自らも財をなした。一八三五年、帰化すると、ランスの郡長はこの傑出したドイツ人がフランス人になることを喜んだ。だがヴェルレの出世物語はなお続く。なんと彼はやがてランス市長となり、マルヌ県選出の代議士にもなるのである。一八七〇年、プロイセン軍がきてもランスに留まっていると、ビスマルクがしきりに彼に会いたがったという。後に平和が戻ると、彼はマダム・クリコの後継者となり、それをまた彼の息子が継ぐことになる。

もちろん、シャンパンの発展に貢献したドイツ人はほかにも Heidsieck、Mumm、Deutz、Krug、Bollinger などがおり、現今のシャンパン・ブランドにその名を留めている。中には、一八世紀半ば、

Heidsieck のようにラシャの卸商人としてやってきて定着し、一七八五年、シャンパン商社を設立した家系があるが、第二次世界大戦中、その子孫がレジスタンとなり、その商社は占領軍に接収されたという。まさに仏独関係の有為転変を物語る挿話であり、歴史の皮肉でもある。

このように、同じ中世初期のフランク王国を源流とするフランスとドイツは、ライン河を挟んで相接する隣国どうしだけに、大昔から接触交流があり、当然ながら、対立することもあれば、融和することもあったのである。それゆえ、時代が下り、シャンパンの世界でその発展に大きく貢献したドイツ人が、灰緑色や褐色の軍服をまとうようになると、一転してフランスの宝ともいえるワイン、シャンパンを略奪することにもなる。

ところで、また脱線するが、ナチ・ドイツ人はワイン、シャンパンを好んだだけではなく、本書にも言及されているとおり、コニャック、アルマニャックの高級酒も大好きだった。シャンパンの発展には前述のように、ドイツ人が貢献したが、白ブドウからの蒸留酒コニャックの誕生にも外国人の関与があった。イギリス人とオランダ人である。いやむしろ、この二国の商人のおかげで、一七世紀末、後にヴィクトル・ユゴーが「神々の甘露 liqueur/nectar」と称した美酒コニャックが生まれ発展した、と言ってもよい。当時、コニャック産のワインは川舟で大西洋岸のラ・ロシェルの港まで運び、そこから、北ヨーロッパ、やがては新大陸に輸送されていた。だが、道中が長く、ワインが変質し、味も落ちた。そこで、オランダ人がワインを蒸留するよう勧めた。彼ら自身、保存のためにすでに蒸留し、それを brandewijin（= vin brûlé じか火で熱した（蒸留した）ブドウ酒）と名づけていたという——これから

brandy=brandywine の語が派生するが、ドイツ語にも Branntwein（火酒＝ブランデー）とある。銘酒コニャックが生まれたのは、このオランダ人の示唆によるところ大なのである。なお、付言すると、当時いわゆる蒸留酒・火酒の類いは他にもあったが、蒸留してそのまま飲めるのはこのシャラント県産のコニャックだけで、他地方のものは果実とか香草類など添加物を加えないと飲めなかったという。

ではイギリス人はどうか？　三〇〇年ほど前、コニャックの商いを始めたのは、彼らイギリス商人である。今でも、この小さな町コニャックの古い邸宅の切妻壁には英語名が刻まれているという。Thomas Hine（イングランド人）、Otard（スコットランド人）、Hennessy（アイルランド人）、Martell（イングランド人）、James Delamain（アイルランド人）などだが、現在もヘネシー（エネシー）、マルテルなどは有力ブランドとして残っている。なかでも、卸商マルテルの創業は最古で、一七一五年に遡る。ちなみに、この一七一五年はルイ十四世の没年だが、プロテスタントのマルテルはこれを待って、コニャック地方に乗り込んできたとされている。

時代が下って二〇世紀、ナチ高官たちは、本書にもあるが、この long drink（深いグラスに入れた冷たい飲み物）で味わう極上コニャックの「天使の取り分」の香りをことのほか好んだという。なお、詳細には触れないが、このコニャック生産地がある中西フランス一帯は、そのむかしイングランド王が支配するアンジュー〝帝国〟（一二─一三世紀）の一画であったから、イギリス人の血も多少は流れているかもしれない。百年戦争前、フランスの西半分を長らくイングランドが領していた時代があったのだから。なお言い添えておくと、コニャックはこのように〝インターナショナルな〟生まれだが、この性格は今でも受け継がれているのか、この琥珀色のネクタールはいわば輸出専用商品のようなもので、生産国フランスでは消費が弱く、六番目の買い手で、生産瓶数三〇〇〇万本の大半はアメリカを筆頭に、中国を中心とした極東アジアに輸出されているという。シャンパンが生産総数三億本の半分がフランスで消費されるのとは大違いである。昨今のフランス人はむしろスコッチを好むというから、皮肉なものである。

要するに、シャンパンとドイツ人、コニャックとイギリス人、オランダ人のように、グローバリゼーションなど待たなくとも、世の中、人と人はどこかで、何らかの形でつながり、交流していたのであり、それが人間社会の自然な普通の姿なのであろう。

さて終わるにあたり、脱線ついでに、ワインにまつわる話をもうひとつ。世界最古のワインというものが、どこかに存在するのだろうか？　確かに、ワインの歴史を見ると極めて古く、新石器時代には始まっていたとされ、紀元前数千年前にはすでにあちこちの古代村落や都市国家、例えば、グルジア、アルメニア、その後は中東、メソポタミアや古代エジプトなどでも造られていたという。その証拠に、最近の考古学調査では（二〇一七年）、グルジア、コーカサス地方で、約八〇〇〇年前の大壺の底にワイン滓の痕跡が発見されたというが、これが事実であれば、ワインは太古からほぼ人類の歴史とともに歩んできたことになる。だが、ワイン醸造が本格化したのはギリシア、ローマの時代で、ここからワイン文化がヨーロッパに伝わったとされる。ワイン vin=wine はラテン語 vinum（ワイン）を語源とし、ワイン醸造学 oenologie はギリシア語の oeno（ワイン）から派生しているのである。

ただワインとは、いかに数千年来の歴史があろうとも、本来飲むために造られるもので、飲めば終わり、美術工芸品のように残ることはないように思われる。ところが、紀元前のグルジア産でもギリシア産でもないが、〝超オールドのクラシックワイン〟が保存されて、今も地下貯蔵庫で眠り続けているのである。

その最古のワインとは、管見の及ぶ限り、おそらくフランス・アルザスはストラスブールの Hospices civils（市民救済院。ストラスブール大学付属病院敷地内にある一四世紀建立の歴史的建造物）のカーヴにある一四七二年産のワインであろう。このカーヴには、この地方の特徴である卵型の四五〇リットルの樫の大樽が一四七二年産、一五一九年産、一五二五年産と三樽据えられている。いずれも神聖ローマ・ドイツ帝国時代のもので、何世紀もの間には、大樽が二度ばかり取り替えられねばならなかったが――二度目は二〇一五年――、この美酒 nectar は、最古の一四七二年産でも、アルコール度九・四％で味わいは昔のままに保たれており、これまでに三度だけ開栓し、供されたという。一度目は一五七六年、ストラスブールとチューリヒの相互援助協定のとき。二度目は一七一八年、市民病院の定礎式のとき。三度目は一九四四年、ナチからのアルザス解放の祝典のときである。この聖なる年代物はドイツ時代のものであり、仏独係争の地アルザスの歴史を物語るが、現在もアルザス屈指の銘酒の宝庫として公開されている。

ちなみに、アルザスにはフランスで最古のビール醸造所もあるという。創設は一六四〇年、この時もまだドイツ領であり、フランスはルイ一三世とリシュリュー枢機卿の時代である。同じアルザスの大手クローネンブルクなどと比べれば小規模だが、この小さな醸造所メテオールは今でも残っている。もうひとつ付け加えると、フランスで最初のワインの協同組合が設立されたのは、アルザスのワイン街道にあるリボヴィレで一八九五年。ただし、これもドイツ時代で、普仏戦争後のビスマルクのドイツ帝国の支配下であった。

このように、アルザスというところは、紀元前から、ゲルマン民族とラテン民族がぶつかってきた争奪の地だが、二〇世紀のナチ時代になっても、前述したように、ワインの「三角取引」で利用されており、ことあるたびに歴史の荒波にもまれている、まさにフランスとドイツの関係を象徴するような国境の州である。なにしろ、国籍と言語が四度も五度も変わったところなのだから。

さて、余談が過ぎたが、末尾ながら、今回も法政大学出版局の郷間雅俊氏にはひとかたならぬお世話をいただいた。ここに記してお礼を申し上げておきたい。

二〇一九年七月

宇京 頼三

著　者

クリストフ・リュカン（Christophe Lucand）

1969年，ブルゴーニュに生まれる。ブドウとワイン世界の歴史の専門家。ブルゴーニュ大学（ディジョン）提出の学位論文「ブルゴーニュのワイン卸商—— 1800年から現代までの歩み，家系，組織網」で博士号取得，後に歴史学教授資格者。パリ政治学院や，ディジョンのブドウ栽培学とワイン醸造学の大学付属研究所（ジュール・ギュイヨ研究所）の講師で，ブルゴーニュ・フランシュ=コンテ大学のユネスコ講座「ワインの文化と伝統」の担当者。他に『ポワリュのワイン——第一次世界大戦中のフランスのワイン史』などがある。

訳　者

宇京頼三（うきょう・らいぞう）

1945年生まれ。三重大学名誉教授。フランス文学・独仏文化論。著書：『フランス－アメリカ——この〈危険な関係〉』（三元社），『ストラスブール——ヨーロッパ文明の十字路』（未知谷），『異形の精神——アンドレ・スュアレス評伝』（岩波書店），『仏独関係千年紀——ヨーロッパ建設への道』（法政大学出版局），訳書：トラヴェルソ『ユダヤ人とドイツ』（法政大学出版局），同『アウシュヴィッツと知識人』（岩波書店），オッフェ『アルザス文化論』（みすず書房），同『パリ人論』（未知谷），ルフォール『余分な人間』（未來社），同『エクリール』（法政大学出版局），フィリップス『アイデンティティの危機』（三元社），同『アルザスの言語戦争』（白水社），カストリアディス『迷宮の岐路』『細分化された世界』（法政大学出版局），ロレーヌ『フランスのなかのドイツ人』（未來社），バンダ『知識人の裏切り』（未來社），トドロフ『極限に面して』（法政大学出版局），アンテルム『人類』（未來社），センプルン『ブーヘンヴァルトの日曜日』（紀伊國屋書店），オルフ=ナータン編『第三帝国下の科学』（法政大学出版局），フェリシアーノ『ナチの絵画略奪作戦』（平凡社），リグロ『戦時下のアルザス・ロレーヌ』（白水社），ファーブル=ヴァサス『豚の文化史』（柏書房），ブラック『IBMとホロコースト』（柏書房），ボードリヤール／モラン『ハイパーテロルとグローバリゼーション』（岩波書店），クローデル『大恐慌のアメリカ』（法政大学出版局），ミシュレ『ダッハウ強制収容所自由通り』（未來社），トラヴェルソ『ヨーロッパの内戦』（未來社）。

ワインと戦争　ナチのワイン略奪作戦

2019年8月23日　初版第1刷発行

クリストフ・リュカン
宇京頼三 訳
発行所　一般財団法人　法政大学出版局
〒102-0071 東京都千代田区富士見 2-17-1
電話 03(5214)5540 振替 00160-6-95814
組版：HUP　印刷：三和印刷　製本：積信堂

Printed in Japan

ISBN978-4-588-36608-6

文献資料

一次資料

経済金融省公文書館——経済金融省資料センター（CAEF）

Affaires économiques – Collaboration économique

B 33931 : Commerce extérieur et relations économiques internationales.

B0047494/1 : Dossiers Négociants en vins à Monaco.

B0047490/1 : Ministère des Finances, Direction du Blocus, 1er Bureau, Paris, 23 juillet 1945.

B–0049475/1 : Service de collaboration économique, organisation et rôle au niveau national et régional : textes, correspondance avec le ministre du Ravitaillement ; réunions des secrétaires généraux : procès-verbaux ; statistiques ; liaisons entre les ministères : correspondance, circulaires ; commissariats régionaux, recherches de crimes de guerre : rapport de police, résultats d'enquêtes régionales sur la collaboration économique – 1944–1947.

B–0049476/1 : Collaboration économique, profits illicites : textes, enquêtes, affaires particulières – 1944–1945.

B–0049476/2 : Marché noir allemand : correspondance avec le président du comité d'histoire de la guerre, notes, comptes rendus sur les suites données aux affaires de trafic, liste d'individus protégés par les Allemands – 1944–1947.

B–0049477/1 : Commerce avec l'ennemi, hausses illicites : liste des coupables, relevés de procédures – 1944–1945.

B–0049478/1 : Collaboration économique, agriculture et ravitaillement, livraisons et réquisitions : correspondance avec le président MICHEL et le secrétariat d'État à l'Agriculture, notes et comptes rendus de réunions avec l'occupant – 1941–1944.

B–0049478/2 : Collaboration économique, autorisations accordées à la suite d'inf luences allemandes : correspondance des commissaires de la République au ministre – 1944–1945.

B–0049478/4 : Collaboration économique, recherches de preuves en Allemagne, mission à Berlin : correspondance avec l'Administration militaire française en Allemagne, notamment documents dits du Majestic – 1945–1946.

B–0049479/1 : Collaboration économique, entreprises coupables et montant des marchés passés avec l'ennemi : listes de la préfecture, états des recherches –

1944–1946.

B–0049479/2 : Collaboration économique, suites judiciaires : liste des collaborateurs économiques – 1944–1946.

B–0049480/1 à B–0049485/1 : Collaboration économique sous l'occupation allemande : répertoire des enquêtes – 1944–1945.

Dossiers de particuliers, d'entreprises et de sociétés :

B–0049486/1 à B–0049497/1 – 1936–1947.

Dossiers classés par départements :

B–0049498/1 à B–0049504/1 – 1941–1945.

Dossiers de sociétés classés par secteur d'activité :

B–0049509/5 : Vins et spiritueux, vins de champagne : dossiers de sociétés – 1940–1946.

Dossiers des contrevenants classés par département :

B–0049619/1 à B–0049653/1 – 1942–1948.

B–0049712/1 : Marché noir, commerce avec l'ennemi, profits illicites en Algérie et en Tunisie : dossiers des contrevenants – 1942–1948.

B–0049713/1 : Marché noir, commerce avec l'ennemi, profits illicites : états récapitulatifs des contrevenants de chaque département – 1943–1946.

B–0049714/1 : Marché noir, commerce avec l'ennemi, profits illicites, fichier général économique, élaboration – 1941–1943.

B–0049715/1 : Marché noir, commerce avec l'ennemi, profits illicites, fichier mécanographique : pièces annexes – 1943–1947.

Fiscalité – Conseil supérieur de confiscation des profits illicites

Remises et modérations : décisions du ministre (classement par département) : 30D–0000871/1 à 30D–0000875/1 – 1948–1963.

Fiscalité-Domaines-Séquestres pour raisons politiques :

B–0060180/4 : Déchéance de la nationalité française, séquestre Philippe de Rothschild, état des biens (1940–1943) ; Société vinicole de Pauillac (1933–1945) ; domaine de Château Lafite (1943–1944) – 1933–1945.

Service des alcools

B–0055754/1 : Alcool industriel : monographie – 1945.

フランス銀行文書庫

1370200008/206 – Vins et alcools
– informations générales: presse, avr. 1942–mars 1944
– législation générale: JO, mars 1940–mars 1944
– marché mondial: presse, oct. 1936–mars 1941
– situation du marché des vins de Bourgogne: exposé, s.d.
– prix des vins: presse, oct. 1942–oct. 1943
– comité interprofessionnel du vin de champagne: JO, presse, avr. 1941–juin 1944
– autres comités interprofessionnels: presse, JO, août 1942–nov. 1943
– bureaux nationaux, bureaux de répartition et comités consultatifs pour différents vins et eaux-de-vie: JO, nov. 1940–oct. 1942
– assainissement du marché des vins marocains: presse, texte officiel, fév. 1936–avr. 1939
– vins algériens: presse, texte officiel, déc. 1922–sept. 1942
Rapports économiques du directeur des succursales de Bordeaux, Cognac, Montpellier, Beaune, Dijon, Reims, Châlons-en-Champagne.

国際ブドウ・ワイン機構資料（OIV）

Fonds Congrès internationaux, Rapports et documents annexes – 1908–1939.
Dossier Congrès international de Bad-Kreuznach – août 1939.

Bulletins et sources imprimées:
Bulletin de l'Office international du vin, 12e année, octobre-novembre-décembre 1939, n° 137, Paris, Librairie Félix Alcan à 17e année, mai-décembre 1944, n° 163–164, Paris, Presses universitaires de France.

国立原産地・品質研究所（INOQ–INAO）

Registres des délibérations du Comité national.
Registre n° 1–6: Comité national – 1939–1946.
Registre n° 1–6: Comité directeur – 1939–1946.
Rapports trimestriels régionaux des ingénieurs conseillers techniques – 1935–1946.

Bulletins et sources imprimées:
1. Association viticole champenoise de la Champagne délimitée, *Assemblées générales annuelles, comptes rendus, année 1942*, Épernay, 1943.
2. *Bulletin du Comité national des appellations d'origine des vins et eaux-de-vie*, 1937–1947.
3. *Bulletin du Centre d'études économiques et techniques de l'alimentation*, n° 17,

décembre 1938.

4. *Rapport fait au nom de la Commission chargée de procéder à l'enquête sur la situation de la production, du transport et du commerce des vins et de proposer les mesures à prendre en vue de remédier à la situation critique de la viticulture, par M. Cazeaux-Cazalet, député,* Chambre des députés, Paris, Imprimerie de la Chambre des députés, 1909.
5. *Rapport de la Commission d'enquête parlementaire. Enquête sur la situation de la viticulture de France et d'Algérie. Rapport fait au nom de la Commission des boissons par M. Édouard Barthe,* Chambre des députés, Paris, Imprimerie de la Chambre des députés, 1931.
6. *Rapport de la Commission d'enquête parlementaire. Enquête sur la situation de la viticulture de France et d'Algérie. Rapport fait au nom de la Commission des boissons par M. Édouard Barthe,* Chambre des députés, Paris, Imprimerie de la Chambre des députés, 1933. (additif)
7. Direction des Services sanitaires et scientifiques et de la répression des fraudes. Protection des appellations d'origine, *État des délimitations régionales,* Paris Imprimerie nationale, 1930–1939.

パリ国立公文書館（AN）

AJ40 : Archives du *Militärbefehlshaber in Frankreich* (MBF), dites Archives du Majestic.

Vol. 600 : Biens ennemis et juifs, aryanisations, dont biens Rothschild.

Vol. 779 : Matières premières, contribution de l'économie française au Reich, commandes.

Vol. 796 : Livraisons françaises à l'Allemagne. Achats de marchandises et lutte contre le marché noir.

Vol. 813 : Participations allemandes dans les entreprises françaises.

Vol. 820 : Dossiers secrets.

Vol. 825 : Rapports sur la situation économique établis d'après les renseignements fournis par les commissaires administrateurs des banques ennemies en France : région de Monte-Carlo.

Vol. 879 : Commandement de la Place de Paris.

Vol. 923 : Place de Bordeaux.

Vol. 1106–1172 : Caisse de crédit du Reich (*Reichskredit-Kasse*) : virements entre l'armée allemande et la Banque de France, relevés de comptes allemands auprès de la Banque de France, correspondance relative à des chèques à payer en France, aux lettres de crédit, aux lettres de change, aux transferts de fonds vers l'Allemagne, etc.

Vol. 1354–1356 : Convention d'armistice, interventions des autorités allemandes dans la justice française, frais d'occupation, dommages de guerre.

BB18 : Archives du ministère de la Justice.
Vol. 7108–7221 : Collaboration économique, 1944–1957.

BB30 : Archives du ministère de la Justice.
Vol. 1730 : Épuration.
Vol. 1756–1759 : Épuration, Dossiers François de Menthon (1945).

F1a : Objets généraux, occupation allemande (1940–1944).
Vol. 3663 : Rapports avec les autorités militaires de l'hôtel Majestic.
Vol. 3777 : Service du travail obligatoire (STO).
Vol. 3787 : Dommages subis par la France et l'Union française du fait de la guerre et de l'occupation allemande – 1943.
Vol. 3878 : Gironde.

F10 : Agriculture.
Vol. 2173 : Agriculture : vins d'appellations contrôlées (1925–1938).
Vol. 5286 : Viticulture, organisation et correspondance (1940–1944).
Vol. 5287 : Viticulture, organisation et correspondance (1943–1945).
Vol. 5362 : Rapport sur l'activité du Comité national au cours des années 1940–1941, mars 1942.
Vol. 5558 : Statistiques de production (1926–1957).
Vol. 5559 : Statistiques des exportations (1926–1957).

F12 : Commission nationale interprofessionnelle d'épuration (CVNIE).
Vol. 9557 : Dossiers divers, Banquets de la Table-Ronde.
Vol. 9559 : Banquets de la Table-Ronde.
Vol. 9561 : Comité national interprofessionnel d'épuration : dossiers généraux et dossiers des affaires traitées. Condamnation pour indignité nationale (1945–1951) .
Vol. 9619 : Comité national interprofessionnel d'épuration : dossiers généraux et dossiers des affaires traitées – Entreprises et commerces d'alimentation. Épuration, contrôle et surveillance (1945–1950).

F37 : Délégation générale aux relations économiques franco-allemandes, Fonds Barnaud.
Vol. 3–4 : Comptes rendus de réunions au Majestic et d'entretiens franco-allemands : agriculture.
Vol. 10 : Correspondance, notes et rapports sur l'activité de l'organisme Ostland (1941–1942). Conférences et accords.
Vol. 17 : Échanges économiques et projets. Installation des Commissaires allemands au

commerce extérieur.
Vol. 16 : Commandes allemandes.
Vol. 29 : Carburants.
Vol. 42 : Livraisons de vins et d'alcools (1941–1943).

Z5 : Chambres civiques de la Cour de justice de la Seine.
Vol. 1 à 333 : Dossiers des affaires jugées : pièces de procédure. Fichier alphabétique des inculpés.
Vol. 312 : Arrêts des Chambres civiques de la Cour de justice de la Seine permettant la réinscription sur les listes électorales. Versements non cotés : non-lieux, recours en grâce, pourvois en cassation, demandes d'amnistie.

Z6 : Cour de justice du département de la Seine. Dossiers des affaires non classées.

Série non inventoriée.
Dossiers de procédure à l'encontre de :
M. Couprie, Secrétaire général de la Commission d'exportation des vins de France de 1940 à 1944.
M. Cruse, Directeur du « Comité 12 » intitulé « Comité d'organisation des commerces de gros des vins d'appellation contrôlées, des eaux-de-vie, apéritifs liqueurs, champagne et mousseux » à Paris de 1941 à 1944.

Z6/869–870 dossier 5805 (1–2) : Roger Descas, Président du Syndicat national du commerce en gros des vins, cidres et spiritueux de 1940 à 1944.

Philippe Bertrand, Directeur du Groupement d'achat d'importation et d'exportation des vins et spiritueux de 1940 à 1944.

Marius Clerget, négociant en vins à Pommard (Côte-d'Or).

Z6/NL dossier 501 : Pierre André, négociant en vins à Paris et à Aloxe-Corton (Côte-d'Or).

Henri Leroy, négociant en vins à Auxey-Duresses et à Cognac et à Meursault (Côte-d'Or).

Adolph Segnitz, Délégué officiel du Reich pour les achats de vins en Bourgogne et pour les Côtes-du-Rhône de 1942 à 1944.

Gabriel Verdier, Directeur du « Comité 12bis » chargé à Paris du commerce de gros des vins de consommation courante et des cidres, de 1941 à 1944.

シャラント＝マリティーム，コート・ドール，ジェール，ジロンド，エロー，マルヌ各県立公文書館

Série U : Justice, juridictions.
Tribunaux de première instance. Procédures correctionnelles. Audiences. Jugements.
Série W (Ex-SM) : Fonds contemporains / de la Seconde Guerre mondiale.
Relations avec les préfets, ravitaillement et économie, collaboration, séquestres, Justice, affaires générales.

ブルゴーニュ卸商組合資料

Notes et circulaires allemandes : 1940–1944.
Notes et circulaires du Syndicat : 1940–1944.
Directives du ministère à l'Économie nationale et aux Finances : 1940–1944.
Réunions, assemblées et rapports d'activités : 1939–1945.
Dossier : « affaires allemandes ».

Bulletins et sources imprimées :
Bulletins du Syndicat national du commerce en gros des vins, spiritueux, cidre et eaux-de-vie de France, 1939–1945.
Bulletins du Syndicat du commerce en gros des vins et spiritueux de l'arrondissement de Beaune, 1939–1944.

卸売商社資料

Fonds des maisons Albert Bichot, Lupé-Cholet, Louis Latour, Seguin-Manuel, Doudet-Naudin, Pierre André, Pierre Ponnelle, Bouchard Aîné & Fils, Bouchard Père & Fils, Capitain-Gagnerot, Champy Père & Cie.

新聞雑誌等

Barthe Édouard, *Le combat d'un parlementaire sous Vichy. Journal des années de guerre (1940–1943)*, Introduction, notes et postface de JEAN SAGNES, Gap, Éditions Singulières, 2007, 479 p.
Barthe Édouard, Rapport de la Commission d'enquête parlementaire. Enquête sur la situation de la viticulture de France et d'Algérie. Rapport fait au nom de la Commission des boissons, Chambre des députés, Paris, Imprimerie de la Chambre des députés, 1931.
GARÇON Maurice, *Journal, 1939–1945*, Introduction et notes de FOUCHÉ Pascal et

FROMENT Pascale, Paris, Les Belles Lettres – Fayard, 2015, 702 p.

JÜNGER Ernst, *Jardins et routes, Journal, 1939–1940*, Titres 173, Lonrai, 295 p.

JÜNGER Ernst, *Premier et second journaux parisiens, 1941–1945*, Titres 174, Lonrai, 775 p.

JÜNGER Ernst, *La cabane dans la vigne, Journal, 1945–1948*, Titres 175, Lonrai, 504 p.

Procès du maréchal Pétain, *Compte rendu in extenso des audiences transmis par le Secrétariat général de la Haute Cour de Justice*, Mise en perspective du Procès Pétain (23 juillet–15 août 1945) par Annie Lacroix-Riz, Paris, Imprimerie des Journaux officiels, Les Balustres – Musée de la Résistance nationale, 2015, 422 p.

Canard Enchaîné (Le), n° 1235, 28 février 1940, « La journée du vin chaud sera suivie de beaucoup d'autres ».

Excelsior, n° 10711, 13 avril 1940, « Neuf millions pour le vin chaud des soldats ».

Figaro (Le), n° 80, 20 mars 1940, « La farine et le vin du soldat », par ROBINET Gabriel.

Œuvre (L'), n° 8979, 3 mai 1940, « Le litre de vin aux armées », par DE PIERREFEU Jean.

Paris Soir, n° 72, 1er septembre 1940, « Le ravitaillement en vin à Bercy ».

Petit Journal (Le), n° 6 mars 1940, « Le vin de France ».

Petit Parisien, Sixième dernière (Le), n° 22970, 20 janvier 1940, « 35 millions de litres de vin donnés à titre gracieux aux soldats du front ».

Petit Parisien, Sixième dernière (Le), n° 23000, 19 février 1940, « Le vin chaud du soldat », par BARTHE Édouard.

Petit Parisien, Sixième dernière (Le), n° 23014, 4 mars 1940, « On a quêté pour le vin chaud du soldat ».

Avenir du plateau central (L'), n° 17827, 21 octobre 1941, « La récolte du vin est déficitaire ».

Illustration (L'), n° 5138, 30 août 1941, « Du vinisme à la disette de vin », par ROZET.

Matin (Le), n° 20908, 4 juillet 1941, « Guerre aux stocks de vin – Des commissions vont rechercher dans les caves le vin qui s'y cache ».

Matin (Le), n° 20917, 15 juillet 1941, « Cinq fois plus de vin d'Algérie en France si on le voulait bien – Le moût », par André DU BIEF.

Matin (Le), n° 20932, 1er août 1941, « La vente du vin est enfin réglementée dans la Seine ».

Matin (Le), n° 20934, 3 août 1941, « Les doléances justifiées des marchands de vin ».

Matin (Le), n° 20944, 15 août 1941, « Du vin pour tous ! ».

Matin (Le), n° 20979, 25 septembre 1941, « Au début octobre, le vin nouveau est arrivé à Paris ».

Matin (Le), n° 20997, 16 octobre 1941, « Nous n'aurons pas de cartes de vin », par André DU BIEF.

Paris Soir, n° 280, 29 mars 1941, « Fervent disciple de Bacchus, il avait vendu ses cartes d'alimentation pour un pichet de vin ».

Paris Soir, n° 283, 1er avril 1941, « Carte de vin – Ah mais non – Ah mais oui – M.

Moreau, régisseur d'un vignoble bordelais et son maître de chai, deux artistes m'ont juré que la vigne de France est toujours digne de son grand renom», par Jean ALLOUCHRIE.
Paris Soir, n° 339, 3 juin 1941, «Le vin est cher, le vin est rare».
Paris Soir, n° 385, 24 juillet 1941, «Du vin il y en a, mais on n'a pas su prévoir, affirme M. Barthe».
Paris Soir, n° 392, 1er août 1941, «À partir de demain, nouvelle réglementation de la vente du vin, deux litres par semaine».
Paris Soir, n° 430, 15 septembre 1941, «De nouvelles mesures pour assurer le ravitaillement du pays en vin et en pomme…».
Paris Soir, n° 442, 29 septembre 1941, «Un supplément de vin pour les travailleurs de force».
Paris Soir, n° 443, 2 octobre 1941, «Les trains de raisin».
Paris Soir, n° 450, 8 octobre 1941, «Pour parer au manque de vin, voici de la piquette».
Petit Parisien (Le), n° 1er juillet 1941, «Le vin».
Petit Parisien (Le), n° 14 octobre 1941, «Au pays du vin», par MONTARRON.
Petit Parisien (Le), n° 23486, 11 juillet 1941, «Du vin pour les moissonneurs», par Léon GROC.
Petit Parisien (Le), n° 23524, 25 août 1941, «Un litre de vin par semaine».
Petit Parisien (Le), n° 23572, 20 octobre 1941, «Voyage au pays du vin».
Petit Parisien (Le), n° 23575, 23 octobre 1941, «Voyage au pays du vin… suite».
Petit Parisien édition de Paris (Le), n° 23574, 22 octobre 1941, «Au pays du vin», par Marcel MONTARRON.
Petit Parisien édition de Paris (Le), n° 23580, 29 octobre 1941, «Le prix du vin subira une légère augmentation».

Amis de l'Agriculture de l'Île de France (Les), n° 51, 30 mai 1942, «Attribution de vin pour les grands travaux».
Avenir du plateau central (L'), n° 18022, 13 juin 1942, «Pour faciliter la vente du vin par les récoltants».
Avenir du plateau central (L'), n° 18026, 18 juin 1942, «Les stocks de vin des commerces en gros, de détail et du ravitaillement général sont débloqués».
Avenir du plateau central (L'), n° 18037, 1er juillet 1942, «Les viticulteurs pourront expédier du vin à leurs parents».
Avenir du plateau central (L'), n° 18159, 23 novembre 1942, «Échange du cuivre, contre du vin».
Candide, n° 944, 22 avril 1942, «Le pain et le vin», par Ch. MAURRAS.
Chronique du Libournais (La), n° 7730, 29 mai 1942, «Le mystère du vin».
Journal de Bergerac, n° 9963, 31 janvier 1942, «Déclarations de récoltes de vin».
Journal de Bergerac, n° 9966, 21 février 1942, «Le rationnement du vin».
Matin (Le), n° 21101, 17 février 1942, «On manque de vin, mais il faut détruire des

vignes».

Petit Courrier (Le), n° 74, 30 mars 1942, «Un exposé de Caziot, sur le vin».

Petit Parisien édition de Paris (Le), n° 23759, 29 mai 1942, «Un supplément de vin sera distribué aux ouvriers agricoles pendant la durée des grands travaux».

Petit Parisien édition de Paris (Le), n° 23782, 25 juin 1942, «Les ouvriers agricoles auront droit à un demi-litre de vin».

Petit Parisien édition de Paris 5 heures (Le), n° 23781, 24 juin 1942, «M. Bonnafous veut apporter des solutions réalistes au problème du vin».

Petit Parisien édition de Paris 5 heures (Le), n° 23795, 10 juillet 1942, «Une revalorisation des prix est envisagée pour le lait d'hiver, le vin de la prochaine récolte, le porc et le veau», par Louis NOBLET.

Petit Parisien édition de Paris 5 heures (Le), n° 23829, 20 août 1942, «Parisiens, voici comment vous pourrez obtenir des bons de vin contre du cuivre».

Petit Parisien édition de Paris 5 heures (Le), n° 23829, 20 août 1942, «Ventre de Paris 1942: marché noir et dessous de table», par Léon GROC.

Petit Parisien édition de Paris 5 heures (Le), n° 23840, 2 septembre 1942, «Sur les coteaux du Loir, au pays du bon vin anonyme», par Roger DEGROOTE.

Petit Parisien édition de Paris 5 heures (Le), n° 23840, 2 septembre 1942, «Ventre de Paris 1942 – Suite», par Léon GROC.

Petit Parisien édition de Paris 5 heures (Le), n° 23871, 8 octobre 1942, «Un entrepreneur de transport trafiquait sur le vin».

Petit Parisien édition de Paris 5 heures (Le), n° 23871, 8 octobre 1942, «Nous n'avons plus de tonneaux», par Albert SOULILLOU.

Petit Parisien édition de Paris 5 heures (Le), n° 23879, 17 octobre 1942, «Le pain, la viande, le vin, M. Max Bonnafous nous donne quelques précisions sur ce que sera le ravitaillement dans les mois à venir», par Léon GROC.

Petit Parisien édition de Paris 5 heures (Le), n° 23903, 14 novembre 1942, «3 millions de quintaux de blé et 6 millions d'hectolitres de vin», par Marcel MONTARRON.

Petite Gironde (La), n° 25532, 2 septembre 1942, «Pour le ravitaillement en vin».

Sarthe (La), n° 129, 24 juin 1942, «Une déclaration de M. Bonnafous sur la question du vin».

Action Française (L'), n° 121, 22 mai 1943, «Les problèmes du pain et du vin», par Max BONNAFOUS.

Chronique du Libournais (La), n° 7762, 22 janvier 1943, «Le scandale du vin».

Goéland (Le), n° 69, 1er octobre 1943, «Le vin mordu», par Luc BÉRIMONT.

Matin (Le), n° 21631, 4 novembre 1943, «Esprit du vin, où es-tu ?», par MIQUEL.

Matin (Le), n° 21670, 20 décembre 1943, «Le trafic de vin en Gironde».

Moniteur (Le), n° 228, 28 septembre 1943, «Chaque jour la police traque et poursuit les trafiquants du marché noir».

Moniteur (Le), n° 228, 28 septembre 1943, «Un enfant noyé dans un foudre rempli de

vin ».
Moniteur (Le), n° 249, 22 octobre 1943, « Plus de vin d'appellation contrôlée dans la ration mensuelle ».
Montagne (La), n° 8417, 20 mars 1943, « Des mesures pour tenter de résoudre le problème de la soudure du vin ».
Montagne (La), n° 8454, 2 mai 1943, « Un incendie détruit 23 000 litres de vin ».
Montagne (La), n° 8457, 6 mai 1943, « Des amendes aux viticulteurs qui n'auront pas livré leur vin ».
Montagne (La), n° 8494, 24 juin 1943, « La répression du marché noir : ils gardaient les voies, mais buvaient le vin des petits Parisiens dans la Creuse ».
Montagne (La), n° 8529, 6 août 1943, « La ration de vin et les vacances ».
Montagne (La), n° 8534, 13 août 1943, « Le ravitaillement en vin des cantines d'usines ».
Nouvelliste (Le), n° 278, 26 novembre 1943, « Un litre de vin supplémentaire serait attribué à l'occasion des fêtes de fin d'année ».
Nouvelliste (Le), n° 290, 10 décembre 1943, « À la ration habituelle de vin s'ajoutera une bouteille de vin d'appellation contrôlée pour les vacances de Noël ».
Nouvelliste (Le), n° 299, 21 décembre 1943, « Attribution spéciale de vin d'appellation contrôlée à l'occasion de Noël ».
Paris Soir dernière édition, n° 1128, 16 décembre 1943, « Pour améliorer le ravitaillement de la région parisienne, la création d'un vin national assurerait toute l'année aux consommateurs la ration minimum indispensable », par Jean CONEDERA.
Paysan de Touraine (Le), n° 21, 15 novembre 1943, « Vin nouveau – Actualité viticole – Le rendement des vins à appellation contrôlée – La qualité des vins 1943 », par Jean BARAT.
Petit Courrier (Le), n° 120, 22 mai 1943, « Le vin et Max Bonnafous ».
Petit Parisien édition de Paris 5 heures (Le), n° 24078, 10 juin 1943, « Blé, viande, légumes, vin et graisse, M. Bonnafous a dressé à l'hôtel de ville de Paris un bilan complet de notre ravitaillement », par Jean BENEDETTI.
Tribune Républicaine (La), n° 255, 29 octobre 1943, « Aurons-nous bientôt 52 litres de vin par an ? ».

Humanité clandestine (L'), n° 301, 3 juin 1944, « Les boches pillent la France ! ».
Nouvelliste (Le), n° 61, 11 mars 1944, « La consommation familiale des producteurs de vin pour la campagne 43–44 ».
Petit Parisien (Le), n° 25365, 15 mai 1944, « M. Joseph Darnand prend de sévères sanctions contre des personnalités du marché du vin ».
Sciences et Voyages, n° 96, 1er janvier 1944, « Le vin », par DEVILLE.

書　誌

ABRAMOVICI Pierre, *Monaco sous l'Occupation*, préface d'Albert II de Monaco, Paris, Nouveau Monde éditions, 2015, 359 p.

ABRAMOVICI Pierre, *Szkolnikoff, le plus grand trafiquant de l'Occupation*, Paris, Nouveau Monde éditions, 2014, 353 p.

ABRAMOVICI Pierre, *Un Rocher bien occupé. Monaco pendant la guerre 1939–1945*, Paris, Seuil, coll. « L'Épreuve des Faits », 2001, 361 p.

ALARY Éric, Vergez-Chaignon et Chauvin Gilles, *Les Français au quotidien. 1939–1949*, Paris, Perrin, 2007, 851 p.

ALARY Éric, *La ligne de démarcation*, Paris, Perrin, 2003, 429 p.

ARNOULT Pierre, *Les Finances de la France et l'Occupation allemande : 1940–1944*, Paris, PUF, 1951, 410 p.

AZÉMA Jean-Pierre et WIEVIORKA Olivier, *Vichy. 1940–1944*, Paris, Perrin, 2000, 374 p.

AZÉMA Jean-Pierre et BÉDARIDA François [dir.], *La France des années noires*, Paris, Seuil, 2000 (rééd. 1993), 2 vol., 736 p.

BARRAL Pierre, *Les agrariens français de Méline à Pisani*, Paris, Armand Colin, 1968, 388 p.

BERGÈRE Marc [dir.], *L'épuration économique en France à la Libération*, Rennes, Presses Universitaires de Rennes, 2008, 343 p.

BERNARD Gilles, *Le Cognac à la conquête du monde*, Bordeaux, Presses Universitaires de Bordeaux, coll. « Grappes et Millésimes », 2011, 412 p.

BOUSSARD Isabel, « Les corporatistes français du premier vingtième siècle : leurs doctrines, leurs jugements », dans *Revue d'Histoire Moderne et Contemporaine*, 40 (4), 1993, p. 643–665.

BOUSSARD Isabel, *La corporation paysanne : une étape dans l'histoire du syndicalisme agricole français*, Publications de l'AUDIR, Paris, Hachette, 1973.

BOUSSARD Isabel, *Cent ans de ministère de l'Agriculture*, Paris, BTI, 1982.

BOUSSARD Isabel, « Les négociations franco-allemandes sur les prélèvements agricoles : l'exemple du Champagne », *Revue d'Histoire de la Deuxième Guerre mondiale*, n° 95, juillet 1974, p. 3–24.

BURRIN Philippe, *La France à l'heure allemande*, Paris, Gallimard, coll. « Folio histoire », 1995, 559 p.

CALVI Fabrizio et MASUROVSKY Marc J., *Le festin du Reich. Le pillage de la France occupée 1940–1945*, Paris, Fayard, 2006, 719 p.

D'ALMEIDA Fabrice, *La vie mondaine sous le nazisme*, Paris, Perrin, 2006, 418 p.

DELARUE Jacques, *Trafics et crimes sous l'Occupation*, Paris, Fayard, 1993 (rééd. 1968), 505 p.

DE ROCHEBRUNE Renaud et HAZERA Jean-Claude, *Les patrons sous l'Occupation*,

Odile Jacob, Paris, 1995, 874 p.

DURAND Sébastien, «Pétain, maréchal vigneron ?», dans KOSCIELNIAK Jean-Pierre et SOULEAU Philippe [dir.], *Vichy en Aquitaine*, préface de Denis PESCHANSKI, Paris, Éditions de l'Atelier, 2011, p. 176–195.

DURAND Sébastien, «Vichy, la Révolution nationale et la viticulture en Gironde: réception, intégration, dissociation», dans HINNEWINKEL Jean-Claude [dir.], *Faire vivre le terroir. AOC, terroirs et territoires du vin. Hommage au professeur Philippe Roudié*, Bordeaux, Presse universitaire de Bordeaux, 2010, p. 129–148.

GARRIER Gilbert, «Vignes et vins dans la Deuxième Guerre mondiale (1939–1945)», *Revue des Œnologues*, n° 98, p. 35–36.

GRENARD Fabrice, «La soulte, une pratique généralisée pour contourner le blocage des prix», dans EFFOSSE Sabine, DE FERRIÈRE LE VAYER Marc, JOLY Hervé [dir.], *Les entreprises de biens de consommation sous l'Occupation*, Condé-sur-Noireau, Presses universitaires François Rabelais, coll. «Perspectives historiques», 2010, p. 29–43.

GRENARD Fabrice, *La France du marché noir (1940–1949)*, Paris, Payot, 2008, 352 p.

HUMBERT Florian, *L'INAO, de ses origines à la fin des années 1960. Genèse et évolutions du système des vins d'AOC*, thèse de doctorat d'Histoire, sous la direction de Serge WOLIKOW, Université de Bourgogne, 2011, 2 vol., 1255 p.

HUSSON Jean-Pierre, «Le vin de Champagne à l'épreuve de l'Occupation allemande, 1940–1944», dans DESBOIS-THIBAULT Claire, PARAVICINI Werner et POUSSOU Jean-Pierre [dir.], *Le champagne. Une histoire franco-allemande*, Paris, Presses Universitaires de Paris-Sorbonne, 2011, p. 325–347.

HUSSON Jean-Pierre, *La Marne et les Marnais à l'épreuve de la Seconde Guerre mondiale*, Presses Universitaires de Reims, 2 vol., Reims, 1998, 489–182 p.

JACKSON Julian, *La France sous l'occupation, 1940–1944*, Paris, Flammarion, 2004, 853 p.

JOLY Hervé, «L'économie française sous l'Occupation (1940–1944). Tentative de bilan», Université de Genève, 25 novembre 2014, en ligne: https://www.unige.ch/sciences-societe/inhec/files/4514/1650/5991/Joly_2014.pdf

JOLY Hervé [dir.], *L'Économie de la zone non occupée. 1940–1942*, Éditions du Comité des travaux historiques et scientifiques, Condé-sur-Noireau, CTHS, 2007, 378 p.

JOLY Hervé [dir.], *Faire l'histoire des entreprises sous l'Occupation. Les acteurs économiques et leurs archives*, Comité des travaux historiques et scientifiques, Bonchamp-lès-Laval, 2004, 371 p.

KLADSTRUP Don et KLADSTRUP Petie, *La guerre et le vin. Comment les vignerons français ont sauvé leurs trésors des nazis*, Paris, Perrin, 247 p.

LACROIX-RIZ Annie, *Les élites françaises entre 1940 et 1944. De la collaboration avec l'Allemagne à l'alliance américaine*, Paris, Armand Colin, 2016, 496 p.

LACROIX-RIZ Annie, *Industriels et banquiers français sous l'Occupation*, préface

d'Alexandre Jardin, Paris, Armand Colin, 2013, 815 p.

LAMBAUER Barbara, *Otto Abetz et les Français ou l'envers de la Collaboration*, Paris, Fayard, 2001, 895 p.

LE BRAS Stéphane, *Négoce et négociants en vins dans l'Hérault : pratiques, influences, trajectoires (1900–1970)*, thèse de doctorat d'Histoire, sous la direction de Geneviève Gavignaud-Fontaine, Université de Montpellier III, 3 vol., 1279 p.

LUCAND Christophe, « Les paradoxes de Vichy et de l'Occupation. L'INAO entre contradictions et singularité (1940–1944) » dans WOLIKOW Serge et HUMBERT Florian [dir.], *Une histoire des vins et des produits d'AOC. L'INAO, de 1935 à nos jours*, Dijon, Éditions Universitaires de Dijon, 2015, p. 59–67.

LUCAND Christophe, *Le pinard des Poilus. Une histoire du vin durant la Grande Guerre (1914–1918)*, préface de Jean VIGREUX, Dijon, Éditions Universitaires de Dijon, coll. « Histoire », 2015, 172 p.

LUCAND Christophe, « La Champagne et la Bourgogne à l'épreuve de la Seconde Guerre mondiale. Deux itinéraires comparés de territoires vitivinicoles durant l'Occupation (1940–1944) », dans WOLIKOW Serge [dir.], *La construction des territoires du Champagne (1811–1911–2011)*, Dijon, Éditions Universitaires de Dijon, 2013, p. 185–195.

LUCAND Christophe, HUMBERT Florian et JACQUET Olivier, « Jeux d'échelles, luttes et pouvoirs dans la genèse d'une interprofession bourguignonne », *Territoires du vin* [en ligne], 2010 – Privé et public ou l'enchevêtrement des pouvoirs dans le vignoble, 16 septembre 2009. Disponible sur Internet : http://revuesshs.u-bourgogne.fr/territoiresduvin

LUCAND Christophe, *Les négociants en vins de Bourgogne. De la fin du xixe siècle à nos jours*, préface de Serge WOLIKOW, Bordeaux, Éditions Féret, 2011, 522 p.

LUCAND Christophe, « Le vin de Champagne sous l'Occupation (1940–1944) » dans *Champagne ! De la vigne au vin. Trois siècles d'histoire*, Paris, Éditions Hazan, 2011, p. 129–135.

LUCAND Christophe et VIGREUX Jean, « Viticulture et commerce du vin durant la Seconde Guerre mondiale : l'exemple de la Côte bourguignonne », dans EFFOSSE Sabine, DE FERIÈRE LE VAYER Marc et Joly Hervé, *Les entreprises de biens de consommation sous l'Occupation*, Condé-sur-Noireau, Presses universitaires François Rabelais, coll. « Perspectives historiques », 2010, p. 145–160.

LUCAND Christophe, « Négoce des vins et propriété viticole en Bourgogne durant la Seconde Guerre mondiale », *Ruralia, Revue de l'Association des ruralistes français*, n° 16–17, 2005, p. 201–232.

MAYAUD Jean-Luc, *Gens de la terre. La France rurale (1880–1940)*, Paris, Éditions du Chêne, 2003, 311 p.

MAYAUD Jean-Luc, *Gens de l'agriculture. La France rurale (1940–2005)*, Paris, Éditions du Chêne, 2005, 311 p.

NOIRIEL Gérard, *Les origines républicaines de Vichy*, Paris, Hachette, 1999, 335 p.

ORY Pascal, *La France allemande (1933–1945)*, Paris, Gallimard, coll. «Folio histoire», 1995, 371 p.

PARZYCH Cynthia et TUNER John, avec la collaboration de Edwards Michael, *Pol Roger & Cie, Épernay*, Grande-Bretagne, Cynthia Parzych Publishing et Pol Roger & Cie, 2000, 172 p.

PAXTON Robert, *Le temps des chemises vertes. Révoltes paysannes et fascisme rural (1929–1939)*, Paris, Seuil, 1996, 312 p.

PELLERIN-DRION Sylvie, *De la «goutte» au Calvados. Le singulier parcours d'un produit d'appellation*, Rouen, Presses universitaires de Rouen et du Havre, 2015, 260 p.

PESCHANSKI Denis, *Vichy, 1940–1944*, Paris, Éditions Complexe, 1997, 208 p.

RONSIN Francis, *La guerre et l'oseille. Une lecture de la presse financière française (1938–1945)*, Éditions Syllepse, 2003, 281 p.

ROUDIÉ Philippe, *Vignobles et vignerons du Bordelais : 1850–1980*, Bordeaux, Féret, 2014 (rééd. 1994), 526 p.

ROUSSO Henry, *Les années noires : vivre sous l'Occupation*, Paris, Gallimard, coll. «La découverte», Paris, 1992.

ROUSSO Henry, «Les paradoxes de Vichy et de l'Occupation. Contraintes, archaïsmes et modernités», dans FRIDENSON Patrick et STRAUS André [dir.], *Le capitalisme français XIXe–XXe siècle. Blocages et dynamismes d'une croissance*, Paris, Fayard, 1987, p. 67–82.

SOULEAU Philippe, *La ligne de démarcation en Gironde : 1940–1944. Occupation, résistance et société*, Bordeaux, 2003, 362 p.

VIGREUX Jean, *Le clos du maréchal Pétain*, Paris, Presses universitaires de France, 2012 (rééd. 2005), 161 p.

VIGREUX Jean et WOLIKOW Serge [dir.], «Vignes, vins et pouvoirs», *Territoires contemporains, Cahiers de l'IHC*, n° 6, 2001, 153 p.

WOLIKOW Claudine et WOLIKOW Serge, *Champagne ! Histoire inattendue*, Paris, Éditions de l'Atelier, 2012, 287 p.

口絵図版出典

I 頁	①	ブドウ・ワイン国際機構資料（OIV）
II 頁上	②	個人蔵
II 頁下	③	個人蔵
III 頁	④	個人蔵
IV 頁上	⑤	個人蔵
IV 頁下	⑥	個人蔵
V 頁上	⑦	個人蔵
V 頁下	⑧	個人蔵
VI 頁上	⑨	オスピス・ド・ボーヌ資料館
VI 頁下	⑩	個人蔵
VII 頁上	⑪	個人蔵
VII 頁下	⑫	個人蔵
VIII 頁上	⑬	コート・ドール県立公文書館 U7–Cf–32–33
VIII 頁下	⑭	個人蔵
IX 頁上	⑮	個人蔵
IX 頁下	⑯	個人蔵
X 頁上	⑰	個人蔵
X 頁下	⑱	コート・ドール県立公文書館 U7–Cf–32–33
XI 頁上	⑲	個人蔵
XI 頁下	⑳	個人蔵
XII 頁上	㉑	個人蔵
XII 頁下	㉒	個人蔵
XIII 頁上	㉓	個人蔵
XIII 頁下	㉔	個人蔵
XIV 頁上	㉕	個人蔵
XIV 頁下	㉖	個人蔵
XV 頁	㉗	個人蔵
XVI 頁	㉘	コート・ドール県立公文書館 U7–Cf–32–33